Crianças
e adolescentes
em psicoterapia

C928   Crianças e adolescentes em psicoterapia : a abordagem psicanalítica / Maria da Graça Kern Castro, Anie Stürmer ; Ana Celina Garcia Albornoz ... [et al.]. – Porto Alegre : Artmed, 2009.
360 p. ; 23 cm.

ISBN 978-85-363-1936-0

1. Psicoterapia da infância e da adolescência. 2. Psicanálise. I. Castro, Maria da Graça Kern. II. Stürmer, Anie. III. Albornoz, Ana Celina Garcia.

CDU 615.85-053.2/.6

Catalogação na publicação: Renata de Souza Borges – CRB-10/1922

Maria da Graça Kern Castro
Anie Stürmer
e colaboradores

Crianças e adolescentes em psicoterapia

a abordagem psicanalítica

© Artmed Editora S.A., 2009

Capa: *Tatiana Sperhacke – TAT Studio*

Ilustrações da capa: ©iStockphoto.com/saw e *Thais Sperhacke*

Preparação do original: *Cristiano da Silveira Pereira*

Leitura final: *Lara Frichenbruder Kengeriski*

Supervisão editorial: *Carla Rosa Araujo*

Editoração eletrônica: *Formato Artes Gráficas*

Reservados todos os direitos de publicação, em língua portuguesa, à
ARTMED® EDITORA S.A.
Av. Jerônimo de Ornelas, 670 - Santana
90040-340 Porto Alegre RS
Fone (51) 3027-7000 Fax (51) 3027-7070

É proibida a duplicação ou reprodução deste volume, no todo ou em parte, sob quaisquer formas ou por quaisquer meios (eletrônico, mecânico, gravação, fotocópia, distribuição na Web e outros), sem permissão expressa da Editora.

SÃO PAULO
Av. Angélica, 1091 - Higienópolis
01227-100 São Paulo SP
Fone (11) 3665-1100 Fax (11) 3667-1333

SAC 0800 703-3444

IMPRESSO NO BRASIL
PRINTED IN BRAZIL

*Dedicado à memória da querida colega
Lúcia Helena Vianna Ribeiro Pinto.*

Agradecimentos

Muitas pessoas, direta ou indiretamente, contribuíram para que esta obra viesse a público e não conseguiríamos nomeá-las neste espaço. A elas, nossa gratidão e reconhecimento.

Um agradecimento especial é dirigido aos nossos pacientes e seus familiares, com quem muito aprendemos, que possibilitaram a realização deste livro, autorizando a publicação das vinhetas clínicas.

Às nossas queridas colegas coautoras que, com entusiasmo, foram parceiras constantes de reflexões, questionamentos e encontros que construíram esta publicação.

À colega Ana Cláudia Meira por partilhar com as autoras os seus conhecimentos sobre Escrita Clínica e a revisão de alguns textos.

Ao prezado Dr. David E. Zimerman, nosso modelo e mestre, pela confiança e disponibilidade ao prefaciar este livro.

Aos nossos analistas e supervisores, pela continência e pelo aprendizado de vida e de profissão.

Aos nossos queridos familiares, Ana Carolina Duprat e Marcus Vinícius Duprat Filho; Elisa, Eduardo, Lívia e Dirceu Castro, pela compreensão e paciência pelas horas roubadas de seu convívio.

À Artmed Editora, pela confiança depositada em nosso trabalho, possibilitando que o nosso sonho se tornasse uma realidade compartilhada.

Maria da Graça Kern Castro e Anie Stürmer

Autores

Maria da Graça Kern Castro (org.). Psicóloga. Psicoterapeuta. Especialista em Psicologia Clínica pelo Conselho Federal de Psicologia (CFP). Mestre em Psicologia Clínica pela Pontifícia Universidade Católica do Rio Grande do Sul (PUCRS). Sócia-fundadora, docente e supervisora do Instituto de Ensino e Pesquisa em Psicoterapia (IEPP). Membro efetivo do Conselho Deliberativo e Fiscal da Sociedade de Psicologia do Rio Grande do Sul. Professora do curso de Especialização em Psicologia Clínica da Universidade Regionais Integradas (URI), Santo Ângelo, RS.

Anie Stürmer (org.). Psicóloga. Psicoterapeuta. Especialista em Psicologia Clínica pelo Conselho Federal de Psicologia (CFP). Diretora científica e do serviço de atendimento, docente e supervisora do Instituto de Psicologia (IPSI), Novo Hamburgo, RS. Coordenadora-geral do Instituto de Ensino e Pesquisa em Psicoterapia (IEPP), gestão 2003-2006. Docente e supervisora do Instituto de Ensino e Pesquisa em Psicoterapia (IEPP). Editora da revista *Psicoterapia Psicanalítica* (1998-2000). Editora das publicações do Instituto de Psicologia (IPSI), Novo Hamburgo, RS.

Ana Celina Garcia Albornoz. Psicóloga. Psicoterapeuta. Especialista em Psicologia Clínica e Jurídica pelo Conselho Federal de Psicologia (CFP). Mestre em Psicologia Clínica pela Pontifícia Universidade Católica do Rio Grande do Sul (PUCRS). Doutoranda em Psicologia pela Universidade Federal do Rio Grande do Sul (UFRGS). Psicóloga da Fundação de Proteção Especial da Secretaria de Justiça e Desenvolvimento Social do Estado do Rio Grande do Sul. Sócia-fundadora, docente e supervisora do curso de formação em Psicoterapia Psicanalítica do centro de Estudos Integrados em Psicoterapia Psicanalítica (ESIPP), Porto Alegre, RS. Docente dos cursos de Psicologia Jurídica da Clip e de Especialização em Psicopedagogia do CESUCA, Faculdade Inedi.

Ana Cláudia Santos Meira. Psicóloga. Psicoterapeuta. Doutora em Psicologia pela Pontifícia Universidade Católica do Rio Grande do Sul (PUCRS). Mestre em

Psicologia Clínica pela Pontifícia Universidade Católica do Rio Grande do Sul (PUCRS). Especialista em Psicoterapia Psicanalítica pelo centro de Estudos Integrados em Psicoterapia Psicanalítica (ESIPP). Professora convidada do centro de Estudos Integrados em Psicoterapia Psicanalítica (ESIPP). Coordenadora da ênfase em Saúde Mental e Residência Integrada em Saúde do Grupo Hospitalar Conceição. Psicóloga do CAPS-II do Grupo Hospitalar Conceição.

Aurinez Rospide Schmitz. Psicóloga. Psicoterapeuta. Especialista em Psicologia Clínica e do Trânsito pelo Conselho Federal de Psicologia (CFP). Diretora do Exercício Profissional da Sociedade de Psicologia do Rio Grande do Sul (2007-2009). Membro efetivo do Instituto de Ensino e Pesquisa em Psicoterapia (IEPP). Pesquisadora-associada do Laboratório de Pesquisa em Bioética e Ética na Ciência do Hospital de Clínicas de Porto Alegre (HCPA).

Clarice Kern Ruaro. Psicóloga. Psicoterapeuta. Graduada pelo Instituto de Ensino e Pesquisa em Psicoterapia (IEPP). Membro da Comissão de publicação da revista *Psicoterapia Psicanalítica*.

Daniela Centenaro Levandowski. Psicóloga. Doutora e Mestre em Psicologia do Desenvolvimento pela Universidade Federal do Rio Grande do Sul (UFRGS). Professora do Programa de Pós-graduação em Psicologia na Universidade do Vale do Rio dos Sinos (UNISINOS).

Elisa Kern de Castro. Psicóloga. Doutora em Psicologia Clínica e da Saúde pela Universidade Autônoma de Madrid. Mestre em Psicologia do Desenvolvimento pela Universidade Federal do Rio Grande do Sul (UFGRS). Professora do Programa de Pós-graduação em Psicologia na Universidade do Vale do Rio dos Sinos (UNISINOS).

Heloisa Maria Rodrigues Furtado. Psicóloga. Psicoterapeuta. Especialista em Psicoterapia pela Pontifícia Universidade Católica de São Paulo (PUCSP). Especialista em Psicoterapia pelo Instituto de Ensino e Pesquisa em Psicoterapia (IEPP). Mestre em Psicologia Clínica pela Pontifícia Universidade Católica do Rio Grande do Sul. (PUCRS). Docente da Faculdade de Psicologia da Pontifícia Universidade Católica do Rio Grande do Sul. (PUCRS). Sócia efetiva do Instituto de Ensino e Pesquisa em Psicoterapia (IEPP).

Iane Campos Álvares. Psicóloga. Psicoterapeuta. Especialista em Psicoterapia pelo Núcleo de Pesquisa em Psicoterapia (NEP/POA). Sócia-fundadora, docente e supervisora do Instituto de Ensino e Pesquisa em Psicoterapia (IEPP).

Inúbia do Prado Duarte. Psicóloga. Psicanalista de adultos e crianças pela Sociedade Psicanalítica de Porto Alegre (SPPA). Mestre em Psicologia Clínica pela Pontifícia Universidade Católica do Rio Grande do Sul (PUCRS). Sócia-fundadora, docente e supervisora do Instituto de Ensino e Pesquisa em Psicoterapia (IEPP). Coordenadora do curso de Especialização em Psicoterapia de Crianças e Adolescentes do Instituto de Ensino e Pesquisa em Psicoterapia (IEPP). Presidente do Conselho deliberativo e fiscal da Sociedade de Psicologia do Rio Grande do Sul.

Lisiane Alvim Saraiva. Psicóloga. Psicoterapeuta. Graduada pelo Instituto de Ensino e Pesquisa em Psicoterapia (IEPP). Mestre em Psicologia Clínica pela Pontifícia Universidade Católica do Rio Grande do Sul (PUCRS). Coordenadora da Comissão de Pesquisa do Instituto de Ensino e Pesquisa em Psicoterapia (2005-2006). Psicóloga do Colégio de Aplicação da Universidade Federal do Rio Grande do Sul (UFRGS).

Lívia Kern de Castro. Psicóloga. Psicoterapeuta. Graduada pelo Instituto de Ensino e Pesquisa em Psicoterapia (IEPP). Membro do Serviço de Relações com a Comunidade do Instituto de Ensino e Pesquisa em Psicoterapia (IEPP).

Luciana Motta. Psicóloga licenciada pela Universidade Federal do Rio Grande do Sul (UFRGS). Especialista em Psicologia Clínica pelo Conselho Federal de Psicologia (CFP). Especialista em Psicologia Escolar. Sócia-graduada do Instituto de Ensino e Pesquisa em Psicoterapia (IEPP).

Maria Elisabeth Cimenti. Psicóloga. Psicanalista. Mestre em Psicologia Clínica pela Pontifícia Universidade Católica do Rio Grande do Sul (PUCRS). Membro efetivo da Sociedade Psicanalítica de Porto Alegre (SPPA). Sócia-fundadora, docente e supervisora do Instituto de Ensino e Pesquisa em Psicoterapia (IEPP).

Nádia Maria Marques. Psicóloga Clínica. Mestre em Psicologia Clínica pela Pontifícia Universidade Católica do Rio Grande do Sul (PUCRS). Especialista em Psicoterapia pela Pontifícia Universidade Católica do Rio Grande do Sul (PUCRS). Docente da Faculdade Psicologia na Pontifícia Universidade Católica do Rio Grande do Sul (PUCRS). Supervisora do Serviço de Atendimento e Pesquisa em Psicologia (SAPP/PUCRS).

Paula Von Mengden Campezatto. Psicóloga. Psicoterapeuta. Mestre em Psicologia Clínica pela Pontifícia Universidade Católica do Rio Grande do Sul. Sócia-graduada do Instituto de Ensino e Pesquisa em Psicoterapia (IEPP). Assessora de editoração da revista *Psicoterapia Psicanalítica*. Membro da Comissão de Pesquisa e assessora do Departamento de Clínica do Instituto de Ensino e Pesquisa em Psicoterapia (IEPP).

Rosa Lúcia Severino. Psicóloga. Psicoterapeuta graduada pelo Instituto de Ensino e Pesquisa em Psicoterapia (IEPP). Master em Psicoterapia Familiar pela Accademia de Psicoterapia della Famiglia, Roma, Itália. Especialista em Psicoterapia de Família e Casal pelo Centro de Estudos e Pesquisa da Infância e Adolescência (CEAPIA). Professora convidada do Programa Pós-graduação em Psicoterapia de Família e Casal da Universidade do Vale do Rio dos Sinos (UNISINOS).

Sandra Maria Mallmann da Rosa. Psicóloga. Psicoterapeuta de crianças e adolescentes graduada pelo Instituto de Ensino e Pesquisa em Psicoterapia (IEPP). Especialista em Psicologia Clínica pelo Conselho Federal de Psicologia (CFP).

Soraya Maria Pandolfi Kock Hack. Psicóloga. Mestre em Psicologia Clínica pela Universidade do Vale do Rio dos Sinos (UNISINOS). Especialista em

Psicoterapia da Infância e Adolescência pelo Centro de Estudos e Pesquisa da Infância e Adolescência (CEAPIA). Especialista em Psicologia Clínica pelo Conselho Federal de Psicologia (CFP). Diretora administrativa e de ensino, docente e supervisora do Instituto de Psicologia (IPSI), Novo Hamburgo, RS.

Valderez Figueira Timmen. Psicóloga. Psicoterapeuta graduada pelo Instituto de Ensino e Pesquisa em Psicoterapia (IEPP). Especialista em Psicologia Clínica e Escolar. Coordenadora da Comissão Espaço Científico do Instituto de Ensino e Pesquisa em Psicoterapia (IEPP). Docente no Instituto de Psicologia (IPSI), Novo Hamburgo, RS.

Vera Maria Homrich Pereira de Mello. Psicóloga Clínica e Psicanalista. Especialista em Psicoterapia Psicanalítica do Núcleo de Estudos em Psicoterapia (NEP/POA). Sócia-fundadora, docente, supervisora e coordenadora científica do Instituto de Ensino e Pesquisa em Psicoterapia (IEPP). Membro associado e Psicanalista de Crianças e Adolescentes pela Sociedade Brasileira de Psicanálise de Porto Alegre (SBPdePA) e da Associação Psicanalítica Internacional (IPA). Cofundadora e integrante do Núcleo de Vínculo e Transmissão Geracional da SBPdePA. Coordenadora do curso de formação em Psicanálise da Infância e Adolescência do Instituto de Psicanálise da Sociedade Brasileira de Psicanálise de Porto Alegre (SBPdePA).

Sumário

Prefácio 15

Apresentação 21

PARTE I
Psicoterapia psicanalítica com crianças e adolescentes

1 As origens da psicoterapia de crianças e adolescentes na psicanálise 29
   Anie Stürmer

2 Condições essenciais do psicoterapeuta de crianças e adolescentes 42
   Ana Cláudia Santos Meira

3 Desenvolvimento emocional normal da criança e do adolescente 55
   Elisa Kern de Castro e Daniela Centenaro Levandowski

PARTE II
A prática clínica com crianças e adolescentes:

4 A clínica com crianças e adolescentes: o processo psicoterápico 77
   Anie Stürmer e Maria da Graça Kern Castro

5 As etapas da psicoterapia com crianças 97
   *Lívia Kern de Castro, Paula von Mengden Campezatto,
   Lisiane Alvim Saraiva*

6 O lugar dos pais na psicoterapia de crianças e adolescentes 116
   Anie Stürmer, Clarice Kern Ruaro e Lisiane Alvim Saraiva

7 A comunicação na psicoterapia de crianças: o simbolismo no brincar e no desenho 141
Inúbia do Prado Duarte

8 Psicoterapia de adolescentes: ressonâncias do especular na imagem corporal 155
Maria Elisabeth Cimenti

9 Implicações teórico-clínicas da transgeracionalidade na compreensão de quadros da adolescência atual 162
Vera Maria Homrich Pereira de Mello

10 Formas comunicativas na psicoterapia com adolescentes 175
Maria da Graça Kern Castro e Valderez Figueira Timmen

PARTE III
Situações clínicas específicas

11 Psicoterapia breve de orientação psicanalítica na infância e na adolescência 195
Heloisa Maria Rodrigues Furtado e Nádia Maria Marques

12 Psicoterapia de grupo com crianças mediada por contos 216
Maria da Graça Kern Castro

13 Psicoterapia familiar nas situações de recasamento: a criança, o adolescente e seus pais 238
Rosa Lúcia Severino

14 Psicoterapia de crianças e adolescentes com tendência antissocial 257
Soraya Maria Pandolfi Koch Hack

15 Psicoterapia psicanalítica com crianças institucionalizadas 274
Ana Celina Garcia Albornoz

16 Psicoterapia psicanalítica com autistas *286*
Maria da Graça Kern Castro e Iane Campos Álvares

17 Psicoterapia de adolescentes com tendência suicida 321
Sandra Maria Mallmann da Rosa

18 Psicoterapia com o adolescente psicótico 337
Aurinez Rospide Schmitz e Luciana Motta

Índice 357

Prefácio

Ao ser convidado para prefaciar o presente livro, não titubeei um segundo sequer quando fiquei ciente de que as organizadoras eram Anie Stürmer e Maria da Graça Kern Castro. Isso porque, na década passada, tive o privilégio de coordenar, por um bom tempo, um grupo de estudos de temas psicanalíticos, entrelaçando teoria, técnica e prática clínica. Juntamente com as demais participantes, também Maria da Graça e Anie sempre me despertaram um sentimento de pessoas sérias, estudiosas, inteligentes, bastante motivadas e, sobretudo, transparecendo uma mente curiosa e aberta, irradiando credibilidade.

Na "Apresentação", as organizadoras destacam algumas das razões que as levaram a gestar o presente livro, como a possibilidade de preencher certa lacuna na literatura especializada, visto que a produção científica brasileira sobre psicoterapia psicanalítica com as faixas etárias de crianças e adolescentes ainda é muito restrita. Daí decorre uma segunda razão para a realização do livro: um desejo de compartilhar com todos os colegas interessados, independentemente do grau de formação e de experiência, uma integração de longas vivências clínicas com as consequentes evoluções, atualizações, indagações e novas reflexões.

Também considero altamente significativo o fato de que o livro se propõe a levar em conta, de forma relevante, as sucessivas transformações decorrentes de mudanças culturais, históricas e sociais que se processam através da passagem dos tempos e que repercutem direta e fortemente na compreensão e no manejo, nem sempre fácil, no tratamento de crianças e adolescentes, nas mais diversificadas situações clínicas.

Coerente com a impressão que destaquei no início desse prefácio quanto às pessoas das organizadoras – e de algumas colaboradoras que conheço mais de perto, como, somente para exemplificar, as psicanalistas Inúbia Duarte e Elisabeth Cimenti –, cabe enfatizar a atitude profissional das autoras, que está destacada pelas organizadoras e sintetizada na "Apresentação", com as seguintes palavras: "*...nosso pensamento crítico e nossa autonomia de pensamento (...) e estamos abertas ao desconhecido e ao novo*". Parabéns: grande sabedoria!

Creio que é importante enfatizar o fato de que, não obstante cada autor mantenha o seu estilo peculiar de escrita, existe uma uniformidade entre eles todos, que é a presença de um propósito didático, de sorte que tanto as conceituações simples (cuidado: não vamos confundir a significação do vocábulo "simples" com o de "simplório") quanto as mais complexas aparecem redigidas de uma forma bastante acessível e agradável.

O livro está composto por três partes que, em seu conjunto de 18 capítulos, enfocam temas distintos, separadamente, mas de forma complementar, assim constituindo um resultado uniforme, coerente e consistente. Desta forma, segue-se a própria sequência dos capítulos – *A origem da psicoterapia de crianças e adolescentes na psicanálise; Condições essenciais do psicoterapeuta de crianças e adolescentes;* e *O desenvolvimento emocional normal da criança e do adolescente*, que completam a Parte I ilustra um desenvolvimento histórico e de características importantes das psicoterapias com crianças e adolescentes.

A Parte II abarca os capítulos: *A clínica com crianças e adolescentes: o processo psicoterápico; As etapas da psicoterapia com crianças; O lugar dos pais na psicoterapia de crianças e adolescentes; A comunicação na psicoterapia de crianças: o simbolismo no brincar e no desenho; Psicoterapia do adolescente: ressonâncias do especular na imagem corporal; Implicações teórico-clínicas da transgeracionalidade para compreensão de quadros da adolescência atual; Formas comunicativas na psicoterapia com adolescentes.* São capítulos importantes que, sobretudo, enfatizam as vicissitudes cotidianas da prática clínica.

A Parte III, que encerra o livro, destaca enfaticamente "situações clínicas específicas" em nove capítulos: *Psicoterapia breve de orientação psicanalítica na infância e adolescência; Psicoterapia grupal mediada por contos; Psicoterapia familiar nas situações de recasamento: a criança, o adolescente e seus pais; Psicoterapia de crianças e adolescentes com tendência an-*

tissocial; Psicoterapia com crianças institucionalizadas, a psicoterapia psicanalítica com crianças autistas; Psicoterapia do adolescente com tendência suicida; e Psicoterapia com o adolescente psicótico.

Como é fácil perceber, o cardápio é farto e tentador! Bom apetite, leitor. Da minha parte, lamento que, por razões óbvias de espaço, não seria apropriado que eu fizesse o que eu gostaria, ou seja, tratar de forma mais detida e reflexiva cada um dos capítulos, porque, segundo a minha opinião, todos eles, sem exceção, mereceriam comentários mais aprofundados.

Entretanto, sinto a necessidade de realçar que durante a leitura deste livro é justo atestar que, por parte dos autores dos respectivos capítulos, existe um sólido conhecimento de teoria e técnica dos princípios psicanalíticos, não só os advindos dos consagrados autores clássicos, como também das modernas concepções e pesquisas contemporâneas. Essas últimas afirmativas podem ser confirmadas pela simples evidência de que as aludidas concepções modernas perpassam claramente ao longo de toda obra. Para exemplificar, cabe destacar o relativamente frequente emprego e valorização das noções de *vínculo, resiliência, aliança terapêutica, comunicação não-verbal, mãe continente, estado mental de –k* (em que predomina um desejo de não querer conhecer as verdades penosas), a valorização da *dinâmica de grupo,* entre tantas outras mais. Porém, faço questão de dar um destaque especial às considerações que surgem nas vinhetas clínicas acerca de aspectos importantíssimos na prática analítica, como são os casos de uma nova concepção do significado de *interpretação* e a uma grande valorização, muitas vezes evidentes nas entrelinhas, da *pessoa real do analista,* com os respectivos *atributos,* bastante inspiradas em Bion, como, por exemplo da *capacidade negativa,* o *cativeiro narcisista,* os conceitos diferenciados de *privação* e de *deprivação, o aprender com a experiência, o reconhecimento da existência de um psiquismo fetal,* a enorme importância *da função de pensar,* entre tantas outras contribuições contemporâneas do mesmo quilate, muito particularmente no tratamento de crianças e adolescentes que estejam em um alto grau de regressão.

Em relação ao que chamei de "uma nova concepção do significado de interpretação no ato analítico", basta reproduzir um parágrafo do capítulo de Anie e Maria da Graça, *A clínica com crianças e adolescentes: fenômenos do processo psicoterápico,* para compreendermos melhor em que consiste essa nova significação de "interpretação": "... *Atualmente há uma tendência ao abandono das intervenções prontas, tipo causa e efeito. Houve uma mudança epistemológica que rejeita o pensamento linear e positivista. A ciência psicoterápica atual é menos determinista e mais ligada às diversas outras possibilidades, o que envolve a noção de processos, contextos de interação e influências recíprocas. O nível intrapsíquico é considerado aspecto mais amplo, abarcado pelos contextos intersubjetivos e transubjetivos".*

Relativamente à "pessoa real do analista" – tema que gradativamente está adquirindo o reconhecimento dos psicanalistas no que diz respeito à sua relevância, notadamente em pacientes em alto grau de regressão – cabe destacar alguns parágrafos. Assim, as mesmas autoras do capítulo acima referido (para honra minha, elas concordam totalmente e transcrevem um trecho meu que consta em um dos meus livros) afirmam que *"para ser psicoterapeuta de crianças e adolescentes devemos gostar destas faixas etárias, manter a espontaneidade e autenticidade, além de ser "gente como a gente", um ser humano comum, sujeito às mesmas grandezas e fragilidades de qualquer outra pessoa, o que nos tornará mais próximos e empáticos com os nossos pacientes".*

Nessa mesma linha de valorização das características pessoais do psicoterapeuta vale a pena exemplificar com um trecho que está contido no belo capítulo *Psicoterapia psicanalítica com autistas*, de autoria de Maria da Graça Kern Castro e de Iane Campos Álvares, quando se refere ao tratamento com autistas: *"Cumpre salientar que, mais importante que o conteúdo das intervenções ou possíveis interpretações, é o tom e inflexão de nossa voz, nossos gestos e nossa postura atenta e viva que possibilitam o "estar junto" e ter acesso à criança nas sessões".*

Poderia pinçar dezenas de exemplos como os transcritos anteriormente, porém o que importa neste prefácio é o fato de que, em meu modo de sentir, considero que o ponto mais alto deste livro consiste no uso de casos clínicos, em grande parte dos capítulos, que são muito esclarecedores e muito bem sucedidos no propósito de reconhecer a maneira competente de como as autoras trabalham, especialmente em casos sabidamente difíceis, como pode ser os de crianças ou adolescentes psicóticos ou autistas, adictos, com famílias severamente complicadas, etc.

Para concluir, eu me sinto autorizado para fazer uma forte recomendação do presente livro, não só para todos aqueles que praticam o atendimento de crianças e de adolescentes, como também para quem esteja envolvido com atividades de *ensino-aprendizagem* relativamente ao desenvolvimento normal e/ou patológico de crianças e de adolescentes. Isso acontece, repito, especialmente pela riqueza dos diferentes e específicos relatos clínicos que, além de terem o mérito de estabelecer uma conexão com os princípios teóricos e técnicos, também possibilitam um estímulo para reflexão dos leitores, um frutífero intercâmbio de ideias, de experiências e de manejo clínico.

Ao final deste prefácio, desejo agradecer às organizadoras do livro pelo privilégio de ter sido eu o convidado para prefaciar um livro tão útil e gratificante, além das demonstrações de carinho em relação à minha pessoa, tanto nos "agradecimentos", como também em algumas carinhosas referências nos próprios textos e, sobretudo, no trato pessoal.

David Zimerman

Apresentação

O presente livro é o resultado de discussões e reflexões sobre os obstáculos, as conquistas e as elaborações desenvolvidas por um grupo de psicólogas ao longo de diversos anos em seu ofício como psicoterapeutas de crianças e adolescentes. Diversos questionamentos nos impulsionaram à produção teórico-clínica, que enriquece e retroalimenta a práxis psicoterápica.

Consideramos que a psicoterapia psicanalítica com crianças e adolescentes, orientada ao *insight*, objetiva, além de aliviar os sintomas, trabalhar o sofrimento psíquico e obter mudança psíquica, auxiliando crianças e adolescentes a se tornarem mais livres emocionalmente, expressando e elaborando ansiedades e sentimentos. Visa, além disso, obter modificações no mundo intrapsíquico e no repertório defensivo, nas relações intersubjetivas e sociais, através do vínculo paciente/psicoterapeuta e da compreensão e elaboração dos fenômenos transferenciais/contratransferenciais.

Na nossa formação de psicoterapeutas, encontramos um aparente paradoxo, já que a referência teórica é a psicanálise, mas a psicoterapia se realiza num foco diferente daquele e com uma técnica diversa. Na psicoterapia de adultos, as diferenças são mais claras; contudo, nas psicoterapias de crianças e adolescentes, as diferenças ficam mais esmaecidas.

Encontramos variedade de artigos sobre psicanálise de crianças e adolescentes; entretanto, a produção científica brasileira sobre psicoterapia psicanalítica com essas faixas etárias é mais restrita. Para que esse quadro seja revertido, é necessário dividir questões e dúvidas com colegas e realizar discussões sérias e aprofundadas.

A presente obra é um desejo de compartilhar com colegas e realizar trocas, para que se possam construir cientificamente adaptações e sínteses da teoria psicanalítica às práticas desenvolvidas como psicoterapeutas de crianças e de adolescentes. Pensar, pesquisar e escrever sobre a teoria da técnica de psicoterapia psicanalítica de crianças e adolescentes é indispensável para que configuremos uma área específica de trabalho.

Os saberes estão em constante processo de construção, desconstrução e reconstrução, por isso pensamos ser indispensável privilegiar espaços para pensar o novo e as mudanças que se apresentam em nossa sociedade atual. O trabalho clínico está imerso na realidade que nos circunda e sofre alterações com as mudanças culturais, históricas e sociais.

Mudanças afetam a vida de crianças e adolescentes neste início de século XXI. Em nosso país, vivemos sob pressão da violência social, do desemprego e da crise econômica e social crônica. Isso tudo está aliado às pressões mundiais de globalização, guerras e terrorismo. Defrontamo-nos com uma realidade difícil e invasora da vida privada da população de diversas formas, seja pela via prática do temor do desemprego, da ansiedade referente à segurança pessoal ou perdas econômicas. Aliado a esse caldo social, os lares são expostos a outros tipos de invasão proporcionados pela mídia, pela TV, pela virtualidade com o predomínio das imagens e ícones não-verbais, sobre as cadeias representativas e simbólicas. Os indivíduos são expostos a explosões de imagens repetidas à exaustão, muitas em tempo real, exigindo de cada pessoa um processamento e uma elaboração psíquica. A perda de espaços privados e de intimidade, gerados por transformações nos papéis familiares e nas novas formas de convivência, ocasionaram mudanças nas gerações mais novas. As famílias sofreram transformações advindas de inúmeros fatos, como, por exemplo, o trabalho feminino fora do lar, a maior independência das mulheres, mudanças no exercício da função paterna, bem como o aumento do número de divórcios, entre outros. Hoje, convive-se com diversas espécies de famílias: as reconstituídas, as monoparentais e as homoparentais. Observa-se, por isso, muitas crianças e jovens solitários, desacompanhados afetivamente de adultos que possam servir de modelo e filtro para auxiliá-los a processar e a discriminar o excesso de estímulos e excitações a que são submetidos. Dessa forma, fantasmas internos encontram eco em uma realidade externa menos continente, mais violenta e hostil, em que a capacidade de pensar fica reduzida, em favor das descargas e da ação rápida. Até que ponto tais fatores têm influência sobre a construção de subjetividades, modificando a qualidade dos vínculos e consequentemente das famílias?

Sabe-se que as crianças e os jovens de hoje estão sobrecarregados de superestimulação e expostos a uma erotização precoce, vivendo numa cultura de valores descartáveis e estressados pela crise financeira dos pais, afetando o seu cotidiano. Criam-se, na sociedade atual, novas realidades que geram a perda de contextos conhecidos, que oportunizam a falta de referenciais, gerando confusões e maior carga de pressões e de ansiedades.

Todos esses fatores ecoam sobre a clínica contemporânea. Interessadas nas repercussões dessas mudanças, questionamos como elas se refletem dentro dos nossos consultórios e nas demandas de pais, crianças e jovens.

Observamos modificações nas queixas com que nossas crianças chegaram ao consultório. Há alguns anos, os motivos das consultas se prendiam mais a inibições intelectuais, fobias e quadros de cunho neurótico. Atualmente, temos observado que as questões se prendem a: transtornos de conduta, falta de aceitação de limites, hiperatividade e outros sintomas que se caracterizam por descarga na ação e no corpo. Várias questões nos inquietam:

– Quais os impactos e efeitos das mudanças culturais, econômicas e sociais no pensamento clínico atual?
– Como se apresenta, hoje, o sofrimento psíquico das crianças e adolescentes?
– Como estão sendo narradas no *setting* as experiências subjetivas das crianças e dos jovens da atualidade?
– Houve modificações na forma e no conteúdo dessas narrativas?

Para responder a essas questões, convidamos colegas com larga experiência no trabalho psicoterápico com crianças e adolescentes, que conosco compartilham das mesmas indagações que nos impulsionaram a produzir os capítulos que compõem este livro. Cada um dos autores desenvolveu artigos sobre temas que os tem mobilizado e desafiado, a partir de sua experiência clínica, de docência ou de pesquisa. Temos vértices em comum sobre o pensar psicanalítico e como profissionais dedicados à psicoterapia, ressaltando-se as diferenças individuais e o estilo particular, interesses e indagações pessoais de cada autor, que se manifestam na obra.

Como psicoterapeutas, somos solicitados a produzir textos para revistas e eventos científicos e, muitas vezes, ficamos bloqueados para escrever e dividir nossas experiências. Mas é por meio da troca com nossos colegas que o conhecimento e a ciência se solidificam e enriquecem. Pensamos que a função da escrita clínica, para o psicoterapeuta, é muito importante, pois ela é uma atividade consciente e conceitual de formulação de nossas ideias, que implica um esforço racional, embora saibamos que, subjacente, transcorram os fenômenos de ordem inconsciente que influenciarão nosso texto. Escrever e produzir conhecimento corresponde então a articular, pensar e ressignificar a realidade de nosso fazer clínico.

Nosso ofício é bastante solitário, e o intercâmbio com os colegas, além de uma forma vinculação, conduz a novas aprendizagens e atualização constante. Concordamos com Berry* (1996), que localiza a escrita psicanalítica no centro de duas funções, de certa forma opostas: uma dessas funções seria a de catarse e a outra de elaboração. Escrever como catarse seria uma via de descarga de emoções represadas ao lidar com nossos pacientes. A outra função seria de elaboração: a escrita psicanalítica teria a função de um terceiro entre paciente e psicoterapeuta, criando-se um espaço potencial ou terceira área, em uma espécie de distanciamento em relação à situação transferencial de proximidade intensa, gerando possibilidades de elaborações. Escrever sobre a experiência clínica oportunizaria aos psicoterapeutas, paradoxalmente, um distanciamento e uma aproximação de seus pacientes.

Sabedores da importância da pesquisa e da escrita clínica para o desenvolvimento de teoria da prática psicoterápica e para o avanço científico dessa área, acreditamos que temos o dever de questionar, problematizar e investigar, produzindo trabalhos que revelem nosso posicionamento crítico e nossa autonomia de pensamento.

Nossa função psicanalítica da personalidade não está plenamente estabelecida enquanto não nos tornarmos investigadores para além do já conhecido. Pensar os acontecimentos ligados aos seus determinismos do passado, articulá-los às vicissitudes e reorganizações do presente e, estar aberto ao desconhecido e ao novo, nos abre as portas para aprendizagens com a experiência e compartilhar momentos de transformações em nosso fazer clínico.

Estar permeável às formas pelas quais problemas e situações emergem no campo psicoterápico, as suas relações entre realidades internas e externas, as influências do contexto social sobre os pacientes, entre ou-

---

* Nicole Berry, *Boletim Pulsional* nº 88, 1996, p.40.

tros fatores, nos conduzem a novas compreensões da teoria, da técnica e do processo psicoterápico em constante construção.

Agradecemos a todos os colegas que contribuíram com seus artigos, tornando possível esta publicação.

Os textos que seguem são temas que vêm sendo estudados e trabalhados pelos autores[*], que, esperamos, possibilitem aos leitores momentos de novas aberturas, incitando **reflexões** sobre a práxis psicoterápica.

Maria da Graça Kern Castro e Anie Stürmer
Organizadoras

---

[*] Os exemplos e casos clínicos apresentados neste livro são de responsabilidade de cada autor, que junto aos seus pacientes e/ou responsáveis legais obtiveram o Termo de Consentimento Livre e Esclarecido para a publicação, preservando-se os preceitos éticos de identidade e privacidade dos mesmos.

Parte I

psicoterapia
psicanalítica
com crianças
e adolescentes

As origens da psicoterapia de crianças e de adolescentes na psicanálise

1

Anie Stürmer

Este capítulo apresenta um breve histórico da psicoterapia de crianças e adolescentes que nasceu de modificações técnicas baseadas na psicanálise. Será feito breve resumo histórico dos principais autores e os eixos teóricos psicanalíticos que embasam a clínica psicoterápica com crianças e adolescentes, começando com as pioneiras, Hermine Von Hugh Hellmuth, Anna Freud e Melanie Klein. Após, são apresentadas algumas contribuições da Psicologia do Ego e da Psicologia das Relações Objetais cujo corpo teórico enriquece a prática da psicoterapia com crianças e adolescentes atualmente. Além disso, aborda o início dessa prática na América Latina.

AS ORIGENS

Freud ao observar seu neto, Ernest, brincando com um carretel, pensou sobre a possibilidade de a criança elaborar suas angústias depressivas através do brinquedo.

Para elaborar o afastamento de sua mãe, o pequenino transformava a ansiedade de separação vivida de forma passiva em algo ativo por meio de sua brincadeira. Simbolicamente, o carretel significava sua mãe, e ele tinha o "poder" de colocá-la longe (*fort*) ou perto (*da*) dele, minimizando assim sua angústia e impotência frente à separação, por meio da capacidade simbólica. Esta criança não chora com a partida da mãe, pelo contrário, transforma essa experiência em jogo. Assim, Freud descreve o menino brincando:

> *Esse bom menino, contudo, tinha um hábito ocasional e perturbador de apanhar quaisquer objetos que pudesse agarrar e atirá-los longe, para um canto, sob a cama, de maneira que procurar seus brinquedos e apanhá-los quase sempre dava um bom trabalho. Enquanto procedia assim, emitia um longo e arrastado "o-o-o-", acompanhado por expressão de interesse e satisfação (...) O que ele fazia era segurar o carretel pelo cordão e com muita perícia arremessá-lo por sobre a borda de sua caminha encortinada, de maneira que aquele desaparecia por entre as cortinas, ao mesmo tempo que o menino proferia seu expressivo "o-o-o-ó". Puxava então o carretel para fora da cama novamente, por meio do cordão, e saudava o seu reaparecimento com um alegre "da" (ali). Essa, então, era a brincadeira completa: desaparecimento e retorno* Freud (1976/1920).

Essa observação é a pedra inaugural do entendimento do brincar infantil como elemento básico para a compreensão das ansiedades da criança.

Em 1909, a análise do pequeno Hans, de 5 anos, foi conduzida pelo seu próprio pai, supervisionado por Freud, que o orientava quanto às intervenções em relação à fobia do menino. Esse atendimento pode ser considerado o primeiro modelo de uma psicoterapia infantil, e assim foi constatado que a interpretação era possível com uma criança (Castro, 2004).

No ano de 1908, Hermine von Hugh-Hellmuth torna-se a primeira psicanalista de crianças. Ela criou e tratou psicanaliticamente seu próprio sobrinho Rudolph. O menino veio a assassiná-la, aos 18 anos, asfixiando-a, no dia 9 de setembro de 1924. Esse assassinato ficou abafado por muitas décadas, como um segredo a ser preservado. Talvez esse fato tenha impedido um maior avanço da psicanálise e da psicoterapia de crianças nos primeiros anos do século XX. Esse "esquecimento" (Fendrik, p. 102) e o silêncio sobre esse incidente traumático poderia estar ligado ao temor sobre o futuro das crianças analisadas por seus pais ou alguém que estivesse nesse lugar e da impossibilidade de dar conta do que ocorre com transferência (Fendrick, 1991).

Embora Hermine von Hugh-Hellmuth tenha sido pioneira, imagina-se que seu trágico destino, por muito tempo oculto, deva ter eclipsado suas contribuições, pois não legou uma sistematização do seu modo de trabalhar por meio do jogo (Fendrick, 1991; Ferro, 1995).

> *O desaparecimento de Hermine von Hug-Hellmuth é contemporâneo ao início de Melanie Klein e de Anna Freud, que não poderiam ignorar que a pioneira no terreno que ambas iriam disputar entre si tinha morrido assassinada por*

seu jovem sobrinho, em cuja criação tinham sido utilizados critérios inspirados na psicanálise (Fendrick, 1991, p.19).

Dois nomes se impõem quando se fala em atendimento psicanalítico de crianças: Melanie Klein e Anna Freud. A primeira, pela sua apaixonada defesa da análise "pura" e por ter criado um novo modo de interpretação através do jogo; a segunda, pela sua firme convicção na necessidade de uma aliança entre psicanálise e pedagogia.

Melanie Klein

Em 1920, Melanie Klein ouve a comunicação de Hermine von Hugh-Hellmuth, *Sobre a técnica de análise de crianças*, e é convidada por Karl Abraham para trabalhar em Berlim.

Melanie Klein havia iniciado sua análise com Sándor Ferenczi em 1916, sendo estimulada por ele a se dedicar à psicanálise e ao atendimento de crianças, apresentando, em 1919, seu primeiro trabalho como membro da Sociedade Psicanalítica de Budapeste, um estudo de caso: *O desenvolvimento de uma criança*, dedicado à análise de uma criança de 5 anos:

> A criança em questão, Fritz, é um menino cujos pais, que são de minha família, habitam na minha vizinhança imediata. Isso permitiu me encontrar muitas vezes, e sem nenhuma restrição, com a criança. Além do mais, como a mãe segue todas as minhas recomendações, posso exercer uma grande influência sobre a educação de seu filho (Klein, 1921/1981, p.16).

Seu primeiro paciente, o pequeno Fritz, com sintomas de inibição intelectual, na realidade, veio a se saber mais tarde, era seu filho Erich. Klein viria a analisar, posteriormente, seus dois outros filhos, Hans e Mellita.

No começo de 1924, Melanie Klein começou uma segunda análise, com Karl Abraham, de quem adotaria algumas ideias para desenvolver suas próprias perspectivas sobre a organização do desenvolvimento sexual. Começava a questionar certos aspectos do complexo de Édipo. Nesse mesmo ano, Melanie Klein foi a Viena para fazer uma comunicação sobre a psicanálise de crianças e, nessa ocasião, confrontou-se diretamente com Anna Freud. O debate estava então aberto e trataria do que "devia" ser a psicanálise de crianças: uma forma nova e aperfeiçoada de pedagogia, posição defendida por Anna Freud, ou a oportunidade de uma exploração psicanalítica do funcionamento psíquico desde o nascimento, como queria Melanie Klein?

A análise com Abraham durou 14 meses e foi interrompida devido a morte de Abraham, em 1925. Com a morte de seu analista, Melanie Klein deixou Berlim, cujo meio psicanalítico aderia às ideias de Anna Freud. Em 1926, a convite de Ernest Jones, Klein se instalou definitivamente em Londres (Lindon, 1981).

Em setembro de 1927, Klein apresentou uma comunicação, *Os estádios precoces do conflito edipiano*, na qual expunha explicitamente suas discordâncias com Freud sobre a datação do complexo de Édipo, sobre seus elementos constitutivos e sobre o desenvolvimento psicossexual diferenciado dos meninos e das meninas. Com essas posições, o conflito se ampliou. As ideias de Klein suscitaram fortes oposições, que tomaram uma amplitude considerável com a chegada na Inglaterra dos psicanalistas expulsos pelo nazismo, entre os quais Anna Freud e Edward Glover, que consideravam suas ideias metapsicológicas uma heresia idêntica às de Jung e Rank. Diferentemente de Anna Freud, Melanie Klein considerava o brincar infantil uma forma de expressão de conteúdos mentais inconscientes, similar às associações livres dos adultos. Adultos falam e associam, enquanto crianças brincam e trazem à tona seus conflitos, ansiedades e fantasias, e esse material seria suscetível de interpretação no quadro da situação transferencial.

Klein começou a trabalhar com crianças em 1919 e logo observou que, ao brincar, as crianças expressavam suas ansiedades e fantasias, dando acesso à sexualidade infantil e à agressividade: em torno dessas fantasias podia se instaurar uma relação transferencial-contratransferencial entre a criança e o analista. Guiou-se pelo método de interpretação dos sonhos de Freud, dando significado ao brinquedo da criança, aplicando o princípio básico da associação livre (Lindon,1981). Como atendeu crianças pequenas e pré-verbais, compreendeu a força das fantasias inconscientes primitivas da mente infantil, que aparecem nas sessões através das personificações nos jogos. A personificação e a distribuição de papéis no ato de brincar, baseada nos mecanismos de dissociação e projeção, são o lastro para as transferências (Klein, 1929/1981).

Para Klein, a transferência é a espinha dorsal do tratamento, inclusive a negativa, que interpretava, se necessário, desde as primeiras sessões. Em 1923, analisou Rita, com 2 anos e 9 meses, e usou a caixa individual pela primeira vez. O *setting* instituído é muito semelhante ao que se utiliza ainda hoje. É com esse caso que ela dá um passo definitivo no desenvolvimento da técnica do jogo, passando a analisar seus pacientes em seu consultório, pois até então tratava as crianças em suas casas. Klein chegou à conclusão de que a transferência só poderia ser estabelecida e mantida se o consultório ou a sala de jogos fosse sentido como algo separado da vida em casa (Lindon, 1981).

Em 1932, Klein publicou sua primeira obra-síntese de seus historiais clínicos, *A psicanálise de crianças*, na qual expunha a estrutura de seus futuros desenvolvimentos teóricos, sobretudo o conceito de posição (posição esquizoparanoide e posição depressiva), assim como sua concepção ampliada da pulsão de morte, expressada pela inveja primária (Zimerman, 2001).

A discordância entre Anna Freud e Melanie Klein não parava de crescer. Klein defendia a ideia de que o tratamento de uma criança poderia ser parte integrante de sua vida, visto que toda a criança passava por uma neurose infantil. Já Anna Freud achava que tratar era necessário apenas quando a neurose se manifestava em sintomas e restringia o tratamento de crianças apenas à expressão do mal-estar parental.

Em julho de 1942, a tensão no seio da Sociedade Britânica de Psicanálise atingiu um ponto crítico pelas divergências quanto às questões teóricas e técnicas entre os partidários de Klein e os de Anna Freud. Assim começou o período das Grandes Controvérsias, inaugurado por um ataque violento de Edward Glover contra a teoria e a prática dos kleinianos (Glover, 1981). Os confrontos assumiram tal intensidade que, em novembro de 1946, depois de intermináveis negociações, marcadas principalmente pela renúncia de Edward Glover à Sociedade Britânica de Psicanálise surgiram três grupos: kleinianos, annafreudianos e independentes. Além disto, destas controvérsias, surgiram duas escolas da psicanálise: a Psicologia do Ego, do qual Anna Freud foi precursora, e, do outro lado, a Psicologia das Relações Objetais, fundada pelas ideias de Melanie Klein.

Nesse campo de batalha entre as duas "divas" da psicanálise infantil está Donald Woods Winnicott, que participava do *middle group*, ou grupo independente, e também trouxe contribuições originais à psicanálise infantil. Não se pode negar a influência de Klein no pensamento de Winnicott, sobretudo, em relação à importância do mundo interno e o poder da fantasia. Ambos tratam os aspectos pré-edípicos da personalidade da criança. (Kahr,1999). Enquanto Melanie Klein destaca o papel da mãe internalizada, o ponto de vista da inveja, agressividade, voracidade e das experiências psicóticas do bebê, Winnicott prioriza a importância da relação da criança e sua mãe real, ou "mãe ambiente", os aspectos saudáveis e a necessidade de ser amado. Discorda de Klein ao não aceitar o conceito de pulsão de morte e entender a agressividade humana como reação à invasões ambientais e ao sentido do verdadeiro *self*. Enfatiza que os conflitos ligados à perda de continuidade do *self* são os aspectos que seriam levados para a transferência. Tal como Klein, Winnicott considera um ego rudimentar desde o nascimento, sendo que as relações objetais iniciam a partir desse momento.

Toma emprestado de Klein o papel do jogo como meio de ingressar no mundo infantil, mas com visão diferenciada, pois, para ele, o brincar não é apenas pulsional, enfatizando que o verdadeiro jogo é criativo e ocorre na área dos fenômenos transicionais. O brincar é prazeroso e satisfaz, e quando há elevado grau de ansiedade ou de carga pulsional, o jogo é interrompido ou é usado como descarga. Além disso, Winnicott faz uma abordagem própria da técnica do brinquedo, quando, por exemplo, utiliza o "jogo do rabisco" (*Squigle*) para se comunicar com alguns de seus pacientes. Considera a psicoterapia como um *espaço transicional*, onde a criança terá a oportunidade de desenvolver sua criatividade.

Anna Freud

Em 1927, publicou sua obra *O tratamento psicanalítico das crianças*, onde relata tratamentos de crianças entre 6 a 12 anos. Enfatizava que os filhos estavam ligados aos pais reais e atuais e, por isso, não eram capazes de desenvolver neurose de transferência e tão pouco de associar livremente. Sustentava que não poderia haver uma repetição enquanto a criança ainda estivesse vivenciando suas ligações originais (Ferro, 1995). Para ela, as crianças não teriam também motivações para se tratar, e seus sofrimentos estariam mais ligados aos sentimentos e conflitos de aprovação/desaprovação com seus pais reais. Em função disso, instituiu um período preparatório, no qual criava uma aliança com o ego da criança e a induzia para aceitação da análise, ao mesmo tempo que valorizava a utilização do sonho, das fantasias diurnas e dos desenhos, mas limitava a utilização do jogo. Aliava fins educativos e pedagógicos ao tratamento.

Anna Freud temia a deterioração das relações da criança com seus pais se fossem analisados seus sentimentos negativos a respeito deles; então tentava manter uma situação positiva. As situações negativas seriam resolvidas por métodos não-analíticos (Ferro, 1995).

Anna Freud criou em 1925 o Kinderseminar (Seminário de Crianças), que se reunia no apartamento da Berggase. Depois das experiências infelizes de Hermine von Hugh-Hellmuth, tratava-se então de formar terapeutas capazes de aplicar os princípios da psicanálise à educação das crianças.

Além disso, uma de suas maiores contribuições foi a criação e o desenvolvimento da Hamsptead Child Therapy Clinic em Londres.

Quanto a Anna Freud, seu pai não hesitou em analisá-la por duas vezes: entre 1918 e 1920 e entre 1922 e 1924. Nessa época, nas décadas iniciais dos tratamentos psicanalíticos, não era anômalo pais tratarem seus próprios filhos ou parentes.

PSICOLOGIA DO EGO

Heinz Hatmann, psicanalista austríaco, migrou para os Estados Unidos como muitos outros psicanalistas europeus perseguidos pelo nazismo, onde, juntamente com Kris, Loewenstein, Rappaport e Erickson, fundou a corrente psicanalítica denominada "Psicologia do Ego". Esses autores se fundamentaram nos últimos trabalhos de Freud e também se alicerçaram nos trabalhos de Anna Freud (Zimerman, 1999).

Anna Freud focou principalmente nos aspectos do id e ego, explorando os efeitos da pressão pulsional no desenvolvimento do ego. Segue Freud entendendo que o ego tem início corporal, considerando que no início da vida há uma fase anobjetal. Uma das suas principais contribuições teórico clínicas, ainda muito usada na atualidade, foi a elaboração do seu diagnóstico metapsicológico (perfil desenvolvimental). Ela entendia que a ênfase no ego encaminha o indivíduo para uma adaptação à realidade.

Margareth Mahler, por sua vez, propôs uma dimensão adicional, além da influência de Anna Freud, quando enfatizou seus estudos dos processos de separação/individuação da criança em relação à mãe. Mostrou a complexidade dessa tarefa, levando em conta aspectos mais primitivos, concebendo um ego incipiente na fase simbiótica, e que nessa fase existiriam rudimentos de relações objetais. Mahler valoriza a mãe como elemento do par simbiótico e seu papel para discriminar e diferenciar o bebê de si próprio e desenvolver uma noção de coerência de *self* (Liekerman e Urban, 2000). Elaborou fases do processo separação/individuação, que é base para entender os transtornos *borderline* (Mahler, 1982).

TEORIA DAS RELAÇÕES OBJETAIS

A perspectiva teórica das relações objetais valoriza os vínculos entre objetos. Nesse modelo relacional, a visão dos fenômenos é enfocada como *processos interativos* entre *self* e objeto, que levam ao surgimento de novos elementos (Greemberg e Mitchell, 1994).

Consiste num modelo de aparelho psíquico que supõe uma relação objetal desde o início da vida. A partir da relação com os objetos primários, será internalizado um objeto colorido pelas fantasias provocadas por essas experiências. Os objetos internalizados estarão, portanto, sujeitos às deformações operacionalizadas pela vida fantasmática da criança e não corresponderão às características dos objetos reais externos.

O tema das relações objetais recebeu a contribuição de vários autores, embora seja frequentemente utilizado para descrever a abordagem desenvolvida por Melanie Klein.

Contradizendo Freud, Klein sugeriu que o bebê pode ter um ego pouco desenvolvido desde o nascimento, fazendo uso de mecanismos de defesa primitivos, possuindo uma capacidade rudimentar de apreensão de aspectos desde seu nascimento. As fantasias primitivas do bebê emergem interferindo nas percepções e nas interações com a mãe e com seus cuidadores. A partir daí, a criança internalizará "partes" de objetos arcaicos que serão distinguidos entre "bons e maus". Essas primeiras relações objetais, seio/bebê, se dão com objetos parciais (posição esquizoparanoide), e na medida em que houver maior integração e coesão do ego infantil, a criança estabelece uma relação com objetos totais, entrando na posição depressiva. Klein sustenta que o mundo interno da criança é criado a partir desses processos e é a chave para a saúde mental (Liekerman e Urban, 2000). No desenvolvimento desse modelo teórico, a exitosa elaboração da posição depressiva será garantia de maior saúde mental, com prevalência de mecanismos neuróticos sobre psicóticos (Ferro, 1995).

A vida psíquica é dominada pelo jogo das fantasias inconscientes e das defesas a ela conectadas. O terapeuta se torna alvo dessas fantasias, e o paciente externaliza o que acontece em seu mundo interno ao projetar na atualidade da transferência (Ferro, 1995).

A descrição da identificação projetiva descrita por Klein (como mecanismo para livrar a mente de angústias penosas, evacuando-os para o exterior e para dentro de outro que se torna receptor do processo) torna-se uma aquisição indiscutível para a psicanálise. Bion, mais tarde, muda esta perspectiva, entendendo e ampliando a identificação projetiva como uma forma de comunicação primitiva de emoções (Ferro, 1995). Portanto, a teoria kleiniana, com alguns conceitos e desenvolvimentos originais, deu ascensão à "escola das relações de objeto", na qual estão incluídos pensadores como Donald Winnicott, Michael Balint, Ronald Fairbain e Wilfred Bion. Entretanto, quando esses pensadores concordaram com Klein sobre a atividade precoce do ego, também, ao contrário de Klein e com uma consciência das contribuições de Anna Freud, enfatizaram a dependência total desse ego na ausência da sustentação externa da mãe (Likierman e Urban, 2000).

Herbert Rosenfeld, Donald Meltzer, Antonino Ferro, Anne Alvarez e Francis Tustin, para citar alguns dos pensadores contemporâneos dentre outros, também foram beber na fonte das principais linhas de desenvolvimento do trabalho de Klein, ampliando alguns conceitos que vêm enriquecer ainda mais a teoria psicanalítica, inaugurando o que se denomina atualmente de "psicanálise vincular" (Zimerman, 1999).

AMÉRICA LATINA E BRASIL

Na América Latina, mais precisamente na Argentina, Arminda Aberastury identificada com as ideias de Melanie Klein, traduziu sua obra para o castelhano, desenvolvendo a análise de crianças.

Entre 1948 a 1952, Arminda dirigiu no Instituto de psicanálise da APA um seminário sobre esse tema, formando uma geração de analistas de crianças. Em 1957, apresentou uma comunicação sobre a sucessão dos "estágios" durante os primeiros anos de vida, definindo uma "fase genital prévia", anterior à fase anal no desenvolvimento libidinal, que, conforme ela, seria início do complexo de Édipo. Conforme Aberastury (1982), a fase anal se estruturaria depois da oral e fálica, por consequência e como solução dos conflitos criados nessa fase. Além disso, focou seus estudos sobre as dificuldades de sono nos lactentes, bem como os transtornos que acompanham a dentição.

Em seu livro *Psicanálise da criança*, enfatiza que sua técnica teve suas raízes da técnica elaborada por Melanie Klein, mas, pela sua experiência permitiu-se realizar uma série de modificações no tocante à forma de conduzir as entrevistas com pais, e destaca as fantasias de *"doença e cura"* que a criança apresenta nas primeiras horas de jogo. Sem dúvida, essa é uma das suas contribuições técnicas mais originais e que levam o psicoterapeuta a entender que a criança "sabe que está enferma e que compreende e aceita o tratamento" (Aberastury, 1982, p.111).

As ideias de Aberastury, juntamente com Eduardo Kalina e Mauricio Knobel, tiveram forte influência sobre a psicoterapia de crianças e adolescentes na década de 1970 no Brasil, mais especificamente no Rio de Janeiro e Rio Grande do Sul.

Nesse mesmo período, Dr. Fábio Leite Lobo assumia a direção do Instituto de Psicanálise do Rio de Janeiro e trazia uma postura mais aberta, com atitudes pioneiras, vindo a oferecer uma ampliação da prática psicanalítica a não-médicos. Foi nesse período que Eduardo Kalina e Arminda Aberastury desembarcavam no Rio de Janeiro, a fim de oferecer um curso de teoria e clínica psicanalítica. Surpresa foi que muitos profissionais se interessaram pelo tema, sendo a maioria deles psicólogos. Aberastury, que já se envolvia com estudos sobre a criança, havia publicado um trabalho intitulado "O mundo adolescente", e, desse modo' iniciava uma fase de estudos sobre o tema.

Em se tratando de adolescentes, os trabalhos sobre esse tema no Brasil tiveram desenvolvimento significativo em 1970. Ainda em plena ditadura militar e sem possibilidade de expressar suas angústias frente ao mal-estar social, o adolescente brasileiro, se sentindo sem horizontes, voltava-se para as drogas, alienando-se do mundo real. Junto a isto, estavam os pais assustados e confundidos frente a esse quadro que incluía, essencialmente, a drogadição e a sexualidade. Em consequência disso, multiplicaram-se os psicoterapeutas dedicados a atender adolescentes e suas famílias (Freitas, 1989).

Em 1971, Luis Carlos Osorio, no Rio Grande do Sul, e Carlos Castellar, no Rio de Janeiro, participaram da I Reunião Panamericana de Psiquiatria e Adolescência e do II Congresso Argentino de Psicopatologia Infanto-Juvenil, organizado pela ASAPPIA (Associação Argentina de Psiquiatria e Psicologia da Infância e Adolescência). A partir desses contatos, surge a ideia de criar a APPIA (Associação de Psiquiatria e Psicologia da Infância e Adolescência), que foi fundada em 1972. Esta instituição torna-se revolucionária não apenas por ter ampliado questões científicas, mas também por *"ter funcionado como um espaço que incentivava e referendava a prática psicoterápica, principalmente aos médicos e psicólogos não-psicanalistas"* (Freitas, 1989).

A influência teórica da época era basicamente a de Melanie Klein e Arminda Aberastury, ambas não eram médicas nem psicólogas. O tratamento de crianças era realizado por psicólogas que supervisionavam e se analisavam com psicanalistas de formação médica.

Houve bastante resistência das sociedades psicanalíticas filiadas à IPA em abrir sua formação para psicólogos. Esse "fechamento" resultou que a "classe excluída" fosse buscar sustentação em grupos de estudos, supervisão e análise com psicanalistas que os apoiavam, fundando uma sociedade exclusiva para psicólogos. Nesse sentido, as APPIAs se constituíam de nomes conceituados da psicologia, psicanálise e psiquiatria, e abriam espaço para diferentes discussões tanto políticas quanto teóricas (Freitas, 1989).

O ESPAÇO DA PSICOTERAPIA DE ORIENTAÇÃO PSICANALÍTICA

Conforme assinalado neste capítulo sobre *As origens da psicoterapia na psicanálise*, em toda a história da psicanálise houve cisões, rupturas, em virtude de diferenças teóricas ou políticas, ou ainda, devido às disputas por espaço no mercado de trabalho.

Aqui no Brasil, mais especificamente, constituiu-se muito árdua a luta dos psicólogos para serem reconhecidos como capazes de exercer a função de psicoterapeutas, pois essa área ficava restrita à medicina.

Nesse hiato que se colocou entre esta "autorização", foram se constituindo vários cursos de formação de psicólogos, alguns se fortalecendo e se tornando referência no ensino da psicoterapia. Em pesquisa realizada por Selister (2003), em Porto Alegre existem mais de 50 instituições dedicadas ao ensino da psicoterapia. Nesta investigação, descreve que a docência da psicoterapia psicanalítica é exercida essencialmente por mulheres, psicólogas, formadas há mais de 20 anos.

Com a Resolução nº 14/2000, o Conselho Federal de Psicologia regulamentou os cursos de formação e a prática e a experiência dos psicólogos formados em cursos de especialização não ligados ao meio universitário. Conforme Castro (2004), *"essa resolução destaca como imprescindível para realização da psicoterapia que o psicólogo seja obrigado a se submeter a uma especialização em nível de pós-graduação a esse exercício profissional, visto que a prática da psicoterapia é o produto de interação complexa entre a formação, o compromisso com atualização continuada e o cliente".*

Desta maneira, a psicoterapia de orientação psicanalítica tem um espaço que vai se solidificando com o decorrer dos tempos: toma como sustentação a teoria psicanalítica e os progressos desenvolvidos por seus pensadores, e, a partir daí, constituiu-se em uma técnica própria que dá conta de um campo e um "fazer" que é específico.

Duarte (2003) aponta que, no início dos cursos de formação de psicólogos as disciplinas da área clínica eram ministradas por médicos, o que ofereceu uma base sólida; por outro lado, não favoreceu a identidade profissional do psicoterapeuta, sendo que os primeiros profissionais *"tiveram que dar um pulo, semelhante ao processo de adoção"* (Duarte, 2003, p. 22). Esse aspecto ainda se faz presente até hoje, pois não fomos, na área da Psicologia Clínica, filhos de psicólogos, mas sim tivemos uma origem médica. Embora esses profissionais tenham tido muita disponibilidade, *"não foram poucos os que não aceitavam os novos profissionais"* (Duarte, 2003 p.22).

Duarte (2003, p. 23) ainda aponta que em sua longa experiência profissional, se observa uma seleção natural, onde sobreviverão aqueles indivíduos e grupos que se formaram a partir de uma base consistente, fundada principalmente em princípios éticos.

Cada psicoterapeuta através do tripé formação, supervisão e tratamento pessoal se instrumentaliza e se desenvolve para a realização de uma prática ou *ciência/arte* (Castro, 2004), que envolve, além de atualização permanente do estudo e teoria, a intuição, a empatia e a capacidade e a plasticidade do ego em se colocar "junto com" o outro, seja sentindo, brincando, desenhando ou jogando, no caso de crianças ou adolescentes, para depois se afastar, processar e devolver para o paciente aquilo que foi vivido na sessão terapêutica em doses homeopáticas, exercendo a função *"continente"* (Bion).

Cada vez mais, o psicoterapeuta de Orientação Psicanalítica necessita se apossar de sua identidade, ciente de que sua formação estará calcada em uma base sólida tanto ética quanto teórica e técnica.

Tendo esses aspectos integrados dentro de si, aquele que exerce a psicoterapia certamente estará sedimentando uma técnica específica, tendo como modelo pioneiras da psicanálise infantil como Anna Freud e Melanie Klein, que souberam "ousar" e "brigar" pelo que acreditavam. O psicoterapeuta estará então auxiliando aquele que nos pede ajuda para se conhecer e se encaminhar para atingir a liberdade para "vir a ser o que se é" (Bion).

Tal como nossos pacientes, assim também a psicoterapia tem caminhado em direção ao "vir a ser" o que realmente "é", ocupando um espaço singular como instrumento de ajuda para o indivíduo da sociedade atual.

REFERÊNCIAS

ABERASTURY, A. *Psicanálise da criança*. Porto Alegre: Artmed, 1982.
BION, W. R. *Aprendiendo de la experiencia*. Buenos Aires: Paidós, 1980.
BION, W. R. *Estudos Psicanalíticos Revisados*. Rio de Janeiro: Imago, 1994.
CASTRO, M. G. K. *Reflexões acerca da prática da psicoterapia com criança: uma ponte entre passado, presente e futuro*. Trabalho apresentado no V Congresso latino Americano de Psicoterapia. maio de 2004. Porto Alegre.

DUARTE, I. Entrelaçamentos históricos entre psicologia, psicoterapia e psicanálise no RS. *Revista do IEPP:* Psicoterapia Psicanalítica, v. 5, p. 11-25, 2003.
FENDRICK, S. *Ficção das origens:* contribuições à história da teoria da psicanálise de crianças. Porto Alegre: Artmed, 1991.
FERRO, A. *A técnica da psicanálise infantil:* a criança e o analista: da relação ao campo emocional. Rio de Janeiro: Imago, 1995.
FREITAS, L. A. Psicanálise de adolescentes, um pouco da história. In: CASTELLAR, C. (Ed.). *Crise na adolescência:* visão psicanalítica. Rio de janeiro: Rocco, 1989. p. 9-15.
FREUD, A. *El psicoanalisis del niño.* Buenos Aires: Hormé, 1981.
FREUD, S. Além do princípio do prazer. In: _____. *Obras psicológicas completas de Sigmund Freud.* Rio de Janeiro: Imago, 1976. v. 18.
GLOVER, E. Psicanálise na Inglaterra. In: ALEXANDER, F.; EISENSTEIN, S.; GROTJAHN, M. (Ed.). *A história da psicanálise através de seus pioneiros:* uma história da psicanálise vista através das vidas e das obras dos seus mais eminentes mestres, pensadores e clínicos. Rio de Janeiro: Imago, 1981.p. 599-599.
GREEMBERG, J.; MITCHELL, S. *Teoria das relações objetais na teoria psicanalítica.* Porto Alegre: Artmed, 1994.
KAHR, B. *Donald Woods Winnicott*: retrato y biografía. Madrid: Biblioteca Nueva, 1999.
KLEIN, M. *Contribuições à psicanálise.* São Paulo: Mestre Jou, 1981.
LIKIERMAN, M.; URBAN, E. The Roots of Child and adolescent psychotherapy in psycoanalysis. In: LANYADO, M.; HORNE, A. (Ed.). *Child & adolescent psycotherapy.* London: Routledge, 2000. p. 19-30.
LINDON, J. A. Melanie Klein: Como ela via o inconsciente In: ALEXANDERE, F.; EISENSTEIN, S.; GROTJAHN, M. *A história da psicanálise através de seus pioneiros.* Rio de Janeiro: Imago, 1981. v. 2, p. 406-418.
MAHLER, M. *O processo de separação-individuação.* Porto Alegre: Artmed, 1982.
SELISTER, K. M. O *Formador de psicoterapeutas psicanalíticos nas instituições de formação terapêutica em Porto Alegre.* 2003. Dissertação (Mestrado) – Faculdade de Psicologia, Pontifícia Universidade Católica do Rio Grande do Sul, Porto Alegre, 2003.
WINNICOTT, D. W. Ansiedade associada à insegurança In: _____. *Da pediatria à psicanálise:* obras escolhidas. Rio de Janeiro: Imago, 2000. p. 163-167.
ZIMERMAN, D. *Fundamentos psicanalíticos:* teoria, técnica e clínica. Porto Alegre: Artmed, 1999.
_____. *Vocabulário contemporâneo de psicanálise.* Porto Alegre: Artmed, 2001.

2 Condições essenciais do psicoterapeuta de crianças e adolescentes

Ana Cláudia Santos Meira

Como se forma um psicoterapeuta de crianças e adolescentes? O que ele deve ter? Como deve ser? Existem condições que são peculiares a quem pretende se dedicar ao tratamento de jovens pacientes?

Para começar a escrever sobre um tema tão relevante e poder responder a essas perguntas, busquei a parceria e a interlocução entrevistando colegas que, com uma disponibilidade admirável, compartilharam comigo as reflexões sobre seu *quehacer* enquanto terapeutas de crianças e adolescentes, de modo que agora podemos dizer que este capítulo foi escrito a muitas mãos.

Então, como se forma um psicoterapeuta? A maioria já deve ter ouvido falar do famoso tripé que sustenta a especialização em psicoterapia de orientação psicanalítica. Temos nossa formação firmemente ancorada na soma dos efeitos que o tratamento pessoal, a supervisão e a teoria operam dentro de nós, em nosso aparelho mental. É o que possibilita estarmos mais instrumentalizados para atender a pacientes em psicoterapia segundo os preceitos teóricos da psicanálise. É então da ação desses três elementos que surgirão os atributos essenciais para tratarmos desses pacientes.

Proponho aqui que pensemos em outra forma que não a de um tripé com suportes paralelos e que não se cruzam. Sugiro a forma de três círculos – algo sobrepostos um ao outro – com um campo de intersecção entre eles, para representar, exatamente nesse espaço central – que é parte dos três e ao mesmo tempo um só – o nosso mundo interno. É ali que se posiciona o que de psíquico foi formado e transformado a partir da vivência de um tratamento pessoal, de supervisão da clínica e de nosso empenho no estudo teórico. É desse lugar – que é acima de tudo da ordem do emocional – que vamos saber, fazer ou ter uma série de qualidades que nos permitirão o exercício efetivo da psicoterapia.

Agora, será que podemos falar dessas qualidades que são comuns aos terapeutas de todas as faixas etárias? Certamente que sim. No entanto, existem atributos que devem ser inerentes aos profissionais que atendem especificamente crianças e adolescentes e peculiaridades próprias da técnica desse atendimento.

Um psicoterapeuta indaga se é possível fazer esse fracionamento da prática por idade, na medida em que o inconsciente – que é o objeto de nossa atenção – não pode ser fracionado por critérios de idade cronológica. Ele localiza as diferenças em questões mais egoicas – as preferências, os gostos – ou em questões de ordem prática – disposição de tempo, consultório, organização do trabalho. Contudo, alerta que lidamos o tempo todo com o *infantil* de nossos pacientes, independente da idade que têm: "é ele [o infantil] que está em jogo, se aquilo que importa na situação analítica é fazer circular o pulsional e a sexualidade infantil, propondo, a partir daí, dissolver sentidos coagulados e afrouxar o recalque – na neurose – ou percorrer os caminhos da constituição psíquica onde aquilo que não se forma possa se constituir *a posteriori* em pacientes mais graves".

Em expansão ao que esse terapeuta pontua, falaremos aqui das condições que nos habilitam a percorrer esses caminhos pelo psíquico junto a uma parcela específica dos pacientes, que se distingue, sem dúvida, do adulto. Ainda que seja certo que o inconsciente é atemporal e habita com a mesma qualidade a mente de um menino de 5 anos, um rapaz de 15 e um homem de 50 anos, existem diferenças que conferem inegavelmente características diversas na dinâmica, na técnica e no olhar lançado, e, então, nos atributos que o psicoterapeuta de crianças e adolescentes deve ter.

Logo, este capítulo oferece um *mapeamento* daquilo que é específico do psicoterapeuta, mas também do que o atendimento às três faixas etárias comunga em termos de condições necessárias a quem a ele se dedica.

CARTOGRAFIA DA FORMAÇÃO

- Submeta-se a um tratamento pessoal – análise ou psicoterapia. É importante estar tranquilo com os seus aspectos infantis e adolescentes, já que, no contato com os jovens pacientes, muitos conflitos, fantasias e defesas serão remobilizadas. Por seu conteúdo mais

primitivo e pela natureza mais arcaica das fantasias, o material trazido pode estimular ansiedades inconscientes e formar pontos cegos.
- Busque uma autorização pessoal, através de seu tratamento, que lhe indique que você está em condições de se *tornar* um psicoterapeuta de crianças e adolescentes. Dentre outros indicadores, *estar em condições* significa que nossos traços de caráter possibilitarão – e até facilitarão – o envolvimento com esses pacientes e tudo o que isso implica.
- Faça uma formação específica que garanta um conhecimento profundo sobre o "mundo infantil", sobre os meandros do desenvolvimento emocional e psicossexual, a formação da personalidade, o que é esperado para cada etapa e a psicopatologia da infância. Com a Resolução nº 14/2000, o Conselho Federal de Psicologia regulamentou os cursos de formação, a prática e a experiência dos psicólogos formados em cursos de especialização não-ligados ao meio universitário. Essa resolução destaca como imprescindível para a realização da psicoterapia que o psicólogo se submeta a uma especialização em nível de pós-graduação, visto que a prática da psicoterapia é o produto de interação complexa entre a formação, o compromisso com atualização continuada e o paciente.
- Conheça a dinâmica do processo adolescente para perceber o que está acontecendo, em que momento do desenvolvimento o jovem se encontra, se os sinais que está apresentando são próprios do período, para diferenciar o que é próprio dessa faixa etária e o que já se tornou psicopatológico, a intensidade e a frequência dos sintomas.
- Leia os autores clássicos – Freud, Melanie Klein, Anna Freud, Donald Winnicott, Margaret Mahler – mas também os contemporâneos, que ampliaram as ideias pioneiras. Leia muito, esteja sempre se atualizando e utilize de cada teoria aquilo que ela tem de melhor, mantendo uma coerência interna. Conhecer as teorias e os autores nos possibilita dar conta das diferentes demandas que por certo surgirão nos atendimentos.
- Aprenda bem os conceitos, tenha domínio das teorias, *de cor e salteado*, e depois se esqueça deles. Somente a segurança fornecida por eles é que nos permite transitar com liberdade pelo desconhecido, pelo novo. Dito de outra forma, internalize os conceitos de tal modo que sua prática seja espontânea e natural, e que suas intervenções não sejam produto de um discurso intelectualizado.

- Lance mão da leitura de publicações atuais, pois as situações inusitadas a que os pacientes nos expõem não estão *previstas* nos livros. Estudamos nos livros o que *normalmente* ocorre, mas com crianças e adolescentes costumamos ser *pegos de surpresa* com muita frequência, em situações que simplesmente nunca nos ensinaram o que fazer, como agir ou reagir.
- Supervisione sempre, não só quando inserido em um curso formal ou quando as horas de supervisão contarem para o mínimo exigido no *currículo*. Outrossim, supervisione até o momento em que tiver segurança de conseguir vislumbrar o que há para além de seu próprio inconsciente, sem ficar cegado por conflitos ainda não-resolvidos.
- Disponibilize-se emocional, interna e temporalmente para estar *de fato* com as crianças e os adolescentes. Precisamos gostar genuinamente deles, de estar e de trabalhar com eles. Tenha curiosidade, respeite-os e leve-os a sério. Comunique-se com eles de modo a ser acessível e compreendido, sem, no entanto, se infantilizar nem infantilizá-los, porque a diferença é fundamental.
- Adquira a capacidade de regressão, semelhante à de uma mãe quando recebe seu bebê e desenvolve uma *preocupação materna primária*, pela qual se tem empatia para se colocar no lugar do paciente que vem buscar ajuda, com a condição de dependência da criança e com o desejo de independência do adolescente. Estabelecer um bom vínculo e uma firme aliança terapêutica com o paciente dá a base para que ele se sinta à vontade para expressar suas mais profundas dores.
- Seja espontâneo ao brincar, tenha disponibilidade afetiva e prazer com a atividade, como sentar no chão, entrar no mundo da criança, jogar sem uma pressão externa ou formal para isso. Logo, será necessária uma plasticidade de ego, pois temos que brincar *de verdade*, nos envolvermos com as atividades propostas pela criança, entrando empaticamente em seu universo de faz-de-conta. Uma terapeuta alerta: "sem essa condição, podemos ter um adulto tentando se comunicar com uma criança e, muitas vezes, esperando que a criança se comunique como um adulto. Quando nós conseguimos regredir (de forma saudável), podemos nos comunicar através da linguagem infantil, até porque um dia já fomos criança; já a criança ainda não chegou à fase adulta".
- Produza a capacidade de regredir e de voltar *ao normal* várias vezes durante uma mesma sessão. Efetue uma regressão a serviço de

ego para poder *se soltar* física, mental e emocionalmente, para brincar na "língua" da criança, sem, todavia, perder o funcionamento secundário do pensamento, que nos possibilita compreender e interpretar. É preciso lidar com a situação de brincar e, ao mesmo tempo, entender e trabalhar com o paciente. Vamos "interpretar brincando", sugere uma terapeuta.

- Seja criativo para buscar recursos, e não apenas os verbais que propiciem o acesso ao mundo interno do paciente. O silêncio nas sessões é fenômeno comum na adolescência, e, para dar conta disso, é preciso tolerância; porém, talvez mais do que isso, é preciso criatividade para encontrar formas diversas das tradicionais para penetrar pelas brechas que o jovem não tão facilmente nos abre.
- Apure um olhar psicanalítico voltado para a comunicação não-verbal, que se dá através de toda atividade lúdica, nos mínimos detalhes, em cada gesto, em todo movimento. Trabalhe com o simbólico e o imaginário. O brincar é fundamental para que a criança comunique e simbolize seus conflitos. Então, compreenda o que o jogo está querendo dizer e decodifique, mostrando o entendimento a ela, conforme a sua capacidade. A interpretação se dá no próprio brinquedo.
- Compreenda as modalidades de comunicação não-verbais, paralelas ao uso da palavra. Algumas formas de expressão de fantasias são, por vezes, violentas, barulhentas, envolvem sujeira com tintas, argila e água, trazendo aspectos bastante regressivos ao *setting*. Uma terapeuta lembra: "as fantasias mais primitivas não são de natureza verbal; são inicialmente corporais, depois visuais e, somente mais tarde, serão traduzíveis em palavras".
- Preserve a capacidade de tolerar o ataque dos pacientes e sobreviva a eles. Durante a infância e a adolescência, a manifestação de sentimentos hostis é mais franca do que no adulto, que encontra na repressão um apaziguamento. O material trazido é muito rico, mas carregado de primitivismo e agressividade, que inclui muita movimentação corporal da dupla. Uma terapeuta sugere uma metáfora para isso: que permitamos que os pacientes nos usem de *sparring* – aquele saco de treinar boxe, o que não significa, naturalmente, aceitar uma conduta atuadora ou a descarga pelo ato, sem uma contenção adequada e um trabalho interpretativo. As crianças são convidadas no *setting* a "tudo desenhar, falar, brincar; a tudo representar, mas nem tudo fazer", como bem define outra terapeuta.

- Tolere os momentos de não-saber que, sem dúvida, com crianças e adolescentes, vivenciamos com mais frequência do que quando atendemos adultos. Seja verdadeiro e honesto, pois as crianças são muito perspicazes, e os adolescentes se especializam em encontrar nossos pontos fracos, nossos pontos cegos. Tenha tranquilidade para tratar de assuntos que podem ser considerados tabus, como sexo, drogas, homossexualidade, doenças, morte.
- Prepare seu consultório para receber a demanda dos pacientes. Isso quer dizer que talvez ele não possa ter tantos enfeites, muito vidro ou porcelana, a ponto de que o apego ou cuidado com esses objetos impeçam de permitir a expressão do mundo interno daquele que, na maior parte das vezes, vai explorar todas as possibilidades do ambiente. Crie um desprendimento para propiciar a ação da criança nas brincadeiras, ou atender à sua demanda de movimentação dos móveis da sala para realizar algum jogo ou dramatização.
- Seja tolerante para suportar que o consultório fique sujo ou bagunçado durante a sessão psicoterápica. Quanto mais regressivo o funcionamento psíquico da criança e do adolescente, mais dispostos teremos de estar a sermos usados e explorados, junto com o ambiente físico. Por isso, não podemos ser obsessivos demais, pois teremos de *botar a mão na massa*, às vezes simbolicamente, às vezes, concretamente. Necessitamos pintar, mexer em argila e usar a massa de modelar.
- Tenha o mesmo desprendimento para situações como ter de limpar uma criança que urinou ou outra que defecou; às vezes, elas pedem que as levemos ao banheiro; outras, contudo, elas fazem suas necessidades no meio de nossa sala e temos de lidar com isso. Precisamos discriminar o que é um ataque ao vínculo, um sintoma de incontinência, uma angústia excessiva; assim como o que é um ataque de birra, uma agitação psicomotora e uma desagregação psicótica. Uma mesma ação pode estar comunicando níveis muito diferentes de funcionamento mental.
- Avalie sua disposição física, pois não podemos nos furtar de sentar no chão, em cadeiras baixas, jogar bola e suar muito; a criança brinca, pula, corre, joga, se atira e, se nos propomos a lhe oferecer um espaço de expressão, temos que deixá-la fazer isso e – ainda – temos que acompanhá-la nesses movimentos. Além disso, a criança pode tentar nos atacar, nos atirar objetos, lançar uma bola com

força ou se jogar em nosso colo. Pacientes mais regressivos precisarão ser contidos e, para tudo isso, necessitamos de força física e saúde.
- Distribua seus pacientes em horários que lhe sejam absolutamente confortáveis. Atender somente crianças em um turno inteiro pode ser muito desgastante. Atender vários adolescentes silenciosos em horários seguidos ao almoço pode exigir um esforço desnecessário. Pense nisso e saiba sempre porque está decidindo por uma definição e não por outra, em cada aspecto do *setting*, do contrato, da condução do tratamento.
- Seja mais compreensivo e maleável ao avaliar situações da realidade de cada família, como combinações de horários e férias, sem por isso esquecer as regras técnicas que nos balizam. Uma psicoterapeuta de adolescentes, entrevistada para este capítulo, propõe a brincadeira do *elástico* como uma figura de linguagem para descrever o movimento dos jovens: "os adolescentes vão esticando para ver se arrebenta. Assim fazem com os pais: esticam até chegar quase a arrebentar. Este é o nosso trabalho na clínica: deixá-los experimentar a área da ilusão de que tudo podem e até onde podem ir. Quando estão quase rompendo o *setting*, caindo no precipício, a gente puxa, evitando que eles caiam".
- Dê-se liberdade para, se julgar necessário em determinadas situações, ter atitudes mais ativas, sem ficar imobilizado pelas regras tradicionais que marcam o *setting* e o contrato terapêutico. Crianças e adolescentes são pacientes imprevisíveis. É como expressa um terapeuta: "sinto que, quando vejo uma criança, preciso lubrificar a cintura, ganhar um pouco mais de jogo de cintura". Necessitamos, ao mesmo tempo, de flexibilidade e firmeza para nos adaptar e ajustar a nossa técnica, de acordo com o que nos é apresentado pela criança e pelo adolescente, sem, no entanto, comprometer o tratamento.
- Mantenha a mesma liberdade e flexibilidade para manejar situações inusitadas. Lidamos com inúmeras surpresas no *setting*, como quando uma criança não quer entrar sozinha na sala e, diferente do que esperávamos, ter que fazer uma consulta com a mãe junto; ou trazerem amigos para a sala de espera, virem com aparelhos de música, com brinquedos de casa, com animais de estimação, entre outras manifestações no comportamento. Se as tomarmos simplesmente como atuação ou resistência, perderemos o valor comunicativo que elas trazem.

- Tenha em mente que, em geral, os pacientes não nos falarão diretamente de seus problemas, conflitos, angústias, dúvidas e medos – como pequenos adultos –, mas estarão falando de si e de seus objetos internos quando, aparentemente, falarem de outras pessoas quaisquer. Por isso, esteja atualizado nos programas jovens e infantis, pois, mesmo que não possamos – ou não queiramos – ficar em frente à TV, devemos ter conhecimento dos personagens, heróis e vilões dos desenhos, filmes e novelas, para poder compreender o simbolismo que, muitas vezes, faz com que eles ocupem o cenário das sessões.
- Preveja a participação mais direta (e concreta) de *terceiros* no *setting*. Assim, nos envolveremos sempre com os pais e, muitas vezes, com os irmãos e os meio-irmãos, avós, babás, madrastas e padrastos. Trabalhamos com um *campo estendido*, conforme define uma psicoterapeuta infantil. Lidar com as transferências e resistências dos pais, dos familiares e da criança gera um peso adicional, o que exige muito de nossa mente.
- Conceba uma psicoterapia de crianças e adolescentes somente com a participação dos pais. A medida dessa participação será avaliada e conduzida por nós, mas é fundamental que estejamos internamente dispostos para tudo o que essa presença tácita nos impõe. Os pais são coparticipantes desse tratamento; então, precisamos firmar também com eles uma forte aliança terapêutica.
- Lembre que existe uma história inteira a ser contada por eles e compreendida por nós. Logo, teremos um olhar mais individual e, ao mesmo tempo, um olhar mais amplo, no contato com a família. Ali, colocam-se em cena transferências e contratransferências cruzadas que demandarão nosso olhar tanto atento quanto sensível. Olhamos a criança e o adolescente inseridos em seu contexto familiar, identificando as dinâmicas relacionais que estão ocorrendo e compreendendo seu papel nessa dinâmica.
- Conserve a capacidade de ser empático e paciente com a família que está envolvida, preocupada e, muitas vezes, fazendo um uso inconsciente dessa criança como um sintoma. Devemos saber que eles também sofrem, se atrapalham. No tratamento de adultos, não temos contato com os pais, maridos ou filhos reais; já na psicoterapia com crianças e adolescentes, esse contato se impõe como fundamental. Com efeito, a proximidade nos põe à prova: enfrentamos as resistências, os boicotes, as manipulações dos pais que se

sentem narcisicamente feridos, fracassados, equivocados, desafiados, desvalorizados, e temos de lidar com isso.
- Permaneça em uma posição de escuta aberta e receptiva. A avaliação é um momento para *conversar* com os pais e com a criança, e não pode parecer um inquérito ou o preenchimento de uma ficha de anamnese. Identifique as "encomendas" – é de suporte, de orientação, de proteção, de parceria, de confrontação, de denúncia? – através do pedido de tratamento, para, então, poder modelar o tipo de contato que se tem com os pais, poder orientá-los e trabalhar, quando necessário, sua resistência em buscar um tratamento para si próprios.
- Fique atento para a manutenção da neutralidade. Não se posicione a favor ou contra a criança ou os pais. Renuncie à idealização, especialmente quando ela tem como corolário a desvalorização dos pais e evite promover ou corresponder à dissociação entre os pais e o terapeuta. Resista ao impulso de ser maternal, superprotetor ou professoral. Deixe em suspenso o *afã pedagógico*, como define uma terapeuta, pois a criança e o adolescente podem tentar incitar esse lado em nós.
- Passe pela vivência do método de observação da relação mãe-bebê, proposto por Esther Bick, que propicia a experiência de um lugar intermediário entre a presença e a distância. Na medida em que – na observação – conseguimos não interferir, *aprendemos* a aceitar e a tolerar que a família encontre suas próprias soluções. Assim, evitamos atitudes moralistas e supergoicas com os pais, e poderemos tolerar que eles escolham em que escola colocar seu filho, em que médico levar, em que curso matricular. Não entre em competição com eles.
- Aceite que – quando os pais não querem, não conseguem ou não permitem – não vamos conseguir tratar e ajudar a todos aqueles que nos buscam. Amiúde, veremos um quadro de psicose ou de perversão se estruturando, sem poder fazer nada. Isso é extremamente difícil, mas é real. Necessitamos de muita tolerância à frustração, pois lidaremos com inúmeras interferências dos pais, mesmo quando temos um paciente que visivelmente está sofrendo e quer ajuda.
- Identifique o tipo e a severidade da psicopatologia dos pais. Temos pais confusos, neuróticos, mas também pais abusadores, perversos, psicopatas; mães descuidadas, complicadas, mas também mães nar-

cisistas, negligentes, maltratantes. Às vezes, os pais erram, porque aquilo é o máximo que conseguem; reconhecem, se sentem culpados e buscam mudar. Outras vezes, eles erram porque simplesmente não se importam; não há culpa, não há preocupação, não existe um olhar voltado para o filho.

- Esteja preparado para denunciar casos de abuso e maltrato. O Código de Ética dos Psicólogos traz, em seus Princípios Fundamentais, que basearemos nosso trabalho no respeito e na promoção da liberdade, da dignidade, da igualdade e da integridade do ser humano, contribuindo para eliminar quaisquer formas de negligência, discriminação, exploração, violência, crueldade e opressão.
- Suporte situações em que – justamente quando está melhorando – o paciente ser retirado da psicoterapia pelos pais que não podem ou não querem mais pagar, ou porque acham que exatamente aquilo que avaliamos como uma melhora ou evolução é uma piora. Uma criança submissa que começa a se mostrar e se posicionar, ou um adolescente *bonzinho* que começa a se rebelar, desestabilizam uma dinâmica confortavelmente instalada naquela família. Nossa condição de intervir junto aos pais é limitada pelo lugar que ocupam, já que eles participam do tratamento, mas, ao mesmo tempo, não são nossos pacientes e demandam um tipo específico de intervenção.
- Trabalhe com os pais a responsabilidade pela condução que eles decidem dar para a vida de seu filho e as consequências de atos como uma interrupção, até o limite que eles permitirem. Porém, elabore a sensação de estar *de mãos atadas* em situações como não poder fazer uma última sessão para se despedir, pois esses pacientes não podem vir ao consultório sozinhos. É diferente tratarmos um adulto que vem por vontade e iniciativa próprias, que se locomove sozinho e que nos paga ele mesmo por seu tratamento. Necessitamos muita tolerância para lidar com as resistências da família em relação à melhora do filho.
- Reflita sobre os processos de identificação e contraidentificação, com os aspectos transferenciais e contratransferenciais. Dialogue muito com esses fenômenos – que são inerentes à clínica – e saiba usá-los tanto em relação à criança, quanto em relação aos pais. Lide com pressões das famílias e da escola para uma melhora rápida dos sintomas que trouxeram o paciente para terapia, sem se deixar capturar por demandas equivocadas.

- Leve em conta que tratar de crianças e adolescentes exige mais do que o horário de consultório. Por isso, precisamos de tempo para entrar em contato com a escola, falar com os professores, com a fonoaudióloga, a nutricionista, o neurologista, o pediatra ou o psiquiatra, que também os tratam. Além desses contatos, coloque-se à disposição para recebê-los no consultório ou para devolver de maneira apropriada um entendimento que os instrumentalize a lidar de forma mais adequada com aquele que é objeto de nossa atenção. Não podemos habitar uma ilha quando se trata de atender a um indivíduo que ainda tem múltiplos objetos de dependência.
- Suponha o psiquismo do paciente sempre integrado com seu corpo. Muitos determinantes orgânicos ou fisiológicos podem estar envolvidos em um sintoma como enurese, encoprese, gagueira ou obesidade. Além disso, informe-se sobre medicações psiquiátricas, que podem ser de grande ajuda quando bem avaliadas, bem indicadas e bem acompanhadas; mas também podem ser um veneno se todos esses cuidados não forem tomados. Devemos reconhecer nossos limites.

CONSIDERAÇÕES FINAIS

O percurso que traçamos para nossa carreira profissional nos reserva algumas surpresas. Uma terapeuta recorda: "voltando ao início de minha carreira, vejo que naquela época me sentia mais à vontade com crianças do que com adultos, pois sentia que poderia ser mais espontânea e livre com elas. Seu inconsciente seria mais permeável, através do jogo e do brincar – o que ainda acho que é verdadeiro. Hoje, vejo que o trabalho com crianças e adolescentes é muito mais complexo e difícil".

Essa prática nos reserva grandes surpresas, inevitáveis descobertas e uma riqueza que, talvez, somente com ela seja possível. "Temos a possibilidade de ver o desabrochar de muitas potencialidades quando diminuem os sintomas e quando, mesmo com crianças muito pequenas, eles retomam a vertente saudável de suas vidas, assumindo seus desejos e se responsabilizando por suas escolhas e atos".

Na intensidade do contato que se estabelece entre terapeuta e as crianças e os adolescentes que vêm a tratamento, temos a possibilidade de vivenciar algumas situações ímpares e revivenciar outras situações que dormitavam bem acomodadas no interior de nosso inconsciente. Muitas vivências jazem bem acomodadas, mas tantas outras sobrevivem mal-elaboradas, insuficientemente trabalhadas, longe dos olhos analíticos. O trabalho com esses jovens pacientes, todavia, faz levantar nossas repressões, da mesma forma que eles nos tiram da cômoda poltrona de terapeutas, onde, com adultos, repousamos nosso saber e nosso fazer mediado pela fala.

As crianças e os adolescentes demandam outros níveis de comunicação, nos convidam a graus diversos de funcionamento e nos incitam a um modo de fazer muito particular. Desacomodados, seguimos por dois caminhos: ou abandonamos a clínica dessa faixa etária ou aceitamos seu chamamento e nos lançamos nessa aventura que é passar – junto deles – por todos os caminhos em curva de uma prática tão rica, tão viva. Nas palavras de uma terapeuta, trabalhar nessa clínica é "estar conectado com a criança e com o adolescente que um dia fomos, revivendo a magia de descobrir o mundo e a si mesmo junto com nosso paciente".

Através deles, mantemos a flexibilidade para estarmos abertos ao novo, ao imprevisto, ao inusitado e às surpresas que cada sessão pode trazer, conservando a capacidade de nos surpreendermos com tudo isso, já que lidamos com pessoas em pleno potencial de desenvolvimento.

As orientações aqui apresentadas são um retrato das percepções de quase 50 terapeutas que, a partir de relatos individuais sobre sua prática, integraram um só texto, o que, de certa forma, espelha também como se dá a formação de um psicoterapeuta de crianças e adolescentes: passamos por inúmeras experiências, aprendemos, lemos, escutamos, escrevemos. Um dia, toda essa equipagem começa a adquirir uma forma integrada e a fazer todo sentido dentro de nós. Tornamo-nos psicoterapeutas de crianças e adolescentes aos poucos e, talvez, nunca terminemos a nossa formação – que é interna, acima de tudo –, de modo que possivelmente sejamos para sempre um *vir-a-ser*.

Encerro esse percurso com o testemunho de uma terapeuta, que dá voz às impressões de muitos daqueles que a essa atividade se entregam: "acredito que a experiência de psicoterapeuta nos equipa com excelência para trabalharmos melhor com adultos também. A oportunidade ímpar de acompanharmos um paciente em terapia – em um momento privilegiado de formação e estruturação da personalidade – é um diferencial. Ao mesmo tempo, às vezes, é extremamente cansativo, pois precisamos estar atentos às mais diversas formas de linguagem, compreendê-las, traduzi-las e torná-las inteligíveis aos pequenos. Muitas vezes me pergunto: até quando vou atender crianças? Parece que, quanto mais me questiono, mais aumenta o número de encaminhamentos de crianças e mais eu vejo os pacientes melhorando, tendo alta. Acho que é uma paixão".

REFERÊNCIAS

BICK, E. Notas sobre a observação de bebê no treinamento psicanalítico. *Int. J. of psychoanalisis*, v.45, 1964.

BICK, E. A experiência de pele em relações de objeto arcaicas. In: *Int. J. of psychoanalisis*. v. 49, p. 484-486, 1964.

FREUD, S. De la historia de una neurosis infantile. In: *Obras completas*. Buenos Aires: Amorrortu Editores, v.17, p.1-112, 1986.

FREUD, S. Três ensaios de teoria sexual. In: Obras completas. Buenos Aires: Amorrortu Editores, v. 7, p. 109-224, 1986.

FREUD, A. *Infância normal e patológica*. Rio de Janeiro: Guanabara Koogan, 1971.

FREUD, A. *O tratamento psicanalítico de crianças*. Rio de Janeiro: Imago, 1971.

KLEIN, M. *Psicanálise da criança*. São Paulo: Mestre Jou, 1981.

KLEIN, M. *Contribuições à psicanálise*. São Paulo: Mestre Jou, 1981.

KLEIN, M. *Inveja e gratidão e outros trabalhos*. Rio de Janeiro: Imago, 1991.

MALHER, M. *O processo separação individuação*. Porto Alegre: Artmed, 1982.

MALHER, M. *As psicoses infantis e outros estudos*. Porto Alegre: Artmed, 1983.

WINNICOTT, D. *O brincar e a realidade.*. Rio de Janeiro: Imago, 1975.

WINNICOTT, D. *Textos selecionados da pediatria à psicanálise*. Rio de Janeiro: Francisco Alves, 1978.

Resolução do Conselho Federal de Psicologia nº 14/2000, de 20/12/2000 – Resolução do Título de Especialista em Psicologia.

Resolução do Conselho Federal de Psicologia nº 002/1987, em vigor desde 27/08/2005 – Código de Ética dos Psicólogos.

Desenvolvimento emocional normal da criança e do adolescente 3

Elisa Kern de Castro
Daniela Centenaro Levandowski

INTRODUÇÃO

Tão importante quanto conhecer e diagnosticar os possíveis transtornos emocionais de crianças e adolescentes é conhecer amplamente o seu desenvolvimento emocional normal. Em função do seu foco de trabalho, no caso, o tratamento de crianças e adolescentes com algum tipo de sofrimento, os psicoterapeutas frequentemente podem ter uma visão mais psicopatológica do desenvolvimento, em vez de uma visão de normalidade. Contudo, é importante identificar a capacidade de adaptação desses indivíduos a dificuldades e situações adversas, antes de considerar um possível transtorno psicopatológico.

Além disso, os psicoterapeutas, ao considerarem o desenvolvimento da criança e do adolescente, tenderão a observá-los e compreendê-los a partir de sua perspectiva teórica de trabalho. Porém, na prática, integrar as diferentes teorias do desenvolvimento humano não apenas é útil como recomendável, pois nenhuma teoria é capaz de dar conta de todos os aspectos do desenvolvimento infantil e adolescente. Concomitantemente, em virtude das pesquisas sistemáticas sobre essas fases de desenvolvimento e suas descobertas, torna-se necessário rever conceitos e atitudes frente a esse público. Assim, o presente capítulo visa apresentar brevemente alguns aspectos centrais do desenvolvimento da criança e do adolescente, integrando autores clássicos com pesquisas recentes sobre o tema.

O DESENVOLVIMENTO EMOCIONAL NORMAL DA CRIANÇA

Diversos autores, em especial da teoria psicanalítica e da teoria do apego, dedicaram-se a estudar os primeiros anos de vida da criança como parte fundamental de seu desenvolvimento. Isso porque nessa etapa se formam as primeiras relações, que servem de base para o estabelecimento das demais (Bowlby, 1989; Freud, 1968; Klein, 1991; Stern, 1997; Winnicott, 1993).

Historicamente, a ideia de desenvolvimento emocional na infância tem suas origens em Freud (1968), que se preocupou especialmente com o desenvolvimento psicossexual infantil. Para Freud, a formação da personalidade, que aconteceria nos primeiros anos de vida, ocorreria a partir dos impulsos biológicos inatos da criança e do conflito com as exigências da sociedade. A gratificação excessiva ou reduzida recebida pela criança poderia fazer com que seu desenvolvimento ficasse fixado em alguma das fases do desenvolvimento. O ponto central de sua teoria está na fase fálica, que se estende entre 3 e 5 anos aproximadamente, quando ocorre a conflitiva edípica, em que a perda do objeto e a angústia de castração tornam-se o ponto chave para o desenvolvimento da criança, uma vez que disso decorre a formação do superego (regras e valores morais) e a aquisição da identidade sexual.

Ainda, durante algum tempo, o desenvolvimento emocional precoce e a capacidade de se relacionar que acontecem nos primeiros meses de vida da criança foram pouco explorados pela teoria psicanalítica. Para Mahler (1963/1982), nos primeiros meses de vida, a criança está imersa nela mesma, não distingue a mãe como um ser separado e, portanto, não se preocupa com a interação entre ambos. Isso aconteceria somente mais tarde, ao final do primeiro ano de vida, correspondendo ao rompimento gradual da fase simbiótica e ao início do processo de separação e individuação, considerado de suma importância para a formação das primeiras relações objetais e do senso de identidade. Spitz (1970), de maneira similar, acreditava que só quando a criança se tornava apta a reconhecer o rosto de sua mãe é que se anunciavam as bases formadoras da relação de objeto.

Por outro lado, Klein (1991), apesar de haver enfatizado em sua obra o mundo de fantasia da criança, sugeriu que desde o início da vida o bebê já é capaz de se relacionar com sua mãe, apesar de seu ego ainda estar em um estado de não-integração e utilizar constantemente de projeções e introjeções para se defender da ansiedade decorrente da divisão do objeto entre bom e mau (posição esquizoparanoide). Com o início da posição depressiva, em que a criança se torna capaz de reconhecer que o mesmo objeto pode ser bom e mau (integração do objeto – objeto total), surgem as tendências reparatórias, que indicam um passo importante no desenvolvimento emocional infantil normal.

Winnicott (1993), por sua vez, foi um dos primeiros psicanalistas a dar importância ao ambiente como condição necessária para o desenvolvimento da criança. Para ele, a presença de uma mãe suficientemente boa é a base da saúde mental da criança. Com isso, Winnicott se afasta da teoria freudiana no que se refere à teoria pulsional e à ideia de conflito edípico como sendo o propulsor do desenvolvimento psíquico. Nesse contexto, o uso do objeto transicional serve como uma área intermediária de experiência entre mãe-criança e criança sozinha, confortando-a em diferentes momentos de sua vida (Winnicott, 1978).

Inicialmente, como uma variante da teoria das relações objetais a teoria do apego surgiu fortemente influenciada também pela etologia e teoria dos sistemas (Bowlby, 1989). O conceito principal da teoria do apego é o de sistema comportamental, que enfatiza a função biológica dos laços emocionais íntimos entre as pessoas e a influência dos pais para o desenvolvimento da criança. A base segura é um importante conceito dessa teoria, que se refere a uma disponibilidade e prontidão dos cuidadores primários para responder quando solicitados, além de encorajar e prestar assistência, se necessário. Isso gerará na criança a capacidade de exploração do mundo e a tranquilidade ao saber que, no retorno de uma separação, será bem-vinda, confortada e nutrida física e emocionalmente pelos mesmos (Bowlby, 1989). Para Bowlby (1990), a ideia psicanalítica de que a manutenção dos vínculos se baseava apenas na necessidade de satisfazer impulsos da criança não se mantém. Segundo esse autor e vários outros que se seguiram, apoiados em resultados de pesquisas (Ainsworth et al., 1978; Carlson, Sampson e Sroufe, 2003), o bebê, assim como outros animais, tem uma capacidade inata para estabelecer contato com outro ser humano, que vai dar origem ao apego.

Stern (1992), ao tentar aproximar a psicologia do desenvolvimento e a psicanálise, pressupõe que o bebê, muito antes do desenvolvimento da autoconsciência e da linguagem, já possui algum tipo de senso do eu, no sentido de uma consciência simples e da experiência direta. As interações dos pais e do bebê em conjunto com os sonhos, expectativas, medos e lembranças da própria infância por parte dos pais, vão formando o mundo representacional dos pais e do bebê. Esse mundo representacional é a base da experiência subjetiva de estar com outra pessoa e se transforma em comportamentos manifestos, através dos quais o bebê consegue perceber a vida mental dos pais.

Como é possível observar, teóricos psicanalíticos e da teoria do apego estão de acordo ao postular que as vivências entre mãe e bebê são cruciais para o desenvolvimento da criança e o estabelecimento de suas futuras relações de objeto. É fundamental para o desenvolvimento do bebê e da criança pequena a capacidade da mãe/cuidador de entendê-la e se comunicar com ele. A criança precisa que a mãe a entenda e transmita a ela o que está acontecendo. Essa capacidade de interação e de comunicação mãe-bebê tem sido descrita de diferentes maneiras por vários autores: o apego (Bowlby, 1989), a mãe suficientemente boa (Winnicott, 1983), a continência materna (Bion, 1991). São essas interações que permitem que a criança aprenda a se diferenciar da mãe/cuidador e a ter noção do seu próprio *self*.

A importância efetiva do pai como uma alternativa à relação mãe-bebê e não como um mero facilitador dessa interação, só começou a aparecer de forma efetiva na literatura a partir da década de 1980. A partir de então, o pai começa a ser visto como uma importante figura que ajudará a criança ao mostrar o que o mundo oferece a ela, a dar limites e a desenvolver sua socialização (Colarusso, 1992; Levandowski e Piccinini, 2006).

Existem predisposições universais que são compartilhadas por todas as crianças em diferentes lugares e culturas com relação ao seu desenvolvimento, como, por exemplo, a época aproximada em que a criança aprende a andar, falar, etc. Por outro lado, existem diferenças que são características particulares de uma ou de um grupo de crianças. Nas últimas décadas, tem ocorrido um aumento expressivo de evidências de que os bebês estão biologicamente preparados para mudanças sociais, cognitivas e perceptuais, e essas respostas preparadas têm um papel fundamental de facilitar a adaptação da criança ao ambiente (Parke, 2004). Há o reconhecimento crescente do papel das diferenças individuais em uma ampla variedade de características comportamentais, que dão formas a estratégias de socialização dos pais. Talvez o fator mais pesquisado nesse contexto tenha sido a influência do temperamento do bebê/criança no comportamento dos pais. É consenso entre os pesquisadores que crianças com temperamento considerado difícil geram nos seus cuidadores situações de estresse, com mais frequência, e que, por sua vez, acabam utilizando mais estratégias coercitivas ao lidar com a criança, em comparação a pais de crianças com temperamento considerado fácil (Bosa e Piccinini,

1994; Ito e Guzzo, 2002; Parke, 2004). Essas situações consideradas conflitivas acabam interferindo nas relações pais e filhos.

O desenvolvimento emocional normal da criança também pressupõe certo grau de desenvolvimento cognitivo, aspectos que estão relacionados de forma dinâmica e trabalham juntos para processar informações e executar ações (Cole, Martin e Dennis, 2004; Ramires, 2003). Por exemplo, quando um bebê atinge uma nova habilidade cognitiva, seus laços emocionais também se modificam, já que ele assume um papel cada dia mais ativo e distinto nas suas interações (Flavell et al., 1999; Ramires, 2003). Existem processos complexos pelos quais emoção, cognição, comportamento e resultados no desenvolvimento se relacionam e esses processos precisam ser melhor conceitualizados e estudados (Cole, Martin e Dennis, 2004).

A partir dos 2 anos, as crianças começam a se comportar de forma que sistematicamente exercitam e testam os demais. Essa etapa é marcada pela crescente independência e assertividade das crianças (Horne, 2000). A fase anal descrita pela teoria freudiana (Freud, 1968) se caracteriza pelo sentido de ter controle sobre si mesmo e habilidade e alegria em dizer "não". Como sempre, o desenvolvimento psicológico ocorre paralelamente ao desenvolvimento físico: para que a criança tenha um controle eficaz dos esfíncteres, sem pressão e sofrimento psíquico, é necessário certo grau de desenvolvimento neurológico, que acontece a partir dos 24 meses em média. O treinamento precoce pode ser prejudicial, suscitando na criança reações emocionais negativas, que geralmente estão relacionadas à ansiedade dos pais em treiná-las. Nessa fase, também, as crianças começam a explorar o ambiente sem suas mães, mas retornando para a base segura, para se certificar de que está tudo bem e sob controle (Bowlby, 1989). A linguagem e a capacidade para simbolizar estão em rápido e contínuo desenvolvimento.

Além disso, é considerado normativo que os conflitos entre mães e crianças aumentem nessa fase. Próximo dos 2 anos, quando afastadas de suas mães, as crianças expressam mais sentimentos de preocupação do que medo ou raiva, e suas expressões faciais modulam também as respostas de suas mães (Buss e Kiel, 2004). Explicações claras e extensas das mães em episódios de conflito, justificando, tentando resolver e mitigando-o, podem ajudar a criança a ter um entendimento emocional e moral sobre o episódio (Laible e Thompson, 2002). Tal discurso materno promove o desenvolvimento emocional e é capaz de predizer um maior desenvolvimento da consciência sobre o ocorrido.

A noção de gênero na criança, que começa a ficar evidente a partir da segunda infância, acontece para a teoria psicanalítica a partir de processos de identificação, ou seja, a adoção de características e condutas do genitor do mesmo sexo (Papalia, Olds e Feldman, 2006), especialmente quando da ocorrência do conflito edípico. Contudo, atualmente têm-se descoberto evidências que apontam para influências biológicas na formação da identidade de sexo da criança, que não excluem os processos psicológicos de identificação de sexo, mas, ao contrário, apontam que esse processo é multifatorial e muito mais complexo do que se pensava há décadas.

Com relação à capacidade de simbolização da criança, a abordagem psicanalítica a relaciona com a percepção da criança de ser separada da mãe e a necessidade de ter uma ponte nesse lugar (Horne, 2000). O pensamento só existe a partir da capacidade de simbolizar, que é característica da espécie humana (Silva Filho, 2003). Nesse sentido, o objeto transicional (Winnicott, 1978) teria a função de simbolizar a falta materna, ou seja, de quando ela não é capaz de atender a todas as necessidades da criança. Na medida em que a criança pré-escolar cresce, aumenta sua habilidade para brincar com materiais com significado genuinamente simbólicos e cresce sua competência em brincar com outras pessoas. Experiências precoces de um apego seguro têm um papel fundamental na promoção da segurança interna da criança, o que a deixa apta a explorar o ambiente e a saber como interagir com outros de maneira segura e curiosa.

Os objetivos do brincar para a criança são vários: lidar com a ansiedade e o conflito, explorar o espaço entre fantasia e realidade; experimentação social e cognitiva; imaginação da vida futura. Todas as crianças nessa fase, em algum momento engajar-se-ão em brincar de assumir papéis e tarefas que elas observam em seus pais e outras pessoas. Essa capacidade da criança de brincar e criar gera, mais tarde, na adolescência e na vida adulta, a capacidade de pensar, de ser autônoma, de tolerar frustrações, etc., fazendo com que não haja descargas na conduta ou no corpo através das somatizações (Horne, 2000). Enquanto na primeira infância o brincar é essencialmente individual, a partir da segunda infância começa a socialização do brinquedo e a interação efetiva com outras crianças que são, principalmente, do mesmo sexo (Papalia, Ods e Feldman, 2006). Assim, o brincar da criança é sinal de saúde.

É na segunda infância também que ocorreria o complexo de Édipo, já comentado anteriormente. Embora teóricos psicanalíticos tenham divergências com relação à idade de ocorrência desse acontecimento, eles estão de acordo sobre a importância dele para o desenvolvimento infantil.

A latência ou fase escolar é caracterizada pela aquisição do autocontrole, de papéis, de regras e pela internalização dos mecanismos de competência e controle. Quando as crianças entram na escola, outras identificações se tornam mais acessíveis a elas, auxiliando a separação dos pais. É frequente ver em crianças na fase da latência uma figura externa de autoridade se torne internalizada, com um superego razoavelmente rígido. A identificação com heróis e ídolos também é característica dessa fase. Uma percepção rigorosa e clara sobre o certo e o errado vai se formando. As crianças nessa fase costumam brincar com outras do mesmo sexo. Clubes, grupos e jogos com regras claras são importantes: novas regras serão criadas. Além disso, elas vão criando teorias sobre o sexo e exploram isso com seus amigos, longe da vista dos adultos. A curiosidade sobre a sexualidade dos outros (não dos membros da família) também surge (Horne, 2000).

Recentemente, a abordagem do desenvolvimento normal e das capacidades que podem ser desenvolvidas e potencializadas nas crianças vem ganhando espaço nas pesquisas. A psicologia positiva (ver Seligman e Csikszentmihalyi, 2001) deu importantes contribuições nesse sentido, destacando aspectos facilitadores da saúde e do desenvolvimento humano. Assim, têm sido feitos, por exemplo, estudos sobre o estabelecimento de relações de amizade como fatores protetores para a aprendizagem e para a saúde mental da criança (Bukowski, 2001; Lisboa e Koller, 2004), estratégias de enfrentamento utilizadas por crianças para lidar com crises com adultos (Dell'Aglio, 2002) e resiliência em diferentes situações adversas (Castro e Moreno-Jiménez, 2007; Koller e Lisboa, 2007), entre outros.

O DESENVOLVIMENTO EMOCIONAL NORMAL DO ADOLESCENTE

A adolescência é um período do desenvolvimento humano que tem despertado grande interesse de profissionais de diversas áreas, especialmente nos dias atuais (Moura, 2005). Embora existam referências à adolescência desde a Idade Antiga, com os gregos, o interesse científico pelo estudo dessa fase iniciou com Granville Stanley Hall, que definiu essa etapa como um período de grande "tormenta e tensão", em função de os jovens terem que se adaptar ao corpo em transformação e às iminentes demandas da idade adulta (Mussen et al., 1995). Com o passar dos anos, alguns autores continuam compartilhando essa visão da adolescência como um período conturbado, desafiador e difícil da vida (Espíndula e Santos, 2004), destacando a dificuldade de ser adolescente, pelas transformações das instituições, a crise dos valores até então vigentes, as ameaças que o mundo externo impõe ao jovem e sua família (desemprego, violência, destruição ambiental, etc.), as novas formas e características dos relacionamentos e associações entre as pessoas e o influente papel da mídia e da virtualidade, dentre outros aspectos (Ungar, 2004; Levy, 2006, 2007). Contudo, nem sempre os adolescentes percebem essa fase (e se percebem) de forma negativa (Assis et al., 2003; Traverso-Yépez e Pinheiro, 2005).

Segundo a Organização Mundial da Saúde (OMS), a adolescência se estende dos 10 aos 19 anos, enquanto para o Estatuto da Criança e do Adolescente, dos 12 aos 18 anos. Todavia, atualmente não é tarefa simples precisar quando inicia e termina essa fase da vida (Salles, 2005; Villela e Doreto, 2006). Embora o início da fase esteja vinculado às primeiras manifestações da puberdade, o final se encontra bem menos demarcado, caracterizando-se pela dissolução da problemática adolescente, com o assentamento das bases afetivas e profissionais e a definição dos traços físicos e de caráter (Jeammet e Corcos, 2001/2005).

De fato, o que se observa hoje é mesmo um prolongamento da adolescência (Moura, 2005; Salles, 2005); os adolescentes têm acesso às atividades sexuais e ao conhecimento, mas, no plano material e afetivo, permanecem dependentes dos próprios pais (Jeammet e Corcos, 2001/2005). Conforme Levy (2007), o aumento das exigências e das ferramentas necessárias à inserção no mundo adulto, especialmente na esfera profissional, bem como a fragilidade dos vínculos afetivos, que promove um retardo na constituição de uma nova família, são as principais causas para esse prolongamento da fase. Já a antecipação progressiva da adolescência decorre da aceleração e estimulação ao desenvolvimento, característica da pós-modernidade, muitas vezes gerando uma pseudomaturidade, com a exibição de comportamentos adolescentomorfos pelas crianças, no dizer de Jeammet e Corcos (2005).

As mudanças biológicas da adolescência, a puberdade, se estendem normalmente dos 10 aos 14 anos (Marcelli e Braconnier, 2007), iniciando antes para as meninas, em comparação aos meninos. Tais mudanças físicas incluem o surto de crescimento (rápido aumento de altura e peso), o desenvolvimento dos pelos pubianos, mudanças na voz e desenvolvimento muscular. Os caracteres sexuais primários (órgãos reprodutivos) se desenvolvem e amadurecem e os secundários aparecem. A maturação dos órgãos reprodutivos é sinalizada pela primeira menstruação nas meninas e pela produção de esperma nos meninos.

Todas essas mudanças físicas possuem uma sequência mais definida do que o seu momento de ocorrência. Na verdade, tem sido percebida uma antecipação da puberdade e do alcance da estatura adulta e maturidade sexual ao longo do século (Papalia, Olds e Feldman, 2006). Cabe destacar que diversos estudos brasileiros, realizados com jovens de diferentes contextos, têm encontrado 12 anos como a idade média de ocorrência da menarca (Castilho, Saito e Barros Filho, 2005; Kac, Velásquez--Meléndez e Valente, 2003; Silva, Gigante e Minten, 2008; Vitalle, Tomioka, Juliano e Amâncio, 2003). No entanto, ainda não está claro qual é o verdadeiro impacto da maturação sexual precoce ou tardia sobre o desenvolvimento psicológico (Papalia, Olds e Feldman, 2006).

Além das mudanças físicas, também merecem destaque as mudanças cognitivas que se processam nessa fase. O surgimento de habilidades mais aprimoradas traz ao adolescente aptidão para pensar sobre situações hipotéticas e sobre conceitos abstratos (Ramires, 2003), o que caracteriza o estágio das operações formais (cf. Piaget, 1976). O adolescente pode fazer relações, o que lhe permite formular hipóteses, testá-las e reformulá-las frente às evidências da realidade. Além disso, pode gerenciar conscientemente o próprio funcionamento mental, pois consegue pensar sobre o seu próprio raciocínio (Lazarus e Folkman, 1983; Santana, Roazzi e Dias, 2006; Steinberg, 2005). No entanto, como a experiência desempenha um papel importante nesse avanço cognitivo, nem todos atingem esse estágio de desenvolvimento (Papalia, Olds e Feldman, 2006).

Já quanto ao desenvolvimento social, em decorrência da desvinculação emocional dos pais ocorre um alargamento do mundo social, com direcionamento para o grupo de iguais/pares (Sprinthall e Collins, 2003). Como consequência dos avanços desenvolvimentais socioemocionais e cognitivos, os amigos passam a se compreender melhor, formando relações mais recíprocas e íntimas. Desse modo, as amizades ganham em intensidade e estabilidade, passando a ser um contexto de socialização muito influente para o adolescente (Cordeiro, 2006; Oliva, 2002/2004; Pereira e Garcia, 2007; Tarrant, 2002).

Ungar (2004), baseada nas ideias de Meltzer, destaca a importância do grupo de pares no desenvolvimento do adolescente, não apenas no que tange à socialização, como também ao seu papel como continente de ansiedades. No desenvolvimento normal, inicialmente se observa o envolvimento com grupos homossexuais, cujas funções principais são conter as confusões e ansiedades paranoides, confrontar com grupos de pessoas de sexo oposto e rivalizar com outros grupos de pessoas do mesmo sexo. Na sequência, ocorre a afiliação de membros do sexo oposto ao grupo, marcando a passagem para o grupo heterossexual, de características mais depressivas. Nesse grupo, poderão experimentar as relações humanas como acontecem no mundo real, sem a presença de adultos.

No que tange ao relacionamento com os pais, esse sofre alterações, que nem sempre são negativas (Oliva, 2004). Contudo, na fase inicial, logo após a puberdade, as interações conflitivas tendem a ser mais frequentes (McGue, Elkins, Walden e Lacono, 2005), declinando posteriormente. Tais conflitos costumam se referir a questões cotidianas, como horários, roupas e estudos, como indicou a pesquisa conduzida por Schoen-Ferreira, Aznar-Farias e Silvares (2003) no contexto brasileiro. Entretanto, alguns autores (Jeammet e Corcos, 2005; Levy, 2007) têm observado uma ausência de conflitos entre pais e filhos na família atual, talvez pela falta de demarcação de limites e de diferenças geracionais. Os filhos têm servido para o reasseguramento narcísico dos próprios pais, o que dificulta o seu desenvolvimento emocional adequado, pois impede o adolescente de manejar sua agressividade e de conquistar autonomia para se diferenciar do mundo adulto.

De qualquer modo, o relacionamento com os pais continua sendo uma importante fonte de segurança e referência ao adolescente (Papalia, Olds e Feldman, 2006; Pratta e Santos, 2007a 2007b; Sartor e Youniss, 2002; Steinberg, 2001), especialmente o relacionamento com a mãe (Reichert e Wagner, 2007; Wagner, Falcke, Silveira e Mosmann, 2002). Assim, é possível compreender a aguda perda de identidade familiar que o adolescente enfrenta ao descobrir que os pais "não sabem tudo" (Ungar, 2004).

O relacionamento com irmãos sofre influências da qualidade da relação estabelecida com os pais, tendo um papel importante para a autoestima e o bem-estar do adolescente (Noller, 2005; Oliva e Arranz, 2005). Em alguns casos, a qualidade dessa relação pode contribuir para amenizar os efeitos danosos de condições familiares e sociais adversas (East e Khoo, 2005). Em geral, os adolescentes se envolvem em atividades conjuntas e passam mais tempo com seus irmãos, mas também apresentam mais conflito e rivalidade frente aos mesmos, comparados a adultos jovens (Scharf, Shulman e Avigad-Spitz, 2005).

No que diz respeito especificamente ao desenvolvimento emocional, diversos teóricos psicanalíticos se dedicaram ao tema. Em sua clássica obra, Freud (1905) abordou as transformações da puberdade, indicando que a sexualidade humana se organiza em dois tempos (é bifásica) e é nesse momento que se conclui. A pulsão sexual, que até então era autoerótica, passa a buscar um objeto sexual e se coloca a serviço da função reprodutora. Todas as pulsões parciais cooperam para o alcance dessa nova meta sexual, quando então as zonas erógenas se subordinam ao primado da zona genital. Tal meta designa funções muito diferentes para cada sexo, ocasionando uma separação marcante entre feminino e masculino. Embora no menino a puberdade traga um grande empuxo de libido, para a menina se caracteriza pela repressão do clitóris como zona primordial, que deve ceder sua excitabilidade para a vagina. A normalidade da vida sexual é garantida pela confluência das duas correntes dirigidas ao objeto e à meta sexual: a afetiva/terna e a sensual. Nesse momento, o indivíduo precisa lançar mão de todos os recursos disponíveis para destacar a libido dos antigos objetos de amor e buscar novos objetos, impelido pelas inibições sexuais erigidas até então, sendo mais importante a barreira do incesto (Freud, 1905). Concomitantemente ao desligamento dessas figuras incestuosas, se consuma uma das conquistas psíquicas mais importantes e dolorosas da puberdade: o desligamento da autoridade parental, que cria a oposição essencial para o progresso da cultura entre a nova e a velha geração.

Os autores psicanalíticos que se dedicaram ao estudo da adolescência posteriormente a Freud seguiram desenvolvendo essas ideias, valorizando o papel das transformações da puberdade e suas repercussões psíquicas. Por exemplo, na década de 1970, Aberastury (1981) ressaltou como as tarefas mais importantes da adolescência a elaboração do luto pelo corpo infantil, do luto pelos pais da infância e do luto pela identidade infantil, aos quais se soma, como decorrência, o luto pela perda da bissexualidade. Todos esses lutos acontecem simultaneamente, impulsionados pelas primeiras transformações corporais. O adolescente deve renunciar ao corpo infantil, que representa uma renúncia a todo o seu mundo infantil, a fim de assumir tarefas de maior responsabilidade social e pessoal. A esse luto se soma o luto pelos pais da infância, com os quais se decepciona, em função da percepção de seus defeitos, o que gera uma imagem mais realista e menos idealizada dos mesmos, facilitando o seu desligamento. Já o terceiro luto traz a necessidade de uma nova definição de si mesmo, ou de consolidação da identidade anterior, ancorada nas mudanças corporais. A partir disso, o jovem pode assumir também uma postura heterossexual, atingindo a genitalidade, passando a ver o outro como uma pessoa necessária à sua satisfação sexual e pessoal.

Numa perspectiva contemporânea, Levy (2006) também partilha dessa visão de lutos que envolvem a adolescência, apoiado nas ideias de Donald Meltzer. Para esse autor, nessa fase se processaria um reordenamento simbólico, que gera ansiedades de aniquilamento e impacta a estrutura narcísica do sujeito. O adolescente necessita realizar um desligamento do sistema de representações montados pelo *self* até então, e criar um novo sistema que dê conta do novo corpo, do *self*, dos objetos e do mundo. É a estranheza em relação a si mesmo e aos outros, gerada pelas modificações físicas da puberdade, que dispara esse processo de desconstrução e reconstrução do sistema de representações, que, por fim, leva à emergência de uma nova subjetividade. Na tentativa de aplacar as angústias decorrentes desse processo de perda das representações, o jovem tanto se recolherá para o mundo interno como transitará psiquicamente entre várias comunidades e objetos, para se apropriar de algum *self*. Tais manobras defensivas têm a função de criar um sentimento de estabilidade narcísica a partir do olhar do outro, que ajuda na reconstrução de uma nova imagem própria.

Por sua vez, Urribarri (2003) apresentou uma revisão crítica em torno dos lutos na adolescência, apontando uma hipertrofiação do uso desse conceito como centro de formulações teórico-clínicas. Justifica seu ponto de vista caracterizando essa fase como um período de conquistas e progressos, sendo que o adolescente não perde, mas se transforma e ressignifica sua história infantil. Para o autor, o processo de crescimento físico e emocional é também desejado pelo adolescente. Aquilo que ele deixa para trás nem sempre é luto no sentido freudiano ou kleiniano do termo. Essa discriminação teórica entre os conceitos de luto (perder algo), deixar e ressignificar fatos passados traz importantes implicações para a clínica e o manejo técnico com adolescentes.

Ainda enfatizando o papel das transformações da puberdade no processo adolescente, Guignard (1997) aponta o trabalho de remanejamento identificatório e simbólico desse período como consequência da modificação do corpo, que provoca um choque na organização anteriormente estabelecida. O impacto do acesso à maturidade biológica leva a uma regressão desorganizadora da capacidade de simbolizar, por reativar e mobilizar as relações do adolescente com os pais internos e seus próprios objetos edípicos, em toda sua complexidade psicopatológica. A perspectiva de adquirir esse privilégio ligado à capacidade adulta genital (a relação de casal adulto, heterossexual e não-incestuoso) constitui uma ameaça para o adolescente biologicamente maduro, diante da qual pode haver regressão em direção à sexualidade infantil, atuações, somatizações e adições, para atacar tudo o que simbolize a condição humana, o pertencimento a uma geração e a um sexo determinado, a imagem específica de seu corpo sexuado e a realidade da sua unicidade de humano.

Embora sem desconsiderar os aspectos físicos, Blos (1994, 1996) enfatizou os aspectos psíquicos ao teorizar sobre a adolescência, postulando a aquisição da autonomia em relação aos pais como tarefa principal dessa fase, a partir da definição de uma identidade pessoal. Para esse autor, embora na adolescência o complexo de Édipo seja retomado com uma nova configuração, uma vez que a maturidade fisiológica do jovem propiciaria sua realização, existe a necessidade de separação e diferenciação das imagens internalizadas dos pais, ou seja, de decatexia das imagens internalizadas. Essa mudança na catexia libidinal faz com que o adolescente se volte para o seu grupo de pares, para si mesmo (por meio do engrandecimento do *self*) e/ou para novos objetos de amor heterossexual. Nesse processo, denominado *segunda individuação*, várias instâncias psíquicas são atingidas; percebe-se um amadurecimento do ego e modificações do superego e do ideal de ego (Blos, 1996).

Um foco maior nos aspectos psíquicos caracteriza ainda as ideias de Kancyper (1999), que também considera a individuação tarefa central dessa fase da vida. Contudo, esse autor ressalta o movimento de ressignificação identificatório (ressignificação retroativa ou *a posteriori*) que o indivíduo deve realizar para se desvencilhar do lugar e do papel que ocupa no sistema narcisista dos progenitores e conquistar sua condição subjetiva de um ser vivo com existência própria. Trata-se de um trabalho de elaboração e reinscrição da própria história, que, para acontecer, necessita de uma adequada agressividade, que permita ao adolescente matar o *infans* para ter acesso à desidentificação das identificações que o alienam desde a infância. Esse processo pode gerar sentimentos de desamparo pelo abandono da imagem idealizada e arcaica parental, o que desestabiliza os sistemas narcisistas intra e intersubjetivos e ativa o luto pelos pais que envelhecem e, da parte dos pais, pelo bebê que cresce. Em casos bem-sucedidos, tal processo conduz ao desligamento, à discriminação e ao reconhecimento dos próprios limites e incompletude, impulsionando o adolescente em direção à individuação (Kancyper, 1999).

Nessa mesma direção, mais recentemente, Jeammet e Corcos (2005) salientaram que o adolescente se defronta com exigências internas (impostas pela puberdade) e externas (de caráter simbólico-cultural), que exercem uma pressão no seu aparelho psíquico e induzem a um trabalho de remanejamento e elaboração. Enfatizaram a importância das modificações corporais para a resolução da questão central da fase, qual seja, a superação da dependência dos pais e a manutenção da identidade, a partir do paradoxo *continuar a ser eu mesmo e ser como o outro* versus *diferenciar-se do outro*. Conforme os autores, o desenvolvimento harmonioso do mundo interno e a força do ego permitem a superação da dependência aos objetos primários e o sentimento de continuidade. Ao contrário, a fragilidade narcísica perpetua a aproximação, enquanto a dependência desses objetos é vista como uma ameaça à própria identidade.

Por fim, diferenciando-se das ideias freudianas ao compreender as imbricações sociais das questões psíquicas em suas clássicas ideias acerca do desenvolvimento humano, Erikson (1998), já na década de 1950, considerou a adolescência um período de moratória social, isto é, de adiamento do comprometimento definitivo, o que possibilita uma relativa liberdade para a experimentação de papéis e contribui para a renovação social. Mencionou como conflito psicossocial da adolescência *identidade* versus *confusão de identidade*. Para o autor, somente quando possui um senso genuíno de identidade, o adolescente pode enxergar claramente onde está, o que é e o que representa, estabelecendo relações de intimidade posteriormente. Tal senso de identidade seria elaborado a partir do ajustamento das várias autoimagens experienciadas durante a infância e das oportunidades de papel social oferecidas para seleção e comprometimento.

Apesar de as ideias teóricas aqui mencionadas sobre o desenvolvimento emocional normal do adolescente serem utilizadas como referência para o entendimento dessa fase, é interessante ressaltar que as pesquisas realizadas com esse público-alvo geralmente não as levam em conta (Steinberg e Lerner, 2004). Por exemplo, embora a construção da identidade seja uma questão-chave na adolescência para diferentes autores, poucas pesquisas brasileiras foram desenvolvidas recentemente sobre o tema (Balbinotti e Tétreau, 2006; Coutinho et al., 2005; Sarriera, Silva, Kabbas e López, 2001; Schoen-Ferreira, Aznar-Farias e Silvares, 2003). A pequena ênfase na investigação de assuntos relativos à vivência normal da adolescência contraria a justificada importância do conhecimento das características normais da fase para o trabalho do psicólogo na prática clínica e em outras esferas do seu fazer.

Os focos de interesse dos pesquisadores brasileiros têm sido os quadros psicopatológicos (incluindo transtornos mentais diversos, como abuso de substâncias, transtornos alimentares, depressão, ansiedade, bipolaridade, TDAH), a violência e a agressividade (incluindo abuso sexual e físico, negligência, homicídios, *bullying*) e as temáticas ligadas à sexualidade, gravidez e parentalidade. Obviamente que, em função de todas as mudanças pelas quais o adolescente passa, que exigem a utilização de seus recursos psíquicos, bem como de características psíquicas próprias desse período da vida, muitas vezes são percebidas manifestações psicopatológicas.

Nesse sentido, em decorrência da dificuldade de diferenciação da normalidade e da patologia nesse momento da vida, Knobel (1981) propôs a já bem conhecida definição da *síndrome da adolescência normal*, que inclui os seguintes "sintomas": busca de si mesmo e da identidade; tendência grupal; necessidade de fantasiar e intelectualizar; crises religiosas; deslocalização temporal; evolução sexual manifesta; atitude social reivindicatória; contradições sucessivas em todas as manifestações da conduta; separação progressiva dos pais e constantes flutuações do humor e do estado de ânimo.

Na avaliação da psicopatologia e da normalidade na adolescência, Guignard (1997) sugere considerar, além dos parâmetros de organização psicossexual, a evolução dos traumatismos sofridos na infância, devido ao ambiente social e/ou familiar, ao modo como as patologias transgeracionais que pesaram sobre o indivíduo vão poder se integrar em sua autonomia futura e ao impacto que vai ter a realidade externa, no aspecto social, econômico, profissional e/ou acadêmico. Dessa forma, é de suma importância ressaltar que a adolescência não é vivida por todos os indivíduos da mesma maneira, apresentando características peculiares, conforme o ambiente histórico, social, econômico e cultural em que o adolescente estiver inserido (Levy, 2007; Martins, Trindade e Almeida, 2003; Ozella e Aguiar, 2008; Villela e Doreto, 2006).

CONSIDERAÇÕES FINAIS

A partir do que foi exposto, depreende-se a complexidade do estudo do desenvolvimento normal na infância e na adolescência, o que reforça a importância de os psicoterapeutas complementarem sua visão clínica com conhecimentos provenientes da psicologia do desenvolvimento. A atualização teórica a partir dos estudos que vêm sendo feitos nessa área oferece aos psicólogos clínicos e aos psicoterapeutas inseridos no mercado de trabalho uma reflexão sobre a prática e as teorias que a norteiam, ampliando a compreensão dos fenômenos psicológicos. Acredita-se que isso os auxiliará no estabelecimento de diagnósticos mais precisos a respeito das dificuldades de seus pacientes, assim como de suas possibilidades e recursos, tendo em vista os parâmetros da normalidade.

REFERÊNCIAS

ABERASTURY, A. O adolescente e a liberdade. In: ABERASTURY, A.; KNOBEL, M. (Org.). *Adolescência normal*. 10. ed. Porto Alegre: Artmed, 1981. p. 13-23.
AINSWORTH, M. D. et al. *Patterns of attachment*: a psychology study of the strange situation. New Jersey: Erlbaum, 1978.
ASSIS, S. G. et al. A representação social do ser adolescente: Um passo decisivo na promoção da saúde. *Ciência e Saúde Coletiva,* v. 8, n. 3, p. 669-680, 2003.
BALBINOTTI, M. A. A.; TÉTREAU, B. Níveis de maturidade vocacional de alunos de 14 a 18 anos do Rio Grande do Sul. *Psicologia em Estudo,* v. 11, n. 3, p. 551-560, 2006.
BION, W. R. *Aprendendo com a experiência*. Rio de Janeiro: Imago, 1991.
BLOS, P. *Adolescência:* uma interpretação psicanalítica. São Paulo: Martins Fontes, 1994.
_____. *Transição adolescente:* questões desenvolvimentais. Porto Alegre: Artmed, 1996.
BOSA, C. A.; PICCININI, C. A. Temperamento infantil e o apego mãe-criança: algumas considerações teóricas. *Psicologia:* Teoria e Pesquisa, v. 10, p. 193-212, 1994.
BOWLBY, J. *Apego e perda:* apego, a natureza do vínculo. 2ed. São Paulo: Martins Fontes, 1990. v. 1.
_____. *Uma base segura:* aplicações clínicas da teoria do apego. Porto Alegre: Artmed, 1989.
BUKOWSKI, W. M. Friendship and the worlds of childhood. In: NANGLE, D. W.; ERDLEY, C. A. (Org.). *The role of friendship in psychological adjustment:* new directions of child and adolescent development. San Francisco: Jossey Bass, 2001. p. 93-106.
BUSS, K. A.; KIEL, E. J. Comparison of sadness, and fear facial expressions when toddlers look at their mothers. *Child Development,* v. 75, p. 1761-1773, 2004.
CARLSON, E.; SAMPSON, M.; SROUFE, A. Implications of attachment theory and research for developmental-behavioral pediatrics. *Journal of Developmental & Behavioral Pediatrics,* v. 24, p. 364-379, 2003.
CASTILHO, C. D.; SAITO, M. I.; BARROS FILHO, A. de A. Crescimento pós-menarca em uma coorte de meninas brasileiras. *Arquivos Brasileiros de Endocrinologia e Metabologia,* v. 49, n. 6, p. 971-977, 2005.

CASTRO, E. K.; MORENO-JIMÉNEZ, B. Resiliencia en niños enfermos crónicos: aspectos teóricos. *Psicologia em Estudo,* v. 12, p. 81-86, 2007.
COLARUSSO, C. A. *Child and adult development:* a psychoanalytic introduction for clinicians. New York: Plenum, 1992.
COLE, P. M.; MARTIN, S. E.; DENNIS, T. A. Emotional regulation as a scientific construct: Methodological challenges and directions for child development research. *Child Development,* v. 75, p. 317-333, 2004.
CORDEIRO, R. A. Aparência física e amizade íntima na adolescência: Estudo num contexto pré-universitário. *Análise Psicológica,* v. 4, n. 24, p. 509-517, 2006.
COUTINHO, L. G. et al. Ideais e identificações em adolescentes de Bom Retiro. *Psicologia e Sociedade,* v. 17, n. 3, p. 33-39, 2005.
DELL'AGLIO, D. D.; HUTZ, C. S. Estratégias de coping de crianças e adolescentes em eventos estressantes com pares e com adultos. *Psicologia USP,* v. 13, p. 203-225, 2002.
EAST, P. L.; KHOO, S. T. Longitudinal pathways linking family factors and sibling relationship qualities to adolescent substance use and sexual risk behaviors. *Journal of Family Psychology,* v. 19, n. 4, p. 571-580, 2005.
ERIKSON, E. H. *O ciclo de vida completo.* Porto Alegre: Artmed, 1998.
ESPÍNDULA, D. H. P.; SANTOS, M. de F. de S. Representações sobre a adolescência a partir da ótica dos educadores sociais de adolescentes em conflito com a lei. *Psicologia em Estudo,* v. 9, n. 3, p. 357-367, 2004.
FLAVELL, J. H.; MILLER, P. H.; MILLER, S. A. *Desenvolvimento cognitivo.* 3. ed. Porto Alegre: Artmed, 1999.
FREUD, S. Três ensaios sobre a teoria da sexualidade. In: _____. *Edição standard brasileira das obras psicológicas completas de Sigmund Freud.* Rio de Janeiro: Imago, 1997. v. 7, p. 51-120.
_____. Una teoría sexual: la sexualidad infantil. In: _____. *Obras completas.* Madrid: Biblioteca Nueva, 1968. v. 1.
GUIGNARD, F. *O infantil ao vivo:* reflexões sobre a situação analítica. Rio de Janeiro: Imago, 1997.
HORNE, A. Normal emotional development. In: HORNE, A.; LANYADO, M. (Ed.). *The handbook of child & adolescent psychotherapy:* psychoanalytic approach. London: Routledge, 2000.
ITO, P. C. P.; GUZZO, R. S. L. Temperamento: características e determinação genética. *Psicologia:* Reflexão e Crítica, v. 15, p. 425-436, 2002.
JEAMMET, P.; CORCOS, M. *Novas problemáticas da adolescência:* evolução e manejo da dependência. São Paulo: Casa do Psicólogo, 2005.
KAC, G.; VELÁSQUEZ-MELÉNDEZ, G.; VALENTE, J. G.. Menarca, gravidez precoce e obesidade em mulheres brasileiras selecionadas em um Centro de Saúde de Belo Horizonte, Minas Gerais, Brasil. *Cadernos de Saúde Pública,* v. 19, p. S111-118, 2003. Supl. 1.
KANCYPER, L. *Confrontação de gerações:* estudo psicanalítico. São Paulo: Casa do Psicólogo, 1999.

KLEIN, M. Algumas conclusões teóricas relativas à vida emocional do bebê. In: KLEIN, M. *Inveja e gratidão e outros trabalhos*. Rio de Janeiro: Imago, 1991.
KOLLER, S. H.; LISBOA, C. Brazilian approaches to understanding and building resilience in at-risk populations. *Child and Adolescent Psychiatric Clinics of North America*, v. 16, p. 341-356, 2007.
_____. A síndrome da adolescência normal. In: ABERASTURY, A.; KNOBEL, M. (Org.). *Adolescência normal*. 10. ed. Porto Alegre: Artmed, 1981. p. 24-59.
LAIBLE, D. J.; THOMPSON, R. A. Mother-child conflict in the toddler years: lessons in emotion, morality, and relationships. *Child Development*, v. 73, p. 1187-1203, 2002.
LAZARUS, R. S.; FOLKMAN, S. *Stress, appraisal and coping*. New York: Springer, 1984.
LEVANDOWSKI, D. C.; PICCININI, C. A. Expectativas e sentimentos em relação à paternidade entre adolescentes e adultos. *Psicologia:* Teoria e Pesquisa, v. 22, p. 17-27, 2006.
LEVY, R. A adolescência no Brasil, hoje. Texto apresentado no *Convegno Essere Adolescenti Oggi*. Milão, 13 de janeiro de 2007. Disponível em: <http://www.sppa.org.br/boletim_eletronico/administracao/arquivos/Ruggero_Levy_A_adolescencia_no_Brasil_hoje.doc?id_evento=107>. Acesso em: 29 jul. 2008.
_____. Adolescência: o re-ordenamento simbólico, o olhar e o equilíbrio narcísico. *Revista de Psicanálise da Sociedade Psicanalítica de Porto Alegre*, v. 13, n. 2, p. 233-245, 2006.
LISBOA, C.; KOLLER, S. H. O microssistema escolar e os processos proximais: exemplos de investigações científicas e intervenções práticas. In: KOLLER, S. H. (Org.). *A ecologia do desenvolvimento humano:* pesquisa e intervenção no Brasil. Porto Alegre: Casa do Psicólogo, 2004. p. 267-292.
MAHLER, M. *O processo de separação-individuação*. Porto Alegre: Artmed, 1982.
MARCELLI, D.; BRACONNIER, A. *Adolescência e psicopatologia*. 6. ed. Porto Alegre: Artmed, 2007.
MARTINS, P. O.; TRINDADE, Z. A.; ALMEIDA, A. M. O. O ter e o ser: Representações sociais da adolescência entre adolescentes de inserção urbana e rural. *Psicologia:* Reflexão e Crítica, v. 16, n. 3, p. 555-568, 2003.
MCGUE, M. et al. Perceptions of a parent-adolescent relationship: a longitudinal investigation. *Developmental Psychology*, v. 41, n. 6, p. 971-984, 2005.
MOURA, F. C. Adolescência: Efeitos da ciência no campo do sujeito. *Psicologia Clínica*, v. 17, n. 2, p. 113-125, 2005.
MUSSEN, P. H. et al. *Desenvolvimento e personalidade da Criança* 3. ed. São Paulo: Harbra, 1995.
NOLLER, P. Sibling relationships in adolescence: learning and growing together. *Personal Relationships*, v. 12, n. 1, p. 1-22, 2005.
OLIVA, A. Desenvolvimento social durante a adolescência. In: COLL, C.; PALÁCIOS, J.; MARCHESI, A. (Org.). *Desenvolvimento psicológico e educação*. Porto Alegre: Artmed, 2004. v. 1, p. 350-367.

OLIVA, A.; ARRANZ, E. Sibling relationships during adolescence. *European Journal of Developmental Psychology,* v. 2, n. 3, p. 253-270, 2005.
OZELLA, S.; AGUIAR, W. M. J. de. Desmistificando a concepção de adolescência. *Cadernos de Pesquisa,* v. 38, n. 133, p. 97-125, 2008.
PAPALIA, D.; OLDS, S. W.; FELDMAN, R. D. *Desenvolvimento humano.* 8. ed. Porto Alegre: Artmed, 2006.
PARKE, R.D. Development in the family. *Annual Review of Psychology,* v. 55, p. 365-399, 2004.
PEREIRA, F. N.; GARCIA, A. Amizade e escolha profissional: influência ou cooperação? *Revista Brasileira de Orientação Profissional,* v. 8, n. 1, p. 71-86, 2007.
PIAGET, J.; INHELDER, B. *Da lógica da criança à lógica do adolescente:* ensaio sobre a construção das estruturas operatórias formais. São Paulo: Pioneira, 1976.
PRATTA, E. M. M.; SANTOS, M. A. dos. Família e adolescência: A influência do contexto familiar no desenvolvimento psicológico de seus membros. *Psicologia em Estudo,* v. 12, n. 2, p. 247-256, 2007a.
_____. Opiniões dos adolescentes do ensino médio sobre o relacionamento familiar e seus planos para o futuro. *Paidéia (Ribeirão Preto),* v. 17, n. 36, p. 103-114, 2007b.
RAMIRES, V. R. Cognição social e teoria do apego: Possíveis articulações. *Psicologia: Reflexão e Crítica,* v. 16, p. 403-410, 2003.
REICHERT, C. B.; WAGNER, A. Autonomia na adolescência e sua relação com os estilos parentais. *Psico,* v. 38, n. 3, p. 292-299, 2007.
SALLES, L. M. F. Infância e adolescência na sociedade contemporânea: alguns apontamentos. *Estudos de Psicologia (Campinas),* v. 22, n. 1, p. 33-41, 2005.
SANTANA, S. de M.; ROAZZI, A.; DIAS, M. das G. B. B. Paradigmas do desenvolvimento cognitivo: Uma breve retrospectiva. *Estudos de Psicologia (Natal),* v. 11, n. 1, p. 71-78, 2006.
SARRIERA, J. C. et al. Formação da identidade ocupacional de adolescentes. *Estudos de Psicologia,* v. 6, n. 1, p. 27-32, 2001.
SANTOS, L. M. M. dos. O papel da família e dos pares na escolha profissional. *Psicologia em Estudo,* v. 10, n. 1, p. 57-66, 2005.
SARTOR, C. E.; YOUNISS, J. The relationship between positive parental involvement and identity achievement during adolescence. *Adolescence,* v. 37, n. 146, p. 221-234, 2002.
SCHARF, M.; SHULMAN, S.; AVIGAD-SPITZ, L. Sibling relationships in emerging adulthood and in adolescence. *Journal of Adolescent Research,* v. 20, n. 1, p. 64-90, 2005.
SCHOEN-FERREIRA, T. H.; AZNAR-FARIAS, M.; SILVARES, E. F. de M. A construção da identidade em adolescentes: Um estudo exploratório. *Estudos de Psicologia,* 8 (1), 107-115, 2003.
SELIGMAN, M.; CSIKSZENTMIHALYI, M. Positive psychology: an introduction. *American Psychologist,* v. 55, p. 5-14, 2001.

SILVA, C. M. L. da; GIGANTE, D. P.; MINTEN, G. C. Premenstrual symptoms and syndrome according to age at menarche in a 1982 birth cohort in Southern Brazil. *Cadernos de Saúde Pública, 24* (4), 835-844, 2008.
SILVA FILHO, A. C. P. Psicanálise e neurociências. *Revista de Psiquiatria Clínica,* v. 30, p. 104-107, 2003.
SPRINTHALL, N. A.; COLLLINS, W. A. *Psicologia do adolescente*: uma abordagem desenvolvimentista. 3. ed. Lisboa: Fundação Calouste-Gulbenkian, 2003.
STEINBERG, L. We know some things: Parent-adolescent relationships in retrospect and prospect. *Journal of Research on Adolescence,* v. 11, n. 1, p. 1-19, 2001.
STEINBERG, L. Cognitive and affective development in adolescence. *Trends in Cognitive Science,* v. 9, n. 2, p. 69-74, 2005.
STEINBERG, L.; LERNER, R. M. The scientific study of adolescence: a brief history. *Journal of Early Adolescence,* v. 24, n. 1, p. 45-54, 2004.
STERN, D. *A constelação da maternidade.* Porto Alegre: Artmed, 1997.
_____. *O mundo interpessoal do bebê:* uma visão a partir da psicanálise e da psicologia do desenvolvimento. Porto Alegre: Artmed, 1992.
TARRANT, M. Adolescent peer groups and social identity. *Social Development,* v. 11, n. 1, p. 110-123, 2002.
TAVARES, C. H. F. et al. Idade da menarca em escolares de uma comunidade rural do Sudeste do Brasil. *Cadernos de Saúde Pública,* v. 16, n. 3, p. 709-715, 2000.
TRAVERSO-YÉPEZ, M. A.; PINHEIRO, V. de S. Socialização de gênero e adolescência. *Estudos Feministas,* v. 13, n. 1, p. 147-162, 2005.
UNGAR, V. O trabalho psicanalítico com adolescentes, hoje. *Revista Brasileira de Psicanálise,* v. 38, n. 3, p. 735-749, 2004.
URRIBARRI, R. Sobre adolescência, luto e a posteriori. *Revista de Psicanálise da Sociedade Psicanalítica de Porto Alegre,* v. 10, n. 1, p. 47-70, 2003.
VILLELA, W. V.; DORETO, D. T. Sobre a experiência sexual dos jovens. *Cadernos de Saúde Pública,* v. 22, n. 11, p. 2467-2472, 2006.
VITALLE, M. S. de S. et al. Índice de massa corporal, desenvolvimento puberal e sua relação com a menarca. *Revista da Associação Médica Brasileira,* v. 49, n. 4, p. 429-433, 2003.
WAGNER, A. et al. A comunicação em famílias com filhos adolescentes. *Psicologia em Estudo,* v. 7, n. 1, p. 75-80, 2002.
WINNICOTT, D. W. *O ambiente e os processos de maturação.* Porto Alegre: Artmed, 1983.
_____. O primeiro ano de vida: concepções modernas do desenvolvimento emocional. In: _____. *A família e o desenvolvimento individual.* São Paulo: Martins Fontes, 1993.
_____. Objetos transicionais e fenômenos transicionais. In: WINNICOTT, D. W. (Org.). *Textos selecionados:* da pediatria à psicanálise. 2. ed. Rio de Janeiro: Francisco Alves, 1978. p. 389-408.

Parte II

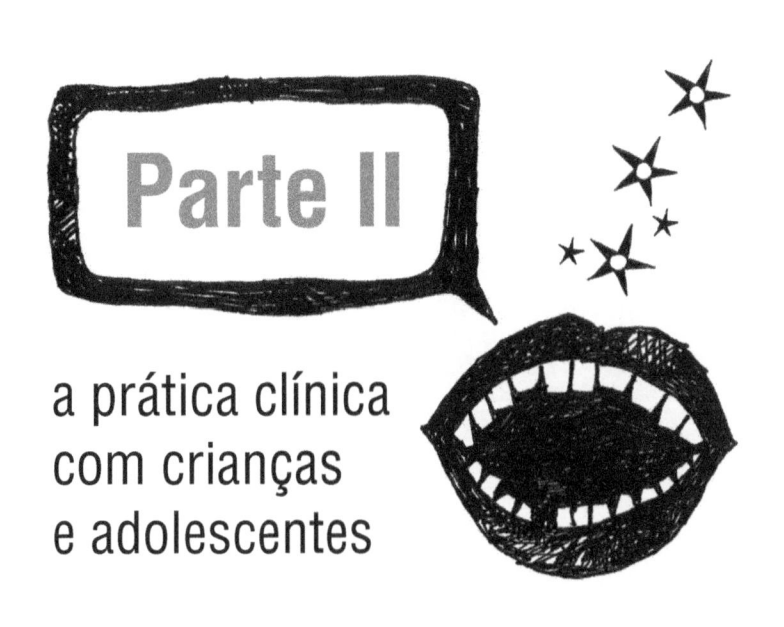

a prática clínica com crianças e adolescentes

A clínica com crianças e adolescentes: o processo psicoterápico

4

Anie Stürmer
Maria da Graça Kern Castro

Escrever sobre os conceitos que são centrais no processo e na relação terapêutica na psicoterapia com crianças e adolescentes não é tarefa fácil. Peculiaridades envolvem essas faixas etárias e diferenciam os tratamentos dos de adultos. Três fatores são específicos de tratamentos com crianças e adolescentes. Em primeiro lugar, esses pacientes, por serem legalmente menores e dependentes de suas famílias[1], sofrem, de forma mais aguda, a participação e a interferência de terceiros, pais ou responsáveis, no vínculo psicoterápico. O campo psicoterápico bipessoal se torna mais complexo pela ressonância das transferências paternas e maternas que se entrecruzam. Isso exige maior flexibilidade do psicoterapeuta e muita atenção às questões de neutralidade e de sigilo. A inclusão dos pais ou responsáveis em uma psicoterapia busca oferecer o suporte necessário à manutenção do tratamento, assim como compreender ansiedades e modos de funcionamento de cada família.

Um segundo fator diferencial se prende à solicitação do tratamento. No caso de crianças, geralmente, a busca do atendimento é realizada pelos adultos responsáveis. Muitas vezes, vêm mobilizados por indicações ou sugestão da escola ou de médicos. Raramente as crianças pedem ajuda direta, embora encontrem formas de mobilizar ansiedades e a atenção, impulsionando a família a buscar auxílio psicoterápico. Atualmente, constatamos que inúmeras crianças solicitam explicitamente aos pais a busca de psicoterapia. Pensamos que essa nova postura deve-se ao fato de que esse tipo de tratamento passou a ser mais difundido nos meios de comunicação por meio de filmes e novelas. Além disso, "estar em psicoterapia" é algo muito valorizado por alguns pacientes que comentam sobre essa experiência como algo positivo com seus amigos e colegas. Assim sendo, fazer psicoterapia é algo muito mais próximo à realidade das crianças, atualmente do que há décadas.

Os adolescentes em sofrimento psíquico costumam buscar o próprio tratamento, por uma iniciativa pessoal. A partir da década de 1990, os jovens têm vindo espontaneamente para psicoterapia, em contraste com décadas anteriores em que eram, na maioria dos casos, encaminhados por pais, escola ou amigos (Castro, 2000). Os adolescentes em tratamento psicoterápico referiram ter procurado psicoterapia por motivação pessoal, mas também apontaram importantes fatores, como incentivo e apoio de namorado, amigos e da família para a busca. Os motivos da procura de psicoterapia foram variados e personalizados para cada entrevistado, mas 53% dos entrevistados referiram temas ligados à depressão, à tristeza e/ou a perdas reais. A fala dos adolescentes mostrou que o fator desencadeante da busca de tratamento foram processos de perda e luto atuais, que podem ter reavivado perdas anteriores (Pinto et al., 2001).

Há ainda um terceiro fator a ser considerado que está relacionado às formas comunicativas do material das sessões[2]. A criança e o adolescente ainda não usam a palavra no mesmo nível que o adulto, utilizando outras formas comunicativas, além da expressão verbal. Crianças, predominantemente, usam o brincar como forma de manifestar seus estados mentais. Por vezes, a compreensão do material lúdico se torna muito difícil, tanto pelo conteúdo – remetendo a níveis mais profundos das fantasias inconscientes – quanto pelos modos de expressão no *setting*. O jogo e o brincar, denunciando algo desconhecido que é da ordem do inconsciente, podem ser considerados narrativas (com ou sem palavras) que, aos poucos, vão organizando a experiência infantil.

Os adolescentes, por se encontrarem às voltas com transformações no corpo e maior pressão pulsional, estão envolvidos com redefinição da imagem corporal, as ressignificações identificatórias e oscilações entre atividades masturbatórias e início da vida sexual genital. Por essas peculiaridades próprias da etapa, costumam, além da palavra, usar formas comunicativas pré e paraverbais nas sessões, que podem incluir expressões lúdicas, gestos, movimentação e também comunicação pelo vestuário, por tatuagens e outras expressões corporais. Uma forma primitiva de comunicar aspectos não-representados pode ser as tão comuns atuações. Assim, ao trabalhar com crianças e adolescentes, o psicoterapeuta tem que estar muito atento ao imprevisto, ao "fator surpresa" (Caron, 1996), que surge nas sessões.

Como psicoterapeutas de crianças e de adolescentes, somos, frequentemente, surpreendidos por situações inusitadas que nos exigem soluções adequadas para cada momento que se apresenta. Para tomar a melhor atitude, ser sensato, valendo-se da técnica de que dispomos, é necessário, além do gosto por trabalhar com essas faixas etárias, construir uma trajetória profissional que implica o já conhecido tripé da formação: um tratamento pessoal, que durará anos, antes e depois da formação, bem como a supervisão e uma base teórico-clínica de qualidade, que nos tornará instrumentalizados com esse tipo de paciente. No transcurso de seu ofício, cada psicoterapeuta vai, aos poucos, construindo um estilo próprio de trabalhar que, com o passar do tempo, se torna uma maneira de ser, personalizada e única. Através do tratamento pessoal, o terapeuta entra em contato com o seu jeito de ser, de funcionar, possibilitando que reconheça suas reações. Um melhor conhecimento de como seu mundo interno funciona contribuirá para as percepções e o entendimento dos relacionamentos e do mundo interno de seus pacientes (Lanyado e Horne, 2000).

As regras técnicas são sempre as mesmas que regem o processo, mas o terapeuta desenvolverá um estilo próprio, preservando as necessárias características da relação terapêutica, que protegem o *setting*, com um contrato e uma clara aplicação destas regras que o norteiam (Etchegoyen, 1987).

Considerando as complexidades expostas acima, no presente capítulo abordaremos os conceitos-chave que são centrais no processo terapêutico com crianças e adolescentes, a saber: relação terapêutica e o desenvolvimento do vínculo; os fenômenos de transferência; contratransferência e aspectos resistenciais; fenômenos que ocorrem entrelaçados, fazendo parte do campo psicoterápico.

As ilustrações e os casos clínicos usados neste texto mostram como trabalhamos e esperamos passar aos leitores algumas das ricas experiências vividas nos *settings*, mesmo tendo consciência de que algumas delas são inefáveis e extremamente difíceis de serem colocadas em palavras.

O campo psicoterápico

Oriundo da Física, o conceito de "campo" foi trazido para a psicologia, pela teoria da *Gestalt*, mas foi Kurt Lewin (1965) quem aprofundou uma teoria do campo total, na qual propôs que o comportamento humano é derivado da totalidade de fatos coexistentes, e que esses têm o caráter de um campo dinâmico, no qual cada parte depende de uma inter-relação com as demais partes que configuram o todo. A totalidade dos fenômenos é mais complexa e ampla do que a soma das partes.

Na Psicanálise, o conceito de "campo" foi trabalhado pelo casal Baranger (1968). O campo psicanalítico se refere a situações em que os fatos psíquicos são compreendidos através de seus significados no contexto de relações intersubjetivas, no qual o par terapêutico não pode ser visto como duas pessoas isoladas, mas como uma estrutura, produto dos integrantes da relação, que estão envolvidos num processo dinâmico e criativo, cujo funcionamento resulta da interação e dos aspectos inconscientes, tanto do paciente quanto do terapeuta. Nesse funcionamento emocional, o *setting* age como uma moldura desse campo, que contém o encontro de duas subjetividades. Assim sendo, a situação terapêutica pode ser vista como um conjunto da constituição do campo emocional de ambos, com as fantasias inconscientes básicas da dupla, intermediada pelo interjogo das identificações projetivas e introjetivas do par.

Os problemas e vantagens da compreensão da situação terapêutica devem ser colocados a partir da concepção de um campo transferencial-contratransferencial, e que o entendimento dos fatos psíquicos está relacionado ao seu sentido no contexto das relações intersubjetivas (Ferro, 1995).

Quando se trata de psicoterapias de crianças e adolescentes, o campo psicodinâmico se torna mais complexo pela presença do psicoterapeuta, do paciente e dos seus pais, tendo que ser levadas em conta as fantasias inconscientes dos pais. Estas configuram, junto com o paciente (criança ou adolescente) e o psicoterapeuta, uma estrutura singular, que poderá exercer uma presença contínua no campo psicoterápico, promovendo efeitos no paciente e no terapeuta. No transcurso do processo terapêutico, o psicoterapeuta ressignificará sua própria criança e adolescência e seus pais em sua história pessoal. Ao mesmo tempo, na relação vincular do par terapêutico, o filho, no seu tratamento, também dá novos sentidos a situações edípicas e narcisistas não resolvidas da história individual de cada um dos seus pais e do par conjugal, exercendo contínuas reestruturações que, por sua vez, vão reincidir na psicoterapia do filho (Kancyper, 2002). O caso que segue nos mostra essa situação:

Suzana e sua família

18 horas. É o horário da sessão de Suzana. Abro a porta e quem me espera é Márcia, sua mãe. Ela adentra a sala dizendo: "Hoje eu é que vim". Por instantes, fico atônita. Deveria eu atendê-la? O correto não seria preservar o setting e o horário de Suzana, já que as duas mantêm uma relação simbiótica e marcar outro horário para Márcia? Todos esses pensamentos circulam em minha mente enquanto Márcia se instala na poltrona. Entendo, então, que preciso enxergar a Márcia "criança", que está insegura com o afastamento da filha, que aos poucos se separa dela à medida que o tratamento progride e observo uma necessidade de reforçar a aliança terapêutica. Márcia está desconfiada, pois a filha tem apresentado resistências em comparecer às sessões, reclama que não quer vir, e isso a tem deixado muito insegura a meu respeito e em relação ao tratamento. O pai tem estado distante e não vinculado ao tratamento, cuja responsabilidade deixou para a esposa. Neste momento, trabalhamos seus anseios e dúvidas e, ao mesmo tempo, nos demos conta: "Onde está o pai?". Na relação das duas faltou a entrada de Paulo, o pai; esse não se colocou como um terceiro para estabelecer a separação entre mãe e filha.

No processo psicoterápico, a terapeuta significa esse "terceiro", que irá se colocar "entre" a paciente e sua mãe; mas será suficiente? Aí entram as *nuances* do tratamento de crianças e adolescentes. Diferentemente do tratamento de adultos, Paulo, o pai, pode e deve ser chamado para participar mais ativamente da psicoterapia de sua filha, Suzana, sempre que houver necessidade para o tratamento evoluir. Cada um tem uma história que se intercambia com a de Suzana; cada um dos pais, e o casal, têm fantasias sobre o tratamento de sua filha, que acabam afetando o campo. Dessa maneira, o terapeuta atento a essas complexidades vai discriminando aspectos dos pais e da filha, sem com isso configurar um tratamento psicoterápico dos pais.

A psicoterapia com crianças (e em alguns casos com adolescentes) não pode ser confundida com uma psicoterapia familiar, mas, em inúmeras ocasiões, precisamos compreender e explicitar as ansiedades e o funcionamento do grupo familiar ou crenças que, muitas vezes, são transgeracionais e se atravessam na psicoterapia individual com a criança ou jovem (Castro e Cimenti, 2000). O que se passa no campo psicoterápico se assemelha a um quebra-cabeça de múltiplos encaixes, no qual as mesmas peças agrupadas de uma forma original criam um cenário em que vão se criando novas compreensões. A seguir, serão abordados alguns fenômenos, partes do quebra-cabeça, que constituem e ocorrem no campo psicoterápico.

A relação terapêutica

A constante relação envolvendo terapeuta e paciente está no cerne de toda psicoterapia psicanalítica. A relação terapêutica é um vínculo genuíno e com características próprias e discriminadas dos relacionamentos comuns da vida do paciente. Configura-se numa relação que é singular e intransferível, norteada pelos princípios teórico-clínicos que fundamentam a prática, assim como pela continência emocional do terapeuta e por sua habilidade de manter um espaço para simbolizações e o pensar a respeito do que está sendo comunicado pelo paciente, no "aqui e agora" de cada sessão. O produto é um particular encontro de mentes e emoções do par terapeuta e paciente (Ferro, 2000).

Alguns aspectos diferenciam a relação terapêutica das demais na vida do paciente, fora do consultório. Em primeiro lugar, não é uma relação natural e espontânea; ela vai sendo construída no vínculo, baseada num contrato com algumas normas a serem seguidas. Outro aspecto é que se dá num espaço específico, onde ocorrem os encontros: o *setting*. O paciente irá sempre no mesmo consultório, mesmo horário, nos mesmos dias, criando-se assim uma atmosfera de expectativa quanto ao que o espera em uma sessão. O enquadre supõe então um contrato no qual são explicitadas as combinações e a formalização do vínculo terapêutico. O *setting* representa um marco externo para o desenrolar do processo que é estruturante da psicoterapia, já que supõe as normas e os papéis do paciente e os do terapeuta. Implica também uma aliança de trabalho, ressonância empática e sintonia entre as partes.

Com a criança ou com o adolescente combina-se sobre a frequência e duração das sessões, faltas, férias e também sobre as questões de pagamento dos honorários pelos seus responsáveis legais. Enfatiza-se a questão do sigilo e confidencialidade dos dados das sessões.

Nas psicoterapias envolvendo menores, além desse contrato com o paciente, é necessário o contrato com os responsáveis, geralmente os pais. Esses têm que se responsabilizar pela cooperação, em manter as condições externas de levar, buscar e cumprir horários das sessões e estarem disponíveis sempre que necessário, além de se responsabilizarem financeiramente pelos honorários. O enquadre, depois de configurado, é um dos pilares que auxilia a tornar a relação "terapêutica". Importante, além desse enquadre formal, é o "*setting* interno" do psicoterapeuta, ou seja, a disponibilidade de sua mente continente para entrar em contato com outra mente e sua receptividade emocional, que serão os instrumentos indispensáveis para a criação e manutenção do processo terapêutico.

Um terceiro aspecto, que discrimina esse vínculo em relação aos demais é que não existe a reciprocidade que encontramos em outras formas de relacionamento. Ela é assimétrica, com papéis e funções diferenciadas para paciente e psicoterapeuta. Este estará disponível para ouvir e interagir com a criança ou adolescente, mas, por outro lado, a sua vida pessoal e emocional não é dividida com o paciente, sendo a privacidade do terapeuta resguardada (Lanyado e Horne, 2000).

No entanto, sabe-se que, sempre evidenciaremos aspectos de nossa personalidade que estarão sendo mostrados nas maneiras de trabalhar com o paciente, ou seja, é impossível manter a ficção, uma "neutralidade" total. Crianças e adolescentes tendem a captar os aspectos da personalidade do terapeuta e, a partir disso, também poderão agir. Importante é estarmos atentos ao jogo de identificações projetivas e introjetivas que moldam os fenômenos transferenciais/contratransferenciais, assim como aprimorarmos a escuta e a observação psicanalítica, aliados ao desenvolvimento das habilidades técnicas do "fazer" psicoterápico e do pensamento clínico. Aspectos da transferência e aliança terapêutica se mesclam, mas não são idênticos. A aliança pode ser definida pelos aspectos conscientes e inconscientes da criança ou do adolescente que levam à cooperação, à aceitação da ajuda, à superação de resistências e ao enfrentamento de momentos difíceis durante o processo psicoterápico. A aliança terapêutica evolui com o tempo e está baseada na ligação positiva com o psicoterapeuta e na percepção do paciente de que necessita de ajuda. Mas esta nem sempre poderá estar presente no início de um tratamento (Sandler, 1989). Lembremos que Aberastury (1982) nos ensinou que as crianças trazem seus conflitos e sintomas nas primeiras sessões, mesmo que de forma não-verbal, fenômenos que nomeou de *fantasias de doença e cura*. Já a aliança vai derivar de uma razoável relação objetal, que é base da transferência positiva; mas Klein, em 1923, ao tratar Rita, descobriu que a interpretação da transferência negativa, já no primeiro encontro, dissipou ansiedades, criando a aliança com a menina.

Raul defendendo sua psicoterapia

Raul, 9 anos, há dois anos em tratamento, passava por período de intensas resistências. Elas se manifestavam em sua casa, na hora de sair para as sessões, quando dizia para sua família que era muito chato o tratamento e ameaçava não ir. No entanto, nas sessões, às quais não faltava, trazia muitos conteúdos importantes, trabalhava bastante e não apresentava as queixas que eram relatadas por sua mãe em relação ao tratamento. Começaram a surgir, no seu jogo, indícios de uma fantasia de que se demonstrasse gostar e se sentir ajudado pela terapeuta, desagradaria a mãe. Em entrevista com seus pais (à qual Raul não quis estar presente, mesmo convidado), estes reclamam do tratamento, de que não estavam satisfeitos com os resultados e pensavam "tirar férias" do tratamento do filho.

Ficou, então, esclarecido que as resistências de Raul estavam ligadas a um conflito de lealdade com seus pais, que resistiam ao tratamento do filho. Mesmo sendo manejadas as resistências, semanas depois a mãe envia o pagamento e avisa, decididamente, que Raul não iria mais. A terapeuta solicita algumas sessões para trabalhar com Raul a decisão familiar e a possível despedida. Na sessão seguinte, o menino diz que precisa manter seu tratamento e solicita uma "sessão tripla", na qual estejam presentes, ele, o pai e a mãe. Assim feito, Raul conseguiu explicar aos pais as razões pelas quais precisava ainda se tratar, no que foi compreendido por eles. Defendeu e lutou pela manutenção de sua psicoterapia, demonstrando uma forte aliança terapêutica, apesar das adversidades que tiveram que ser enfrentadas.

Pelo exemplo citado, vemos que a existência de uma sólida aliança terapêutica entre os diversos componentes da situação terapêutica, criança/terapeuta e família/terapeuta, é indispensável para que sejam superados os momentos de resistência e impasses que, muitas vezes, colocam em risco o prosseguimento da psicoterapia.

Os fenômenos transferenciais e contratransferenciais

O fenômeno transferencial com crianças e adolescentes, em um sentido estrito do termo, é semelhante ao observado com pacientes adultos e visa repetir protótipos de relações e desejos infantis que se reatualizam no *setting* e no vínculo (Laplanche e Pontalis, 1970). É uma repetição de necessidades e desejos que não foram compreendidos e satisfeitos no passado.

A questão da existência da transferência nos tratamentos com crianças foi um dos temas das famosas "Controvérsias" entre partidários de Anna Freud e de Melanie Klein (Fendrik, 1991). Anna Freud sustentava que a criança vivia conflitos com seus pais reais, os quais convivia, e por isso, não poderia transferir toda sua neurose. Assim sendo, a criança tem o relacionamento ou fantasia sobre o passado fortemente ligado às pessoas concretas dos pais. A disponibilidade dos objetos primários para os cuidados e educação da criança complicaria o reconhecimento do que seria a transferência. Em 1946, Anna Freud reformulou sua posição, passando a admitir a existência de neurose transferencial em alguns casos de análise de crianças (Glenn, 1996).

Klein (1981) apontava que a capacidade de transferir existia na criança, desde muito cedo, e se estabelece de forma espontânea e rápida, devido à permeabilidade consciente/inconsciente. A criança tem vida mental ativa e, desde o início da vida, seu ego rudimentar é capaz de usar mecanismos primitivos para lidar com as ansiedades ligadas às pulsões de vida e de morte, que são a base de sua vida de fantasia. Através da ação dos mecanismos introjetivos e projetivos, mesmo a criança muito pequena já teria "um passado" a transferir: as vivências precoces com imagos parentais internalizadas seriam transferidas ao terapeuta, mesmo a criança convivendo e sendo cuidada por seus pais no cotidiano. Klein teorizou sobre as origens dos relacionamentos objetais precoces no início da vida, considerando que a transferência era o eixo central do tratamento psicanalítico com crianças. Os relacionamentos objetais precoces são transferidos através da técnica do jogo simbólico, que para Klein seriam semelhantes à associação livre do adulto. As figuras transferidas eram deformadas e coloridas pela predominância maior ou menor de impulsos destrutivos ou libidinais. Dessa forma, a imagem dos pais concretos do cotidiano é transformada pelas fantasias predominantes na mente infantil. A caixa individual usada pela criança, no *setting*, à qual só ela tem acesso, faz parte da "relação privada paciente/analista, característica da relação transferencial" (Klein, 1991, p.155).

O senso da criança de quem ela é e de como outros vão reagir é muito afetado por expectativas baseadas em seu passado, mas também matizado pelos relacionamentos familiares recentes. O deslocamento desses padrões e dos modos da criança se relacionar com as pessoas significativas de sua vida constitui o eixo da relação transferencial/contratransferencial. Fantasias e imaginações do paciente sobre o terapeuta são também meios através dos quais as relações passadas e presentes são transferidas no *setting* (Lanyado e Horne, 2000). O psicoterapeuta pode ser percebido, sob vértices diferentes, pela criança como um *objeto real*, com o qual interage, um adulto semelhante aos seus pais. Por exemplo, quando trabalhamos com crianças bem pequenas, em alguns momentos temos que ajudá-las quando vão ao banheiro, sem que isso se configure uma gratificação. O terapeuta é visto como um *objeto transferencial* com o qual vai repetir experiências primárias e também como um *novo objeto* em sua vida. Nessa perspectiva, o terapeuta é foco de desenvolvimentos específicos das fases libidinais em evolução. Assim, a criança pode perceber seu terapeuta de formas diferentes quando alcança novos níveis de organização desenvolvimental (Glenn, 1996).

Ângela: Ganhar ou perder? Conhecer e crescer.

Ângela, 7 anos, filha adotiva, vem para tratamento por problemas de conduta.

Há três anos em tratamento, nesse momento vive um conflito, pois está na 1ª série do ensino fundamental e se nega a se alfabetizar. Refere, conscientemente, que não deseja aprender a ler e a escrever; diz que quer continuar "burra" (sic). Ângela chega para a sessão propondo o jogo do elástico[3]. No jogo, aparece uma grande ambivalência, pois se torna evidente que ela sabe pular melhor que eu, mas a cada momento em que me ultrapassa, e eu começo a perder o jogo, angustia-se, não querendo passar para outra fase. Por outro lado, quando eu começo a ganhar, fica ansiosa. Em alguns momentos, o jogo se torna confuso. É necessário discriminar que ela está mais adiantada; em outros momentos, erra e não quer admitir. Aparece uma inconstância entre se dar bem, me ultrapassar, ou regredir para não se separar de mim. Canta a música: "se um dia eu pudesse ver meu passado inteiro...".

Comento, então, que tem coisas do passado de que ela está falando, que sente que passar na minha frente significa deixar a mãe (da barriga) para trás, deixá-la mal. Por outro lado, se eu passar na sua frente, a deixarei mal; então, o jogo se torna uma grande confusão.

Aparecem aí aspectos transferenciais, reeditados nesse jogo, no qual Ângela se sente culpada em relação à mãe biológica, que considera pobre e, por conseguinte, ganhar o jogo é "tirar" da mãe. Ao mesmo tempo, existe o desejo de ganhar, ser forte, como se ficar rica e forte implicasse em tirar algo de alguém, o que gera sentimento de culpa. Uma fica rica porque tira da outra. Nesses momentos de intervenção, responde com muita ansiedade e é necessário discriminar junto a ela o que está acontecendo, apontando que repete comigo algo do seu passado.

Ficam evidentes aspectos de latência. Existem regras a serem cumpridas, estão apresentando-se defesas obsessivas e também a concomitante internalização da alfabetização.

Numa determinada sessão, larga o jogo de elástico e se direciona para o quadro, escrevendo algumas palavras. Intervenho, mostrando a ela sua fantasia de não poder "ficar rica" (alfabetizar-se), pois imagina que estará deixando alguém "pobre", sentindo-se culpada, e é o mesmo que refere quando brinca com o jogo do elástico e diz que vai ficar "patinando" até que eu, a terapeuta, a alcance. Ao terminar a sessão, vai até a porta e canta: "havia um homenzinho torto, andava por um caminho torto, tinha uma casa torta e aí encontrou Jesus". Essa é uma resposta às interpretações construídas pela dupla nas sessões.

Nesse caso, podemos observar como Ângela repete, no *setting* terapêutico, a fantasia que tem em relação ao objeto interno. Também traz seu conflito e sofrimento atual ligado à inibição intelectual que, remotamente, está ligado ao desejo de evitar contato com suas origens e adoção, modulados pelos processos transferenciais e contratransferenciais. Transferência e contratransferência são fenômenos complementares, como se fossem dois lados da mesma moeda, e eles ocorrem pelo interjogo de identificações projetivas e introjetivas, que oportunizam o acesso à mente infantil, às fantasias e à história das primeiras relações objetais. A contratransferência pode ser compreendida como um conjunto de reações inconscientes do terapeuta à transferência do paciente. No tratamento psicanalítico, ela liga e, principalmente, vincula a dupla, permitindo um trabalho conjunto. Ajuda a entender certos sentimentos que são emitidos para dentro da mente do terapeuta pelo paciente, despertados pelas vivências e pelos sentimentos dele. Sentimentos contratransferenciais, por serem inconscientes, podem indicar pontos cegos do terapeuta. Nesse caso, seria necessário ao terapeuta um aprofundamento em sua psicoterapia ou análise pessoal, para capacitá-lo a discriminar o que lhe pertence daquilo que é comunicação do paciente. A compreensão desse processo é uma forma importante de instrumentalização do terapeuta. As características particulares da relação transferencial-contratransferencial auxiliam o terapeuta a conhecer mais sobre as fantasias do paciente, os relacionamentos, seu funcionamento e as expectativas que teve no passado e as que tem para o futuro.

Gabriela, a "bobona" da família

Gabriela, 7 anos, foi levada à psicoterapia por queixas de sua família de que era muito "parada e sem iniciativa". Era considerada incompetente, bobona e burra, tanto pela família quanto pelos colegas. No segundo mês de tratamento, passou a jogar de "dona da loja". Nesse jogo, ela personificava uma poderosa e rica proprietária de loja que dominava a todos com seu poder, dinheiro e inteligência. Destinava à terapeuta diversos papéis: as filhas, a faxineira, a vendedora e outros que a humilhavam e desqualificavam, chamando-a de burra e bobona. Repetiu, durante semanas, esse jogo e, quando era tentada qualquer compreensão desse, a menina manifestava intensas crises de choro e raiva, mandando a terapeuta calar a boca, ou tapava os ouvidos, criando forte núcleo resistencial. Contratransferencialmente, a terapeuta se sentiu realmente "incompetente" para manejar os impasses criados pelos gritos, choros e violência de Gabriela. A terapeuta via seus esforços de compreendê-la e ajudá-la em seu sofrimento serem frustrados. As tentativas de comunicação verbal eram danificadas, pois insuportáveis para serem escutadas naquele momento. Destrui-las com gritos mantinha a menina afastada do contato emocional com seu doloroso sentimento de desvalorização.

Ao ejetar para dentro da mente de sua terapeuta os sentimentos intoleráveis e indesejados que vivia, a menina fez uso da Identificação projetiva como forma de comunicar algo que as palavras ainda não davam conta: intenso sentimento de dor e humilhação que experimentava. A partir dessa vivência de comunicação primitiva, via fenômenos transferenciais e contratransferenciais e o processo pôde ser retomado.

Joana a caminho da integração

Joana entra para a sessão e propõe o jogo de batalha naval. Iniciado o jogo, ela tem certa dificuldade em aceitar e entender as regras. A terapeuta comenta o quanto quer aprender a "brigar", e o jogo da batalha serve para isso. Joana reluta em continuar derrubando os barcos da terapeuta, mas elimina um deles. Disso resulta um contra-ataque, e a terapeuta derruba um barco de Joana. Ela fica braba e desiste do jogo. Vai até o sofá e se deita por um instante, muito zangada e incomodada. Depois de certo tempo, dirige-se ao armário, pega em sua caixa dois pedaços de pano solicitando ajuda para costurá-los. Começa a juntar os pedaços com agulha e linha. A terapeuta comenta que quando Joana fica muito braba, separa as coisas dentro dela, mas que também tem condições de costurar aquilo que está separado.

Nesse caso clínico, vemos em Joana a transição entre as posições esquizoparanoide para depressiva (Klein, 1946) quando começa a integrar aspectos destrutivos de seu *self*. Seus aspectos agressivos foram personificados na batalha naval, que foi uma maneira de se autorizar a "brigar". Em seguida, tem condições de costurar os pedaços de pano, personificando um movimento interno de integração de aspectos cindidos de seu *self*.

Podemos observar anteriormente que aspectos libidinais estão se firmando no mundo interno de Joana e são expressos na sua capacidade de reparação. Os movimentos de integração se manifestam por mudanças na relação transferencial, personificadas pelo jogo, que passa a incluir atividades como costurar, juntar, consertar.

O setting tomado pelas "falações" de Clara

Clara, 15 anos, filha única, se mostrou motivada a buscar ajuda, pois tinha muitos conflitos com sua mãe, desatenção com os estudos e preocupação com as brigas com o namorado, que era "galinha". Seus pais haviam se divorciado recentemente, o que a deixava muito braba e triste, responsabilizando a mãe pela separação. Idealizava o pai e desqualificava a mãe; sofria muito com o afastamento do pai. Em determinada época, passou a relatar envolvimento com atividades de risco. Referia sair à noite com amigos que dirigiam alcoolizados e que se expunham a perigos no trânsito. Relatava episódios em que quase foram presos e de como se saíram triunfantes do perigo. Contava sobre grupos de amigos que eram pichadores de prédios. Dizia que os perigos e os riscos de serem pegos em flagrante a estimulavam. Fazia relatos que eram verdadeiras descargas verbais, eram "falações" que enchiam as sessões. Seu discurso parecia não comunicar, mas sim preencher o espaço de atos concretos, com histórias grandiosas. Quando convidada a discriminar o que realmente acontecia e os riscos reais a que se expunha, ameaçava abandonar o tratamento, atacava verbalmente sua terapeuta, que ficava tomada de preocupações por sua integridade e segurança. Simultaneamente, a terapeuta sentia que havia um certo exagero nos episódios relatados por Clara. Ao perceber que quanto mais preocupada a terapeuta ficava, mais Clara a provocava e aumentavam seus relatos, que, de tão grandiosos, pareciam invenções. Tomando contato com seus aspectos pessoais mobilizados por Clara, a terapeuta se deu conta de que a paciente fazia um jogo de provocação para manter sua atenção, cuidado e continência. Na vida cotidiana, pelos relatos de sua família, estava bem, com vida bastante diferente da que relatava nas sessões. Suas invenções e exageros eram a tentativa de criar um mundo interessante, mas nasciam de sua necessidade transferecial de ser olhada e de despertar o cuidado da terapeuta (e dos pais).

Nesse caso clínico, evidenciou-se a forma de Clara mobilizar um novo olhar sobre ela, o novo corpo e os novos papéis. As pressões da realidade, os desafios escolares, mas, sobretudo, de seu mundo interno, de suas pulsões e o temor à vida sexual, que temia iniciar com o namorado "galinha", levavam-na a se utilizar de processos de cisão. Criava, então, uma Clara corajosa, destemida e "marginal". Suas "invenções", quase delirantes por vezes, puderam, no transcurso da psicoterapia, ser compreendidas como defesas. Mas o que Clara temia e, via identificações projetivas, fazia sua terapeuta temer por ela? Possivelmente, toda uma gama de transformações corporais, psíquicas e familiares, assim como suas ansiedades frente ao início de sua vida sexual.

Pelos exemplos apresentados, percebe-se que os sentimentos contratransferenciais frente a situações permeadas de agressividade, sofrimentos e ou estados confusionais expressos nas sessões, tanto por crianças quanto por adolescentes, não só colocam à prova nossa tolerância e continência, mas também nossa própria capacidade de trabalhar com essas faixas etárias. Tomando consciência dos sentimentos provocados em nós, é que poderemos compreender o sofrimento e agir terapeuticamente. A criança ou adolescente, ao se ver aceito e compreendido, vai se sentindo contido em suas ansiedades e, aos poucos, se torna apto a introjetar modelos menos persecutórios de vínculos. Vai discriminando os próprios impulsos, sentimentos e pensamentos como seus, sem necessitar projetá-los tanto. O paciente passa a perceber o terapeuta não como objeto ameaçador, mas como alguém em quem pode confiar, o que, paulatinamente, conduz a mudanças no caráter das transferências, que vão se diferenciando de formas mais deformadas para formas mais realistas de lidar com a realidade interna e externa. Como consequência, poderá se identificar com a capacidade de continência e de pensar do terapeuta.

Intervenções na atualidade: como e quando interpretar

O espaço psicoterápico pode ser compreendido segundo alguns modelos da teoria psicanalítica. Num nível histórico, temos o modelo freudiano, que prioriza a compreensão dos fenômenos da relação terapêutica em redes de relações históricas e de causas e efeitos. O modelo kleiniano busca compreensão de níveis intrapsíquicos ou das fantasias inconscientes. O jogo, os personagens e as narrativas nas sessões refletem aspectos da vida interna do paciente. Há um terceiro modelo, seguindo os conceitos de Bion, chamado "relacional insaturado", em que as narrativas geradas no campo são compreendidas como holografias da relação emocional paciente/terapeuta, comunicando histórias partilhadas e que exprimem afetos (Ferro 2000).

Interpretação é o processo de colocar sensações em palavras, tornando conhecido para o paciente as fantasias, as ansiedades, os conflitos, as defesas e os modos de funcionamento mental que não podiam ser conhecidos por serem inaceitáveis em função de mecanismos de repressão. Esse é o modelo freudiano de tornar o inconsciente consciente.

Atualmente, há uma tendência ao abandono das intervenções prontas, tipo causa e efeito. Houve uma mudança epistemológica que rejeita o pensamento linear e positivista. A ciência psicoterápica atual é menos determinista e mais ligada às diversas possibilidades, o que envolve a noção de processos, contextos de interação e influências recíprocas. O nível intrapsíquico é considerado um aspecto mais amplo, abarcado pelos contextos intersubjetivos e transsubjetivos.

Temos um longo processo para a construção interpretativa, que inclui períodos em que o terapeuta tem a função de conter sentimentos e pensamentos projetados em si pelo paciente, guardá-los e processá-los mentalmente, até que ocorra a ocasião para devolvê-los para reintrojeção. Em outras circunstâncias, o terapeuta tem que tolerar o seu próprio desconhecimento do que está ocorrendo na relação terapêutica para poder, só mais tarde, intervir. Essa experiência pode ser muito importante e necessária para o paciente visando que seu terapeuta viva e experimente o não saber e esteja em algum momento identificado com seu "estado de –K" (Bion, 1980), pois, muitas vezes, esse é o estado mental que a criança ou o adolescente estão vivendo. Tentativas prematuras de interpretação podem fracassar. A interpretação, muitas vezes, é resultado final de um trabalho de semanas, até de meses de comunicações verbais e não-verbais entre a dupla paciente terapeuta (Lanyado e Horne, 2000).

Hoje, as narrativas da sessão, seja pelas palavras, pelo jogo ou pelo uso de outros mediadores, são entendidas como insaturadas: são abertas, plenas de vários sentidos e possibilidades, sem que o terapeuta "entregue" uma interpretação pronta. No caso das psicoterapias com crianças, o jogo é visto como texto narrativo e pré-partilhado pela dupla criança/terapeuta, não existindo sentidos prontos, mas a serem descobertos ou criados. As interpretações do jogo não são dadas previamente por algum suposto simbolismo implícito, mas são criadas em conjunto com a criança, sem usar significados previamente saturados pela mente do terapeuta. As sessões são como "dois textos vivos que interagem continuamente entre si, transformando-se" (Ferro, 2000).

Este caso clínico possibilita que entendamos como uma interpretação fora do nível de compreensão da paciente pode ser modificada durante a sessão e, devido ao bom vínculo com a paciente, essa "perdoa" o erro da terapeuta, mostrando qual caminho seguir.

Interpretação saturada: Maria ensina a terapeuta por qual caminho seguir.

Maria chega à sessão com sua mãe e se esconde na sala de espera. Abro a porta pontualmente, e a mãe entrega um material da escola, falando sobre uma viagem de estudos. A mãe diz na sala de espera: "olha, conversem sobre isso". Maria entra e pergunto sobre o que se trata. Ela diz que tem uma viagem e que está com um pouco de medo de ir, pois terá de dormir uma noite longe de casa e não sabe se conseguirá. Deita-se no sofá, continua a falar mais um pouco sobre a viagem e que não quer falar de seus medos. Ouço-a em silêncio, fazendo algumas perguntas sobre seus sentimentos. Maria se levanta da poltrona, se dirige ao armário de jogos e pega as cartas, propondo jogar "pif". Juntamos os dois baralhos; ela separa os coringas e me dá as cartas para embaralhar. Começamos a jogar, e ela diz que ganhará o jogo de mim; grita muito quando acha uma carta que faz par com outra. Tenho que retomar as regras explicando que, para ganhar o jogo, tem que formar três sequências de números com naipes iguais ou três cartas de naipes diferentes, que formam a trinca. Ela briga muito, pois quer colocar dois naipes iguais e um diferente. Faço, então, a relação de que ela quer juntar dois: ela e a mãe, por isto não quer viajar sozinha, e é difícil para ela ver que as pessoas são separadas. Talvez por isso tema viajar, pois ela ficaria afastada da mãe, não suportando ver o casal parental unido. Enquanto conversamos, ganho o jogo, o que a deixa muito braba, desistindo de continuar a jogar.

Maria corre para o sofá, deita-se, grita comigo, dizendo que não tem nada a ver o que estou dizendo. Digo que para ela é muito difícil ver o pai e a mãe juntos e ela separada. Maria então se levanta, vai até o quadro e propõe o jogo de frases enigmáticas, em que temos que fazer frases com figuras para que o outro adivinhe. Nesse momento, percebo que está muito difícil para Maria aceitar a interpretação que insisto em repetir. Ao mesmo tempo, Maria comunica que podemos falar da mesma coisa de uma outra maneira.

Maria mostra o caminho:
Começamos, então, a fazer o jogo de frases enigmáticas, exemplificado a seguir, com o conteúdo que trabalhamos antes.

A 🙂 ✏ – O + 🏠 – SA 🙂

🏠 – EIJO + AN + 🎲 – DA 🙂 ✏ – CA

+ 🖊 – PIS 🧀 – IJO o 🅿 + i

E A 👜 – LA + E 🌺 – SO + O

✏ – O + 🏠 – SA + R   JUN +

🍅 – MATE + S.

🙂 MARIA

🙂 TERAPEUTA

"A MARIA FICA ZANGADA QUANDO A TERAPEUTA
FALA QUE O PAI E A MÃE VÃO FICAR JUNTOS".
Quando verbalizo que teme se separar da mãe, Maria resiste e se fecha. Porém, com o jogo enigmático, ela ri muito, quebra-se a resistência, e vai processando mentalmente suas ansiedades referentes ao conteúdo apontado. Porém, necessita fazer de uma maneira mais concreta, com figuras desenhadas que refletem a interpretação, construída, agora,

não apenas por mim, mas por nós duas, a "quatro mãos". Dessa maneira, começa a elaborar as questões simbióticas com sua mãe e a suportar a exclusão imposta pela triangulação edípica.

Maria resistia a quê mesmo? A interpretação anterior estava saturada de significados fornecidos pela terapeuta, e Maria os sentiu como invasivos, o que a fez se rebelar, gritando alto, mandando a terapeuta ficar quieta. Resistiu à forma ou ao conteúdo da interpretação? Em seguida, ela mesma dá o caminho, sugerindo um jogo de adivinhação de frases enigmáticas, indicando que as palavras ouvidas eram um enigma para ela.

Maria suportou o "erro" da terapeuta, indicando um novo caminho, lúdico, que corrigiu a rota da sessão, sendo possível diminuir a resistência que estava se estabelecendo. Nesse modelo interativo, que leva em conta a totalidade dos fenômenos que ocorrem no campo bipessoal, foi possível retomar os processos de comunicação que estavam interrompidos.

CONSIDERAÇÕES FINAIS

Os fenômenos descritos neste capítulo se entrelaçam e foram divididos em tópicos para fins didáticos e para sua melhor compreensão. Apontamos, apenas, aqueles que consideramos mais importantes sabendo que o assunto não foi esgotado. Apresentamos a nossa síntese pessoal baseada nos nossos estudos, nos tratamentos e na construção de nossa trajetória no ofício como psicoterapeutas.

Como descrevemos anteriormente, a criança e o adolescente, por estarem em transformações físicas e psíquicas, requerem de nossa mente flexibilidade e continência e um constante acesso ao nosso próprio material inconsciente, para dar conta dos fenômenos contratransferenciais que essas faixas etárias suscitam. Salientamos, novamente, a necessidade de atenção às formas comunicativas na sessão, que incluem, além da palavra, uma profusão de material não-verbal, que pode ser expresso por meio de jogos, desenhos, personificações, gestos, postura, mímica e, no caso de adolescentes, uma expressão corporal por meio de roupas, tatuagens, trajetórias e movimento no *setting*,[4] pelas quais expressam suas fantasias e seus sentimentos, que exigem do psicoterapeuta uma grande capacidade negativa e paciência para lidar com o novo e o inusitado.

A participação dos pais no tratamento, em vez de ser vista como entrave, pelo contrário, é um facilitador. Não podemos deixar de enfatizar a riqueza que um bom vínculo com a família pode proporcionar para a manutenção e o progresso psíquico dos pacientes legalmente menores em psicoterapia psicanalítica.

Para finalizar, o psicoterapeuta de crianças e adolescentes deve ter a possibilidade de analisar, em seu tratamento pessoal, exaustivamente os conflitos mais precoces que essas faixas etárias costumam trazer nas suas sessões e se sentir com livre acesso a esses aspectos em seu inconsciente. É fundamental que o psicoterapeuta possa se abrir à voz e à expressão da criança e do adolescente valorizando as suas experiências particulares e seu sofrimento, vendo-os como subjetividades em construção e como sujeitos de seu próprio discurso.

Tornamos nossas as palavras de nosso querido mestre David Zimerman, quando refere que, para ser psicoterapeuta de crianças e adolescentes, devemos gostar dessas faixas etárias, manter a espontaneidade e autenticidade, além de ser *"gente como a gente"*, um ser humano comum, sujeito às mesmas grandezas e fragilidades de qualquer outra pessoa o que nos tornará mais próximos e empáticos com nossos pacientes (Zimermann, 2004, p.459).

NOTAS

1 Ver Capítulo 6: O lugar dos pais na psicoterapia de crianças e adolescentes.
2 Ver Capítulo 7: A comunicação na psicoterapia de crianças, e 10: Formas comunicativas na psicoterapia com adolescentes.
3 Jogo do elástico – consiste em um elástico amarrado em volta das pernas de dois jogadores. Um terceiro jogador fará uma série de movimentos, obedecendo a etapas que só poderão ser ultrapassadas se a anterior for realizada com êxito; caso erre, passa a vez para outro. Ganha o jogo quem finalizar todas as etapas (no caso de apenas dois jogadores, como no caso da sessão terapêutica, se utiliza um terceiro elemento, cadeira ou mesa, por exemplo, que servirá para amarrar o elástico).
4 Ver Capítulo 10: Formas comunicativas na psicoterapia com adolescentes.

REFERÊNCIAS

ABERASTURY, A. *Psicanálise de crianças:* teoria e técnica. Porto Alegre: Artmed, 1982.
BARANGER, W.; BARANGER, M. *Problemas del campo psicoanalitico.* Buenos Aires: Kargiemen, 1968.
BION, W. *Aprendiendo de la experiência.* Buenos Aires: Paidós, 1980.

CARON, N. A. Reação surpresa na psicanálise de crianças. In: CONGRESSO LATINO AMERICANO DE CRIANÇAS E ADOLESCENTES, 2. São Paulo, 1996.
CASTRO, M. G. K. Um olhar clínico sobre a adolescência: características e queixas mais freqüentes de adolescentes em psicoterapia. In: CONGRESSO LATINO AMERICANO DE PSICANÁLISE DE CRIANÇAS E ADOLESCENTES, 4., Gramado. 2000.
_____. Vicissitudes do amor e do ódio na transferência e na contratransferência. In: JORNADA DO INSTITUTO DE ENSINO E PESQUISA EM PSICOTERAPIA (IEPP), 6., Porto Alegre. *Anais...* 30 abril de 1994. p. 66/72.
CASTRO, M. G. K.; CIMENTI, M. E. Psicoterapia infantil: pensar relações e criar significados. *Revista do Instituto de Ensino e Pesquisa em Psicoterapia*, v. 2, p. 37-55, 2000.
ETCHEGOYEN, H. *Fundamentos da técnica psicanalítica*. Porto Alegre: Artmed, 1987.
FENDRIK, S. *A ficção das origens*. Porto Alegre: Artmed, 1991.
FERRO, A. *A psicanálise como literatura e terapia*. Rio de Janeiro: Imago, 2000.
_____. *A Técnica na psicanálise infantil*. Rio de Janeiro: Imago, 1995.
GLENN, J. *Psicanálise e psicoterapia com crianças*. Porto Alegre: Artmed, 1996.
KLEIN, M. A História do Jogo e seu significado. In: _____. *Inveja e gratidão*. Rio de Janeiro: Imago, 1991.
_____. Análise Infantil. In: _____. *Contribuições á psicanálise*. São Paulo: Mestre Jou, 1981.
_____. Notas sobre os mecanismos esquizóides. In: _____. *Inveja e gratidão*. Rio de Janeiro: Imago, 1991.
KANCYPER, L. O Campo analítico com crianças e adolescentes. *Revista do Instituto de Ensino e Pesquisa em Psicoterapia*, v.4, n. 4, p. 9-16, 2002.
LAPLANCHE, J.; PONTALIS, J. B. *Vocabulário da psicanálise*. Santos: Martins Fontes, 1970.
LEWIN, K. *Teoria de campo em ciência social*. São Paulo: Pioneira, 1965.
LANYADO, M.; HORNE, A. *The handbook of child and adolescent psychoterapy:* psychoanalytic approaches. Londres; Routledge, 2000.
PINTO, L. H. V.; MENEGAT, C.;CASTRO, M. G. K. Adolescentes em psicoterapia: a percepção de si e do tratamento. *Boletim IEPP*, n. 9, abr. 2001. Resumo.
SANDLER, J. *A técnica da psicanálise infantil*. Porto Alegre: Artmed, 1989.
ZIMERMANN, D. E. *Manual de técnica psicanalítica*. Porto Alegre: Artmed, 2004.

As etapas da psicoterapia com crianças 5

Lívia Kern de Castro
Paula von Mengden Campezatto
Lisiane Alvim Saraiva

A psicoterapia psicanalítica com qualquer faixa etária, se bem-sucedida, comporta três fases: início do tratamento, fase intermediária e de término, que ocorrem depois de realizado um processo de avaliação detalhada do paciente. A experiência nos mostra que essas fases não são determinadas por sua duração, mas sim pelas características do vínculo terapeuta-paciente, que se modificam no decorrer do processo psicoterápico.

Porém, nem sempre a psicoterapia atinge essas três fases, pois podem ocorrer interrupções no transcurso do processo terapêutico devido a múltiplas causas, como a satisfação da família com apenas o esbatimento dos sintomas, resistências, mudanças de domicílio, dificuldades financeiras, entre outros. No caso de psicoterapia com crianças, esses aspectos devem ser observados ainda mais atentamente, pois além da relação paciente terapeuta, envolve os pais, escola, médicos e outros profissionais que as acompanham.

Alguns aspectos do tratamento com crianças serão explorados no decorrer deste capítulo, como a importância da consolidação de um bom vínculo, não só entre paciente e terapeuta, mas também com a família; uma avaliação ampla e profunda, no intuito de estabelecer uma adequada indicação terapêutica; e os principais fenômenos presentes em cada etapa da psicoterapia, nunca deixando de considerar que crianças são seres em pleno desenvolvimento, sofrendo transformações constantes, o que torna o processo psicoterápico bastante complexo. Reportando-nos a Anna Freud (1971), sabemos que há na criança alternâncias nos seus movimentos progressivos e regressivos; que as forças pulsionais e do ego estão em constante fluxo e adaptação; que surgem variadas formas de defesa; e que os derivativos pulsionais, ego e diretrizes de desenvolvimento evoluem em ritmos desiguais. Além disso, podem existir fatores internos e externos interferindo, distorcendo ou desviando o crescimento psicológico infantil.

PERÍODO DE AVALIAÇÃO: O ENCONTRO

É raro que uma criança seja trazida à consulta por vontade própria, por haver pedido aos pais ajuda para os seus problemas. Na maioria das vezes, a criança vem para tratamento em virtude de uma preocupação dos pais ou de uma recomendação da escola, do pediatra, por reforços legais, entre outros. Em geral, foi observado algum comportamento preocupante ou, então, sintomas que não melhoraram com a passagem do tempo, como é esperado e normal no curso do desenvolvimento infantil (Bernstein e Sax, 1996; Copolillo, 1990; Zavaschi, et al., 2005). Também é importante que se questione: Por que a procura de atendimento nesse momento? Há algo especial que motivou a busca? O que ocorre não somente com a criança, mas com a sua família? De quem é a demanda? De que modo o funcionamento dessa criança está prejudicado? Por que dessa forma? O que pode ser feito?

A partir da observação, normalmente, percebemos algum fator desencadeante importante, consciente ou não, sendo de fundamental necessidade conhecer a conflitiva subjacente para melhor compreender a criança em questão.

A avaliação é o período no qual se faz necessário compreender dados globais do paciente, os quais incluem elementos do funcionamento e organização da família em termos de hábitos, rotinas, valores, assim como elementos do funcionamento psíquico da criança, no que diz respeito à fase de desenvolvimento em que se encontra, mecanismos de defesas predominantes, recursos egoicos, fantasias e integração ou não das instâncias psíquicas. Essa etapa não pode ser apenas considerada uma coleta de dados da história e do contexto da criança, o que empobreceria o vínculo, mas se constituir em um verdadeiro encontro com ela, sua família e seus sofrimentos.

Já nos primeiros contatos, é possível verificar inúmeras razões e motivos, declarados ou não, pelos quais uma criança é trazida para atendimento. Em muitas situações, as crianças são encaminhadas na expectativa de que se ajustem ou se comportem da maneira que a família ou a escola deseja. Entretanto, pensamos que a psicoterapia psicanalítica não tem por objetivo a adaptação da criança, mas sim oportunizar a essa um espaço de autoconhecimento a partir da exploração de seus potenciais. A psicoterapia infantil é, portanto, um instrumento psicológico capaz de, além de buscar a remissão dos sintomas, ajudar a criança a expressar melhor suas emoções e a compreendê-las, ocasionando modificações no mundo intrapsíquico e inter-relacional. Os objetivos do tratamento, portanto, são semelhantes aos buscados junto a pacientes adolescentes e adultos, com a diferença que, com crianças, tudo acontece de forma inesperada e rápida, exigindo do terapeuta dinamismo e flexibilidade mental, além de muita disponibilidade para movimentação física (Castro e Cimenti, 2000).

O período de avaliação compreende um espaço de tempo necessário para se conhecer a criança e fazer um mapeamento de vários aspectos. Esse período varia em cada caso, embora haja uma sequência geral semelhante, que inclui entrevistas com os pais ou responsáveis (juntos ou separados), entrevistas com a criança, entrevista familiar, que permite a observação da interação pais/criança/demais membros da família e entrevistas de devolução. A entrevista com a criança é denominada 'Hora de Jogo Diagnóstica' e objetiva o conhecimento dela por meio de atividades lúdicas, que incluem a utilização de brinquedos, jogos e material gráfico, que são dispostos sob a forma de uma caixa individual que representa o sigilo e o mundo interno da criança, além de materiais coletivos, isto é, não exclusivos daquele paciente. Através do brincar, a criança expressa seus conflitos, angústias, fantasias e capacidade simbólica, permitindo ao terapeuta observar o nível de desenvolvimento emocional e cognitivo em que se encontra (Efron et al., 1995).

Desde a primeira hora de jogo, é possível verificar a fantasia inconsciente da criança sobre o motivo pelo qual foi levada ao tratamento, bem como sua fantasia inconsciente de cura (Aberastury, 1978), como ilustra o exemplo a seguir:

Gustavo, 5 anos, foi levado à avaliação por apresentar comportamento agressivo com os pais, separados desde antes do nascimento do menino. A mãe estava constituindo nova família e o pai estava muito ausente, em decorrência de uma rotina de trabalho estressante. Trabalhava durante toda a noite e estudava à tarde, sem conseguir se organizar financeiramente para os encargos da pensão de Gustavo e para as próprias despesas.

Depois das entrevistas com os pais, foi realizada uma hora de jogo com o paciente, que optou por desenhar cuidadosamente um barco a velas, onde passeava com seu pai.
Gustavo contou que o mar era "fundo" e lá havia muitos peixes e tubarões. O barco furou e iriam afundar. Chega, então, um navio com uma mulher, que podia jogar uma boia. Porém, a boia era pequena e ali só caberiam crianças.
Dessa forma, Gustavo revela que tanto ele quanto seu pai estavam "afundando" e precisavam de ajuda. A terapeuta era representada pela mulher que jogava uma boia, remetendo ao pedido de ajuda do menino.

O psicoterapeuta, ao comentar sobre os pensamentos da criança acerca do motivo de seu encaminhamento já na primeira sessão, assinalando seus medos, expectativas e fantasias sobre o que lhe acontecerá no decorrer da avaliação, estará facilitando a aliança terapêutica.

Para a realização de um trabalho desse tipo, é importante o psicoterapeuta ter sólidos conhecimentos sobre o desenvolvimento infantil normal e patológico[1], estando apto a diferenciar as crises vitais (comuns ao desenvolvimento normal) das acidentais (peculiares à história de vida da própria criança), sintomas decorrentes de fatores orgânicos daqueles de origem emocional, entre outros. Por isso, há importantes recursos que podem complementar a avaliação e auxiliar em uma indicação terapêutica adequada. O psicodiagnóstico e a avaliação multidisciplinar auxiliam na elaboração da hipótese diagnóstica, especialmente quando há necessidade de avaliar déficits cognitivos e motores ou estabelecer diagnóstico diferencial. A aplicação de testes pode ser realizada pelo próprio psicoterapeuta, se esse dominar as técnicas necessárias e se sentir confortável para tal, ou por um colega especializado em psicodiagnóstico. O psicodiagnóstico é um processo científico, limitado no tempo e que utiliza métodos e técnicas psicológicas para descrever e compreender, ao máximo, a personalidade total do paciente. Abrange os aspectos passados, presentes (diagnóstico) e futuros (prognósticos) (Cunha, 2000; Efron et al., 1995). É possível, também, que seja necessário o encaminhamento para outros profissionais, caso haja suspeita da interferência de alguma condição médica geral, que esteja provocando sintomas semelhantes aos de origem emocional.

Fernando, 7 anos, iniciou avaliação no final do ano escolar devido a uma importante dificuldade de aprendizagem, principalmente na área da leitura. Nas entrevistas iniciais com o menino e sua família, a psico-

terapeuta percebeu inúmeros conflitos relativos a segredos familiares. Esses poderiam estar interferindo diretamente na curiosidade e no desejo de descobrir coisas novas e de aprender. Mesmo assim, a profissional optou por recorrer à testagem psicológica, na intenção de descartar possíveis déficits intelectuais, neurológicos ou orgânicos. O resultado do primeiro teste utilizado (Teste Visuomotor de Bender) apontou indícios significativos de lesão cerebral, que ocasionou o encaminhamento do menino para um neuropediatra. Exames médicos confirmaram o comprometimento neurológico do menino.

A partir disso, surgiram novos dados relacionados à história de Fernando, antes obscuros, sendo informado que o paciente teria sofrido crises convulsivas ainda nos primeiros meses de vida. Seus efeitos, somados aos conflitos emocionais familiares, estavam interligados às dificuldades para aprender. Dessa forma, a psicoterapia e o tratamento neurológico, foram iniciados simultaneamente, favorecendo a diminuição do sofrimento de Fernando.

Em muitos casos, faz-se necessária uma investigação que atenda outras demandas, como o atendimento combinado com profissionais de outras áreas, tais como neurologistas, pediatras, psiquiatras infantis, fonoaudiólogos, psicopedagogos, entre outros. Um exame realizado por equipe multiprofissional ocorre sempre que se faz necessária uma avaliação mais complexa, abrangente e inclusiva, ou seja, quando é preciso investigar e integrar dados referentes às condições médicas, cognitivas, sociais da criança que está sendo avaliada, para chegar a uma hipótese diagnóstica e a um prognóstico mais coerente – descartando possíveis dificuldades em outras esferas que não a psicológica. Para tal, é fundamental que o psicoterapeuta recorra a outros profissionais quando precisar levantar dados de natureza médica, social ou escolar, como ocorreu no tratamento de Deise.

Deise, 6 anos e 5 meses, foi encaminhada para tratamento psicológico pela fonoaudióloga que a acompanha há um ano, por dificuldades em desenvolver a fala, enurese noturna, agressividade direcionada à mãe adotiva e diversos outros comportamentos característicos de crianças bem pequenas. Nas primeiras sessões de avaliação, Deise balbuciava como um bebê, desenvolvendo uma maior comunicação verbal aos poucos e intercalava brincadeiras adequadas à faixa etária com brincadeiras de montar e cubos para crianças de 2 a 3 anos.

Nas entrevistas de anamnese, obteve-se os dados de que fora adotada aos 3 anos e, de acordo com os registros trazidos à terapeuta, vinha se desenvolvendo normalmente até essa idade. Quando adotada por uma mãe solteira, com diagnóstico de transtorno afetivo bipolar grave e histórico de diversas internações, parece ter parado de se desenvolver e voltou a utilizar bico e mamadeira, além de enurese noturna na cama que dividia com a mãe.

Ainda durante o processo de avaliação, foram necessários vários atendimentos complementares para auxiliar na etiologia e no diagnóstico da menina, que foi encaminhada, na medida em que se fortalecia o vínculo terapeuta/paciente/mãe, para uma neurologista infantil e uma psiquiatra infantil, as quais diagnosticaram um foco de epilepsia benigna, que justificaria em parte o atraso na linguagem, além de prescreverem uma dosagem baixa de Risperidol. Foi realizado um psicodiagnóstico, que avaliou as funções intelectivas como medianas e adequadas à faixa etária. A professora também foi contatada no sentido de auxiliar Deise a desenvolver autonomia e se autorizar a crescer.

Ao final da avaliação, consideramos importante estabelecer uma formulação diagnóstica, tanto do ponto de vista descritivo (CID-10 [OMS, 1993] ou DSM-IV-TR [APA, 2003]) quanto dinâmico, que auxiliará no planejamento do tratamento. A formulação psicodinâmica deverá englobar uma descrição das principais defesas, a apresentação dos conflitos centrais do paciente e, como resultado, uma apreciação do modelo de funcionamento mental predominante e das relações de objeto que estabelece. Também deverá enfocar aspectos preditivos das respostas do paciente em relação à situação terapêutica (prognóstico), bem como seus recursos de ego e sua motivação para o tratamento (Zavaschi et al., 2005).

O uso do "Perfil Desenvolvimental" proposto por Anna Freud é um recurso auxiliar bastante interessante que pode servir como guia para a organização e o detalhamento do material clínico, levando a um diagnóstico que reflete múltiplos pontos de vista metapsicológicos, provenientes de abordagem meticulosa e multifacetada da história do paciente e seus sintomas (Silverman, 1996; Freud, A., 1971).

Tal formulação diagnóstica e indicação terapêutica será comunicada de uma forma compreensível ao paciente e seus familiares nas entrevistas de devolução, que é a última etapa do período avaliativo. Inicialmente são comunicados os aspectos saudáveis e, posteriormente, os mais comprometidos no desenvolvimento do paciente. Este talvez seja o momento mais delicado do processo, pois tem por objetivo discutir os achados diagnósticos com os pais de uma forma compreensível. Os sentimentos de vulnerabilidade dos familiares devem sempre ser considerados, pois a devolução pode ser recebida com desapontamento, dúvida e até mesmo raiva explícita. Os pais sonham com uma criança perfeita e com um relacionamento familiar ideal. Por isso, o terapeuta deve estar preparado para lidar com as manobras defensivas que possam surgir em decorrência do rompimento desse ideal narcísico parental.

Indicada a psicoterapia, aspectos relativos ao contrato terapêutico podem ser abordados já nas entrevistas de devolução. Assim, se estabelecem combinações formais imprescindíveis para o curso do tratamento e para a consolidação e manutenção do *setting*, como frequência das sessões, horários, honorários, férias, sigilo, faltas e trocas de horário. Tais combinações podem mobilizar resistências e ansiedades tanto no paciente e em sua família quanto no terapeuta. Observamos, em nossa prática, por exemplo, a frequente utilização de justificativas baseadas em dificuldades financeiras (reais ou não) para encobrir resistências ao tratamento. A esse respeito, Zavaschi e colaboradores (2005) sugerem que a própria criança entregue o pagamento de seu tratamento ao psicoterapeuta, pois isso a auxiliará a compreender o investimento dos pais e a seriedade do tratamento.

Também é fundamental, antes do início da psicoterapia, que se investigue a possibilidade de a família seguir as combinações necessárias para a manutenção do tratamento como buscar e trazer a criança nos horários marcados, participar das entrevistas agendadas com os pais, efetuar o pagamento dos honorários, entre outros aspectos do contrato.

A frequência das sessões já deve ter sido examinada no período avaliativo e está baseada numa visão global do funcionamento da criança e das possibilidades de a família manter o tratamento. Normalmente, trabalha-se em psicoterapia psicanalítica com duas sessões semanais, pois é uma frequência que possibilita proximidade e aprofundamento. Em determinados casos, pode-se indicar a frequência de três sessões semanais, se necessário. Atualmente, por situações externas (dificuldades de levar e buscar a criança, problemas econômicos, entre outros), também se realizam psicoterapias com uma sessão semanal. Essa indicação, no entanto, tem que levar em conta algumas condições da criança, tais como não apresentar distúrbios globais severos, ser capaz de tolerar frustrações e conter ansiedades, possuir relativa força egoica e defesas razoáveis para suportar uma semana entre as sessões. Autores como Parsons, Radford e Horne (1999) contraindicam a frequência de uma sessão semanal para crianças mais comprometidas emocionalmente, pois há maiores possibilidades de que atuem o conflito fora do *setting* psicoterápico, dando a impressão de estarem "piores" com a terapia. Todavia, em nossa prática percebemos que essa frequência de tratamento pode ser a única possível para determinadas famílias e, pela experiência acumulada em inúmeros casos atendidos nessa modalidade, alcançamos resultados positivos mesmo com crianças muito fragilizadas.

Cabe lembrar também que a psicoterapia nem sempre é a exclusiva indicação ao paciente que chegou à avaliação. Muitas vezes os familiares é que estão apresentando dificuldades para manejar uma crise vital do desenvolvimento da criança, sendo necessário auxiliá-los através de outros encaminhamentos. Outras vezes a demanda é dos pais, que acabam se dando conta de que eles também precisam de psicoterapia.

O propósito da etapa avaliativa é, portanto, obter um entendimento aprofundado do sofrimento da criança e de seu modo de funcionamento mental a partir de uma visão ampla e global do contexto social, familiar e desenvolvimental. Também se deve estar atento às articulações que os sintomas que originaram o pedido de ajuda têm na fantasia, tanto da criança como de sua família, visando à elaboração de uma indicação terapêutica adequada para cada caso específico.

FASE INICIAL: A ALIANÇA

Indicada a psicoterapia e contratado o tratamento, a fase inicial se caracteriza principalmente pela construção de um vínculo de confiança e da aliança de trabalho. Assim como na avaliação, é imprescindível a construção de uma hipótese diagnóstica descritiva e psicodinâmica que norteará a indicação terapêutica. No início do tratamento, é necessário também um planejamento da psicoterapia, que inclui a indicação, os objetivos (conscientes e inconscientes) e os recursos do paciente, considerando suas necessidades e possibilidades (Ianklevich, 2005).

É nesse período que a maioria dos abandonos de tratamento costumam ocorrer, especialmente entre a primeira e a oitava sessão (Chaieb et al., 2003). Isso se deve ao fato de o terapeuta possuir menos recursos para trabalhar as ambivalências, desconfianças e resistências acerca do tratamento que se inicia, já que, nessa fase, predominam emoções e ansiedades paranoides que devem ser compreendidas e trabalhadas (Ianklevich, 2005; Luz, 2005).

Juliana, 9 anos, apresentava agressividade, baixa autoestima e brigas no lar, por se mostrar dependente da mãe para as tarefas escolares. Vinha de um tratamento anterior que durara pouco tempo em virtude da mudança da terapeuta para outra cidade. Ao iniciar o novo tratamento, Juliana mexeu em sua caixa apenas na primeira sessão, mas sem muita curiosidade. A única coisa que lhe chamou a atenção foi uma mãozinha de 'geleca', que grudava em tudo. Usando-a, Juliana tentava atingir a terapeuta, colando a mão nela. Após a primeira sessão, Juliana não mais tocou na caixa, o que era assinalado pela terapeuta. A menina ignorava tais verbalizações e seguia utilizando apenas os jogos coletivos. A terapeuta compreendeu que Juliana queria muito poder 'grudar' nela e formar uma aliança, mas não podia, nesse momento, enfrentar os seus conflitos de dependência, perda e controle. Antes, era preciso estabelecer um vínculo de confiança e ter alguma segurança de que não se sentiria "abandonada", como se sentiu com a interrupção do tratamento anterior. Juliana não conseguia tocar nos conteúdos de sua "caixa/cabeça" antes que a terapeuta se apresentasse constante e como um objeto confiável. A situação seguiu assim por quase cinco meses, com resistências alternadas com aproximações, quando Juliana recomeçou a explorar a caixa e seu conteúdo, sentindo-se livre para investigar e explorar suas fantasias, temores e sentimentos. Isso só foi possível quando a paciente estava bem vinculada e já podia confiar na terapeuta.

Dentre os materiais lúdicos disponíveis na sala de atendimento, normalmente é a criança quem escolhe o que deseja utilizar no decorrer da sessão e isso vai revelando algo sobre ela mesma. O terapeuta é guiado pela criança e acompanha o jogo, intervindo ou interpretando aspectos significativos do mesmo. Frequentemente, o paciente aceita melhor as interpretações quando essas não se referem diretamente a ele, mas ao seu brincar e às personificações que cria. O jogo possibilita partilhar temores e viver situações à distância no tempo e espaço, deslocando ansiedades e conflitos que podem ser elaborados.

O campo que se cria na fase inicial precisa conter esperanças e receios, aproximações e recuos na construção do trabalho psicoterápico (Ianklevich, 2005). A aliança tende a evoluir com o passar do tempo, baseada na crescente ligação positiva com o terapeuta e na percepção (consciente) da necessidade de ajuda (Sandler, 1982), como pode ser visto no caso de Rafael:

> Rafael, 9 anos, chegou à psicoterapia encaminhado pela escola, com um histórico de cinco tentativas de tratamento. No período de avaliação, escolhia repetidamente jogos de tabuleiro (Damas, Ludo, Moinho) e voleibol. Após um firme contrato com os pais, com interpretações acerca da dificuldade em confiar o filho a um profissional, foi iniciada a psicoterapia de Rafael. Certo dia, após cerca de quatro meses de tratamento, propôs: "Vamos mudar o jogo de vôlei? Agora, não é mais de fazer pontos, e sim vamos contar quantos toques conseguimos dar na bola sem deixar ela cair!". Juntos, terapeuta e Rafael, compreenderam que agora estavam formando uma dupla com uma tarefa comum, a de "segurarem" juntos os problemas dele.

No final da primeira fase, o paciente, mais aliviado dos sentimentos persecutórios e mais familiarizado com o processo terapêutico, deverá se aliar ao terapeuta na tarefa de identificar conflitos e buscar elaborá-los, mostrando-se mais preparado para receber interpretações (Zavaschi, et al., 2005).

FASE INTERMEDIÁRIA – O PROCESSO ELABORATIVO

A fase intermediária do processo psicoterapêutico é o período que se estende desde o momento em que se consolida a aliança terapêutica até a ocasião em que uma séria proposta de término passa a ser discutida entre paciente e terapeuta. É, em geral, a etapa mais longa dos tratamentos, que visa examinar, analisar, explorar e resolver os sintomas e as dificuldades emocionais do paciente. O objetivo dessa etapa é a essência do tratamento (Luz, 2005).

É possível ao terapeuta perceber a evolução para a fase intermediária quando passa a existir continuidade nos temas trazidos pelo paciente entre sessões. Dessa forma, a criança resgata assuntos ou brincadeiras ocorridas em momentos anteriores do tratamento.

> Ana, 7 anos, foi encaminhada para tratamento por uma instituição de proteção ao menor, por ter sofrido maus-tratos na família de origem. Ela pouco brincava ou falava, tendo momentos de isolamento. Inicialmente, passava as sessões produzindo bonecos disformes de massa de modelar, solicitando a ajuda da terapeuta para colá-los com muita cola e durex. Eram produções sempre inacabadas e insatisfatórias para a

menina, que manifestava muito sofrimento. Aos poucos seu brincar passou a ser mais rico e simbólico, passando a utilizar a personificação com os bonecos que construíra e a se interessar por contos infantis e brinquedos variados, que alargavam seu contato com seu mundo interno.
Estava em terapia havia um ano quando propôs o desenho de um cachorro denominado "Buldogue". Entrou na sessão em busca desse desenho, ocasião em que decidiu fazer uma "Buldoga" para lhe fazer companhia. Nas sessões seguintes, ocupou-se com a construção de uma casa para residirem, de tigelas para sua alimentação e, por fim, com o desenho cuidadoso dos filhotes do casal de cachorros. Construiu o que chamou de "família de cachorros felizes" – elaboração, no início um tanto maníaca, de seus traumas reais vividos, tarefa que ocupou meses de sua terapia.

Paulatinamente, a relação entre a criança e o terapeuta muda à medida que o tratamento passa para a fase intermediária. A criança começa a pensar no terapeuta como uma pessoa da sua vida diária, embora com papel e função bem discriminados das demais relações de sua vida.

A aliança terapêutica e a confiança consolidada possibilitam um clima de intimidade a partir do qual sentimentos de raiva ou aversão ao terapeuta podem também começar a emergir. É comum o uso do banheiro pelas crianças, bem como a vazão de impulsos corporais, tais como eructações e flatulências, expressando conteúdos orais e anais sádicos e agressivos. Nossa função como terapeutas é buscar significados para tais atitudes, relacionando-as com os conflitos subjacentes. Muitas vezes, tais ações podem ser entendidas como *actings*; em outras, apenas como uma forma de expressão. Essa compreensão do terapeuta se dá a partir da relação da dupla e da trama de sentimentos agressivos e amorosos que permeiam o campo psicoterápico. É sempre importante apontar que a criança tem permissão de expressão simbólica para brincar, desenhar ou falar sobre qualquer tema, mas não pode fazer tudo, pois isso coloca em risco o *setting*.

Winnicott (2000) ressalta que "o fornecimento de um ambiente suficientemente bom na fase mais primitiva, capacita o bebê a começar a existir, a ter experiências, a constituir um ego pessoal, a dominar os instintos e a se defrontar com todas as dificuldades inerentes à vida" (p. 404). É possível fazer uma alusão com a situação terapêutica, na qual o paciente só poderá ser ele mesmo e mostrar seus aspectos positivos e negativos quando se sentir seguro em um ambiente suficientemente bom, em que ele possa ter experiências que remetam às mais diversas emoções e aos estados de seu *self*. Assim, pode mostrar sua agressividade, seu ódio e sua inveja, pois sabe que no espaço do *setting* tais aspectos serão trabalhados, tolerados, respeitados e integrados à sua personalidade. Sem essa espontaneidade, o verdadeiro *self* poderia ficar encoberto por um falso, que reagiria aos estímulos em uma tentativa de se livrar das experiências instintivas sem vivenciá-las.²

Para o psicoterapeuta, uma das tarefas mais difíceis no curso da psicoterapia é o defrontar-se com o profundo sofrimento da criança. Nestes momentos, é necessário estar atento aos sentimentos contratransferenciais para não entrar em conluio inconsciente com o paciente, evitando tocar nessas situações dolorosas. O paciente também fornece ao psicoterapeuta indícios do momento propício para interpretações ou outras intervenções dirigidas a tais conflitos e dificuldades. Isso pode ocorrer quando ele passa a brincar com o mesmo brinquedo, repetir o mesmo material, mesmo que sob diferentes formas, através de postura física e olhares para o terapeuta, mudanças no jogo e enriquecimento do mesmo (Castro e Cimenti, 2000).

O jogo é uma narrativa que faz parte de um campo emocional estabelecido entre a criança e o terapeuta. O brincar pode ser entendido como texto narrativo que é pré-partilhado pela dupla, não existindo sentidos prontos, ou interpretações previamente saturadas pela mente do terapeuta. A dupla deve buscar descobrir ou criar esses sentidos (Ferro, 1995).

Quando a criança está sofrendo por uma perda real, concreta, por morte ou abandono, ela precisa mais de continência do que de interpretações. Também se evita interpretar quando a criança está tentando entender o que ocorre com ela. Nessas situações, é mais adequado deixar que ela mesma chegue ao *insight* no seu ritmo (Castro e Cimenti, 2000).²

Em relação a esse aspecto, é importante lembrar que a elaboração não se limita à hora terapêutica; é comum que a criança relate a ocorrência de *insights* fora da sessão. Essas compreensões afetarão diretamente as relações da criança com os pais ou outras figuras significativas. Na medida em que a psicoterapia evolui, pode-se esperar que a criança alcance *insights* cada vez mais genuínos e significativos, com consequente alívio dos sintomas e com crescimento mental (Luz, 2005), passando a utilizar com mais frequência a linguagem verbal, diminuindo o uso de mecanismos regressivos e de *actings* (Zavaschi et al., 2005).

Mesmo com essas conquistas, os riscos de interrupção não se extinguem nessa etapa intermediária. As possíveis causas para a interrupção prematura incluem fatores do terapeuta, do paciente e também da realidade (Luz, 2005). O mesmo se pode pensar para os casos de estagnação do progresso terapêutico. Qualquer paralisação do processo terapêutico pode ser pensada não só a partir da interação entre a transferência do paciente e a contratransferência do terapeuta, mas também sob a ótica de um fenômeno de campo, produto da interação dos três elementos (terapeuta, paciente e pais) (Kancyper, 2002), como aparece no caso de Maria:

> Maria, 6 anos, foi levada a tratamento devido a dificuldades para conciliar o sono. A menina recusava-se a dormir sozinha, de modo que os pais vinham se revezando para dormir com ela à noite. A psicoterapeuta desde o início percebera as dificuldades sexuais do casal, que estavam vinculadas ao sintoma de Maria. Após alguns meses em psicoterapia, Maria "pegou no sono" em sua própria cama, retirando-se do quarto do casal. Na semana seguinte, seus pais solicitaram uma entrevista e comunicaram a interrupção do tratamento da menina utilizando como justificativa a possibilidade de anteciparem as férias. As tentativas de trabalhar as resistências parentais foram infrutíferas, pois esbarravam nos conflitos dos pais de Maria, que precisavam do sintoma da menina para encobrir suas próprias dificuldades conjugais e pessoais.[3]

No caso de não-interrupção do processo psicoterapêutico, a fase intermediária torna-se a mais longa de todo o processo, compreendendo a exploração, a interpretação e a elaboração dos conflitos manifestos e latentes que originaram a busca de tratamento para a criança. Em função disso, no decorrer dessa fase novos conflitos poderão emergir e novas questões poderão ser foco do trabalho terapêutico.

FASE FINAL – A DESPEDIDA

A fase final do processo psicoterápico é o período que se estende desde a primeira menção séria de término do tratamento até o minuto final da última sessão, combinada para o encerramento de fato (Luz, 2005). A ideia da finalização do tratamento pode vir do paciente, dos pais, do terapeuta, ou, ainda, das três partes envolvidas quando há uma melhora visível e clara que justifique um término terapêutico. Na maioria das vezes, ocorre o que chamamos "término combinado", quando uma das partes, geralmente os pais, anunciam a decisão de encerrar o processo, sendo combinado um período para trabalhar com criança o processo de separação e a despedida do terapeuta. Términos a pedido também podem ser o final de um processo produtivo e de crescimento (mesmo que em certos casos o psicoterapeuta ainda apontasse conteúdos a serem trabalhados), quando a separação pode ser vivenciada e trabalhada no campo psicoterápico sem pressa.

Essa etapa final tem como objetivo ajudar a criança a examinar suas condições reais para um término, trabalhar as questões relativas ao luto pelo fim do relacionamento com o terapeuta, identificar os ganhos conquistados e as situações que ainda merecem alguma atenção psicoterápica (Luz, 2005).

Duarte (1989) desenvolveu a ideia de "entrevista final" em psicoterapia infantil, que seria a entrevista na qual é vivenciado o término do tratamento por parte da criança, não sendo, necessariamente, a última sessão. A autora considera que essa "entrevista final" ocorre quando a criança pode compreender que deixará de fazer psicoterapia e irá se separar do terapeuta, quando há uma concordância entre os pais, o terapeuta e a própria criança de que ela está bem e poderá seguir sua evolução sozinha. A autora aponta semelhanças entre a primeira entrevista de tratamento e a entrevista final. Na primeira, a criança expõe suas fantasias de doença e de cura e, na última, ela parece reviver de modo sintético todo o processo psicoterápico, desde o motivo de busca até o momento da despedida.

Esse é um período em que se mesclam trocas transferenciais-contratransferenciais relacionadas às questões da realidade externa ante ao fato de, brevemente, não existir mais o vínculo paciente-terapeuta nos moldes em que até então aconteceu. Interpretações transferenciais relativas à perda e ao luto pelo término são muito úteis para auxiliar o paciente a se despedir de seu terapeuta.

> *O tratamento de Ana já durava quatro anos e meio quando paciente, terapeuta e responsáveis legais concordaram com o término. O encerramento então, foi combinado para seis meses depois, tempo razoável para trabalhar o processo de separação com essa menina, que havia sofrido abandonos. Em uma das sessões seguintes, Ana chega ao consultório da psicoterapeuta carregando duas folhas, nas quais havia dois desenhos muito parecidos, cada um com um carro andando em uma estrada. Observando atentamente, via-se que os carros andavam em direções opostas.*
> *Terapeuta: Ana, que desenhos são esses que trouxeste?*
> *Ana: Um carro indo para cada lado.*
> *Terapeuta: Estão se distanciando, então?*
> *Ana: Esse está indo para a tua casa e esse indo embora. Não sei se vão se encontrar, mas quando se cruzaram pela estrada, se abanaram e disseram "Oi, tudo bem?".*

Terapeuta: Então são carros que se conhecem, que estão se distanciando como nós, que estamos nos despedindo; eu, indo para minha casa e tu indo para longe de mim.
Ana: É, acho que é bem assim. Já falei para minha professora que ano que vem não virei mais aqui nas terças-feiras...

Um tempo combinado para o término possibilita rever etapas e examinar conquistas obtidas ao longo de todo o processo, bem como analisar objetivos que não puderam ser atingidos total ou parcialmente. É uma etapa de "balanços" e de elaboração da separação.

Diante disso, percebe-se que términos fora do *timing* podem acarretar riscos para um bom fechamento do processo, seja por serem prematuros ou postergados (Luz, 2005). Quando ocorrem precocemente, é possível que o luto não seja elaborado suficientemente, podendo envolver ansiedades tanto do paciente quanto do terapeuta em lidar com a separação. Da mesma forma, tratamentos prolongados além do necessário também podem refletir dificuldades de separação da dupla ou da família de assumir, agora sem a ajuda do terapeuta, a responsabilidade pela criança e seguir lidando com as dificuldades que possam vir a surgir no curso do desenvolvimento. Além disso, tais términos podem denunciar dificuldades contratransferenciais por parte do terapeuta.

Os critérios para se decidir um término relacionam-se aos objetivos terapêuticos e à mudança psíquica alcançada pela criança em três espaços, como sugere Bianchedi (1990): *espaço intrasubjetivo*, ligado às pulsões, seus derivativos e fantasias; *espaço intersubjetivo*, que envolve as relações objetais e espaços vinculares e um *espaço transubjetivo*, que responde pelo espaço social e cultural.

Em diversos casos há um retorno dos sintomas ou até uma piora em resposta à possibilidade de término iminente, o que pode ou não ser considerado resistência. Esse possível retorno dos sintomas pode ocorrer devido ao fato de ainda haver um trabalho de elaboração por fazer ou apenas sinalizar uma reação à eminência de separação da dupla. Nem sempre é fácil, portanto, diferenciar entre o que ficou por fazer e o que é uma recapitulação do passado.

O término do tratamento psicoterápico de uma criança é uma vitória para ela e também para o terapeuta, em que se mesclam uma gama de sentimentos como pesar pela separação e a satisfação pelas conquistas alcançadas. Cada terapeuta tem seus próprios critérios para alta, embasados nas experiências profissionais e na síntese individual, resultantes da formação e do tratamento pessoal (Castro, 1989). Entre inúmeras listagens de critérios de alta, privilegiamos a de Kernberg (1995), que sugere alguns indicadores por parte da criança:

- Apresenta uma ideia mais realista do terapeuta e de suas funções, demonstrando bom relacionamento com ele, sendo desfeitos os vínculos transferenciais.
- Passa a trazer mais material referente à vida cotidiana, dando-se conta da perspectiva de tempo e apresentando planos futuros.
- Demonstra mudança na qualidade das suas comunicações, havendo aumento de verbalizações.
- Demonstra sentimentos ambivalentes com relação ao término, como tristeza e pesar, acompanhados de satisfação com seus ganhos.
- Apresenta comportamentos sublimatórios, desenvolvendo novos interesses e criatividade.
- Usa defesas mais flexíveis e evoluídas.
- Obtém *insights*, tornando-se mais reflexiva na busca de entendimento acerca das causas dos fenômenos que observa em si e na realidade externa.
- Retoma o curso de seu desenvolvimento sem tantas barreiras e sofrimentos.

O final de um processo psicoterápico implica também na perda da onipotência. É claro que não foram trabalhados todos os aspectos e conflitos da criança, por isso, o término pode ser considerado uma etapa que fica em aberto, com o reconhecimento de que circunstâncias futuras podem produzir novos problemas e que um outro período de trabalho pode se tornar necessário (Castro e Cimenti, 2000).

Sendo o término programado de comum acordo entre paciente e terapeuta, propõe-se que a data da última sessão também seja acordada entre ambos (Luz, 2005). Ainda que essa data seja definitivamente fixada, em alguns casos, pode ser indicada uma redução da frequência das sessões no decorrer desse processo de término, o que algumas vezes pode ser sugerido pela própria criança.

Em relação a esse aspecto, é importante ressaltar a inadequação de concretizar o término em período imediatamente antes ou após as férias, pois mascara os processos de separação e elaboração de lutos, que ficam negados.

A elaboração da separação é apenas o ponto de partida para que o paciente possa seguir sozinho e com mais autonomia a sua caminhada, desfrutando das conquistas obtidas no decorrer do processo. Além disso, a vivência de uma boa experiência psicoterápica na infância mantém as portas sempre abertas para que um novo processo possa ser iniciado em outro momento de vida, caso seja necessário.

CONSIDERAÇÕES FINAIS

O processo psicoterápico com crianças abrange a avaliação e as três etapas de tratamento (inicial, intermediária e final), sendo que essas etapas se caracterizam pela forma e pelos conteúdos pelos quais a psicoterapia transcorre.

Uma peculiaridade do tratamento nessa faixa etária consiste no fato do trabalho criativo envolver não apenas o paciente e o terapeuta, mas também os pais e, em alguns casos, outros familiares, a escola e demais profissionais que, porventura, acompanham o caso, o que contribui para aumentar a complexidade do processo.

Ainda que o terapeuta deva estar atento a todas as partes envolvidas, o cerne do trabalho terapêutico e o principal veículo para mudanças psíquicas é a relação psicoterápica estabelecida com a criança e a compreensão dos fenômenos transferenciais e contratransferenciais. Terapeuta e criança se conhecem, constituem uma aliança de trabalho e um vínculo único e diferenciado dos demais, a fim de explorar os sintomas e tentar resolver as dificuldades emocionais.

A receptividade emocional do psicoterapeuta e sua habilidade para criar um espaço psicoterápico continente, que acolha a espontaneidade, o brincar, "as fantasias não-domesticadas" e o pensar sobre as experiências emocionais que brotam nas sessões, via relação transferencial-contratransferencial, é imprescindível para a realização de uma psicoterapia. Por isso, é fundamental que o terapeuta de crianças esteja conectado com o seu mundo interno e com seus próprios aspectos infantis, para ser receptivo com o rico e multifacetado mundo interno da criança.

NOTAS

1 Ver Capítulo 3: Desenvolvimento emocional normal da criança e do adolescente.
2 Ver Capítulo 5: A clínica com crianças e adolescentes: o processo psicoterápico.
3 Ver Capítulo 6: O lugar dos pais na psicoterapia de crianças e adolescentes.

REFERÊNCIAS

ABERASTURY, A. *Teoria y tecnica del psicoanalisis de niños*. Buenos Aires: Paidós, 1978.

AMERICAN PSYCHOLOGICAL ASSOCIATION (APA). *DSM-IV-TR: Manual diagnóstico e estatístico de transtornos mentais*. 4. ed. rev. Porto Alegre: Artmed, 2003.

BERNSTEIN, I.; SAX, A. Indicações e contra-indicações para análise de crianças. In: GLENN, J. (Org.). *Psicanálise e psicoterapia de crianças*. Porto Alegre: Artmed, 1996. p. 47-71.

BIANCHEDI, E. Mudança psíquica: o devir de uma indagação. *Revista Brasileira de Psicanálise*, v. 24, n. 3, p. 361-375, 1990.

CASTRO, M. G. K. Término e critérios de alta em psicoterapia infantil. In: DUARTE, I. *A prática da psicoterapia infantil*. Porto Alegre: Artmed, 1989. p. 51-71.

CASTRO, M. G. K.; CIMENTI, M. E. Psicoterapia infantil: pensar relações e criar significados. *Revista do Instituto de Ensino e Pesquisa em Psicoterapia*, v. 2, n. 2, p. 37-55, 2000.

CHAIEB, A. et al. Sentimentos e sofrimentos do psicoterapeuta frente ao abandono por seus pacientes. *Revista do Instituto de Ensino e Pesquisa em Psicoterapia*, v. 5, n. 5, p. 170-188, 2003.

COPPOLILLO, H. *Psicoterapia psicodinâmica de crianças*. Porto Alegre: Artmed, 1990.

CUNHA, J. A. *Psicodiagnóstico-V*. Porto Alegre: Artmed, 2000.

DUARTE, I. A entrevista final em psicoterapia infantil. In: DUARTE, I. *A prática da psicoterapia infantil*. Porto Alegre: Artmed, 1989. p. 42-50.

EFRON, A. M. et al. A hora de jogo diagnóstica. In: OCAMPO, M. L. S.; ARZENO, M. E. G.; PICCOLO, E. G. (Org.). *O processo psicodiagnóstico e as técnicas projetivas*. São Paulo: Martins Fontes, 1995. p. 169-191.

FERRO, A. *A técnica na psicanálise infantil*. Rio de Janeiro: Imago, 1995.

FREUD, A. Um perfil metapsicológico da criança. In: _____. *Infância normal e patológica*. Rio de Janeiro: Zahar, 1971. p. 123-129.

GLENN, J. Uma visão geral da técnica analítica de crianças. In: GLENN, J. (Org.). *Psicanálise e psicoterapia de crianças*. Porto Alegre: Artmed, 1996. p. 7-20.

IANKLEVICH, E. Planejamento. In: EIZIRIK, C. L.; AGUIAR, R. A.; SCHESTATSKY, S. S. (Org.). *Psicoterapia de orientação psicanalítica*. 2. ed. Porto Alegre: Artmed, 2005. p. 206-218.

KANCYPER, L. O campo analítico com crianças e adolescentes. *Psicoterapia psicanalítica*, v. 4, n. 4, p. 9-16, 2002.

KEIDANN, C. E.; DAL ZOT, J. S. Avaliação. In: EIZIRIK, C. L.; AGUIAR, R. A.; SCHESTATSKY, S. S. (Org.). *Psicoterapia de orientação psicanalítica*. 2. ed. Porto Alegre: Artmed, 2005. p. 193-205.

KERNBERG, P. *Transtornos da personalidade em crianças e adolescentes*. Porto Alegre: Artmed, 1995.

LUZ, A. B. Fases da psicoterapia. In: EIZIRIK, C. L.; AGUIAR, R. A.; SCHESTATSKY, S. S. (Org.). *Psicoterapia de orientação psicanalítica*. 2. ed. Porto Alegre: Artmed, 2005. p. 254-267.
ORGANIZAÇÃO MUNDIAL DE SAÚDE (OMS). *CID 10: Classificação internacional de doenças*. Porto Alegre: Artmed, 1993.
PARSONS, M.; RADFORD, P.; HORNE, A. Traditional models and their contemporary use: non-intensive psychotherapy and assessment. In: LANYADO, M.; HORNE, A. (Org.). *The handbook of child & adolescent psychotherapy:* psychoanalytic approaches. London: Routledge, 1999. p. 215-232.
SANDLER, J. *Técnica da psicanálise infantil*. Porto Alegre: Artmed, 1982.
SILVERMAN, M. A. O Perfil Desenvolvimental. In: GLENN, J. (Org.). *Psicanálise e psicoterapia de crianças*. Porto Alegre: Artmed, 1996. p. 72-82.
WINNICOTT, D. W. A Preocupação Materna Primária. In: _____. *Da pediatria à psicanálise:* obras escolhidas. Rio de Janeiro: Imago, 2000. p. 399-405.
ZAVASCHI, M. L. S. et al. Abordagem psicodinâmica na infância. In: EIZIRIK, C. L.; AGUIAR, R. A.; SCHESTATSKY, S. S. (Org.). *Psicoterapia de orientação psicanalítica*. 2. ed. Porto Alegre: Artmed, 2005. p. 717-737.

6   *O lugar dos pais na psicoterapia de crianças e adolescentes*

Anie Stürmer
Clarice Kern Ruaro
Lisiane Alvim Saraiva

Na maior parte dos tratamentos de crianças e adolescentes, o contato inicial com o terapeuta é realizado pelos pais ou responsáveis. Principalmente no caso de crianças, a busca não se dá de forma espontânea, mas sim em decorrência de comportamentos desadaptativos ou crises desenvolvimentais que trazem preocupações aos pais, à escola e ao pediatra. Os psicoterapeutas que trabalham com essas faixas etárias, muitas vezes, se veem frente a questões inescapáveis relacionadas com a presença dos pais nos tratamento dos filhos, deixando transparecer a singularidade própria da psicoterapia de orientação psicanalítica. O lugar ocupado pela família é extremamente relevante na psicoterapia de menores. Desde o primeiro contato telefônico, a prática da psicoterapia se mostra indissociável da entrada de muitos discursos, fantasias, ansiedades e conflitos, e a participação dos pais ou responsáveis é fundamental para a consolidação, manutenção e término do processo psicoterápico.

Este capítulo abordará a importância da participação dos pais ou responsáveis, desde o início até o final do processo da psicoterapia. A percepção de que um filho precisa de atendimento psicoterápico pode gerar desconforto e culpa nos pais. Ao fazer contato com um psicoterapeuta, levando seu filho para atendimento, os pais demonstram que muitas etapas anteriores foram vencidas, principalmente a do reconhecimento de que algum tipo de ajuda se faz necessária. Assim, o sentimento de ambivalência está subjacente à chegada dos pais e do paciente, como em qualquer início de tratamento, pois existe a demanda, o desejo de entender e resolver a conflitiva, mas, por outro lado, simultaneamente, há o temor e a resistência de sair do *status quo*.

Algumas peculiaridades também podem intervir na relação pais-responsáveis/psicoterapeuta, como a patologia da criança ou da família, por exemplo. Pais de pacientes autistas ou psicóticos exigirão do psicoterapeuta grande habilidade de manejo, pois precisam se sentir apoiados para levar a psicoterapia adiante, sendo, para tal, auxiliados em suas dúvidas e angústias através de contatos mais seguidos com o terapeuta.

A INSERÇÃO DOS PAIS NO PROCESSO PSICOTERÁPICO: ASPECTOS LEGAIS

A participação dos genitores ou responsável legal no tratamento de menores de idade é tema disposto no artigo 8º do Código de Ética Profissional do Psicólogo (2005). Esse artigo regula a obrigatoriedade de o profissional obter autorização, de pelo menos um dos pais ou responsáveis para a realização de atendimento sistemático de criança, adolescente ou interdito. Dessa forma, conforme a legislação vigente, esse contato se faz imprescindível, visando proteger os interesses do menor e do próprio psicoterapeuta. Independentemente de como essa participação será trabalhada tecnicamente, ou de qual forma os pais serão inseridos no percurso da psicoterapia de seus filhos, existe o compromisso legal de contatá-los e, na sua ausência, o profissional comunicará o fato às autoridades competentes, conforme o 1º parágrafo do mesmo artigo.

O fato de o paciente ser dependente de um adulto, geralmente um familiar, faz com que o contrato de tratamento implique o envolvimento de pais, criança e terapeuta, visto que são os primeiros que têm a incumbência de trazer o filho para as sessões, pagar pelos honorários do profissional, ou seja, participar efetivamente da psicoterapia da criança. O papel dos adultos no decorrer do tratamento, portanto, não se dá apenas no nível do mundo fantasmático; fatores de realidade se fazem igualmente presentes. Nesse ponto, cabe questionar: como será a entrada e qual a participação destes na psicoterapia da criança ou adolescente? Que espaço terão para colocar suas preocupações, dúvidas e ansiedades? Como diferenciar suas demandas das trazidas pelo paciente em questão?

ABORDAGEM HISTÓRICA E TÉCNICA DE DIFERENTES AUTORES

Todas essas reflexões se fazem presentes desde os primórdios do tratamento psicanalítico com crianças e jovens. Diferentes entendimentos e perspectivas teóricas dentro da linha psicanalítica seguem em contínuo aprimoramento e expansão, na forma de inserção dos pais, culminando inclusive em controversos posicionamentos (a abordagem kleiniana é diferente da visão da Escola Francesa, por exemplo), que por sua vez terão influência direta sobre a técnica empregada.

O caso que pode ser considerado o primeiro tratamento psicanalítico realizado com uma criança foi o clássico "Pequeno Hans", de 1909. Nesta ocasião, Freud (1976) atuou como supervisor do pai do menino, este sim desempenhando o papel de analista do próprio filho. Freud nunca tratou uma criança diretamente, mas esse caso tem um inegável valor histórico, pois permitiu que os impulsos e desejos sexuais infantis fossem vislumbrados diretamente, corroborando seu recém publicado "Três ensaios sobre a teoria da sexualidade", de 1905.

Klein, pioneira da psicanálise infantil, tinha uma visão bem própria em relação à participação dos pais reais no tratamento de crianças, visto que, para ela, os pais que tinham relevância eram os "fantasiados", pertencentes à realidade psíquica do paciente. Entendia que avistar os pais frequentemente dependeria de cada caso em particular, e "confessava" que, muitas vezes, achou melhor limitar esses encontros, a fim de "evitar atritos com a mãe" (Klein, 1981, p. 117). Dessa forma, o conflito era percebido prioritariamente como advindo do mundo interno da criança e de suas imagos parentais internalizadas, sendo pouco enfatizado o caráter relacional e intersubjetivo (Zornig, 2001).

Klein (1981) afirmava que, para uma análise infantil alcançar sucesso, era necessário estabelecer uma relação de confiança com os pais; só assim o analista estaria em condições de obter informações úteis sobre o comportamento da criança fora das sessões. Para a autora, os pais estariam incluídos no campo de análise, pois a criança depende deles, mas eles não estão sendo analisados. Essa relação teria peculiaridades por tocar de perto nas dificuldades e no sentimento de culpa dos pais que, ao recorrer ao tratamento para o filho, estariam admitindo sua responsabilidade sobre a doença da criança. Além disso, compreendia que a mãe nutriria ciúmes da relação confidencial desenvolvida pelo paciente e o analista. Klein acreditava que esse ciúme se derivava da rivalidade da mãe com sua própria imago materna, como uma mãe interna inflexível que exigiria a restituição dos filhos que lhe haviam roubado.

A análise de crianças era por ela entendida como sendo parecida com a de pacientes adultos, pois utilizava a transferência, desde as primeiras sessões, para acessar os substratos mais profundos do psiquismo infantil, remetendo às primeiras relações objetais e às suas fantasias inconscientes (Zavaschi et al., 2005).

Klein (1932) se abstinha de interferir na educação das crianças, a menos que observasse erros crassos no tocante ao manejo dos pais. Compreendia que dessa intervenção só poderia "advir novos entraves à análise, provocando efeitos desfavoráveis na atitude dos pais com seu filho" (p.113). Reiterava que a relação que estabelecia com os pais de seus pequenos pacientes era com o objetivo de "lograr que auxiliem nosso trabalho de forma passiva; devem se abster tanto quanto possível de qualquer interferência, quer fazendo perguntas que incitem a criança a falar da análise em casa, quer alimentando as resistências que ela possa abrigar" (p.114). Quando a criança era dominada por resistências, os pais deveriam auxiliar para que comparecesse às sessões.

Assim, a ambivalência dos pais à análise do filho estaria sempre permeando todo o tratamento. A situação se torna mais favorável quando a análise chegava ao término ou em etapas mais avançadas, pois o "desaparecimento ou a redução da neurose tem excelente efeito sobre os pais" (Klein, 1981, p. 116). Além disso, sob essa perspectiva, é muitas vezes difícil o reconhecimento da melhora do paciente, pois a terapia seria "preventiva" e, por conseguinte, não percebida pelos genitores. A doença não afetaria a vida cotidiana da criança, tal como a enfermidade neurótica afeta a do adulto, por exemplo.

Anna Freud (1964), por sua vez, valorizava os vínculos com os pais reais, mas destinava a esses o lugar de educadores, imprimindo um caráter pedagógico ao tratamento. Sua abordagem terapêutica recaía predominantemente na análise das defesas egoicas e das competências alcançadas em cada estágio do desenvolvimento, ponderando que a meta do analista seria manter a boa vontade do paciente para trabalhar em conjunto. Para tal, em determinados momentos, o analista poderia sugerir que as crianças brincassem um pouco na sessão, interrompendo o trabalho analítico, a fim de não pressioná-las demais e manter sua ansiedade em um nível que elas pudessem suportar (Sandler, 1990).

Nos comentários realizados no livro *Técnica da psicanálise infantil*, em parceria com Sandler (1990) Anna Freud enfatizou diversas vezes a importância da existência de uma fase preparatória à terapia, para auxiliar e atrair a atenção da criança para o conflito interno, despertando sua hostilidade frente à parte patológica, a fim de consolidar a aliança de tratamento. Acreditava que uma relação afetiva imediata poderia não desenvolver necessariamente uma aliança adequada, mas poderia ser útil ao trabalho terapêutico. A cooperação da criança com o terapeuta deveria surgir de seu desejo em comunicar suas ansiedades. Caso isso não ocorresse, seria sinal de que a criança estaria relutante em entrar em tratamento, o que não era percebido por Anna Freud como resistência. A relutância poderia existir devido à existência de segredos na família, conflitos de lealdade, ou poderia estar, também, manifestando a ambivalência inconsciente de um dos pais ou de ambos sobre seu tratamento (Sandler, 1990).

Em dissertação de mestrado que teve por objetivo realizar uma revisão crítica sobre o lugar dos pais na história da psicanálise infantil, Atié (1999) examinou a posição de diversos autores, inclusive Anna Freud, no que tange essa questão. Referiu que Anna Freud percebia as dificuldades enfrentados pelo analista ao lidar com a dependência da criança em relação aos pais, mencionando que o início, a continuidade e a conclusão do tratamento só poderiam ocorrer caso fosse possível confiar na compreensão dos genitores. Propôs que a autoridade do terapeuta deveria ser sentida pelo paciente como sobressalente à autoridade dos pais. O terapeuta, portanto, deveria se colocar no lugar do Ego-Ideal da criança no decorrer de sua análise. Os pais, por sua vez, aceitariam ou não essa posição do analista, conformando-se com os pedidos dele e dividindo o trabalho analítico e educacional, ou se opondo e utilizando a criança como objeto de disputa. A fim de evitar a segunda hipótese, Anna Freud buscava investigar se os pais possuíam o que chamara de "compreensão analítica", ou seja, se conseguiam concordar e entender as diretrizes e ações pedagógicas que seriam propostas pelo psicanalista no decorrer do tratamento da criança (Atié, 1999).

A dependência da criança em relação aos pais, embora limitasse o trabalho do analista, trazia também aspectos positivos, na medida em que possibilitava ao terapeuta orientá-los a implementar modificações no mundo externo da criança. Assim, os contatos com os pais do paciente eram percebidos como extremamente importantes por Anna Freud, pois esses seriam foco de orientação e acompanhamento no decorrer do tratamento da criança. A intervenção ocorria seguindo critérios pedagógicos e não a partir de um trabalho com as fantasias inconscientes dos pais (Atié, 1999).

Anna Freud também entendia que o fato de a criança não estabelecer transferência seria um empecilho à análise infantil, posto que ainda se encontrava sob influência dos pais reais, sem condições, portanto, de atualizar tais relações no contexto da análise na relação com o terapeuta (Zavaschi et al., 2005). Considerava, por conseguinte, as crianças muito frágeis para se submeterem à análise (atendeu crianças a partir da latência), não acreditando que elas pudessem desenvolver a transferência e associar livremente em função de sua imaturidade psíquica, entendendo que a abordagem psicanalítica deveria vir associada, portanto, a uma ação educativa (Patella, 2004).

Para a Escola Francesa, na qual se destacam as contribuições de Dolto e Manonni – ambas influenciadas pela teoria de Lacan – é sustentada a posição de que a neurose dos pais possui um papel fundamental no sintoma da criança, colocando a dimensão simbólica do sintoma infantil como ocultando questões parentais, ou seja, o sintoma infantil teria a função de esconder a "mentira" do adulto. Traz para o primeiro plano a posição que a criança ocupa nos fantasmas, desejos e discurso dos pais, ficando ela fixada em um determinado lugar em virtude dos desejos e das fantasias deles. Conforme o entendimento dos autores da Escola Francesa, a criança procura se identificar com o que suspeita ser o desejo materno, sujeitando-se a preencher o que falta na mãe, dessa forma evitando a angústia de castração. Assim, pode acabar se alienando no desejo do outro e estabelecendo relações narcísicas e simbióticas.

O sintoma da criança depende não só da articulação imaginária inconsciente estabelecida com os pais, mas da articulação entre o lugar proposto por eles e a construção da neurose infantil. Além disso, é permeada pela produção de fantasias e do desenrolar do processo edípico (Zornig, 2001). A criança tem suas singularidades e não é apenas um reflexo ou espelho dos pais. Nesse sentido, as intervenções clínicas podem tomar duas direções: a questão familiar sendo o sintoma da criança entendido como um deslocamento do acontecido na sexualidade dos pais ou uma intervenção que se interessa pelo desejo do sujeito e constituirá uma prática de subjetivação, promovendo um espaço de escuta para a criança ser ouvida com seus desejos e discurso próprio. O sintoma não fica reduzido às demandas parentais. Ao psicoterapeuta cabe, então, intervir como elemento separador, deslocando a demanda dos pais do sintoma da criança, singularizando suas narrativas (Zornig, 2001).

Há ainda um fator que diferencia a psicoterapia com crianças e jovens que se dá em função de uma "amarração" entre o paciente e as demandas exteriores a ele. O terapeuta não pode perder de vista a entrada de todos esses fatores na transferência, e que, nas entrevistas, os pais e a criança se entrelaçam em um campo transferencial único. O desaparecimento do sintoma na criança provoca efeito sobre os pais e vice-versa (Kupfer, 1994).

A partir dessas considerações, entendemos que as diferentes linhas psicanalíticas construíram posições peculiares em relação à participação dos pais na psicoterapia de crianças e adolescentes, elaboradas a partir de suas próprias experiências e observações. Concordamos que é imprescindível a participação dos genitores ou responsáveis em todo o processo psicoterápico, seja com crianças ou adolescentes. Deixar os pais à parte do tratamento apenas suscitará fantasias e resistências que poderão criar impasses terapêuticos a respeito da terapia. Manter encontros periódicos com os pais auxilia a diminuição das fantasias persecutórias, bem como, ao se aproximar da história familiar, entendendo sua dinâmica, faz com que venham à tona segredos ou aspectos ocultos, que vão se evidenciando na medida em que é construída uma relação de confiança. Estar atento às manifestações resistenciais dos pais ajudará a prevenir abandonos e fortalecerá a relação com o terapeuta.

Ter um olhar para a criança em separado dos pais, também, em nosso entendimento, é imprescindível: a criança tem uma vida mental própria, mesmo que "atravessada" pelas projeções e pela subjetividade dos seus pais. É necessário ouvir as diferentes demandas para retirar a criança de uma determinada função na estrutura familiar, pois demonstra por meio do sintoma a própria subjetividade e deve ser ouvida como sujeito de próprio discurso.

A tarefa do psicoterapeuta será a de auxiliar na discriminação e separação desses aspectos através de contatos, que não configurem um *setting* de tratamento pessoal, mas sim com o intuito de conter ansiedades, estabelecer e desamarrar questões e fantasmas da história de cada família que possam estar impedindo o desenvolvimento sadio do pequeno paciente ou do adolescente.

ASPECTOS TRANSGERACIONAIS

Para compreender a constituição psíquica do sujeito, é básico incluir o aspecto transgeracional e sua articulação entre o intrapsíquico e o intersubjetivo. "É possível pensar na articulação fundamental entre o intersubjetivo, representado pela família e pelo social, e o intrapsíquico na constituição do sujeito" (Kaës, 1998, p. 55).

O ser humano já nasce inserido em uma cultura que o antecede. Na mente dos seus progenitores ou cuidadores, já se fazem inscritos e vibrantes os valores, as histórias transgeracionais, os mitos familiares e os projetos identificatórios (Lisondo, 2004). A transmissão geracional, então, pode ser efetivada de forma positiva, vindo pela palavra, em um elo que faz parte da constituição do sujeito desde o seu início. Há também formas de transmissão pelo negativo, resultantes do não-dito, não-nomeável, mas que se repetem por gerações, "amarrando" o sujeito a algo que ele não tem acesso. Situações traumáticas não representadas nem nomeadas podem emergir em gerações seguintes como fantasmas. Assim, o não-simbolizado se repete até se fazer "ouvir" de alguma forma.

Vitória, 8 anos, veio a tratamento trazida por sua mãe por apresentar aftas recorrentes na boca e estar com problemas de rendimento escolar. Ao se inteirar da história familiar, a terapeuta soube de diversos episódios que envolviam perdas e lutos em sua família. Rosa, mãe de Vitória, perdeu seu pai na infância; sua mãe casou novamente e teve duas filhas deste relacionamento. Aos 18 anos, Rosa perdeu sua irmã, de 8 anos, vítima de um atropelamento. Em seguida, soube que estava grávida. Seu namorado, pai de Vitória, assumiu a paternidade, mas não conviveu com Vitória, pois constituiu outra família e a vê poucas vezes. Rosa morou um tempo com a menina na casa da mãe, mas acabou "entregando a filha" para a avó criar e foi morar com outro companheiro. Um ano antes da busca de terapia, morre o companheiro da avó, que Vitória chamava de avô.

Logo, a terapeuta observou os vários lutos na família e a falta de espaço para elaborá-los. Esses lutos apareciam nas fantasias trazidas no jogo da menina, como no exemplo a seguir:

Vitória trazia conteúdos de que o pátio de sua casa estava contaminado com um vírus e tinha de ser desinfectado, com o perigo de que "todos os animais da casa morressem". Em sua caixa individual, reservou um espaço onde colocou objetos confeccionados por ela com massinha de modelar: em miniatura, na cor preta, faziam parte da casinha e tinham que ficar na caixa, guardados, em um "cantinho".

A terapeuta entendeu que Vitória tinha um "cantinho", onde jaziam "objetos mortos", os quais tinha de carregar em seu mundo interno. Esse conteúdo ficou contido na mente do terapeuta à espera do momento propício para ser devolvido para a menina, pois interpretá-lo naquele momento seria saturar a mente da criança.

Esse entendimento possibilitou que a terapeuta trabalhasse com sua mãe nas sessões reservadas a ela. A terapeuta, ao atender a mãe, abriu um espaço para que repensasse seus lutos e suas culpas, buscando novas formas de lidar com a menina auxiliando a entender o "porquê" de sua dificuldade em assumir sua filha e estabelecendo a possibilidade de falar sobre suas perdas trazendo para a consciência os lutos que permeavam a vida dessa família e que Vitória veio "tamponar". Através das aftas, Vitória mostrava em seu corpo o choro não-chorado da família, as dores e a raiva que ficavam expressados no sintoma da paciente.

Sua mãe não se sentia autorizada a assumir o papel de mãe; sentiu-se obrigada a "entregar" a filha para a avó no lugar da irmã que havia falecido tragicamente. Vitória, por sua vez, se sentia com um "cemitério" (o "cantinho" reservado em sua caixa) em seu mundo interno, sem espaço psíquico para "ser". O tratamento tinha como foco fazer com que Vitória pudesse expressar seus sentimentos sem ter que somatizar, como fazia através das aftas. Esse luto, ao ser endereçado para tratamento, através do sintoma de Vitória, permite a expressão e ressignificação do "não-dito", "não-chorado" e não-elaborado pela família.

Além disso, a falha na triangulação que se repete desde as gerações anteriores (a figura masculina ausente ou distante) também é um aspecto transgeracional, como se houvesse uma ausência de figura masculina na mente das mulheres da família, que acabam por "descartar" os homens após engravidarem.

A substituição do pai pela mãe na situação triangular edípica é disfuncional e leva à patologia, pois há tendência a anular pelo terceiro vértice do triângulo. Para isso, pode haver a insuficiência do papel paterno ou ausente ou não referido no psiquismo materno. Nessas condições, a entrada de um terceiro (no caso o psicoterapeuta) formaria a outra ponta do triângulo, oportunizado a diferenciação e dessimbiotização. Se essa é impossibilitada, ninguém entra e há certo triunfo (Mazzarella, 2006). Nesse caso, mãe e filha formariam uma "dupla fechada" que prescinde da entrada do terceiro, seja pai ou psicoterapeuta, obstaculizando a integração dos papéis paterno e materno no psiquismo da criança.

Outro objetivo da terapeuta, a partir dessas constatações, seria o de chamar o pai para participar do processo de tratamento da filha, com entrevistas periódicas. Dessa maneira, a terapeuta se coloca como outro modelo, trazendo à tona a possibilidade de desamarrar os fantasmas transgeracionais dessa família.

Os objetos transgeracionais exercem uma demanda de desinvestimento da vida comum, como se houvesse uma "fidelidade" aos mortos. A estruturação familiar fica comprometida com a família transgeracional, que exige sacrifício. É como se houvesse uma dívida com os antepassados. O fantasma apareceria na criança pelas lacunas percebidas daquilo que não é dito pelos pais (Pereira, 2005).

No exemplo acima, o trauma vivido como "impensável" pela mãe e avó faz com que a geração seguinte desenvolva sintomas, como, por exemplo, as aftas que condensam o "não-dito" e "não-pensado" pela família.

O "fantasma" designa algo que está no psiquismo como herança de um trauma, de um luto patológico, que não pode ser elaborado na cadeia geracional. A vivência do trauma, com todas as suas vicissitudes, ficará encriptada, pairando como uma alma penada. A escuta do terapeuta, voltada ao que não é dito, "favorecerá a elaboração e a metabolização desses conteúdos cindidos, desenvolvendo a possibilidade de pensar e de desenvolver vida psíquica própria para essas gerações encarceradas" (Pereira, 2005, p. 109).

MANEJO TÉCNICO E POSTURA TERAPÊUTICA

A multiplicidade transferencial (Iancarelli Filho, 1996) é característica do tratamento com crianças e adolescentes, colocando o terapeuta em uma posição de contínua atenção. Além das transferências bipessoais com o paciente, há entrecruzamento de transferências oriundas tanto da mãe quanto do pai, o que torna mais complexo o campo transferencial. Ouvir as queixas e preocupações dos pais não apenas se presta para que se tente entender o que se passa na família e na criança em questão, mas também abre a possibilidade de identificar qual a demanda da criança e qual a demanda de seus pais, quais são as fantasias e expectativas, o que esperam da psicoterapia e se possuem condições para efetivá-la.

Outras questões merecem atenção: qual é a posição que o filho ocupa no equilíbrio psíquico dos pais, da sua família como um todo? Possuem estes capacidade para suportar e manter o processo psicoterápico do filho? (Reinoso, 2002). Deve-se lembrar que as modificações efetuadas pelo tratamento na criança trazem reflexos na subjetividade dos pais, na dinâmica familiar e na determinação de lugares já instituídos. Tais mudanças podem comprometer a homeostase familiar ou a estrutura do casal, refletindo-se nos cruzamentos das transferências que ocorrem no campo. Isso não poderá ser desconsiderado pelo terapeuta, pois poderá provocar atuações e contra-atuações (Rosemberg, 2002).

O trabalho com os pais ao longo do tratamento pode seguir de várias formas, inclusive com sessões que reúnam a família inteira, conforme a especificidade de cada caso. Isso exige do terapeuta uma postura mais flexível, fazendo-se valer de soluções abertas e criativas, já que modalidades variáveis de inclusão de pais e demais familiares podem se mostrar benéficas em muitos casos. A presença dos pais oferece uma ótima oportunidade de observar como cada família interage, quais são os mecanismos defensivos predominantes, se existem aspectos dissociados e identificados projetivamente de uns membros nos outros, quais os papéis existentes e se há mobilidade entre eles. O psicoterapeuta, dessa forma, poderá reconhecer tais situações, a fim de, ao longo do tratamento, manejá-las e trabalhá-las com o paciente e os familiares envolvidos (Zimerman, 2004).

Há alguns anos, rapidamente se encaminhava os pais para sua própria psicoterapia ou tratamento de casal. Hoje, essa visão mudou. Não ter pressa em remeter os pais para um processo psicoterápico individual próprio (caso seja indicado) é uma cautela necessária, "pois fazer uma apressada transposição entre o encontro com os pais de carne e osso e a sintomatologia da criança é estabelecer uma visão simplista do caso" (Mazzarella, 2006, p. 25).

O terapeuta deve sempre considerar e trabalhar em dois níveis: o primeiro seria o trabalho psicoterápico com a criança ou adolescente propriamente dito, pois mesmo que questões da neurose parental e/ou das tramas transgeracionais estejam presentes, o paciente tem um mundo interno próprio, passível de inúmeros conflitos e de intenso sofrimento (Castro e Cimenti, 2000). Isso significa um trabalho na posição subjetiva do paciente frente ao desejo de seus pais, de quem deverá se separar (Siquier e Salzberg, 2002).

O segundo plano seria dar lugar para a participação dos pais, considerando o papel que a criança ocupa naquela família e todo o contexto envolvido, através de um suporte terapêutico, estando disponível para que os pais tragam suas ansiedades e que possa respaldá-los na delicada tarefa de manter um filho em tratamento (Castro e Cimenti, 2000). É parte da competência terapêutica auxiliá-los a compreender suas fantasias a respeito da criança e das mudanças que o tratamento poderá ocasionar, para que as suportem e as aceitem (Siquier e Salzberg, 2002).

É impossível excluir os pais da psicoterapia, assim como reconhecer que seu discurso funciona como uma matriz simbólica fundamental para a constituição psíquica da criança. O inconsciente infantil não é um simples reflexo do inconsciente parental (Zornig, 2001). Uma psicoterapia, de acordo com as singularidades de cada caso, incluirá um trabalho realizado com a criança, com o seu psiquismo, que é único, pessoal e distinto dos demais, acrescido de uma escuta que reconheça a importância fundamental que seus pais têm na estruturação psíquica, nos cuidados e na educação da criança.

Adriana, 4 anos, veio a tratamento por apresentar dependência excessiva da mãe, não conseguir se adaptar à escola maternal, ter "manias" e não brincar com crianças de sua idade. Além disso, interagia pouco com o pai. Nas primeiras sessões, a mãe entrou na sala com a paciente; nas demais sessões, Adriana era inconstante: às vezes entrava bem, em outras chorava e não queria se separar da mãe. Quando entrava sozinha, os conteúdos da sessão eram de grande agressividade; em outros momentos, temia que algo muito grave acontecesse com a mãe, se ficassem afastadas. Mostrava que sua atitude simbiótica era decorrente também de sua agressividade, que a fazia não se desgrudar dela e dos temores de que as fantasias agressivas se tornassem realidade, caso se separassem.
A figura paterna era ausente. O pai comparecia às sessões para o casal, mas referia reiteradamente que Adriana não "gostava" dele e que preferia a mãe a ele. Assim, se eximia do relacionamento com a filha, mantendo-se afastado afetivamente dos temas relativos a ela.
No primeiro ano de tratamento, foram trabalhadas as fantasias agressivas de Adriana, seus temores em relação a crescer e se independizar da mãe.
No ano seguinte, ao iniciar o período letivo, Adriana não demonstrou as dificuldades anteriores, ingressando na escola sem problemas, aceitando a separação da mãe. O desaparecimento do sintoma fez com que os pais decidissem encerrar o tratamento. Em um plano consciente, estavam considerando que a remissão dos sintomas era suficiente. A terapeuta entendeu junto a eles que interromper o processo seria precoce, mesmo que o sintoma tivesse sido esbatido. Os esforços da terapeuta foram em vão, não conseguindo dissuadir os pais de sua decisão. Foram combinadas, então, algumas sessões para finalizar o tratamento, sendo esclarecido aos pais que se tratava de uma interrupção, decidida apenas por eles. Nas sessões de despedida, Adriana fez um desenho dizendo que "havia três gramas a serem regadas, e o jardineiro só havia regado uma; as outras duas não haviam crescido". Adriana se referia aos seus pais, que se sentiam "deixados de lado", "não regados" pelo jardineiro/ terapeuta. Em sua última sessão, Adriana trouxe o conteúdo de um filme no qual a personagem havia caído dentro de um poço e não conseguia ser salva.
No dia seguinte, a mãe liga querendo retomar o tratamento e concordando que o processo não estava finalizado, pois Adriana havia comentado com ela sobre o filme. A mãe refere que lembrou das conversas com a terapeuta e entendia que Adriana estava dando um recado para eles.

Foi combinada, então, nova sessão com os pais que, a partir daí, foram "regados" mais de perto; realizou-se um novo contrato em que a terapeuta tinha encontros periódicos com cada genitor em separado e também com a dupla.
O pai começou a participar mais ativamente do tratamento, trazendo a filha para as sessões. Nas sessões individuais com os pais, foram enfocados aspectos pessoais de cada um deles que interferiam em seu relacionamento com Adriana, como, por exemplo, os sentimentos da mãe quando a terapeuta funcionava como "terceiro", que a separava da filha. Nas sessões com o pai, o foco era entender sua dificuldade em assumir seu papel paterno, e o que em sua história impedia que isso acontecesse. Essas sessões não configuravam um tratamento pessoal, mas sim um acompanhamento, para auxiliar no desenvolvimento da psicoterapia de Adriana. Esse tratamento foi levado a termo e só finalizado quando terapeuta, pais e paciente acordaram sobre o momento apropriado.

O término do tratamento, portanto, só pode ser compreendido através de uma decisão conjunta das partes envolvidas: paciente/terapeuta e pais: a criança tem o direito de manifestar se deseja e está apta para o término; o terapeuta, de acordo com seus critérios teórico/clínicos, observar se o paciente apresenta sinais de integração psíquica e crescimento emocional; e, finalmente, os pais avaliarem quando se sentem satisfeitos com o tratamento realizado.

Como já salientado, a busca de tratamento para um filho expõe seus pais a uma delicada situação de vulnerabilidade narcísica. É nossa tarefa, também, auxiliá-los a tolerar as dores e culpas causadas por essa ferida. A realização de entrevistas periódicas com os pais pode auxiliá-los a perceber seu grau de tolerância com o sofrimento do filho e com o seu próprio e o ritmo que cada família suporta frente às mudanças da criança (Siquier e Salzberg, 2002).

É importante que o terapeuta considere a longa trajetória que ocorreu antes que os pais ou responsáveis chegassem ao seu consultório, sendo esse, muitas vezes, a última opção, o último recurso buscado para aliviar o sofrimento da criança/adolescente ou mesmo de seus pais. O primeiro encontro com o terapeuta é sempre permeado por angústia e culpa para os pais, variando na intensidade. Por mais que a decisão de procurar uma psicoterapia tenha sido pensada e amadurecida, as situações e os fatos que envolvem e mobilizam maior ansiedade geralmente serão evitados nas primeiras entrevistas, pois geram desconforto e são muito dolorosos para serem mencionados logo no início.

Os pais devem ser ouvidos com toda atenção e acolhimento necessários para que se sintam à vontade para contar sobre os motivos da busca de atendimento para o filho. O terapeuta deve ter a sensibilidade de não conduzir as entrevistas como interrogatórios, pois, dessa forma, poderá contribuir para as resistências e ansiedades, parecendo mais um investigador formulando um inquérito acerca das condutas da família. Atitudes e posturas compreensivas e empáticas por parte do terapeuta auxiliam no estabelecimento de uma confiança inicial, que possibilita maior conforto aos pais/responsáveis para que falem de temas delicados, mas fundamentais para a compreensão da situação atual. Muitas vezes, o paciente para o qual se busca atendimento é apenas o depositário de uma patologia mais séria que engloba a família.

A doença da família emerge graças ao sintoma de seu expoente mais indefeso e, simultaneamente, mais sadio. Conduzindo a entrevista familiar da forma como se conduz uma entrevista de grupo, o terapeuta poderá perceber o conjunto das comunicações como o produto de uma mente grupal, avaliando a dinâmica da família em questão. Nesse sentido, é comum que a família, por vezes, tente projetar em um membro apenas toda sua patologia (Ferro, 1995).

Negligenciar ou não abordar as possíveis dificuldades dos pais relacionadas com a busca de tratamento para um filho pode levar a um incremento das resistências, ocasionando, muitas vezes, interrupções precoces e abandonos repentinos. Em alguns casos, o término pode se dar ainda na fase da avaliação, não oportunizando ao terapeuta sequer a possibilidade de abordar as angústias subjacentes, por serem demasiado intensas.

Com o decorrer do tratamento, uma maior flexibilidade da organização defensiva e uma consequente elaboração de conflitos do paciente tende a ocorrer. Isso pode acarretar em um reposicionamento de angústias advindas da família, que antes estavam concentradas no paciente e depois retornam ao grupo familiar. Tal movimento pode promover mudanças e desacomodações. Se as modificações do filho forem sentidas como demasiado ameaçadoras para os pais e para a configuração familiar vigente, e tal aspecto não for trabalhado, o progresso dificilmente se dará, seja pela interrupção do tratamento ou por uma estagnação deste.

Os pais de Marina, 12 anos, vieram em busca de tratamento para a filha. A queixa principal era a sua dificuldade de dormir sozinha em seu quarto, além de apresentar terror noturno. Marina sofria muito com seus sintomas.

Nas entrevistas iniciais com os pais, informaram que a menina sempre dividira a cama com a mãe, já que o pai viajava muito e, quando estava em casa, costumava trabalhar no turno da noite. Com a aposentadoria do pai e a volta dele para casa, as dificuldades de separação da dupla mãe-filha ficaram mais evidentes.

Após algumas sessões de avaliação com Marina e seus pais, a terapeuta indicou que a menina permanecesse em psicoterapia, assim como salientou que entrevistas sistemáticas com os pais também seriam necessárias. Nas primeiras sessões com os pais após o contrato terapêutico, a terapeuta começou a questionar sobre a presença da menina no quarto deles e como seria para o casal caso ela viesse a dormir sozinha. Nessa mesma sessão, a mãe apontou as dificuldades financeiras da família e optou por interromper o tratamento, tendo o apoio do pai. Ambos se recusaram a realizar a sessão de despedida, ignorando que a paciente já estava vinculada.

Esse caso clínico evidencia o quanto os sintomas da menina encobriam questões parentais e protegiam os pais de se "encontrar". Após muitos anos de distanciamento, estavam se vendo "juntos" na mesma cama. Ao perceberem que a psicoterapia da filha poderia trazer à tona a conflitiva do casal, sentiram-se tão mobilizados e assustados que, imediatamente, interromperam o tratamento de Marina. Talvez a abordagem da terapeuta tenha sido muito direta e esse casal necessitasse de maior tempo, acolhimento e paciência, para que se desenvolvesse uma aliança terapêutica que sustentasse suas ansiedades e os fizesse compreender o processo de mudanças que a remissão dos sintomas da filha traria à dinâmica familiar.

Observamos, nesse exemplo, a intrincação dos sintomas de Marina, uma púbere, às voltas com a eclosão das pressões pulsionais e a configuração de seus pais com problemas de sexualidade, necessitando tê-la na cama do casal. O sofrimento da filha, seu desejo de crescer e se individuar ficaram eclipsados pela problemática parental. As questões financeiras e de pagamento se prestam para resistências que podem impedir a continuidade da psicoterapia. No caso acima, a impossibilidade de discutir quais as dificuldades financeiras ou de fazer algum tipo de re-contrato era resistencial e se mostrou potente para impedir que a problemática de Marina e de sua família fosse tocada.

A questão dos honorários é complexa e pode ser campo para atuações. Alguns pais dizem se sentirem "humilhados" se é proposta uma adequação dos valores aos seus recursos ou se, na impossibilidade disso, encaminhamos o filho para instituições de confiança que realizam bons tratamentos psicoterápicos. As ambivalências frente ao sofrimento do filho, somadas às possibilidades de mudanças percebidas servem de base para usar o pagamento como resistência. Em outros casos, surgem queixas da frieza e inacessibilidade do terapeuta frente às questões de ordem prática e financeira: quando são apontados recursos reais da família, sentem que lhes é pedido "demais". Embora as limitações financeiras estejam presentes, inclusive como um sintoma, a impossibilidade de manter o tratamento de um filho pode estar relacionada com a manutenção de um sistema familiar que aponta para repetição de histórias parentais e transgeracionais (Mazzarella, 2006).

Auxiliar os pais a superar dificuldades, empatizando com a dor e culpa que o tratamento da criança pode lhes causar, costuma ser uma forma de reforçar a aliança de trabalho com eles e assim evitar entraves posteriores e boicotes ao prosseguimento da psicoterapia. Se o trabalho com os pais no contexto de avaliar de onde provêm e o porquê do surgimento de resistências é desconsiderado, a continuidade do tratamento poderá ficar ameaçada, surgindo manifestações como atrasos, faltas e problemas relacionados com o pagamento. Todavia, no tratamento de crianças e adolescentes, o manejo de tais aspectos se torna mais complexo, visto que, geralmente, são os pais ou responsáveis os produtores dessas atuações, e é sobre esses que as intervenções do psicoterapeuta devem recair (Rosemberg, 2002).

Entretanto, ainda que o terapeuta perceba a necessidade de trabalhar algumas questões para poder dar continuidade ao tratamento, é preciso que saiba respeitar a decisão dos pais, demonstrando a importância do tratamento, mas também compreendendo que talvez eles ainda não estejam prontos para abordar temas delicados que causariam desorganização no grupo familiar.

OS ADOLESCENTES E SEUS PAIS

No caso de adolescentes, existem variações na técnica, pois dependendo da idade e maturidade do jovem, poderá comparecer sozinho à sessão ou, muitas vezes, marcar a primeira consulta por livre e espontânea vontade. Nestas situações, o terapeuta acolherá o paciente, mas em algum momento deverá entrar em contato com os pais para firmar contrato e estabelecer a relação inicial com os mesmos. Dependerá da vontade do adolescente comparecer junto aos pais nessas sessões.

A partir da década de 1990, observou-se uma modificação na demanda para psicoterapia por parte do adolescente, que tem procurado ajuda por sua vontade própria. As queixas até meados da década de 1980 giravam em torno de desadaptações escolares, depressão por indefinição profissional, problemas de relacionamento familiar e conflitos de autoridade em relação à família. A partir da década de 1990, cederam lugar a atuações, problemas com imagem corporal, sexualidade banalizada, ansiedades em relação ao futuro profissional, conflitos familiares e em relação à separação dos pais. Essas queixas se referem mais a aspectos internos, contrastando com as queixas de décadas anteriores, o que fazia com que o núcleo familiar e escolar indicasse tratamento (Ribeiro Pinto, 2002).

Esta mudança se deve a vários fatores, como a maior democratização da psicoterapia, antes voltada para uma reduzida elite que podia pagar honorários muito caros. Atualmente, existe uma maior acessibilidade ao tratamento psicoterápico com várias instituições dedicadas à formação de psicoterapeutas, que oferecem bons serviços de atendimento aberto à comunidade. Além disso, "a mídia, através de entrevistas, programas sobre saúde em rádio e TV, popularizou a psicoterapia e informa sobre como e onde buscar esse tipo de auxílio" (Castro, 2000).

Todas essas mudanças estimulam os adolescentes de hoje a buscarem ajuda espontaneamente. Cabe ao psicoterapeuta acolher esse paciente em um primeiro momento, sem esquecer que, sendo ele menor de idade e dependente, os pais deverão ser comunicados e contatados para formalização do contrato e estabelecimento do *setting* (Ribeiro Pinto, 2002).

Em função do sigilo e a fim de construir uma relação de confiança, é importante que o paciente saiba desses encontros e seja convidado a participar, ficando para ele a decisão de comparecer junto aos pais ou não. Existem casos em que o adolescente prefere não comparecer nas sessões destinadas aos pais, o que será respeitado. Caso contrário, podemos incorrer no risco de fomentar fantasias de "conluio" entre pais e terapeuta, que podem contaminar a confiança que o adolescente depositou no tratamento e em seu terapeuta.

O pai de Pedro, 17 anos, ligou para marcar consulta. Explicou que estava preocupado com o filho, que o percebia angustiado com algumas situações. A terapeuta disse ao pai que marcaria uma consulta primeiramente com Pedro a fim de ouvi-lo e, depois, quando fosse necessário, marcaria uma sessão com os pais. Em suas consultas, Pedro mostrou estar passando por uma "crise", em função do término do ensino médio e estar se preparando para as provas de vestibular. Encontrava-se confuso e angustiado, tendo que escolher sua profissão, mas ainda querendo "aproveitar" sua adolescência, não se sentindo em condições de assumir responsabilidades que a nova etapa exigiria. Além disso, seus pais eram divorciados e havia dificuldades de relacionamento, principalmente com a mãe.

A terapeuta acolheu a queixa de Pedro, combinando um período de avaliação. Contratou com Pedro que realizaria entrevistas com ambos os pais em separado e ele ficaria livre para comparecer às sessões com os genitores. Pedro concordou que a terapeuta avistasse os pais e preferiu não participar desses encontros. Nas sessões com os pais, esses foram ouvidos a respeito de seu relacionamento com Pedro, foram levantados dados da história familiar e realizadas combinações para o contrato de avaliação. Após, foi indicada a necessidade de psicoterapia em vista do momento de crise que o jovem estava enfrentando, além de uma crise situacional, evidenciando uma necessidade de fortalecer aspectos internos de Pedro para seguir em frente. Foram realizadas, então, sessões conjuntas com Pedro e cada um dos pais, a fim de contratar a psicoterapia propriamente dita.

Nesse caso, observadas as diferenças entre o tratamento de crianças e adolescentes, foram acolhidas as necessidades tanto do paciente quanto dos pais. Embora o pai tivesse entrado em contato para marcação da consulta, a terapeuta privilegiou a primeira consulta com Pedro. Dessa maneira, evitou sentimentos persecutórios que poderiam ser suscitados se tivesse conversado com os pais em primeiro lugar. Esses foram ouvidos no seu tempo, participando também do processo, mas de uma outra maneira. Observar o tratamento do filho adolescente à distância é uma forma de respeitar o crescimento dele, aceitando e viabilizando sua progressiva separação. Para que isso aconteça, os pais precisam confiar no terapeuta, estabelecendo uma aliança terapêutica que possibilite que o caso seja bem encaminhado e evolua com tranquilidade.

A ESCUTA DE PAIS DE CRIANÇAS E ADOLESCENTES COM TRANSTORNOS INVASIVOS DO DESENVOLVIMENTO, SINDRÔMICOS E PSICÓTICOS

Em casos mais graves, como, por exemplo, na psicoterapia com crianças psicóticas, autistas ou sindrômicas, os contatos com os pais se tornam indispensáveis. Tendem também a ser mais frequentes, devido ao grau de continência e apoio de que necessitam para se sentirem acolhidos e possam manter o filho em tratamento, geralmente muito longo.

Sobre um filho sempre recaem as demandas narcísicas de seus pais, visto que, ao se transformarem em pai e mãe, incrementam sua sensação de potência. O filho devolve esse investimento e se estabelece um sistema de trocas afetivas. O que ocorre com os pais quando percebem que seu filho não reage aos seus estímulos, carinho, não reage ao seu olhar? Como ficam os pais nas situações onde há dificuldades de trocas afetivas?

Geralmente, peregrinam por médicos, psiquiatras, psicólogos até terem a confirmação diagnóstica. Isso é um golpe esmagador, já que esse filho real é uma distorção quase completa do filho sonhado ou imaginado. A tristeza que advém de diagnósticos severos, como o de transtornos invasivos do desenvolvimento ou de outros quadros psicóticos, pode interferir ainda mais nas trocas interativas e nos vínculos com a criança, devido a sentimentos de pesar, frustração, desalento e culpa. Há um pesado trabalho de luto a ser elaborado pela perda do filho perfeito idealizado. Além disso, surgem outras questões de ordem externa: Como e onde buscar tratamento? Terão condições econômicas de manter os tratamentos indicados?

João, 10 anos, chegou a tratamento encaminhado pela escola, que estava detectando dificuldades de relacionamento do menino devido a uma importante síndrome que esse apresentava e prejudicava sua fala e crescimento físico. Ele era fechado, não conseguia se relacionar bem com os colegas de classe, estando sempre só.
Nas primeiras entrevistas com os pais, esses estavam muito preocupados em explicar sobre a síndrome de João, mostrando tudo que sabiam sobre a doença para a terapeuta e fazendo questão de comentar que, mesmo sendo portador de tal síndrome, era uma criança adorável e normal, pela qual a terapeuta se apaixonaria. A primeira entrevista foi toda a respeito da doença de João, sendo necessário aos pais deixar claro que teriam feito todo o possível para buscar os melhores tratamentos para o

filho. Afirmavam para a terapeuta serem bons pais e estavam fazendo o possível para reparar o fato de terem um filho com uma síndrome.

A terapeuta foi acolhendo esses pais, que também precisavam de um espaço no qual pudessem falar sobre suas angústias, culpas e cansaços. Percebia também o quão oneroso era emocionalmente e, por vezes, financeiramente sustentar uma criança que precisava de uma atenção especial e uma série de tratamentos médicos concomitantes. A terapeuta percebeu que o simples pensamento de que estavam exaustos gerava culpa e os fazia reagir de maneira reativa às suas intervenções.

A terapeuta então, teve que, com muita calma e paciência, mostrar que entendia também seu sentimento e imaginava o quanto era difícil criar e sustentar uma situação tão complexa, sendo que era justo e natural que ficassem cansados em determinados momentos. Com essa atitude empática, os pais foram se sentindo cada vez mais acolhidos e respeitados em seus sentimentos. Confiaram na terapeuta. Contam com ela em diversos outros momentos, como suporte emocional, e a tem como aliada para prosseguimento da psicoterapia.

Adriano, 2 anos e 11 meses, foi encaminhado para avaliação psicológica pela escola maternal, por apresentar condutas "esquisitas, falar pouco e ser muito destrutivo".
Seus pais, pessoas de bom nível cultural, consideravam o filho muito inteligente e culpavam a escola de não saber lidar e de ser insensível com seu filho. Chegaram a ameaçar a escola de que fariam denúncia de maus-tratos ao menino. Ao mesmo tempo em que negavam as evidentes dificuldades da criança apontadas pela escola, relatavam suas preocupações com o filho por apresentar instabilidade, agitação e fraca capacidade de atenção. Adriano não atendia ordens ou limites, não tinha noção de perigo e apresentava linguagem pouco desenvolvida. Fazia uso de medicação psiquiátrica, recomendada pelo pediatra, da qual não sabiam sequer a indicação ou nome.
Foi difícil a realização da avaliação, pois os pais nunca encontravam horários. O pai se mostrou mais disponível e trouxe o menino na maioria das sessões, tendo uma postura mais cuidadosa com ele. A mãe era evasiva e introspectiva, pouco participava e não considerava importantes os sintomas do filho, desqualificando as pontuações do pai e considerando problemas de manejo da babá e da escola. Usava de total negação dos sintomas e se dizia sobrecarregada com as "manhas e manias" do menino. Realizada avaliação, foi observado que as áreas mais preju-

dicadas eram as ligadas à capacidade de vinculação. Havia dificuldade de olhar, de atenção e dispersividade. Sua linguagem era muito pobre, com ecolalias e conduta desorganizada, impulsiva e sem "filtro mentalizado". Apresentava rendimento abaixo de sua idade cronológica, estando em um nível de funcionamento ao redor de 21 meses, possivelmente decorrente de suas funções egoicas desorganizadas, além das interferências maturativas e afetivo-emocionais. Constatou-se a presença de um transtorno invasivo do desenvolvimento, de características psicóticas, com hipótese diagnóstica de quadros F 84.9 e F 70 (CID-10).

Realizadas entrevistas com os pais, foram indicados: avaliação psiquiátrica, para rever uso da medicação, e atendimento psicoterápico para a criança, aliado ao acompanhamento para seus pais. Foi salientado que o prognóstico seria favorável se realizados os atendimentos sugeridos, o mais breve possível.

Os pais ficaram muito abalados e tristes, mas ainda negavam as reais dificuldades de Adriano e, naquela ocasião, não aceitaram a indicação terapêutica. Meses depois, telefonaram dizendo que o filho estava melhor e que haviam buscado tratamento com outro profissional.

O impacto de ter um filho diagnosticado com perturbações severas é muito doloroso e coloca a família em um turbilhão de emoções: surpresa, decepção, pesar, raiva e depressão. Em muitos casos, é necessário um tempo para assimilar e elaborar internamente o choque de diagnósticos graves. O psicoterapeuta tem que ser sensível com a dor dos pais e tolerar suas dúvidas e questionamentos.

Por algumas décadas, houve uma falta de sensibilidade com pais tão sofridos, como, por exemplo, os preconceitos que se criaram com as mães de crianças autistas. Foram elas "acusadas" de serem mães *freezer* e geradoras da patologia do filho. Desde Kanner (1943), pais intelectualizados e mães "geladeiras" foram, por muitos anos, relacionados às causas do autismo psicogênico. Essa posição marcou em uma determinada época os profissionais da área da saúde e educação que manifestavam certa atitude crítica em relação às crianças portadoras de síndromes psicóticas e autísticas.

Observações de vínculos entre mãe e bebê autista, sugerem que há uma dificuldade no bebê de olhar a mãe ou de retribuir seu olhar. Isso pode gerar uma decepção na mãe que, de forma não-consciente, diminui os investimentos e estimulações ao seu bebê, aumentando as dificuldades na interação e comunicação da dupla. A amamentação, momento de relação intensa de afeição e carinho, passa a valer apenas para a satisfação da necessidade de nutrição da criança. As mães sofrem com a irresponsividade do filho, ainda mais quando não são auxiliadas por seus companheiros, pedindo que lhe ofereçam apoio na maternagem.

Crianças autistas impõem seus padrões particulares através do uso de formas e de objetos, que as alienam do contato com o outro, desviando-as do "estranho e assustador não-Eu" (Tustin, 1990, p.107). Como que recolhendo suas "antenas psicológicas", se refugiam em um mundo enigmático e particular, com uma falta de empatia com o contato humano. Seus modos idiossincráticos de ser as tornam crianças extremamente difíceis de lidar, mesmo quando seus pais "funcionam" de maneira adequada. É muito importante que isso esteja presente na mente dos psicoterapeutas para que não continuem perpetuando um erro ao culpabilizar os pais pela doença do filho. Observamos que nos relatos dos pais surgem acontecimentos ligados a perdas, que repercutem na vida familiar e nas relações com o filho, além da referência frequente a depressões na mãe após o nascimento.

A criança autista, por exemplo, exige muitos cuidados da mãe. Os rituais, as crises de birra, a ausência de noção de perigo, as reações exageradas aos estímulos sensoriais, como som e luz, e o isolamento social levam as mães a abandonarem suas atividades pessoais, passando a viver no cotidiano dos filhos. Uma pesquisa realizada com 14 mães de crianças autistas apontou que elas viviam num grande estresse, sem que o ambiente se preocupasse com sua situação, pois toda atenção estava sendo dirigida às crianças. A grande maioria havia deixado suas profissões para se dedicar ao filho autista, fechando-se para outras vivências sociais (Monteiro, 2008).

Atualmente, se sabe que não há estruturas de pais de psicóticos, mas podem ser encontradas algumas particularidades na organização fantasmática inconsciente do pai e da mãe ligados a fortes componentes pré-edípicos que preponderam nas relações do casal com a realidade. Tanto o pai quanto a mãe possuem uma história pré-edípica composta de mitos familiares e com fantasmas transgeracionais que influenciará na organização psíquica desse novo indivíduo. (Rocha, 1997).

Tustin (1990) aponta que aprendeu com os pacientes psicóticos sobre a importância da autoridade paterna e sobre o desastre que resulta se a autoridade do pai, que regula a impulsividade, não é reconhecida, já que é o investimento pulsional do pai em relação ao filho a garantia de sua inclusão na cultura humana, no mundo da linguagem e na cadeia transgeracional.

Essas considerações se tornam importantes para que o psicoterapeuta mantenha um papel de tolerância, empatia e compreensão com os sofrimentos dos pais, para que tenha uma escuta continente e possibilite processos de discriminação em algumas circunstâncias bastante caóticas nessas famílias. Dentro das possibilidades de cada caso, quando o processo psicoterápico da criança estiver consolidado e houver oportunidades, é salutar que pai e mãe sejam encaminhados para uma psicoterapia pessoal, ou terapia familiar, a par de manterem os encontros com o terapeuta do filho sempre que necessário.

CONSIDERAÇÕES FINAIS

Para finalizar, reiteramos que a presença de pais na psicoterapia de crianças e adolescentes é crucial. Os genitores são responsáveis pela manutenção formal do processo, arcando com as responsabilidades advindas do pagamento, transporte e horários das sessões. Entretanto, além de tais aspectos formais, estabelecem vínculos com o terapeuta de seu filho, pois estão emocionalmente envolvidos com o trabalho realizado e implicados nas mudanças e desestabilizações geradas a partir do processo psicoterápico. Dependendo das características da família e da natureza da dificuldade emocional da criança ou adolescente, os pais necessitarão maior ou menor continência por parte do terapeuta. Este, por sua vez, deve sempre considerar que não há como tratar de um filho sem estabelecer uma relação sólida e de confiança com a família.

Neste capítulo, procuramos articular nossa prática psicoterápica com as lições recebidas dos pioneiros da psicanálise, gigantes sobre os ombros de quem, hoje, podemos avistar muito mais longe e que nos facilitaram pensar e sermos criativos em nossa prática clínica.

REFERÊNCIAS

ATIÉ, F. *O lugar dos pais na psicanálise de crianças*. 1999. Dissertação (Mestrado) – Departamento de Psicologia, Pontifícia Universidade Católica do Rio de Janeiro, Rio Janeiro, 1999. Disponível em: <http://66.102.1.104/scholar?hl=pt-BR&lr=&q=cache:KCxULrXhu6QJ:www.sbprj.org.br/frida.pdf+anna+freud+e+papel+dos+pais+na+psicoterapia>. Acesso em: 20 jan. 2008.

BLEICHMAR, S. Do discurso parental à especificidade sintomática na psicanálise de crianças. In: ROSEMBERG, A. M. (Org.). *O lugar dos pais na psicanálise de crianças*. São Paulo: Escuta, 2002. p. 133-165.

CASTRO. M. G. O olhar clínico sobre a adolescência. CONGRESSO LATINO AMERICANO DE PSICANÁLISE DE CRIANÇAS E ADOLESCENTES, 4., Gramado, 2000.

CASTRO, M. G.; CIMENTI, M. E. Psicoterapia infantil: pensar relações e criar significados. *Revista do IEPP*, n. 2, p. 37-55, 2000.
CONSELHO FEDERAL DE PSICOLOGIA (CFP). *Código de ética profissional do psicólogo*. Brasília, DF, 2005. Resolução CFP n. 010/05.
FERRO, A. *A técnica na psicanálise infantil*. Rio de Janeiro: Imago, 1995.
FREUD, A. *The psychoanalytical treatment of children*. New York: Schocken Books, 1964.
FREUD, S. Análise de uma fobia em um menino de cinco anos. In: ____. *Edição standard brasileira das obras completas de Sigmund Freud*. Rio de Janeiro: Imago, 1976. v. 10, p. 13-154.
IANCARELLI FILHO, J. Psicanálise e psicoterapia com crianças e adolescentes. *Revista Brasileira de Psicanálise*, v. 30, p. 121-132, 1996.
KAËS, R. Os dispositivos psicanalíticos e as incidências da geração. In: EIGUER, A. et al. *A transmissão do psiquismo entre gerações*: enfoque em terapia familiar psicanalítica. São Paulo: Unimarco, 1998. p. 5-19.
KANNER, L. Autistic disturbances of affective contact. *Nervous Child*, v. 2, n. 3, p. 217-250, 1943.
KLEIN, M. *Psicanálise da criança*. Rio de Janeiro: Mestre Jou, 1981.
KUPFER, M. C. Pais: melhor não tê-los? In: ROSEMBERG, A. M. (Org.). *O lugar dos pais na psicanálise de crianças*. São Paulo: Escuta, 2002. p. 113-132.
LISONDO, A. Na cultura do vazio, patologias do vazio. *Revista Brasileira de Psicanálise*, v. 38, n. 2, p. 335-358, 2004.
MAZZARELLA, T. I. *Fazer-se herdeiro*: transmissão psíquica entre gerações. São Paulo: Escuta, 2006.
MONTEIRO, C. Vivencias maternas na realidade de ter um filho autista: Uma compreensão pela enfermagem. *Revista Brasileira de Enfermagem*, Brasília, v.61, no.3, 2008.
PATELLA, L. *Contratransferência da análise de crianças e adolescentes*. 2004. Dissertação (Mestrado em Psicologia) – Departamento de Psicologia, Pontifícia Universidade Católica do Rio de Janeiro, Rio Janeiro, 2004. Disponível em: <http://teses.ufrj.br/ip_m/lucianapatella.pdf>. Acesso em: 21 jan. 2008.
PEREIRA, D. Fantasma geracional: possessão ou retorno do não recalcado? In: TRACHTENBERG, A. et al. *Transgeracionalidade*: de escravo a herdeiro: um destino entre gerações. São Paulo: Casa do Psicólogo, 2005. p. 93-110.
REINOSO, G. Prefácio. In: ROSEMBERG, A. M. (Org.). *O lugar dos pais na psicanálise de crianças*. São Paulo: Escuta, 2002. p. 11-20.
RIBEIRO PINTO, L. H. V. *Adolescentes em psicoterapia:* percepção de si e do tratamento. Porto Alegre: Comissão de Pesquisa do IEPP-POA, 2002. Não-publicado.
ROCHA, P. (Org.) *Autismos*. São Paulo: Escuta, 1997.
ROSEMBERG, A. M. Introdução. In: Rosemberg, A. M. (Org.). *O lugar dos pais na psicanálise de crianças*. São Paulo: Escuta, 2002. p. 23-26.
SANDLER, J. *Técnica da psicanálise infantil*. Porto Alegre: Artmed, 1990.

SIQUIER, M. L.; SALZBERG, B. A difícil articulação pais-filhos na psicanálise com crianças. In: ROSEMBERG, A. M. (Org.). *O lugar dos pais na psicanálise de crianças.* São Paulo: Escuta, 2002. p. 79-111.

TUSTIN, F. *Autismo e psicose infantil.* Rio de Janeiro: Imago, 1990.

ZAVASCHI, M. L. S. et al. Abordagem psicodinâmica na infância. In: In: EIZIRIK, C. L.; AGUIAR, R. A.; SCHESTATSKY, S. S. (Org.). *Psicoterapia de orientação psicanalítica.* 2. ed. Porto Alegre: Artmed, 2005. p. 717-737.

ZIMERMAN, D. Psicanálise com Crianças. In: ZIMERMAN, D. *Manual de técnica psicanalítica:* uma re-visão. Porto Alegre: Artmed, 2004. p. 347-356.

ZORNIG, S. Da criança-sintoma (dos pais) ao sintoma da criança. *Psicologia Clínica,* Rio de Janeiro, v. 13, n. 2, p. 119-130, 2001.

A comunicação na psicoterapia de crianças: o simbolismo no brincar e no desenho

7

Inúbia do Prado Duarte

Por que ocorre a escolha deste ou daquele brinquedo e não daquele outro em uma sessão psicoterápica? Por que hoje este jogo ficou esquecido e aquele, que nem era percebido, está ocupando todo o nosso tempo? E este desenho, com estes traçados e colorido com estas cores, por que foi realizado tão rápido e logo atirado no lixo, enquanto aquele feito com todo esmero, a régua e esquadro, está guardado na pasta e é visto e examinado em silêncio com cuidado e delicadeza?

Crianças diferentes ou a mesma criança, em situações diversas, *falam* através de desenhos, do brincar e do jogar, com todo seu corpo. Em gestos, expressões faciais, olhares, ruídos, escolhas de objetos, espaços e tempos, o processo de comunicação vai ocorrendo. Mas, o que acontece *intrapsiquicamente* durante esse processo de comunicação? Como entender a linguagem não-verbal e/ou pré-verbal?

O brincar é semelhante ao sonhar. Ambos dependem de uma adequada repressão para que haja simbolismo. Sem este, não há o brincar propriamente dito. Tal como nos sonhos, através da atividade lúdica há a revelação de fantasias, e pela forma como são executadas mostram como funciona o indivíduo que sonha e brinca.

Assim, o brincar é uma linguagem através da qual aquele que brinca nos conta o que está ocorrendo em seu mundo interno, ao mesmo tempo em que revela seu modo de ser. No entanto, diferente do trabalho do sonho que ocorre em dois tempos distintos, um tempo de sonhar e, após, um tempo de lembrar e relatar o sonhado, no brincar os dois momentos acontecem concomitantemente. No sentido temporal, o indivíduo brincando já está expressando o que naquele momento está sendo produzido em sua associação lúdica.

Podemos tecer um paralelo entre o sonhar, a livre associação de ideias e o brincar. Todos eles apresentam em seu funcionamento uma regressão e uma progressão evolutiva, maturativa, simultâneas. Regressão porque propicia um maior contato com conteúdos mais primitivos que podem revelar os primórdios do conflito, ao mesmo tempo em que mostram a capacidade egoica de poder regredir, sem o perigo de sucumbir à esse movimento regressivo. A progressão evolutiva propicia transformações e amadurecimento pela própria experiência onírica e lúdica ao fazer o discurso característico do associar livremente. A livre associação de ideias, análoga ao sonho e ao brincar, está associada à regressão, às restrições sensomotoras, à redução da censura e da direção racional do pensamento. O brincar também pode ser relacionado com a redução da censura e da direção racional do pensamento, mas não sofre as restrições sensomotoras, pois essas estão a serviço da efetivação da atividade lúdica. Portanto, há uma grande diferença entre o sonhar e o brincar: a mobilidade que serve de descarga não é suprimida ao brincar, pelo contrário, é excitada, e o juízo da realidade serve de garantia do poder entrar e do sair do mundo de fantasia. Ao brincar, a criança interage com um cenário e ajuda a construí-lo com sua participação ativa (Takatori, 2007).

Diversas crianças não conseguem brincar com receio de entrar e ficar nesse mundo irreal, sendo esse um dos critérios mais válidos para avaliar a saúde mental infantil. Exemplo desse funcionamento há em abundância na literatura psicanalítica e em nossos consultórios, muito semelhante a pessoas que não conseguem conciliar o sono porque temem sonhar ou evitam situações prazerosas por temerem uma total desorganização egoica, com a invasão das pulsões amorosas e agressivas.

O brincar equivale à linguagem verbal, ao símbolo, que ao mesmo tempo mostra, revela e esconde, resistindo, ou seja, ao resistir *mostra escondendo*. Essa dupla capacidade é idêntica à observada no uso da palavra, onde o símbolo não é a coisa em si, representa-a; ao mesmo tempo em que realiza o desejo da pulsão, disfarça-o, permitindo sua realização, sentindo *como se não o tivesse realizado*. Uma menina brinca *fazendo de conta que é uma bruxa muito malvada, que pega criancinhas. Escolhe um boneco pequeno para atirar em um enorme caldeirão com água fervendo, servindo, após, como sopa*. Outra criança *é uma princesa que é salva da bruxa má, por um belo rei, que chega na hora em que seria atirada em um poço profundo e escuro. O rei a leva ao palácio, coloca-a em sua própria cama onde ficam dormindo, dormindo, dormindo*. Nesses dois exemplos, em dramatizações lúdicas, as duas meninas realizam seus desejos; a primeira ao se transformar em *bruxa malvada* pode se ver livre de seu irmão menor, e a segunda pode ficar com seu rei-pai que a salva da mãe-bruxa. Ambas podem brincar sem correr o risco de qualquer acusação, externa ou superegoica, pois estavam *fazendo de conta*.

Como linguagem em um sentido amplo, o brincar abrange a comunicação não-verbal e a pré-verbal, e pode, então, ser o equivalente à metáfora em um estágio primitivo, no qual ainda as palavras não são capazes de substituir as ideias, e o pensamento se manifesta de modo quase que concreto, materializado na ação lúdica, com a utilização de todo corpo.

O jogo[1] *[brincar]* foi definido pelo historiador holandês Huizinga como:

> Ação livre, sentida como fictícia e situada fora da vida comum, capaz de absorver totalmente o jogador; ação despojada de qualquer interesse material e de qualquer utilidade, que se realiza num tempo e num espaço estritamente definidos; desenvolve-se com ordem, segundo regras estabelecidas, e suscita, na vida, relações de grupo que, saborosamente se rodeiam de mistério, ou que acentuam, mediante o disfarce, o quão estranhos são ao mundo habitual (J. Huizinga citado por Lebovici e Diatkine, 1985, p. 14).

O brinquedo livre é aquele escolhido pela criança de acordo com sua motivação momentânea. Muitas vezes, o mundo infantil do brincar é invadido por atividades ditas lúdicas, mas que possuem objetivos pedagógicos. O que a criança chama de brinquedo se caracteriza exatamente por ser destituído de objetivos expressos e determinados. Assim, o brincar está ligado à constituição subjetiva. Ele nos indica como acontece o desenvolvimento e nos aponta não só para os avanços e progressos, mas também para as inibições, as dificuldades e as patologias (Baleeiro, 2007).

Há alguns anos[2], perguntei-me *qual seria a diferença entre crianças que brincavam de modo espontâneo das que brincavam de modo estereotipado*, pensando que pudesse haver diferenças quanto aos conflitos intrapsíquicos e graus de severidade do superego. No entanto, constatei que nesses aspectos não havia diferenças significativas, mas sim quanto ao modo como o ego enfrentava as ansiedades. Nas crianças que brincavam de modo estereotipado, havia uma maior intensidade na rigidez de suas defesas. Os dois grupos de crianças diferiram na maneira como o ego enfrentava os conflitos, manejava as ansiedades e deixava-se controlar pelo superego.

---

* N. de R. Huizinga, J. *Homo udens: o jogo como elemento da cultura*. São Paulo: Perspectiva, 2008.

Durante essa pesquisa, surgiram diversas formas de comportamento lúdico, que formaram quatro categorias, assim especificadas:
(1) Brincar *espontâneo*: grande criatividade e riqueza de expressão no conteúdo dramatizado e verbalizado; evidente evolução no curso do brincar e participação com envolvimento afetivo da criança.
(2) Brincar *de construção*: concentração e silêncio, repetição de cenas de maneira compulsiva; criatividade limitada relacionada ao espaço, progressão na armação do material, interesse intelectual, sem haver envolvimento afetivo ou entusiasmo e ausência de movimentos que dão ideia de vida.
(3) Brincar *estereotipado*: limitação; construção sem dar vida ou movimento aos objetos lúdicos; participação fraca ou ausente; pouca conotação afetiva, escasso envolvimento, pobreza de conteúdo; falta de dramatização e de vida e repetição compulsiva de atitudes.
(4) *Ausência* do brincar: rejeição; negação do brincar, não olhar para os brinquedos.

É importante enfatizar uma diferença essencial: em psicoterapia com crianças, a resistência aparece *nas transformações decorrentes da simbolização, no curso do brincar espontâneo*, ou seja, enquanto houver o brincar propriamente dito; no entanto a resistência não leva à interrupção do ato lúdico.

Tanto a inibição no jogo da criança doente, como a capacidade da criança sadia, através do brincar, resolver seus conflitos sem ajuda externa, despertavam nosso interesse. Essa pesquisa permitiu observar em que elas se diferenciavam. A diferença entre a saúde e a patologia foi detectada quanto à capacidade de simbolizar, de conservar essa capacidade e poder brincar livremente, mesmo em situações adversas ambientais.

Enfatizamos nossa concordância com alguns autores, em especial, na *função do brincar* com Melanie Klein, Milner, Isaacs, Segal e Winnicott.

Melanie Klein (1969), ao ressaltar a importância do jogo espontâneo de imaginação e ao explicar o uso dos símbolos de cada criança, estando em conexão com suas emoções e ansiedades particulares e com sua situação total. O simbolismo permite à criança alterar o alvo-mãe e transferir a outros objetos seus interesses, fantasias, ansiedades e sentimentos de culpa.

Milner (1991) que ressalta o fato de que a criança não conhece a existência dos limites, mas descobre-os através do jogo, de forma gradual e continua, e, como a arte, vincula o mundo da irrealidade subjetiva com a realidade objetiva, *fundindo harmoniosamente os bordes, mas sem confundi-los*. A criança se torna capaz de admitir ilusões sobre o que está vendo e fazendo acontecer enquanto brinca, desde que se sinta segura dentro do espaço-tempo do *setting terapêutico*. Permite-se experimentar simbolicamente situações verdadeiras de faz-de-conta.

Aqui, saliento a importância da capacidade de ilusão na formação simbólica (Milner, 1991) e a possibilidade de transferir interesses inicialmente dirigidos ao objeto original. Diz essa autora em um dos trechos mais claros na compreensão da origem do "porquê" da necessidade do simbolismo via conflito, que:

Ernest Jones e Melanie Klein, em particular, seguindo formulações de Freud, escrevem a respeito dessa transferência de interesse como sendo devida ao conflito com forças proibitivas em relação ao objeto original, assim como também à perda real do objeto original. Jones, em seu estudo A Teoria do Simbolismo, enfatiza os aspectos dessa proibição que têm a ver com as forças que mantêm a sociedade unida como um todo. Melanie Klein, em vários de seus trabalhos, também descreve um aspecto dessa proibição, que mantém o indivíduo integrado como um todo. Klein sustenta que o modo pelo qual ocorre nossa agressão contra nossos próprios objetos originais nos deixa aterrorizados pela possibilidade de retaliação; assim transferimos nosso interesse para substitutos menos atacados e, portanto, menos aterrorizantes (Milner, 1991, p. 89).

Isaacs (1974, p.94), ao falar da natureza e função da fantasia inconsciente, afirma que *as primeiras fantasias surgem de impulsos orgânicos e estão entrelaçadas com as sensações corporais e os afetos. Expressam primitivamente uma realidade interna e subjetiva, quando desde o começo se enlaçam com uma verdadeira experiência, por limitada e estreita que seja, da realidade objetiva.*

Essa afirmação é importante à compreensão das atividades lúdicas que sempre estão entrelaçadas com fatos do meio ambiente e do mundo interno e que necessitam de objetos para sua realização. Muitos fenômenos psíquicos são inerentes a esse *iceberg* que é o brincar: fantasia, simbolismo, relações de objeto, já produtos das transformações dos conflitos entre pulsões de vida e de morte, das defesas frente às ansiedades primitivas, do interjogo entre mundo interno e ambiente, da dinâmica intrapsíquica no entrelaçamento id-superego-ideal de ego-ego ideal, na luta entre narcisismo e necessidade de objeto, enfim, em todos os aspectos que compõem a vida mental humana (Duarte, 2004). Assim, deve ser considerado o inconsciente contido nos fenômenos psíquicos de resistência, transferência-contratransferência, que facilitam e dificultam sua expressão no campo psicoterápico.

Segal (1993, p. 49) fez uma diferença entre dois tipos de formação de símbolos e de função simbólica. *Em um deles, que chamei de equação simbólica e que subjaz ao pensamento concreto esquizofrênico, o símbolo está tão equacionado ao objeto simbolizado que os dois são sentidos como sendo idênticos. Um violino é um pênis; tocar violino é se masturbar e, portanto, não é algo para ser feito em público. No segundo caso, o do simbolismo verdadeiro ou representação simbólica, o símbolo representa o objeto, mas não é inteiramente equacionado a ele.*

Essa distinção é importante, porque além de ser um elemento de diagnóstico psicopatológico que determina a intervenção terapêutica adequada, é um critério evolutivo. Em pessoas, por exemplo, com características acentuadas de funcionamento psicossomático, a *equação simbólica* é mais evidente, muito semelhante a crianças pequenas quando ainda estão sob o predomínio do pensamento concreto.

Winnicott (1994) pode sintetizar importantes ideias com as quais concordamos, quando ele afirma que a criança: (1) tem prazer em todas as experiências de brincadeira física e emocional; (2) aprecia concluir que seus impulsos agressivos podem ser expressos sem o retorno da violência do meio para ela; (3) brinca para dominar angústias, controlar ideias e impulsos que conduzem à angustia. Afirma ainda que (4) as personalidades infantis evoluem através de suas próprias brincadeiras e das invenções lúdicas feitas por outras crianças e por adultos; (5) a brincadeira favorece uma organização para o início de relações emocionais, propiciando o desenvolvimento de contatos sociais; (6) a brincadeira, o uso de formas e artes e a prática religiosa tendem por métodos diversos, mas aliados à unificação e integração geral da personalidade, e servem de elo entre a relação do indivíduo com a realidade interior e entre o indivíduo e a realidade externa ou compartilhada e (7) tal como os sonhos, servem à autorrevelação e comunicação com o inconsciente.

Uma das maiores contribuições à técnica psicanalítica de Winnicott (1994) foi introduzir o *jogo dos rabiscos*[3] para proceder em uma *consulta terapêutica* com crianças. Geralmente era realizado na entrevista inicial como forma básica de estabelecer uma comunicação mais livre. O jogo começava com um rabisco feito pelo terapeuta sobre um pedaço de papel em branco. Após, a criança era estimulada, a partir desse rabisco inicial, a fazer outro traço. Seguia-se novo traço do psicoterapeuta, e assim sucessivamente. Daí resultavam desenhos significativos e a relação entre terapeuta e paciente era facilitada tornando-se mais próxima. Ao completar o desenho, a criança expressava sua experiência de ser e o modo como experiencia a totalidade de si mesma (Mazzolini, 2007). Para Winnicott, o método visava a três finalidade básicas: (1) a de um instrumento diagnóstico; (2) a de facilitar a comunicação interacional; (3) a de funcionar como um recurso terapêutico com o mesmo valor que os sonhos representam como via de acesso ao inconsciente.

O jogo do *rabisco* foi adquirindo significados que caracterizam uma abordagem psicoterápica vincular, servindo também como estímulo à criatividade do terapeuta, principalmente com pacientes de difícil acesso, que necessitam de outras estratégias e intervenções diferenciadas.

Diego, um menino de 4 anos e 6 meses, que fez psicoterapia durante quatro anos aproximadamente, cujo motivo de consulta havia sido perturbações do sono, crises asmáticas e crises de agressividade com descontrole e ataques físicos dirigidos às pessoas mais próximas, utilizou o recurso da comunicação pelos desenhos praticamente durante todo o seu tratamento.

A relação terapêutica foi intensa durante todo o tratamento.

A transferência negativa predominou e contratransferencialmente me exigia, "cobrava", me colocando em prova constante. Os sentimentos de desconfiança agressiva de Diego despertavam muitas vezes a dúvida se realmente a terapia o estaria ajudando. Esse menino lutava heroicamente para manter a cisão, que o protegia de se enfrentar com aspectos ameaçadores relacionados a uma situação edípica inicial, primitiva. Resistia a toda e qualquer interpretação que procurasse trazer algum sentido a suas brincadeiras ou a seus desenhos.

Seguidamente, Diego desenhava nos dois lados de uma mesma folha de papel ofício branco. Usava um lado; logo em seguida virava a folha, produzindo outro desenho no verso. Quando lhe era mostrada a relação entre os dois desenhos, associando os conteúdos de ambos, ele se negava a aceitar e reagia ou com indiferença ou com muita raiva. Muitas vezes, amassava ou rasgava a folha e jogava-a no lixo, de onde o terapeuta tirava, alisava-a e guardava.

Fazendo uma analogia com a fotografia, seus desenhos revelavam as imagens em negativo tal qual existiam em sua mente. Eram projetadas para fora, mas não eram sentidas como suas, não fazendo nenhuma conexão com seus sentimentos e fantasias; as interpretações eram sentidas como "fabricadas ou inventadas" pelo terapeuta. No entanto, esse tinha a favor da evolução do tratamento a inteligência de Diego, pois ele não conseguia negar quando era por demais evidente as coincidências dos dois lados da mesma folha ao levantá-la contra a luz. Os dois conteúdos desenhados se uniam como se fossem um único desenho

em uma das faces da folha e era-lhe praticamente impossível negar a relação entre eles. Assim, pouco a pouco, Diego foi tendo a experiência de ir juntando suas partes cindidas, não sem crises de raiva, durante as quais ele amassava as folhas desenhadas.
Sua produção gráfica revelou a evolução, sofrida, lenta, rumo à definição de identidade, tendo como "pano de fundo" a intensa vivência da conflitiva edípica primitiva.

Os fenômenos da simbolização no pensar, no brincar e na aprendizagem estão interligados, tendo em comum seus inícios, originados e determinados pelo tipo de relação de objeto. Assim, temos graficamente:

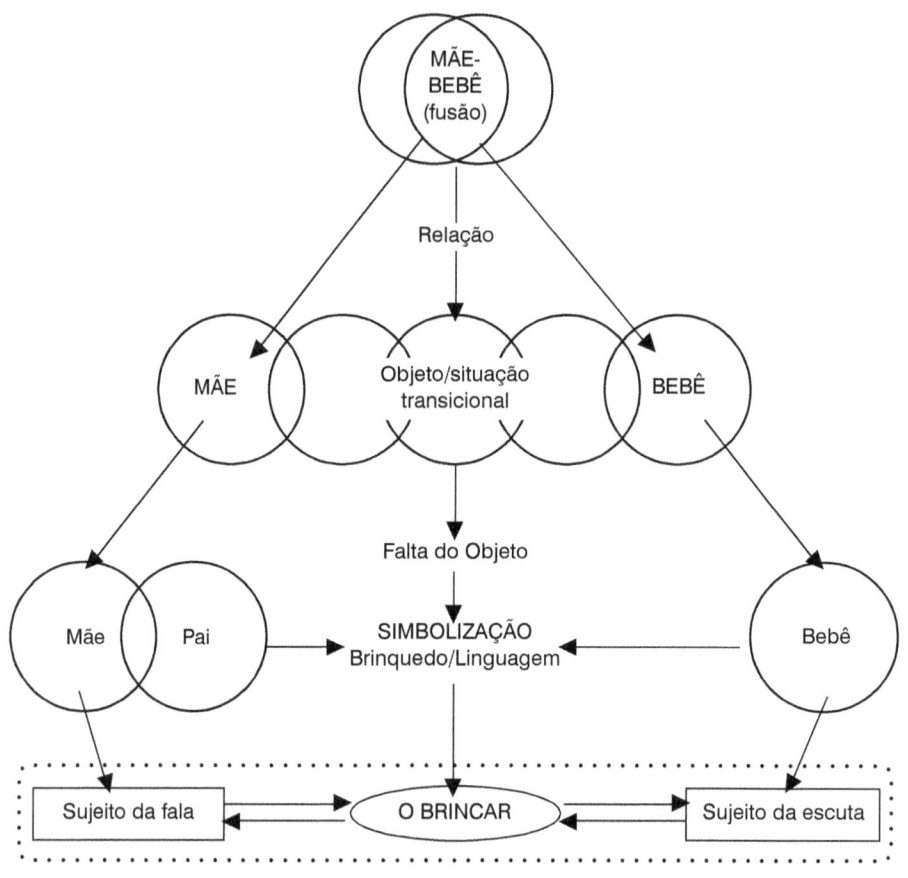

Figura 7.1 Da mãe à cultura via simbolismo.

Essa figura (Duarte, 2004) ilustra a compreensão dos fenômenos psíquicos que ocorrem no *caminho* entre o ponto inicial da *comunicação fusional* entre mãe e seu bebê, o estabelecimento da relação objetal. Nesse caminho, são essenciais os processos de identificação introjetiva e projetiva, recíproca *entre/no* par, a capacidade de deslocamento e condensação e o surgimento dos objetos e das situações transicionais, que se superpõem à capacidade de sentir e suportar temporariamente a falta de objeto, condição necessária para o surgimento do simbolismo. Atingindo esse estágio evolutivo, a criança já é capaz de se comunicar por meio de sinais, inicialmente através de seu corpo e de movimentos pré-verbais. A linguagem metafórica vai surgindo paulatinamente, concomitante à capacidade lúdica, até atingir um determinado grau onde é possível haver a capacidade de abstração que prescinde a expressão corporal e se torna possível a *leitura e a escrita*, essencial ao registro da história e da *Cultura*.

A criança pequena se comunica primariamente pelo movimento e pelo brincar. Na fase da latência, ela pode alternar entre comunicação por meio da fala e do desenho, às vezes, verdadeira associação livre e a comunicação mediante o jogo e o comportamento.

Uma perturbação da simbolização pode levar também a formas de brincar que impedem o aprender, com a experiência e a liberdade de variar o brincar. Aspectos característicos foram observados na estrutura e funcionamento do jogo de *Varetas* (Duarte, 1989). No início, um jogador atira as varetas, formando um *nó enredado*, que aos poucos e com cuidado, cada jogador deve ir desenredando. A cada movimento, há o perigo de mexer em outra vareta que não é a que se deseja retirar. Acontecendo isso, o jogador perde a sua vez e o outro, seu adversário, continua a tarefa de ir desmanchando aquele enredo. Esse jogo, por vezes, é escolhido pelos pacientes infantis e adolescentes na fase inicial de seus tratamentos, podendo indicar o estabelecimento da aliança e do contrato terapêutico. No entanto, pode ter diferentes significados, dependendo do momento e da situação na qual se encontra o par paciente/terapeuta e dos fenômenos que estão ocorrendo no campo psicoterápico.

O jogo de *Dominó* (Duarte, 2004) se desenvolve por *"identificação idêntica, espelhada"*. O seu início se dá pelo jogador que tiver a peça *dupla, seis ou zero, e* a essa *primeira peça* não se apresenta nenhuma outra possibilidade de se acoplar alguma outra peça se não for de modo idêntico por ambos os lados. Esse entendimento inicial facilita sua utilização como linguagem na clínica psicoterápica. No entanto, para *descobrir* seus significados simbólicos, é necessário conhecer a história da criança ou adolescente que está jogando, aspectos de sua vivência familiar e escolar, levando em conta os fenômenos transferenciais na relação terapêutica.

O jogo de *Dominó* pode ser entendido como o protótipo da antítese do que seria a representação lúdica de uma *associação de ideias* pela sua rigidez de regras. Seus jogadores devem seguir linhas de identificações que permitam a *continuidade* do jogo. Somente pode haver evolução se o jogador tiver, entre as suas peças, uma que seja *igual* a que está em uma das pontas da armação das peças sobre a mesa. Se não possuir, deve comprar do *monte* ou perde sua vez de jogar e precisa aguardar até que outra peça seja colocada, *idêntica* a alguma que ele possua.

Ao brincar, a criança realiza algo com seu comportamento e, a partir disso, outros elementos são levados à ação, revelando outros conteúdos que não estavam presentes no início daquele ato, naquele brincar. Eles têm uma tendência para começar a ressoar com coisas que já foram ditas, de uma maneira retroativa ou, às vezes, simultaneamente com afirmações que ainda serão feitas, que *ainda não são pensamentos, mas* são geradores potenciais de temas que permitirão que se observe novas conexões com o que já foi expresso.

Na atividade lúdica, há uma diminuição do uso da linguagem verbal, com o predomínio da ação, comunicação não-verbal e pré-verbal. A linguagem é usada com menor repressão. Sendo assim, o acesso ao inconsciente é mais direto, com menos barreiras. Talvez esse aspecto facilite o contato do terapeuta com material inconsciente, otimizando o tempo de tratamento na infância.

Quando uma criança nos convida a brincar ou convida-nos a ver o que faz enquanto brinca, está tentando comunicar conteúdos que são inacessíveis, enquanto ela, criança, não é acompanhada pelo terapeuta. A presença continente e de *reverie* existentes no campo psicoterápico permite que seja criada uma condição de confiança e segurança capazes de servir de suporte para vivências ansiogênicas decorrentes de intensos conflitos endopsíquicos. Além disso, a presença mental de alguém com quem a criança possa brincar permite que o jogo seja transformador de angústias (Felice, 2003).

Quando um brinquedo ou um jogo é repetido diversas vezes, durante longo tempo, exige ser visto sob diversos ângulos e entendido por todos os lados. E, quando surge no campo psicoterápico, indica não ter sido esgotada nossa compreensão de seus aspectos simbólicos.

Para compreender o jogo, devemos investigar o significado de cada símbolo tendo em conta todos os mecanismos e formas de representação, sem perder jamais a relação de cada fator com a situação total daquele que brinca. Assim, o mesmo brinquedo, ou um mesmo jogo, adquire distintas significações de acordo com o contexto global que o produziu.

A criança proporciona tantas associações aos elementos separados do jogo como os adultos aos elementos separados do sonho.

Em síntese, o jogo e o brincar: (1) proporcionam alívio e prazer porque descarregam fantasias masturbatórias e porque suprimem o gasto energético da repressão liberando a fantasia; (2) obedecem à compulsão à repetição, transformando as experiências sofridas passivamente em ativas dominando ansiedades; (3) proporcionam alívio da pressão superegoica através da personificação. O fator de alívio provém da projeção ao mundo do jogo dos primitivos objetos superegoicos, que não sendo exteriorizados provocariam perseguição interna, ansiedade e sintomatologia; (4) a inibição do brincar obedece aos intensos sentimentos de culpa, produto da pressão do superego primitivo exigente sobre o ego. A interpretação permite restaurar o prazer do brincar pela resolução dessas ansiedades e a liberação da energia antes ocupada em manter a repressão; (5) o jogo é uma sublimação. Simbolização, sublimação e reparação são três conceitos inter-relacionados que estão na base da atividade egoica que sustenta o jogo. O jogo, como a linguagem, favorece a formação de símbolos e a sublimação, sendo ele próprio resultado de uma das primeiras sublimações, tendo relação com a posição depressiva e capacidade de reparação.

O jogo proporciona diagnósticos de saúde e doença nas crianças. Em crianças normais, o jogo mostra um melhor equilíbrio entre fantasia e realidade. Tem maior capacidade para modificar a realidade ou, se não conseguem, toleram melhor a frustração. Na personificação, as imagens se aproximam mais aos objetos reais. Nas crianças neuróticas, existe um compromisso com a realidade. Apresentam grande inibição de fantasias por sentimentos de culpa e o resultado disso é a inibição do jogo e da aprendizagem. Nas com tendências paranoicas, a relação com a realidade está subordinada às vívidas elaborações da fantasia; o equilíbrio entre ambas se inclina para o lado da irrealidade. Crianças psicóticas executam ações monótonas. A realização de desejos associada a essas ações é a negação da realidade e uma inibição da fantasia. O elemento lúdico funciona continuamente para dar sustentação a uma realidade paradoxal em que as coisas podem ser reais e irreais ao mesmo tempo.

O desenvolvimento simbólico e emocional que uma criança alcança na psicoterapia marca toda sua vida, mesmo que seus conteúdos se reprimam, sejam esquecidos ou se ressignifiquem. Seu efeito no desenvolvimento posterior se conserva e transcende os resultados imediatos que podem ter o tratamento. Por esse motivo, as inibições do brincar na criança devem ser entendidas como indicador de extrema gravidade, já que implica que seu aparelho psíquico está sofrendo severas limitações. Em um tratamento, chegar ao verdadeiro brincar garante um funcionamento mental ótimo desde o ponto de vista da saúde física e mental.

NOTAS

1 Jogar e brincar muitas vezes são sinônimos, mas há uma diferença que desejo assinalar: o jogar, aqui, implica em uma "atividade lúdica" com regras específicas, combinadas e aceitas entre as pessoas que jogam.
2 Na dissertação de mestrado (PUCRS-76) *"Relação entre formas de brinquedo infantil e respostas ao CAT-A"*, realizamos uma pesquisa sobre a relação entre as formas de brinquedo infantil espontâneo e estereotipado, e as respostas ao CAT-A em 60 crianças de 4 anos e um mês a 5 anos e 11 meses.
3 Em inglês *squiggle game*.

REFERÊNCIAS

ABERASTURY, A. *El niño y sus juegos*. Buenos Aires: Paidós, 1968.
_____. Psicoanálisis de niños. *Revista de Psicoanálisis – APA*, v. 50, n. 2, p. 267-286, 1993.
_____. *Teoria y técnica del psicoanalisis del niños*. Buenos Aires: Paidós, 1972.
ALVAREZ, A. *Companhia viva:* psicoterapia psicanalítica com crianças autistas, borderline, carentes e maltratadas. Porto Alegre: Artmed, 1994.
ARFOUILLOUX, J. *A entrevista com a criança:* a abordagem da criança através do diálogo, do brinquedo e do desenho. Rio de Janeiro: Zahar, 1976.
BALEEIRO, M. C. Brincar: aquém e além do carretel. *Cogito*, v. 8, p. 15-19, 2007.
BION, W. *O aprender com a experiência*. Rio de Janeiro: Imago, 1991.
BOLLAS, C. El uso de asociación libre por el psicoanalista. In: _____. *Ser un personaje:* psicoanálisis y experiencia del sí-mismo. Buenos Aires: Paidós, 1994.
CAPER, R. O brincar, a experimentação e a criatividade. *Livro Anual de Psicanálise*, v. 12, 1996.
CHATEAU, J. *Psicología de los juegos Infantiles*. Buenos Aires: Kapelusz, 1958.
DUARTE, I. *Estudo preparatório à pesquisa "Freud através de metáforas"*. Trabalho anual do 1º ano de seminários, Teoria I, Instituto de Psicanálise da SPPA. 1991. Não-publicado.
_____. *Formas do brincar*: uma revisita à dissertação de mestrado 25 anos depois. 2004. Não-publicado.

_____. Brincar de verdade: um estudo da atividade lúdica na práxis psicanalítica. Trabalho de Membro Efetivo da Sociedade Psicanalítica de Porto Alegre, SPPA, janeiro de 2005, apresentado também no Congresso Internacional da IPA. Rio de janeiro, julho de 2005. Não publicado).

_____. Infância. In: _____. *A prática da psicoterapia infantil*. Porto Alegre: Artmed, 1989. p. 78-121.

_____. O sentido do discurso: um estudo do uso da metáfora na comunicação em psicoterapia e em psicanálise. *Revista do Iepp:* Instituto de Ensino e Pesquisa em Psicoterapia, v. 6, n. 6, p. 139-149, 2004.

FELICE, E. M. O lugar do brincar na psicanálise de crianças. *Psicologia:* Teoria e Prática, v. 5, n. 1, p. 71-79, jun, 2003.

FERRO, A. *A técnica na psicanálise infantil da criança e o analista*: da relação ao campo emocional. Rio de Janeiro: Imago, 1995.

GARMA, A. El pensar amplio de los sueños. In: _____. *Nuevas aportaciones as psicoanálisis de los sueños*. Buenos Aires: Paidós, 1970.

GREEN, A. A intuição do negativo em o Brincar e a Realidade. *Livro Anual de Psicanálise,* v. 13, p. 239-251, 1997.

_____. A mente primordial e o trabalho do negativo. *Livro Anual de Psicanálise,* v. 14, p. 133-148, 2000.

GRINBERG, L. *Prácticas psicoanalíticas comparadas en niños y adolescentes*. Buenos Aires: Paidós, 1977.

GUIGNARD, F. *O infantil ao vivo:* reflexões sobre a situação analítica. Rio de Janeiro: Imago, 1997.

ISAACS, S. Naturaleza y función de la fantasía. In: KLEIN, M. et al. *Desarrollos en psicoanálisis*. Buenos Aires: Hormé, 1974. p. 71-114.

JONES, E. Simbolismo funcional. In: _____. *La teoria del simbolismo*. Buenos Aires: Letra Viva, 1980. p. 41-80.

KLEIN, M. *Psicanálise da criança*. São Paulo: Mestre Jou, 1969.

KLEIN, F.; DEBRAY, R. *Psicoterapia analítica de criança:* abordagens psicoterápicas dos estados neuróticos e psicóticos de criança. Rio de Janeiro: Zahar, 1976.

LEBOVICI, S. et al. *Problemas de la interpretación en psicoánalisis de niños*. Barcelona: Gedisa, 1981.

LEBOVICI, S.; DIAKINE, R. *Significado e função do brinquedo na criança*. Porto Alegre: Artmed, 1985.

LIBERMAN, D. et al. *Simiótica y psicoanálisis de niños*. Buenos Aires: Amorrortu, 1984.

LORENZER, A. *Crítica del concepto psicoanalítico de símbolo*. Buenos Aires: Amorrortu, 1970.

MAZZOLINI, B. M. Rabiscando para ser: do si mesmo para o papel. *Imaginario,* v. 13, n. 14, p. 493-509, jun. 2007.

MELTZER, D. *O processo psicanalítico da criança ao adulto*. Rio de Janeiro: Imago, 1971.

MILNER, M. O papel da ilusão na formação simbólica. In: ____. *A loucura suprimida do homem são*. Rio de Janeiro: Imago, 1991. p. 89-116.
PARSONS, M. A lógica do brincar em psicanálise. *Livro Anual de Psicanálise*, v. 15, p. 89-102, 2001.
QUINODOZ, J. Transições em estruturas psíquicas à luz da teoria do caos determinístico. *Livro Anual de Psicanálise*, v. 13, p. 153-171, 1997.
ROZA, E. *A obra de Hanna Segal*: uma abordagem kleiniana à prática clínica. Rio de Janeiro: Imago, 1982.
____. *Quando brincar é dizer*: a experiência psicanalítica na infância. Rio de Janeiro: Contra Capa, 1999.
SEGAL, H. *Sonho, fantasia e arte*. Rio de Janeiro: Imago, 1993.
SPILLIUS, E. B. (Ed.). *Melanie Klein hoje:* desenvolvimentos da teoria e da técnica. Rio de Janeiro: Imago, 1990.
SPITZ, R. *No y Sí:* sobre la genesis de la comunicacion humana. Buenos Aires: Hormé-Paidós, 1966.
STEINER, C. Los niños y sus sueños. *Libro Anual de Psicoanálisis*, v. 9, p. 209-221, 1993.
TAKATORI, M. et al. O lúdico no atendimento de crianças com deficiência: uma reflexão sobre a produção cultural na infância. *Estilos da Clínica*, v. 12, n. 23, p. 90-107, dez. 2007.
TIZÓN, J. Juego y proceso psicoanalítico: una reflexión sobre la comunicación, la acción y la simbolización. *Revista de Psicoanálisis,* p. 155-182, 1993. Número Especial Internacional.
WINNICOTT, D. O jogo do rabisco. In: WINNICOTT, C.; SHEPERD, R.; DAVIS, M. (Org.). *Explorações psicanalíticas D. W. Winnicott*. Porto Alegre: Artmed, 1994.
____. *D. A criança e seu mundo*. Rio de Janeiro: Zahar, 1975. p. 161-182.
Clinica psicoanalitica infantil. Buenos Aires: Paidós, 1971.
____. *El proceso de maduracion in el niño:* estúdios para uma teoria del desarrollo emocional. Barcelona: Laia, 1975.
____. *O brincar e a realidade*. Rio de Janeiro: Imago, 1975.
ZIMERMAN, D. *Fundamentos psicanalíticos*: teoria, técnica e clínica: uma abordagem didática. Porto Alegre: Artmed, 1999.
____. *Vocabulário contemporâneo de psicanálise*. Porto Alegre: Artmed, 2001.

Psicoterapia de adolescentes: ressonâncias do especular na imagem corporal

8

Maria Elisabeth Cimenti

Neste capítulo, desenvolvemos brevemente o conceito de complexo de Édipo em Lacan, enfocando principalmente o estádio do espelho. Pretende-se demonstrar como esse estádio é reavivado nos adolescentes graças às ressignificações que sua imagem corporal é obrigada a fazer devido às mudanças corporais importantes que experimenta. Considero a questão do olhar e da imago especular como fundamentais para a elaboração desse período, servindo de apoio para a remodelação da imagem do corpo adolescente.

O adolescente é um sujeito discrepante por natureza. Seu corpo ocupa o lugar de um outro que não domina e sua mente está associada à imagem de um corpo perdido que o futuro vai tratar de distanciar cada vez mais dele, e que, apesar de saber disso, não deseja abrir mão de sua posse. Possui um corpo alienado de sua mente, que cresceu de forma abrupta e que ainda se sustenta com a imago que tem de seu corpo infantil. Essa mudança física cria um hiato que se abre em vários níveis, constituindo o seu próprio corpo em um estranho lugar onde suas experiências mais íntimas se processam, mas que mesmo assim não deixa de ser um estranho – *unheimlich*. Torna-se urgente para ele um reordenamento do eu, exigindo um processo difícil em que revive experiências precoces ligadas à identificação.

Para se compreender melhor essa vivência adolescente, torna-se interessante rever alguns conceitos consagrados da psicanálise, revisitados por Lacan (1996). Diferentemente de Freud, esse autor enfatiza o complexo de Édipo como algo que se desenrola desde o início da vida mental humana, processando-se em três tempos, que seriam muito mais lógicos do que cronológicos, podendo ser dinamicamente revividos com intensidade em outras etapas do desenvolvimento, tais como o citado período.

O complexo de Édipo para Lacan teria início, então, no narcisismo primário da criança, quando justamente vive o sentimento de ser "sua majestade, o bebê", que Freud identifica tão bem em seu artigo de 1914. Nesse florescer do narcisismo, o bebê, que na verdade reedita e espelha o narcisismo dos pais, vivencia o que Lacan chama de "estádio do espelho". Segundo o autor, esse estádio ocorre a partir da descoberta que o "filhote humano" faz de sua imagem corporal em um espelho plano. Ali se descortina para ele uma *gestalt* reconhecida pela mãe como sendo dele, que é perfeita, e que seria a matriz sobre a qual o eu viria a ser, constituindo-se como um sujeito no futuro. Antes disso, o ser humano teria apenas uma imago mítica de corpo despedaçado, podendo reaparecer nos sonhos ou em momentos muito regressivos da análise. Mas podemos supor que na puberdade, etapa inicial da adolescência, pela própria desproporção física característica do crescimento, sentimentos de despedaçamento se fazem presentes e se expressam de inúmeras formas. O novo corpo não é harmonioso como o da imago especular. É comum, nessa fase do desenvolvimento, jovens tanto do sexo masculino quanto feminino, não se exporem com trajes de banho mesmo na praia, ainda que faça um forte calor, porque rechaçam uma parte de seu corpo. Por outro lado, costumamos dizer que o adolescente fica desengonçado por um período. Tais manifestações, acompanhadas de expressões de onipotência, típicas do narcisismo especular, demonstram como essas etapas muito primitivas se fazem sentir.

O estádio do espelho (1996) possibilita a formação de uma imago de corpo unificada, que embora seja constitutiva da futura estrutura mental do eu, aliena o indivíduo, na medida em que é descoberta lá fora, no espelho, e não no próprio corpo do sujeito. Nesse estádio, ainda não existe um sujeito, mas alguém assujeitado que depende do desejo de sua mãe e de uma imago que é encontrada fora dele, no espelho. A partir daí, o sujeito começa a se estruturar, estruturar o seu eu e a se reconhecer, inicialmente como o falo da mãe, aquele que a completa e a preenche no seu desejo, formando com ela uma totalidade narcísica. Ele é o objeto de desejo da mãe e esse sentimento sustenta a sua imago corporal, assim como a sua unidade especular imaginária. Tais fantasias, muitas vezes, dominam o funcionamento do sujeito, mesmo quando ele já atingiu outros estados mais avançados de evolução, na qual o simbólico já se constituiu a partir da entrada do pai na relação entre a mãe e seu rebento.

Como ficaria, então, na fantasia do adolescente, ainda ligado à imago especular sustentada pelo desejo da mãe, quando o corpo real modifica o seu estatuto, conforme afirma Rassial (1999), ao se constituir em um corpo adulto?

Quando o corpo do adolescente sofre modificações, que consequências advêm em seu psiquismo? Aí se abre um complexo jogo identificatório, no qual o olhar, tal como no estádio de formação da imago especular, é fundamental. O sujeito é intimado a realizar um reordenamento profundo no seu eu, um reordenamento do seu imaginário.

Lacan (1996) se pergunta sobre o que seria o eu. Diz: "O eu, o que é que é?"(p.126). E responde essa questão afirmando que o eu não se trata de instâncias homogêneas. "Umas são realidades, outras são imagens, funções imaginárias. O próprio eu é uma delas"(p.126). Trata-se, então, de imagos de si virtuais ou reais, na qual a pessoa se experimenta e, na medida do que lhe é possível simboliza. E esse eu se rearticula na adolescência, gerando circunvoluções importantes na relação consigo mesmo e com o outro, na qual a sua imago de corpo se refaz.

O adolescente torna a se ver às voltas com a questão do olhar e do espelho, mas agora experimenta algumas particularidades. Ao se olhar no espelho vê sua imagem contaminada pela imago de corpo infantil perfeito que construiu no estádio do espelho, impregnada pelo desejo de sua mãe e pelo júbilo próprio da descoberta de si. Busca no espelho, ainda, a sua imago infantil da criança perfeita, cujos pais eram vistos igualmente como majestades. Dá-se o predomínio do imaginário sobre o real. Se essa imago representa um protótipo imaginário de completude na qual encontrou uma possibilidade de conquistar um sentimento de ser alguém e que alimentou o seu narcisismo infantil, como simplesmente se desfazer dela? Ao se ver no espelho, essa imago está colada ao que vê. Ela está lá, mesmo que seu corpo real tenha se transformado em um outro corpo.

Por outro lado, o corpo adolescente transformado é visto por outros adolescentes e outros adultos de acordo com o que ele é no real. Desperta no outro o desejo e aciona o imaginário desse. Rassial (1999) assinala a importância e os efeitos que isso tem sobre o jovem, pois se abre para ele uma nova relação com o seu próprio corpo. Aí se descortina a alameda da sedução e do fetiche que o corpo se transforma, tanto para o menino quanto para a menina. Eles se olham, se admiram e redescobrem o universo de atração que constitui o seu corpo para o outro. Abre-se para ele um novo universo, não a partir do que vê ao se olhar no espelho, mas no SER visto. Estabelece-se uma diferença importante entre se olhar e ser visto. Ao se olhar, vê sua imagem contaminada pelo corpo infantil se confrontando com o seu corpo real atual; ao ser visto, capta no olhar do outro a imagem de um corpo adulto, que é seu. Através, então, do olhar de outro sujeito sobre o seu corpo, cria-se a possibilidade de reapropriação de uma imago do eu. Reafirma um sentimento de ser alguém que estava perdido em meio à confusão própria à discrepância do corpo adolescente. O ser visto passa a ressignificar o corpo do adolescente como um corpo adulto. É visto pelo outro com um corpo adulto, que desperta desejos sexuais adultos e, a partir de então, joga com isso dentro de todo o paradoxo que existe e acompanha o adolescente. Seguidamente, vemos desfilar uma mulher estupenda, com curvas espetaculares aparentemente alheias aos olhares que desperta, mas provocando justamente o que vai lhe reassegurar que valeu a pena ter crescido e que, por isso, pode abrir mão de seu corpo infantil. E, mais, se formos falar com essa mulher, descobrimos uma menina assustada com o que é capaz de provocar no outro, embora arrebatada pelo fascínio que desperta no outro. Inicia-se um jogo de reflexos de proporções calculáveis de acordo com a estrutura narcísica alcançada na construção da imago especular precoce e de acordo com o ideal de ego que construiu aquele ou aquela adolescente. E, mais, esse jogo reflexivo irá reposicionar o próprio ideal de ego do sujeito. É muito comum ouvirmos um adolescente dizer que está com a aparência terrível por causa de uma espinha e isso se torna motivo de grande infelicidade para ele, quando isso, anos depois, não lhe causará maiores transtornos, uma vez que tenha reposicionado os seus valores em ideais intelectuais ou de outra ordem. Tudo isso redefine o sentimento de Ser.

É claro que essa resolução na subjetividade do sujeito poderá ter muitas versões e aí surgem as patologias tão comuns na adolescência ligadas à reconstrução de imagem, tal como as anorexias.

> *Olívia, uma jovem de 13 anos, mantinha-se com o peso de sua infância. Embora sua altura já fosse de 1,70 m, pesava 45 kg. Lamentava o quanto estava gorda e restringia sua alimentação a uma salada verde sem tempero nas refeições e duas maçãs, apesar de frequentar academia diariamente. Quando era confrontada com essas questões, mostrava-se muito irritada, sentindo-se perseguida e ameaçada, alegando que*

as pessoas não consideravam o quanto ela ficava horrorosa se engordava, por causa de suas ancas desproporcionais e sua barriga.

A anorexia se caracteriza por uma restrição alimentar geralmente severa; mas a restrição não se dá porque o paciente não tem fome, e sim porque tem medo de engordar. Segundo Aulagnier (1988), a psique consegue erogeneizar inclusive estados de necessidade, e, desse modo, poderá se transformar em "nada" (p.79) o alimento da anorética. Muitas vezes, a magreza e desnutrição nesses quadros chegam a ser alarmantes, mas ainda assim a paciente prossegue obstinada em seu desejo de restringir sua alimentação, porque se vê bem assim e, algumas vezes, ainda se empenha em uma atividade física exaustiva para perder mais peso. Acompanha esse quadro regularmente o aparecimento de amenorreia secundária e constipação por falta de ingestão alimentar. O medo de engordar poderá se expressar ainda como preocupação por uma parte específica do corpo, como o abdômen, coxas, culotes, pernas ou rosto, remetendo essa fixação à primeira imago, de corpo despedaçado. Portanto, intensos temores a respeito da comida e do aumento de peso, hiperatividade e disciplina no controle da fome são características próprias da anorexia, mas tudo isso decorre na verdade em função da distorção de imagem própria desse tipo de patologia.

Segundo Dolto (1986), a anorexia é uma patologia da imagem do corpo. Remonta ao momento em que a menina tem acesso ao saber relacionado à sua pertinência sexual e ao investimento narcísico de se tornar mulher como sua mãe, que fará frente a um homem como seu pai, cujo valor será atribuído conforme esse é valorizado pela mãe. Para a autora, a menina que nessa fase estivesse convencida de seu valor como pessoa, enquanto filha dessa mulher e desse homem, dificilmente desenvolveria uma anorexia. Salienta que a anorexia surgirá geralmente em torno da puberdade ou um pouco depois, quando começa a menstruar, os seios crescem e todo o desenvolvimento puberal remete à percepção de sua fecundidade e de sua sexualidade, ou seja, está chegando a idade adulta e isso lhe causa horror. Utiliza engordar para designar a gravidez, perigosa para uma jovem cujo desejo é seduzir. Mas Dolto (1986) assinala que ela quer seduzir, principalmente, a si mesma no espelho, a si mesma através de seu próprio olhar, borrando completamente as novas formas femininas de seu corpo. É comum jovens no início da puberdade, quando se dá o aparecimento dos seios, tentarem disfarçá-los vestindo roupas amplas. Mas por que isso é tão forte nas anoréxicas? Por que uma jovem preferiria ficar presa a si mesma, a esse jogo de sedução narcisista? Por que não quer abrir mão de sua imago de corpo infantil e fazer frente à sua adultez? O que deseja evitar?

Nesses casos, há um desligamento que chega ao desprezo da imago que poderia ser captada ao ser vista pelo outro; o ser visto se apaga frente ao se olhar. A adolescente com esse tipo de patologia, ao se olhar no espelho se vê diferente da imagem que é vista pelo outro. Ocorre uma ruptura entre essas duas imagens que impede a reconstituição de uma imago de corpo unificada, saudável. Mas como se dá tal ruptura? Ela é interna ou externa? Há na subjetividade algum grau de percepção de tal ruptura?

Olívia, a jovem de nosso exemplo acima, acreditava que o seu corpo de menina era o que lhe dava garantias de aceitação, e tudo que ameaçasse essa imagem era sentido por ela como assustador. Recusava a ideia de ter uma sexualidade, de sentir desejo e poder despertar desejo, a não ser o de ter seu corpo muito magro. Reconhecia, às vezes, que poderia estar um pouco magra, mas só a ideia de engordar já lhe despertava pavor. Afirmava não se sentir mais ela, caso isso acontecesse.

Aulagnier (1988) enfatiza que muito antes do estádio do espelho há, desde a origem da atividade psíquica, um fenômeno de especularização, no qual toda atividade se apresenta à psique como um reflexo. Seria como uma força que engendra toda imagem de coisa como representação de si mesma, como um reflexo que contempla a própria criação. Nesse momento, a psique vê o mundo como um fragmento de sua superfície especular, em que ela vislumbra o seu próprio reflexo. A partir daí, o pulsional irá se apoiar no vetor sensorial, que se apresentará como fonte original de prazer. Essa vivência de prazer se constituirá em condição necessária para a catexização da atividade de representação, quando se dá a percepção da falta do objeto. Aqui, para a autora, se dá o início da atividade pictórica: "o que a atividade psíquica contempla e catexiza no pictograma é o reflexo de si mesma que lhe assegura que, entre o psíquico e o espaço do exterior à psique, existe uma relação de identidade e de especularização recíprocas" (p.52).

E, no meu ponto de vista, essa é a experiência interna que permite à jovem anoréxica ignorar a imagem que lhe é dada pelo outro e seguir se descrevendo e se comportando como se gorda fosse, de modo a catexizar o próprio estado de necessidade. Assim, se torna possível uma ruptura exterior, graças a um soldamento subjetivo do interior com o exterior. E, por mais discrepante que nos possa parecer, na verdade essa postura interna poderá ser muito útil para permitir a sobrevivência da imago de corpo infantil perfeita e dos "pais majestades" da criança pequena, que se veem profundamente ameaçados com a chegada da adolescência. O adolescente já descobriu que seu pai não pagou o aluguel ou foi injusto com o seu irmão. Os efeitos do real já se fizeram sentir sobre o imaginário, mas foram renegados para manter a segurança de uma redoma narcísica. Em caso contrário, se descortinaria um conflito geracional inevitável nessa etapa, no qual o diferente se instituiu mais marcadamente a partir do próprio corpo.

O corpo adolescente se constitui, portanto, em palco de acontecimentos profundos da psique humana, reeditando antigos textos em novas roupagens, novas interpretações e, assim, projetando a reconstrução de um eu mais centrado na própria subjetividade, quando tudo corre bem.

REFERÊNCIAS

AULAGNIER, P. C. *La violencia de la interpretación:* del pictograma al enunciado. Buenos Aires: Amorrortu, 1988.

DOLTO, F. *La imagem incosciente del cuerpo*. Buenos Aires: Paidós, 1986.

FREUD, S. Sobre o narcisismo: uma introdução. In: _____. *Edição standard brasileira das obras completas de Sigmund Freud*. Rio de Janeiro: Imago, 1994. v. 14, p. 85-119.

LACAN, J. Os escritos técnicos de Freud (1953-1954). In: _____. *O seminário*. Rio de Janeiro: J. Zahar, 1996. Livro 1.

_____. As formações do inconsciente. In: _____. *O seminário*. Rio de Janeiro: J. Zahar, 1996. Livro 5.

RASSIAL, J.-J. *O adolescente e o psicanalista*. Rio de Janeiro: Companhia de Freud, 1999.

9 Implicações teórico-clínicas da transgeracionalidade na compreensão de quadros da adolescência atual

Vera Maria Homrich Pereira de Mello

Em que o adolescente é diferente hoje? Será que não são similares os processos de constituição de uma subjetividade pelo adolescente ao longo de várias gerações?

Sim e não! É inegável pensarmos que há influências do meio na constituição dessa subjetividade. Nesse sentido, a psicanálise abordando o tema da transgeracionalidade, ou seja, transmissão psíquica entre gerações, tem trazido contribuições importantes. Embora a matéria-prima do psiquismo, como nos é ensinado pela metapsicologia freudiana, seja a pulsão, esta é inscrita no discurso psíquico mediatizada pela ação do outro. Esse outro adquire várias dimensões desde a da imagem especular (Freud 1974; Lacan 1949; Winnicott, 1956) ou da função porta-palavra (Aulagnier, 1997), como também diz Birman (2006) por meio dos operadores sociais e políticos que incidem sobre as pulsões, mediando os registros da imagem e da linguagem, modulando e precipitando os efeitos desses na construção do psiquismo. Sabemos que a adolescência é cronologicamente mais extensa; é comum vermos jovens com 25 anos morando com os pais, fora do mercado de trabalho, sem muitas perspectivas de uma vida adulta. Ao mesmo tempo, a sociedade proclama que o bom é ser jovem, que aí reside a felicidade, e, contemplando essa ideia, são buscadas fórmulas para postergar o envelhecimento. Há um ufanismo de que esse é o lugar ideal. Na sociedade pós-moderna há um grande afluxo de informações, onde a instantaneidade é a tônica, o imperativo é a diversidade, fazendo com que provoque no sujeito uma sensação que oscila entre o pertencimento e o estranhamento.

Parece-me importante também abordarmos a existência de um grande paradoxo que observamos na nossa cultura, pois ao mesmo tempo em que há um prolongamento da adolescência, uma maior dificuldade em sair da casa dos pais, em se inserir no mercado de trabalho, dificuldades, portanto, em assumir um papel adulto, há concomitantemente uma pressão por maturidade e autonomia. A cultura do êxito, do "tenha sucesso", não contempla o ter medo, o ficar inseguro, o precisar de ajuda. (Mondrzak, 2007).

Vivemos em um tempo de desconstrução, do abandono das utopias, da Modernidade Líquida, como diz Bauman. Foi-se o tempo em que se sabia o que era esperado. Por um lado, isso é extremante rico, mas, por outro, provoca o temor de não sabermos quem somos, uma sensação de perdermos a identidade. Poderíamos pensar que esse estado da sociedade muito se aproxima do estado adolescente.

Neste sentido, como está o adolescente na sociedade atual, já que em nível interno, há toda uma busca premida pela necessidade de se constituir como um sujeito adulto? Pensamos que nesse processo se daria um momento de diferenciação em que tanto em nível interno – pulsional –, quanto externo – do meio dos objetos – se constrói um movimento de ratificar, questionar, consolidar, requestionar ou modificar mais ou menos radicalmente as modalidades anteriores do processo de subjetivação, oportunizando-se a partir daí a condição do sujeito ter um pensamento próprio, uma autonomia em relação às próprias ideias, bem como a apropriação de seu corpo sexuado, fazendo com que na vida adulta as capacidades de produzir e gerar, possam ocorrer de diversas formas (Cahn, 1999).

Esse movimento que implica abalar modalidades anteriores do processo de subjetivação impõe ao adolescente uma encruzilhada, em que ou terá de lidar com incertezas, acarretando angústia, ou terá que perpetuar modelos anteriores, anulando toda uma condição criativa do próprio momento. Lembramo-nos de Meltzer (1993) ao falar do processo adolescente, quando pontua que o mesmo se move em três mundos durante o processo de desenvolvimento de sua estrutura interna: o mundo dos adultos, o mundo infantil no âmbito familiar e o mundo de seus pares. Nesse sentido, destaca a importância do grupo como forma de compartilhar com seus iguais as dores e dissabores que o abalar verdades históricas pode provocar. Anteriormente, na puberdade, se daria uma ruptura da estrutura da latência, ancorada por um severo e obsessivo *splitting do self* e dos objetos, emergindo as confusões típicas das etapas pré-edípicas (bom/mau, adulto/criança, feminino/masculino). O grupo de pares teria como função não somente a socialização, mas a possibilidade de conter essas confusões que são intensificadas pela aparição dos caracteres sexuais secundários. Dessa forma, nos grupos sempre existe o *nerd*, o desligado, o irreverente, o contestador, o sedutor, o tímido, enfim, personagens que representam partes do sujeito, que ficam projetadas e contidas por cada elemento do grupo, fazendo com que o grupo tenha uma importância fundamental, pois ele tem uma identidade própria, tarefa que, nesse momento, individualmente ainda está em construção para o adolescente.

Podemos encontrar também outras formas de agrupamentos e de identidade grupal, tais como comunidades no orkut ou defensores de algumas causa, ou, até em casos extremos grupos ligados a seitas.

A frase de Kestenberger (1984) "tudo se prepara na infância, mas tudo é jogado na adolescência", encontra sintonia na forma como penso o processo adolescente, em que, para ingressar com reais condições nele, é fundamental observarmos como se deu a passagem pela infância e pela latência, ou seja, a forma como se deu a complexa rede de conflitos que o sujeito vivencia na sua evolução. Nesse sentido, a neurose infantil seria para Ungar (2004) um primeiro organizador diferenciando, nesse momento, as crianças que conseguiriam armar uma neurose infantil, construindo uma latência, de outras que não conseguiram fazê-lo, acarretando uma detenção no desenvolvimento, um quadro psicótico ou ainda um quadro de pseudomaturidade (Ungar, 2006). Ressalta a autora que esse processo de latência precisa ser desmontado na adolescência oportunizando novas transformações para atingir a subjetividade adulta.

Atualmente, na clínica, percebemos um maior encurtamento no período de latência, bem como uma menor delimitação quanto às suas características. Observamos meninos e meninas de 8 ou 9 anos, com questões típicas da adolescência, como preocupação em relação ao corpo, se são atraentes para o sexo oposto, se vão conseguir "ficar" com alguém nas festinhas do grupo de amigos. Talvez como uma radiografia do que ocorre a nível social – a cultura do prazer instantâneo, a necessidade de gratificação rápida, sem postergação –, possamos pensar que no nível psíquico há uma similaridade de processos (Pereira de Mello, 1999).

O período de latência pode ser considerado um período-chave para o desenvolvimento da personalidade, já que é uma fase onde se dá o processo pleno de simbolização, com o exercício de todas as capacidades (intelectual, motora, emocional, etc.), ocorrendo um verdadeiro trabalho, na medida em que é realizado um esforço para a organização, diferenciação, complexidade e ampliação do aparato psíquico, possibilitando, dessa forma, um melhor trâmite do pulsional (Urribarri, 1999).

À medida que se consolida o processo de simbolização durante a latência, a adolescência passa a se restabelecer na integração dos aspectos orais, anais e fálicos, estabelecendo uma genitalidade, possibilitando um ego mais integrado, mais forte e um superego menos severo. Fundamental observarmos que a existência de perturbações prévias ou transtornos durante a latência poderão travar ou alterar os processos do trabalho de latência acarretando um grau variado de patologização ao processo adolescente (Urribarri, 2003).

Observa-se que a dificuldade em estruturar uma latência, denunciaria falhas no estabelecimento da repressão secundária, assim como na utilização de várias defesas típicas dessa fase.

Nessa linha de pensamento, Meltzer (1979) aponta que há jovens que não tolerando o distúrbio central da adolescência, que consiste na confusão de identidade, regridem a um estado de latência de forma muito estruturada, sendo difícil a percepção deste movimento, a não ser no transcurso do processo analítico. Dessa forma, o que mobiliza esse tipo de funcionamento é a busca da utilização de mecanismos que anteriormente possibilitavam uma paz ao enfrentar o sofrimento edípico e que, nesse momento da adolescência, quando ocorre um novo embate no terreno da sexualidade, são novamente utilizados.

Aqui lançamos uma questão que nos tem inquietado e que pensamos ser importante para refletir e que diz respeito à grande exposição que nossas crianças têm recebido, principalmente da mídia, em horários diurnos, onde são apresentadas cenas de forte apelo sexual, bem como temáticas de violência e drogas, típicas do universo adulto. Birman (2006) pontua que "essas experiências confrontam as crianças radicalmente com a quase ausência dos limites, de forma que a frouxidão dos interditos se destaca aqui como uma problemática fundamental na constituição psíquica". Até que ponto o psiquismo dessas crianças consegue metabolizar esse *quantum* de excitação?

Retomamos Freud (1974) que disse haver um *quantum* de angústia que pode ser metabolizado ou pensado. Dessa forma, o indivíduo submetido até certo grau de estímulo teria condições de responder com um fluxo de representação próprio e elaborar essa situação. No entanto, se o *quantum* de excitação supera o limite de tolerância psíquica, o aparelho se desorganiza, não havendo uma metabolização desse *quantum* de energia e se dando uma ruptura do pensável, podendo provocar sérias patologias. Bion (1998) nos contemplou com *Teoria do pensamento e do conhecimento*, cujas ideias centrais apontam que, se existe uma experiência emocional e ela não é processada para formar representações simbólicas que possam ser utilizadas para o sonhar e o pensar, será necessário evacuá-las, pondo para fora o excesso de estímulos que sobrecarrega a mente. Entre as vias utilizadas para essa evacuação, encontra-se o próprio corpo "nas perturbações psicossomáticas". Observamos com maior incidência na infância quadros como enxaquecas, gastrites, úlceras, etc.; a conduta "nas atuações"; contemplamos um incremento de situações onde o limite não é observado, seja nas agressões, utilização de drogas, iniciação sexual precoce, etc.; as percepções e o pensamento "nos delírios e nas alucinações" e, ainda, conforme o mesmo autor, "o comportamento grupal".

Os quadros patológicos atuais são escritos na literatura psicanalítica como sendo marcados com mais intensidade por um predomínio do "vivido" sobre o "pensado" (Jeammet e Corços, 2005). Observamos com maior ênfase a incidência das patologias das condutas agidas, como anorexia, bulimia seguida de vômitos, práticas toxicomaníacas, atos suicidas e, mais recentemente, automutilações. Essas patologias exigem de nós alterações em relação ao enquadre e à conceitualização teórica, fazendo com que haja um deslocamento, em que passa a ser necessário nos centrarmos nas verdadeiras relações de objetos, bem como nas relações narcísicas de objeto, em vez da análise dos conflitos ligados à repressão, abordagem esta, típica, no campo das neuroses.

Essas patologias graves, em que muitas vezes o risco à vida do adolescente é significativo, colocam em evidência uma falha no processo de simbolização, denunciando a ineficácia dos mecanismos utilizados na repressão dos aspectos pulsionais, o que, provavelmente, já poderia estar sendo denunciado nas dificuldades tanto de construção como de desconstrução do processo de latência, que tanto se observa na clínica atual. Claro está que essas questões remetem às relações precoces com o objeto materno, bem como com as rupturas que se deram na construção desse aparelho psíquico, acarretando falhas no processo simbólico.

Usando o modelo digestivo, Bion (1962) faz uma ampliação da geografia dos espaços mentais, valorizando o fato de que, no processo de estabelecimento de dentro e fora, torna-se fundamental a capacidade de a mãe poder conter as identificações projetivas de seu bebê, que teriam a função de comunicar estados mentais. No seu entender, essas identificações projetivas seriam metabolizadas mediante a ação da função alfa materna, passando a ser nomeadas e internalizadas com algum significado. Nesse sentido, a mãe teria a função de filtrar e transformar os elementos protomentais em um elemento capaz de constituir um pensamento. No entanto, por vezes, esse processo apresenta dificuldades e nos deparamos com várias patologias, em que a tônica é a falha no processo de representação.

Sabemos que algumas situações traumáticas provocam tanta violência e desamparo que ficam impossibilitadas de serem traduzidas, e passam a ocupar um lugar na mente, funcionando como um corpo estranho, estabelecendo uma topografia própria que Meltzer (1998) denominaria de protomental.

Nesse momento, detemo-nos em um aspecto que tem atraído a atenção, que é a realização, cada vez mais frequente, da utilização da pele em tatuagens, *piercings*, *body art*, chegando à utilização de artefatos sob a pele. O que estaria significando esta busca intensa de tatuagens, colocação de *piercings* nos olhos, língua, genitais?

Muitas vezes se observa no adolescente, marcado pela tatuagem, uma tentativa de redimensionar a imagem do corpo com o qual nasceu, diferenciando-o e se apropriando dele, estabelecendo uma identidade diferente dos pais. Nesse sentido, o uso de tatuagens e *piercings*, tão comuns na comunidade adolescente atual, pode estar significando uma tentativa do jovem em se apropriar do seu corpo, diferenciando-o, deixando-lhe marcas. Por outro lado, é importante observar a necessidade tão presente de deixar marcas externas, que poderiam estar significando, em alguns casos, a ausência de registros internos que configurem uma subjetividade, uma sensação de ser único.

Na prática clínica com adolescentes, detecta-se com frequência formas de condutas aditivas, denunciando antecedentes de carência ou de distorções afetivas graves, demonstrando frágeis capacidades de representação e de elaboração (Jeammet e Corços, 2005). Observa-se ainda, nesses quadros, intensa impulsividade, uma angústia de pânico despersonalizante, por vezes um risco de desorganização psíquica ou até mesmo somática. Nesse sentido, é comum ouvirmos desses pacientes, frases do tipo: "Eu só me acalmo quando eu me corto", expressando que por meio da dor sentida na pele, há uma tentativa de encontrar um continente, uma representação diante de uma angústia impossível de ser colocada em palavras. Percebe-se nessas situações com clareza, a pele funcionando como o envelope do corpo, assim como a consciência tende a envelopar o aparelho psíquico (Anzieu, 1998). O bebê adquire a percepção da pele como superfície, por meio do contato da pele de seu corpo com o corpo da mãe, e da forma tranquilizadora que esta se coloca diante de suas angústias. Como consequência desse processo, constitui-se a noção de um limite, entre o exterior e o interior, bem como a confiança necessária para o controle de seus orifícios, estabelecendo-se, assim, uma confiança na integridade de seu envelope psíquico. Sendo assim, já nos primórdios da vida do sujeito vão surgindo formas de lidar com angústias muito primitivas, tais como de esvaziamento e de fragmentação. Esses registros são reativados no momento de intensa turbulência como é a adolescência, em que questões como dependência, separação, alteridade são novamente colocadas em xeque, acrescidas, então, com o reencontro com as questões edípicas, em que fica colocada em cena a necessidade da desidealização parental, requisito básico para o ingresso na brecha geracional, bem como no papel de adulto.

Na clínica, são percebidas situações em que esse envelope psíquico, quando ameaçado, desencadeia sentimentos de angústia, em que a tônica não é de fragmentação, mas de escoamento e de esvaziamento (Anzieu, 1998). Lembro-me aqui de um filme; *Aos treze*, da diretora Catherine Hardwicke, que retrata com clareza essa questão que estou levantando em relação a angústia de escoamento e fragmentação, sentida por uma adolescente que busca ser contida por meio de cortes no corpo, como tentativa de reencontrar um continente, nem que seja pela dor provocada na pele. Recordo-me, nesse momento, de uma paciente que dizia, ao se referir aos momentos em que se cortava, que "dessa dor eu cuido", fazendo menção ao fato de que a dor psíquica seria muito maior e intolerável.

Ao pensarmos na família nuclear da modernidade, essa era constituída pelas figuras do pai, mãe e filhos, e tinha como característica uma clara demarcação entre o poder paterno e materno. Enquanto à figura paterna cabia a governabilidade do espaço público, a figura materna se ocupava do espaço privado, envolvendo-se com a prole. Dessa forma, ficando sob sua responsabilidade os cuidados relativos à saúde, à educação e à qualidade de vida da família.

Atualmente, o panorama se mostra diferente diante da entrada da mulher no mercado de trabalho, houve uma revolução nesse cenário, fazendo que a mulher passasse a ter projetos próprios não só mais exclusivos ao âmbito familiar, demarcando uma nova configuração nesse estabelecimento de papéis, tanto materno quanto paterno. Por vezes, essas alterações provocam uma turbulência tal que provoca nos pais sentimentos de perda e de impotência, dificultando o processo que é primordial para o adolescente, que é o confrontamento e a desidealização das figuras parentais para o estabelecimento de sua subjetividade.

Gostaria de trazer uma questão, que me parece extremamente importante nesse momento de construção de subjetividade, que vive o adolescente, e que consiste nas influências que a história de seus antepassados podem exercer nesse campo. A questão da transmissão psíquica entre gerações, da transgeracionalidade, fala de aspectos que são repetidos por gerações, subsequentes na tentativa de encontrar uma possibilidade de elaboração.

Embora a questão da transmissão psíquica entre gerações seja um tema presente também na obra de Freud, tanto em *Totem e tabu* (1913), *Introdução ao narcisismo* (1914), bem como em *Luto e melancolia* (1917), foi a partir da clínica com pacientes, sobreviventes ou descendentes do holocausto que chegavam aos consultórios, que os psicanalistas passaram a dar uma nova atenção a essas questões. Foi sendo percebido que os segredos, os traumas, as violências vividas, quando não faladas, eram transmitidas em bloco para a geração seguinte.

Revisitando o texto de Freud, *Totem e Tabu* (1913), percebemos que por meio da teoria da horda primeva e do comportamento dos povos primitivos, o autor aborda o aspecto da origem dos preceitos morais, da religião, sustentando a existência de disposições psíquicas através das gerações. Em *Introdução ao Narcisismo* (1914), Freud demarca que o sujeito é o elo de uma cadeia de transmissão, sendo beneficiário e herdeiro da mesma. Portanto, poderia ser considerado um trabalho psíquico de transmissão o processo onde o resultado é uma série de ligações psíquicas entre aparelhos psíquicos, bem como da forma como se dão as transformações operadas por essas ligações. Ao mesmo tempo, esse olhar para a transmissão aponta para as falhas na mesma, demarcando a existência de criptas, da formação de fantasmas, enfim, de um não-trabalho de transmissão, impedindo um processo de historização do sujeito.

Entendo como sendo de vital importância o tema da transmissão psíquica entre gerações, na medida em que toma como vértice a constituição do psiquismo do sujeito, sendo este resultante de um processo em que interagem vários elementos, enfatizando a submissão do sujeito aos conjuntos dos quais ele procede, seja a família, o grupo, as instituições ou a massa. (Kaës 2001).

Dessa forma, o enfoque dado à questão da transmissão psíquica entre gerações é a formação do inconsciente e dos efeitos na subjetividade que, produzidos na intersubjetividade, dela derivam. Volto a enfatizar o quanto o olhar para essas questões na psicanálise e na psicoterapia de orientação analítica de crianças e adolescentes é de fundamental relevância, pois esse período demarca uma possibilidade de uma reorganização psíquica.

Sendo assim, o vértice de minha abordagem é nas dificuldades da transmissão, ou seja, quando ela se dá sem possibilidade de transformação, sem a existência de espaços psíquicos entre os sujeitos, muitas vezes procurando encobrir segredos, faltas, aspectos não-simbolizados, sendo utilizados mecanismos como encriptação, forclusão ou rejeição. Isso faz com que um sujeito se constitua, tendo no seu inconsciente partes das formações inconscientes de um outro que vem habitá-lo e "persegui-lo como um fantasma" (Kaës, 2001).

Relembrando Freud em 1913, em *Totem e tabu*, nada do que foi retido poderá permanecer totalmente inacessível à geração seguinte, ou para aquela que se segue; deixará marcas que, pelos menos em sintomas, manterão a ligação das gerações entre si, num sofrimento cujo significado lhes será desconhecido. Esse olhar sobre os efeitos da transmissão psíquica faz que tenhamos outra visão como psicoterapeutas de crianças e de adolescentes, no que tange à construção da subjetividade dessa criança ou adolescente, necessitando estarmos atentos a aspectos que possam estar negativados pelas gerações precedentes e que buscam representação por meio de um sintoma que possa estar sendo apresentado pelo paciente.

Poderíamos nos questionar a respeito de como esse processo ocorre, e, para tanto, é importante nos conectarmos com o estado de desamparo em que um bebê nasce e do quanto ele depende do casal parental para sobrevivência. Desde o período intrauterino, várias "mensagens" são encaminhadas à criança pelos pais, e essa vai buscando dar sentido às mesmas. No entanto, há aspectos que ficarão à espera de sentido, fazendo com que a criança possa mantê-los e constituir inclusões, como se lançar incessantemente em busca de sentido. Entretanto, há casos em que sendo a herança negativa, demasiadamente invasiva para um psiquismo que está se fundando, demarca que esta criança passe a se tornar um "continente do negativo", onde ela ficará identificada ao impensável, ao irrepresentável, alienada no transgeracional.

Essa condição de dependência desse novo ser deflagra um estado de solidariedade ao casal parental e que pode ser a base para esse padrão, em que o sujeito passa a ser portador de uma herança negativa. Fica solidário ao se fazer cargo de algo que é insuportável ao aparelho psíquico das gerações precedentes e que, segundo Faimberg (2001), é regulado pela lógica narcísica, em que o discurso primordial consiste em "tudo que merece ser amado sou eu, ainda que venha de você, filho" e "o que reconheço como vindo de você, filho, eu odeio; além disso, atribuirei a você, tudo o que não aceito em mim: você o filho, será meu não-ego". Nessa lógica narcísica, há duas funções: a primeira fase, a do amor narcísico, seria caracterizada pela função de apropriação; e a segunda, a do ódio narcísico, seria denominada de função de intrusão (Faimberg, 2001a). Nesse padrão de relação, não há espaço para que se constitua uma verdadeira subjetividade para esse novo ser; não há condições para que a criança desenvolva a sua identidade livre do poder alienante do narcisismo dos pais. Os pais não funcionam como um escudo protetor, ao contrário, a identidade do sujeito é determinada pelo que é rejeitado na história dos pais, uma identidade colocada sob o sinal da negação, portanto, uma *identidade negativa*. A criança deixa de ter a oportunidade de ser herdeira e se torna escrava de um segredo familiar, de uma amnésia, de um não-dito. Este é considerado o "contrato psicótico", fundador do autismo e das psicoses (Granjon, 2001). Embora possa ser surpreendente, não são os acontecimentos mais dolorosos os que têm maior poder de alienação, mas sim os que tenham tomado para os pais a condição de não-elaborados, sendo os afetos por eles suscitados intoleráveis ao psiquismo de um dos progenitores, passando a ser despejados no filho sem nenhuma possibilidade de metabolização. Essa função alienante provoca na criança uma clivagem, que é a mola propulsora para a sensação de estranheza, sensação esta que denuncia a presença de uma organização estranha ao ego, pois faz jus à história de um outro, que é portador de uma história que em parte não é sua. O conceito de "telescopagem das gerações", que tem como imagem plástica para exemplificar esse fenômeno as "matrioskas", bonecas russas, que se encaixam umas dentro das outras, aponta para o aspecto da identificação alienante que condensa pelo menos três gerações, em que uma geração é cativa da história de seus antecessores (Faimberg, 2001a). Outro aspecto que me parece importante salientar nesses processos é a existência da ideia de um tempo circular, no qual não há a diferença geracional, a alternância de gerações e, por conseguinte, da passagem do tempo. Esse movimento pode ser verificado na clínica por meio da contratransferência-transferência, pois essas identificações alienantes são inicialmente inaudíveis e é somente por meio da contratransferência que elas começam a expressar sua voz. Para tanto, é fundamental a postura do terapeuta que deve poder conter a angústia do não saber, e, mais, de não saber que não sabe. Poderíamos pensar que na relação transferencial a presença desses "pais internos", regulados pela ótica narcísica, em que apropriação e intrusão, cheio demais e vazio, são fenômenos visíveis, teremos consequências clínicas importantes, sendo necessárias abordagens técnicas diferenciadas, em que a interpretação psicanalítica deve buscar a presença que a fala constitui para designar a ausência. Lembro-me de uma situação que busca ilustrar esse processo; trata-se de uma adolescente, que chamarei de Bruna, que veio buscar atendimento por ter se envolvido em um acidente automobilístico, no qual morreu uma amiga sua. No primeiro contato com Bruna, chamou-me a atenção o quadro depressivo que apresentava, a forte culpa que sentia diante daquela fatalidade; mas me marcou intensamente a acusação implícita contínua que os pais faziam à filha, de que ela era uma homicida. Contratransferencialmente sentia que havia algo de peso que não estava sendo relatado. Busquei, então, falar com os pais, tratando de examinar o que poderia estar sendo omitido, e, surpreendentemente, a mãe me relata um fato mantido em sigilo até então; fato que há muitos anos, envolvera-se em um acidente provocando a morte de um adolescente, que lhe desencadeou várias mudanças em sua vida e o qual ela nunca conseguiu elaborar, jamais se "perdoando". Portanto, o acidente da filha marcou o tempo circular, fazendo que Bruna fosse condenada a expiar uma culpa que não era originalmente sua.

Nessas situações, é extremamente importante que o psicoterapeuta se coloque em uma posição de escutar e de ser surpreendido pelo desconhecido, similar ao conceito de capacidade negativa de Bion (1998), mas que pressupõe não só tolerar o que não sabe, mas também a condição de conter algo que ainda não tem representação para o paciente.

Na clínica com crianças e adolescentes, talvez seja no tecido associativo que a contratransferência nos oportuniza estabelecer uma possibilidade de elo, algo que a família não pode falar e, quem sabe, através do sintoma, no qual houve uma busca de encontrar um continente, na esperança de que a partir daí possa surgir uma possibilidade de representação para algo que antes era impensável.

Finalizando, penso que a psicoterapia de orientação psicanalítica com adolescentes impõe ao terapeuta que se movimente com mais intensidade em relação aos próprios aspectos primitivos e infantis, à medida que toca na própria adolescência do psicoterapeuta. A beleza e a arte do trabalho com adolescentes talvez possa ser pensada pelas características da própria etapa: a disposição à mudanças, a riqueza de possibilidades, a coragem em desbravar novos horizontes, a rebeldia que faz com que se questione tudo, bem como a genuína gratidão ao se sentir compreendido.

REFERÊNCIAS

ANZIEU, D. *O eu-pele*. 2 ed. Rio de Janeiro. Casa do Psicólogo, 2000.
AULAGNIER, P. C. *La violência de la interpretacion*. Buenos Aires. Amorrortu, 1997.
BION, W. *Aprendiendo de la Experiência*. Buenos Aires: Paidós, 1966.
_____. Uma teoria sobre o processo de pensar. In: _____. *Estudos psicanalíticos revisados*. Rio de Janeiro: Imago,1998.
BIRMAN, J. *Tatuando o desamparo:* a juventude na atualidade. In: CARDOSO, M. R. (Org.). *Adolescentes*. São Paulo: Escuta, 2006.
CAHN, R. *O adolescente na psicanálise:* a aventura da subjetivação. Rio de Janeiro: Companhia de Freud, 1999.
FAIMBERG, H. Escuta da telescopagem das gerações: pertinência psicanalítica do conceito. In: KAËS, R. et al. *Transmissão da vida psíquica entre gerações*. São Paulo: Casa do Psicólogo, 2001a.
_____. *Gerações:* mal-entendido e verdades históricas. In: SOCIEDADE DE PSICOLOGIA DO RIO GRANDE DO SUL. *Criação humana*. Porto Alegre, 2001b.
FRANCH, N. P. Alguns desafios da Psicanálise de Adolescentes na atualidade. *Revista da Sociedade Brasileira de Psicanálise de Porto Alegre*, v.8, n.1, p. 155, 2006.
FREUD, S. Luto e melancolia. In: _____. *Edição standard brasileira das obras completas de Sigmund Freud*. Rio de Janeiro: Imago, 1974. v. 14.
_____. Sobre o narcisismo: uma introdução. In: _____. *Edição standard brasileira das obras completas de Sigmund Freud*. Rio de Janeiro: Imago, 1974. v. 14.
_____. Totem e tabu. In: _____. *Edição standard brasileira das obras completas de Sigmund Freud*. Rio de Janeiro: Imago, 1974. v. 13.
_____. Três ensaios sobre a teoria da sexualidade. In: _____. *Edição standard brasileira das obras completas de Sigmund Freud*. Rio de Janeiro: Imago, 1996. v. 7.
GRANJON, E. A Elaboração do tempo genealógico. In: CORREA, O. *Os avatares da transmissão psíquica geracional*. São Paulo: Escuta, 2001.
HERZOG, R.; SALZTRAGER, R. O sentido da revolta do adolescente na contemporaneidade. In: CARDOSO, M. (Org.). *Adolescentes*. São Paulo. Escuta, 2006.
JEAMMET, P.; CORÇOS, M. *Novas problemáticas da adolescência:* evolução e manejo da dependência. São Paulo: Casa do Psicólogo, 2005.
KAËS, R. Introdução: o sujeito da herança. In: KAËS, R.et al. *Transmissão da vida psíquica entre gerações*. São Paulo: Casa do Psicólogo, 2001.
MELTZER, D. *Adolescentes*. Buenos Aires: Spatia, 1993.
MONDRZAK, V. S. Adolescentes pseudo-pseudomaduros: um estudo da clínica psicanalítica da atualidade. *Revista Brasileira de Psicanálise*, v. 41, n. 2, 2007.
PEREIRA de MELLO, V. M. H. Um olhar clínico sobre a latência. *Revista da OCAL*, 2000.
SARNOFF, C. A. *Estratégias psicoterapêuticas no anos de latência*. Porto Alegre: Artmed, 1995.
TRACHTENBERG, A. et al. *Transgeracionalidade:* de escravo a herdeiro: um destino entre gerações. São Paulo: Casa do Psicólogo, 2005.

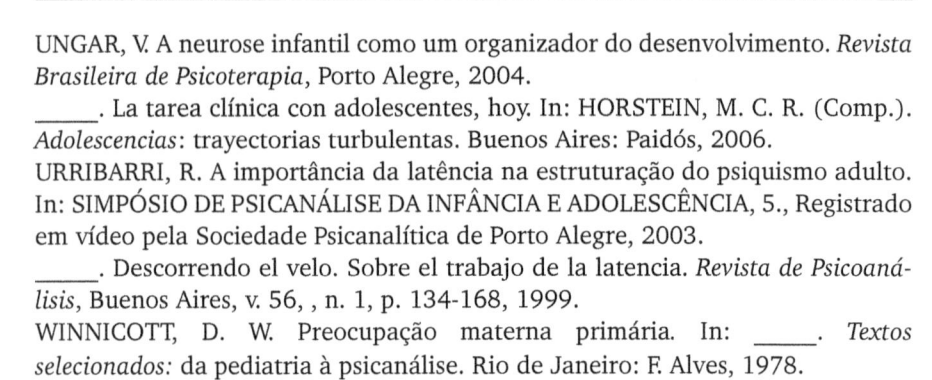

UNGAR, V. A neurose infantil como um organizador do desenvolvimento. *Revista Brasileira de Psicoterapia*, Porto Alegre, 2004.

_____. La tarea clínica con adolescentes, hoy. In: HORSTEIN, M. C. R. (Comp.). *Adolescencias*: trayectorias turbulentas. Buenos Aires: Paidós, 2006.

URRIBARRI, R. A importância da latência na estruturação do psiquismo adulto. In: SIMPÓSIO DE PSICANÁLISE DA INFÂNCIA E ADOLESCÊNCIA, 5., Registrado em vídeo pela Sociedade Psicanalítica de Porto Alegre, 2003.

_____. Descorrendo el velo. Sobre el trabajo de la latencia. *Revista de Psicoanálisis*, Buenos Aires, v. 56, , n. 1, p. 134-168, 1999.

WINNICOTT, D. W. Preocupação materna primária. In: _____. *Textos selecionados:* da pediatria à psicanálise. Rio de Janeiro: F. Alves, 1978.

Formas comunicativas na psicoterapia com adolescentes

10

Maria da Graça Kern Castro
Valderez Figueira Timmen

Enfrentamos vários desafios em nossa prática clínica com adolescentes, pois nos defrontamos com um sujeito em um momento especial de seu desenvolvimento, o qual está imerso num mundo repleto de transformações, movimento, intensidade e ação. Necessitamos acolher suas ansiedades e perplexidades decorrentes dessas manifestações, compreendê-las e traduzi-las, inicialmente para nosso próprio mundo interno e, depois, para o paciente em um processo de transformações empreendidas em conjunto no vínculo e no campo terapêutico (Bion, 1980). Deparamo-nos com variadas contradições nesse processo: o paciente deve estabelecer uma ligação conosco num momento em que busca sua autonomia e independização, ao mesmo tempo em que luta com aspectos de sua passividade e dependência. A psicoterapia oferece ao jovem um espaço para reflexão num momento em que o agir se impõe ao pensar, utilizando o corpo e a sexualidade como o palco para expressão dos seus conflitos internos. A busca da sua identidade, a possibilidade do início da vida sexual genital e a ressignificação de suas identificações infantis (objetivos dessa fase evolutiva) são o cerne do tratamento psicoterápico e, ao mesmo tempo em que são desejadas, também são temidas.

A adolescência é caracterizada por alternâncias de movimentos progressivos e regressivos na busca da construção da identidade, a qual se apoia nas primeiras relações objetais internalizadas, nos vínculos e no suporte com a realidade externa, sustentada pelo ambiente familiar e social. O *setting* psicoterápico se oferece como um espaço para encenar esse mosaico de tendências opostas e conflitantes. É um desafio manter nossa capacidade de pensar e de conter as projeções e as atuações enquanto elas não podem ser simbolizadas e transformadas em pensamentos e palavras pelo jovem paciente.

Abordaremos, neste capítulo, com o apoio dos casos clínicos, algumas formas comunicativas que permeiam as sessões com adolescentes, enfatizando o uso da identificação projetiva como modo de comunicação não-verbal utilizado pelos pacientes. Sabendo-se que a ação é característica central na adolescência, precisamos dialogar com essa forma de comunicação, mantendo a atitude de continência e de respeito. A ação se apresenta intercalada com manifestações narcísicas, silêncios, espaços vazios que podem originar contraidentificações geradoras de intervenção, com características semelhantes à ação. É necessário que estejamos atentos aos nossos sentimentos contratransferenciais para não contra-atuar, mas sim agir em parceria com o adolescente e realizar um conjunto de transformações que, partindo de expressões concretas, deverão seguir rumo ao simbólico.

O PROCESSO ADOLESCENTE: O CORPO E A SEXUALIDADE.

A sexualidade humana tem uma longa história, iniciada com a primeira sucção oral e demais experiências pré-genitais, sobre as quais a genitalidade nascente vem se colocar. A emergência pulsional adolescente, a irrupção da sexualidade, reabre suas brechas, reaviva seus conflitos e é momento ímpar para a compreensão da dupla função da sexualidade. Esta é o conceito articulador entre o psíquico e o somático e, como metáfora da condição humana, torna-se um momento também em que todas as feridas e fragilidades ficam expostas. O corpo agora remete à sexualidade e ao desejo. A apropriação desse corpo sexuado resultará na elaboração da revivência do complexo de Édipo. Com a emergência do pulsional (agressivo e libidinal), não havendo uma boa resolução edípica, pode haver inadequação e desesperança no acesso à posição sexuada e ao ideal e conquista do objeto sexual (Freud, 1997; Dias, 2000; Mondrzak, 2007).

O processo adolescente é vivenciado como um segundo nascimento e como uma reedição da problemática edípica, a qual gera fenômenos de ressignificação dos acontecimentos da infância. A imagem do próprio corpo que se torna desconhecido e fonte de desejos constitui o primeiro lugar de modificações identificatórias e simbolizantes do jovem. Nos processos da adolescência, a elaboração do luto pela perda do corpo, papel e identidade infantil, e a integração de um corpo sexuado genitalmente, constituem fonte para significativas elaborações. Quando isso não ocorre, tais vivências são expelidas do aparelho mental sob três formas de expressão: (1) pelo corpo, via doenças psicossomáticas, distúrbios alimentares, agressões ao corpo; (2) via conduta, nas atuações, nas vivências grupais e (3) na mente, via delírios e alucinações. Essas formas de expressão se superpõem e podem oscilar da normalidade à patologia (Blos, 1996; Knobel, 1981; Guignard, 1997).

O *setting* com adolescentes é atravessado por movimentos e ações e se configura como um espaço relacional e como um lugar onde possam ser acolhidos os ritmos: o antes, o atual e o depois, para que, vagarosamente, possam ser conectados passado, presente e futuro em um processo de transformações na busca da construção da historicidade do adolescente (Mondello, 1996).

O jovem tem uma ânsia por locomoção, por "ir em frente" e por "andar atrás" de anseios que se manifestam pelo gosto por danças arrebatadas, pelos esportes audazes e pela velocidade, que lhes oferecem uma sensação de onipotência. Toda essa movimentação é figurada nas sessões, de modo que é comum adolescentes chegarem com seus *iPods* para que escutemos suas músicas prediletas, ou nos mostrem os novos passos da dança da moda ou, ainda que tragam amigos e namorados até a sala de espera para que os conheçamos de forma concreta (Erikson, 1976; Ungar, 2006; Mondrzak, 2007).

MARIANA E AS ALEGRES EXPERIMENTAÇÕES ADOLESCENTES

Mariana é uma adolescente que, no exercício de sua sexualidade, encontra vários meninos nas festas, ficando com eles de modo aleatório. Necessita encontrá-los e "beijar muito". Ainda é uma proximidade fluída, bastante comum aos 14 anos, pois está numa fase de curiosidade sobre o sexo oposto e de "alegres experimentações" (Meltzer, 1994). Mariana revela nas roupas rasgadas, a maioria de cor preta, e na admiração por Kurt Cobain o momento de transição e de elaborações depressivas, mas com suporte psíquico e familiar que a auxiliam a conter e a simbolizar esse momento. Mariana solicita o tratamento porque se sente solitária, incompreendida pelos pais, a quem chama de antiquados e reacionários. Sua família estranha as mudanças de conduta de Mariana, que há um ano era uma jovem meiga e calma. Aliou-se a um grupo cujos temas de conversa são política, filosofia e questões sociais; "querem reformular o mundo", como apontam seus pais.

FLÁVIO: SUA INIBIÇÃO SOCIAL E SEXO COMO DESCARGA

Flávio tem 19 anos e, diferente de Mariana, não consegue se aproximar socialmente das garotas. Somente ao final das festas, após ter bebido, sente-se encorajado para um encontro furtivo com o intuito de "transar", realizando uma descarga pulsional. Além dessa conduta em relação às garotas, muitas vezes se envolve em brigas, rouba o carro do pai para fazer "pegas ou rachas" com os amigos, colocando-se em risco.

Ambos estão em psicoterapia. Mariana, no início de sua adolescência, chama a atenção sobre si com suas roupas chocantes. Quer ser olhada, está curiosa, quer também descobrir e reinventar sua própria identidade. Nas sessões, faz relatos verbais expressivos, emocionados e reflete sobre suas vivências, mas também usa a comunicação não-verbal, caminhando pela sala, exibindo novidades: um excêntrico corte de cabelo, uma nova cor ou uma roupa exótica, suscitando na terapeuta inquietude, confusão e estranhamento.

A regressão narcísica gerada na puberdade faz com que a pulsão escópica seja acentuada, e ser olhado torna-se importante para que seja confirmado pelo outro (família, amigos ou o próprio psicoterapeuta) que o estatuto de seu corpo se modificou (Rassial, 1999). Nesse exercício de especularidade em que o olhar alheio confirmará ou não sua fantasia de castração e de integridade corporal e psíquica, Mariana se oferece, em primeiro lugar, ao olhar do objeto materno e, transferencialmente, à sua psicoterapeuta. A função terapêutica, nesses casos, é menos de interpretação e mais de receptividade e desenvolvimento de sua capacidade discriminatória, sendo construído com a paciente o entendimento de que quer ser olhada, desejada e aceita nos seus processos de transformação e crescimento.

Mariana precisa fazer testes consigo mesma e com os demais, a fim de definir aspectos identificatórios, para realizar a "passagem" (Meltzer, 1998), visando reorganizar sua identidade e, mais tarde, ingressar nas relações amadurecidas e de intimidade adulta.

Flávio, estando cronologicamente no processo de adolescência final, denuncia, por meio de seus comportamentos, suas fixações infantis e a precariedade de sua capacidade egoica. Ele viveu situações traumáticas no convívio com um pai extremamente agressivo e uma relação simbiótica e idealizada com a mãe. Na revivência de seu conflito edípico, Flávio se identificava com as agressões de seu pai e percebia o sexo como descarga violenta. Uma saída bem-sucedida do reviver edípico adolescente leva ao encontro com o desejo sexuado, mas a contrapartida da não resolução edípica torna o corpo e a sexualidade presos ao real e concreto, com relações de tudo ou nada (Dias, 2000). Desse modo, Flávio temia não ser aceito pelas garotas, isolando-se daquelas valorizadas, "usando" as que desqualificava, tratando-as apenas como "um corpo" a mais. Os aspectos traumáticos de suas relações familiares, envolvendo sexualidade, não conseguiram representação e eram manifestados em condutas violentas. Flávio na sua passagem adolescente foi deixado para trás, permanecendo fixado em etapas pré-genitais, tornando-se incapaz de se socializar e de elaborar seus conflitos, excluindo-se pela promiscuidade e pela adição ao álcool e às drogas (Meltzer, 1998).

Contratransferencialmente, nas sessões, a terapeuta ficava tomada por preocupações e receio pela sua integridade, tendo em vista suas atuações, sendo impelida a ter um cuidado que transcendia as funções terapêuticas (desejos de telefonar para saber se ele estava bem, por exemplo). Os processos projetivos do paciente invadiam a mente dela, influenciando seu processo de pensar. Tomando contato com sua excessiva ansiedade em relação a Flávio, a terapeuta percebeu que esse era o modo dele lhe comunicar o intenso sofrimento. Nesses casos, o terapeuta terá a função primordial de conter as identificações projetivas do paciente, disponibilizando sua mente e o *setting* como continente capaz de transformar a carga projetiva, aguardando o momento em que o paciente tenha condições de escutar e de reintrojetar o material expelido nos *actings*. No transcurso da psicoterapia, Flávio lentamente pôde construir representações que contiveram o seu sofrimento, com menores riscos de atuações perigosas.

Pelos exemplos citados, vemos que a adolescência é momento de intensas transformações nas relações do sujeito: (1) seu corpo; (2) laços libidinais e agressivos com a família e (3) com a sociedade. O corpo aprisionado nos seus aspectos concretos e não simbolizados, apresentando falhas no seu revestimento narcísico, pode ser uma arena para descargas sexuais e/ou autoagressivas, que podem gerar ainda mais sofrimento. Como forma de lidar com o novo e o estranho corpo e as novas reorganizações de espaço-tempo, a ação se impõe em detrimento do pensar, sendo a impulsividade e a instabilidade características dessa etapa vital. A percepção do impacto das mudanças intrapsíquicas, as modificações externas em seu corpo, as alterações no papel e nas exigências sociais e a tomada de conhecimento do tempo irreversível levam o jovem à busca de novos vínculos consigo mesmo e com os demais, num processo de elaboração das perdas infantis que poderão levá-lo a usufruir os ganhos advindos de seu crescimento.

MILENA E SUAS INSCRIÇÕES

Milena, 17 anos, está em psicoterapia há seis meses. Foi abandonada por sua mãe com 1 mês de vida, vivendo em um abrigo para menores até os 18 meses, quando foi adotada. Seus pais a criaram com muitos cuidados e alguma superproteção, rendendo-se às suas exigências e, frequentemente, se submetendo aos seus caprichos. Referiam que ela sempre foi desconfiada, tendia ao isolamento e apresentou dificuldades com aprendizagem. Na adolescência, mostrou-se uma jovem rebelde, agressiva e relapsa em seus estudos, o que desencadeava brigas recriminações no lar. Queixava-se dos pais, dizendo que eram chatos, implicantes, não a compreendiam, nem a olhavam para ver se estava alegre ou triste. Revoltava-se com sua aparência gordinha e então ganhou uma cirurgia para redução de seios e lipoaspiração, que a deixaram esbelta. Logo engordou muito e passou a se envolver em condutas de risco. Seu grupo de amigos eram pessoas "marginais", nas suas palavras, que se envolviam em atividades grupais perigosas, havendo ocasiões em que a polícia foi chamada a intervir. Nas sessões, chegava, com frequência, trazendo comida: um bombom, um sorvete, batatas fritas, refrigerante, usando algum tempo das sessões para se alimentar. Ficava sem falar, distante e, predominantemente, mantinha transferência hostil, negando que precisasse ajuda e *odiando* sua terapeuta. Contratransferencialmente, mobilizava muitas preocupações, pelas possibilidades de riscos em que se envolvia. Um dia, apareceu com *piercing* nas sobrancelhas, no nariz, na língua e tatuagens nos ombros, braços e nas costas, com desenhos de dragões, dinossauros, animais alados e primitivos. Tal fato surpreendeu e chocou seus pais que não esperavam tal conduta. As figuras tatuadas causaram forte impacto também em sua terapeuta, que passou a questionar com Milena o motivo daquelas escolhas. A partir desse fato, criou-se uma área de interesse sobre as escolhas das imagens tatuadas e a jovem passou a usar suas sessões para questionar e pensar sobre si, seu corpo e sua história.

O que Milena comunicava com seu corpo? Sua dor e desamparo, o temor de ser novamente abandonada, por isso tinha que se "abastecer" de muita comida? O uso das tatuagens e *piercings* foi uma radical comunicação corporal, inscrevendo com dor, na sua pele, toda uma gama de formas "pré-históricas" e primitivas, que precisariam ser olhadas e compreendidas?

A teoria do *O eu pele* (Anzieu, 1989) auxiliou a compreensão do sofrimento de Milena: fixações masoquistas e exposição ao risco são comuns em pessoas que apresentam fantasias de corpo esfolado e de ruptura de fusão com corpo materno, quando a parceria simbiótica foi bruscamente interrompida antes da diferenciação *self/objeto*. Podemos pensar que Milena sentiu a separação precoce da mãe como rompimento da membrana simbiótica entre ambas e como descolamento da pele em comum, o que a levou a buscar perfurações e marcas na pele. As tatuagens seriam uma forma narrativa encontrada por ela para informar acerca de lapsos na constituição dos seus envelopes psíquicos e dos processos de pensar e simbolizar, responsáveis por suas dificuldades?

Ao criar *envelopes de sofrimento* (Anzieu, 1989, p.125), a fantasia de pele arrancada* teria reavivado em Milena sua raiva aos objetos, mas, de forma masoquista, voltava-se para si própria? Dolorosamente, tentava recuperar seu *O eu pele* e algum sentido de coesão de seu *self* e de apropriação do si mesmo.

O jovem marca seu corpo como uma forma desesperada de adquirir visibilidade, para ser singularizado e identificado (Birman, 2006). Ao se transformar em marcas feitas artificialmente na pele, essas lesões autoprovocadas podem ser um modo possível de alguns jovens narrarem histórias de vazios, lacunas e vivências irrepresentáveis, que os levam a serem olhados de outro modo pelas suas famílias.

Por intermédio do processo transferencial/contratransferencial, Milena ao exibir suas costas, braços e pescoço tatuados, provocou em sua terapeuta uma nova visão sobre ela, acionando uma gama de sentimentos e preocupações com os riscos a que se expunha, de forma muito radical. Por meio das tatuagens em Milena, concretizou-se, no campo psicoterápico, a troca de outros olhares sobre si, de seus pais/terapeuta e emergiram as suas fantasias de abandono, de despedaçamento, de dor e de vulnerabilidade.

Terapeuta e paciente, ao decifrarem em conjunto os desenhos na sua pele, abriram portas ao fantasiar e imaginar sobre aquelas formas e cores.

---

* Fenômenos semelhantes ocorrem no caso Eduardo, nas páginas seguintes.

Milena pôde se interrogar sobre suas origens, sua "pré-história" e sua adoção (tema que era tabu para seus pais). Trabalhando o significado das tatuagens, Milena viu sob outros vértices as suas relações consigo mesma, com o grupo de amigos e com sua família. Reações, como as descritas, têm o papel da ação comunicativa, visando estimular a função alfa do terapeuta, colocando-o em ação em um interesse particular em compreender tal atitude. Quando se dão ações comunicativas, sobrevém uma interação positiva entre o paciente e o terapeuta que conduz à evolução progressiva do processo terapêutico (Barugel e Sola, 2001). Vagarosamente, passando a usar sua capacidade de colocar em palavras seus sofrimentos, deixou de usar seu corpo para encenar as suas perdas e rupturas precoces, que puderam tomar novos significados, por meio da linguagem verbal, no transcurso da sua terapia.

ATUAÇÕES, AÇÕES COMUNICATIVAS E *ENACTMENT* COMO FORMAS DE COMUNICAÇÃO

O mundo adolescente é permeado por "urgências" e seu ego, pressionado pela força pulsional, não quer adiar gratificações. Ao mesmo tempo, apresenta outras condutas de caráter, aparentemente paradoxais, quando se põe a refletir e a "pensar sobre o mundo", a reformular a sociedade, entre outras questões que passam a ocupar sua mente. Na realidade, não há paradoxo. Ocorre que, com o incremento das pulsões e dos afetos, o uso da intelectualização e sua recentemente adquirida capacidade de usar o pensamento lógico formal servem de defesa contra os perigos internos. Todas essas circunstâncias de transformações, mobilidades e surpresas exigem de nós, psicoterapeutas de adolescentes, certa elasticidade e tolerância, alguma dose de bom humor e gosto pela novidade e desafio, discriminando-nos como adultos que têm que zelar pela sua função psicanalítica.

Pela pressão instintiva de um lado, pelas pressões externas de outro, é necessário que o adolescente efetue um remanejamento das relações dos mundos interno e externo, o que causa ansiedades, nem sempre toleradas pelo ego que delas necessita se defender. Ocorre uma série de transformações nas relações inconscientes do jovem com seus objetos internos, especialmente com os que constituem o superego. No processo adolescente, o reconhecimento da própria solidão, da individuação e da alteridade, a perspectiva da capacidade genital adulta e a consciência das relações de incerteza levam às tentações regressivas, pelas ameaças e ansiedades depressivas que despertam pertencer a um determinado sexo e a uma determinada geração. A defesa pode ser um retorno a posições mais regressivas, como a pré-genitalidade, as somatizações e as atuações, dependendo dos pontos de fixação que determinam o alcance dos movimentos regressivos como exemplificado nos diferentes casos descritos. Tais estados mentais são comunicados no *setting* e nas fantasias do campo psicoterápico bipessoal por meio do uso de identificações projetivas, já que, geralmente, foram vivências emocionais brutas e não mediadas pelo pensamento verbal, que buscarão outras vias de expressão. Algumas vivências são "apresentadas" no *setting* quando ainda não podem ser representadas simbolicamente. A apresentação é uma repetição daquilo que é impossível de ser posto em palavras, mas que é mostrado concretamente de alguma forma, seja através da conduta, por somatizações ou na vivência grupal, como se o paciente estivesse na busca ansiosa de uma futura representação possível (Mazzarella, 2006).

Na adolescência, "o *acting out* é tão específico da fase como é o jogo na infância ou como a comunicação direta na linguagem na maturidade" (Blos, 1996, p.171). As atuações podem variar nas suas formas, indo de expressões mais brandas até as mais excessivas, que expõem a riscos. Nos casos em que há uma predisposição maior para atuação, ela está ligada a dois aspectos: (1) o uso intenso de mecanismos projetivos, que deixam o sujeito na dependência do mundo externo e (2) a existência de traumas precoces irrepresentáveis, que buscam uma forma de expressão direta, sem participação simbólica. O *acting* agiria como um mecanismo redutor de tensões, mobilizando uma sensibilização visual e uma tendência a dramatizar, uma crença no poder mágico da ação e uma distorção nos processos simbólicos que envolvem o pensamento verbal.

Existem algumas diferenças conceituais entre *acting* e as *ações comunicativas*. Os *actings* são expressões de ansiedades ou conflitos inconscientes através do comportamento, geralmente impulsivo, sob forma auto ou heteroagressiva, tendo que ser compreendido em relação à situação transferencial e contratransferencial. No *acting*, a capacidade de pensar se perde e se esvazia em um movimento regressivo que vai direto ao ato. A passagem ao ato desperta, geralmente, no terapeuta mal-estar, desesperança e cansaço, conduzindo-o ao não-entendimento, ao não-pensar e à tendência à contra-atuação. Já as ações comunicativas estão destinadas a transmitir algo a uma mente que está disponível a tolerar o impacto e ao pensar acerca do material recebido. São manifestações transferenciais, como dramatizações no mundo externo, seguidas por uma experiência emocional a caminho da simbolização. Para isso, é necessária a presença de um terapeuta que se mostre disponível e ofereça sua mente como continente para o material trazido não-verbalmente pelo paciente (Barugel e Sola 2001). Na descrição do tratamento de Milena, podemos observar a manifestação de ações comunicativas. Ao inscrever as tatuagens em sua pele, comunicou seus estados mentais e carências afetivas, buscando – com o auxílio, disponibilidade e continência do terapeuta – compreendê-las e decodificá-las, o que levou a progressos e enriquecimento no processo psicoterápico.

Gus (2004, 2007) percebe uma estreita relação entre os conceitos de *acting* e *enactment*, considerando que ambos são fenômenos clínicos complementares que apontam na direção de afetos primitivos e perigosos, que são projetados e encenados no *setting*. "Conceitualmente, *enactment* se liga à interface entre o que é expresso e o que não é expresso, entre o que é esquecido e aquilo que pressiona no campo para ser revivido, entre realidade e fantasia e entre o psiquismo de uma pessoa e o psiquismo de duas, da dupla terapeuta e paciente" (Gus, 2004, p.47). Caso os *enactments* não sejam percebidos pelo terapeuta, eles podem acionar atuações.

O conceito de *enactment* está relacionado a experiências transferenciais/contratransferenciais, envolvendo a dupla paciente e terapeuta e ações mútuas que ocorrem na relação terapêutica, de forma inconsciente. O par não tem consciência do que está ocorrendo. A diferença com o *acting* é que, neste o terapeuta não se inclui, participando somente como observador. No *enactment*, existe a contribuição do terapeuta, sujeito às suas próprias transferências, pontos cegos, sendo levado pela relação a exercer papéis ou funções dos quais não se apercebe. *Enactments* podem gerar impasses terapêuticos se não forem entendidos e trabalhados pela dupla, mas podem se tornar recurso produtivo ao processo psicoterápico alargando o circuito simbólico, se o terapeuta percebê-los e readquirir sua capacidade de pensar e não se deixar envolver (Cassorla, 2003 e 2007).

EDUARDO: OS ACIDENTES E AS "PELES PENDURADAS"

Eduardo faz a tratamento por apresentar condutas de risco e uso de drogas. É um rapaz de 21 anos, que, entre os 12 e 17 anos, esteve envolvido em cirurgias reparatórias para remoção de profundas cicatrizes deixadas por um grave acidente doméstico, provocado por ele. Inicia o tratamento e, após dois meses, apresenta intensa regressão, deixando de frequentar a escola e o trabalho. Culmina com um impasse terapêutico grave que faz com que se ausente das sessões por três meses. Nesse período, manteve-se o espaço de escuta para seus pais, oferecendo-lhes continência para dar suporte às dificuldades com Eduardo e aguardando-se o seu retorno. Após três meses, voltou ao tratamento, saindo de casa somente para ir às sessões psicoterápicas. Eduardo regrediu, colocando-se como um bebê, recluso, que necessitava de cuidados. Inicialmente, negava a dependência e a necessidade de ser ajudado; depois, buscou a terapeuta, desconfiado, com dúvidas sobre se ela o compreenderia e se o auxiliaria em suas angústias, seu vazio e desamparo.

Sua família sempre valorizou o trabalho e a parte econômica em detrimento das relações afetivas e da convivência. Muito ligados ao externo, ao fazer e ao trabalho, eram pouco conectados com as necessidades afetivas de seus filhos. No início de sua vida, Eduardo ficou aos cuidados de uma babá, e sua mãe se mostrava solícita aos cuidados corporais, negligenciando as trocas afetivas. Seu pai era isolado e pouco se envolvia com o filho. Sua família o exigia em demasia para tarefas não compatíveis para uma criança. Aos 11 anos, trabalhava na pequena empresa da família, sendo despreparado, física e emocionalmente, para as tarefas que lhe eram destinadas. Acabou por se sobreadaptar a elas, saindo-se relativamente bem, como era do desejo de seus pais, mas a custa de suas próprias necessidades emocionais.

Eduardo, agora um jovem, usa as atuações destrutivas como forma pré-verbal de comunicar uma série de traumas vivenciados e de lidar com experiências frustrantes e não assimiladas simbolicamente. Agir antes do pensar, muitas vezes, está relacionado à desorganização temporal típica da fase, quando há um incremento pulsional, com momentos reveladores de predominância do princípio do prazer em detrimento do princípio de realidade. Nesse caso, porém, seus *actings* não eram apenas uma forma típica de comunicação adolescente, mas implicavam riscos para integridade do jovem, além de ser uma forma de chamar atenção para o seu intenso sofrimento. Eram, também, uma forma de repetir compulsivamente experiências emocionais que não puderam ser transformadas psiquicamente.

O processo psicoterápico com pacientes regressivos como Eduardo exigem do psicoterapeuta flexibilidade e bom contato com seus sentimentos contratransferenciais, a fim de dar conta da descarga de experiências emocionais cruas, não disponíveis para o pensamento verbal, que costumam inundar o *setting*. O traumático retorna em ação. O irrepresentável, que fica como corpo estranho enquistado no psiquismo, insiste em aparecer, via compulsão à repetição.

Tolerar as fases de isolamento de Eduardo e as transferências negativas (não as entendendo apenas como movimentos resistenciais) e estar disponível para um trabalho de acolhimento de suas identificações projetivas massivas (que faziam sua terapeuta temer e se angustiar pela sua integridade física), foi de suma importância, enquanto ele minimizava os riscos a que se expunha e os quais ridicularizava em sua psicoterapia. O espaço de acolhimento aos seus pais, como forma de manter alguma espécie de vínculo com Eduardo (quando colocou em cena a "internação caseira") foi também importante fator para manutenção do seu tratamento.

As interrupções e isolamentos de Eduardo envolviam períodos de tempo de três meses, com idas e vindas, durante o primeiro ano de sua psicoterapia. O que isso comunicava de seu mundo interno e de suas vivências precoces? Essa ação objetivava comunicar seu vazio e envolver o terapeuta na compreensão dessa atitude e, também, testar ou avaliar a condição de *rêverie* de sua terapeuta/mãe? Nesse período, os *actings* do paciente suscitavam na terapeuta além de desejo de compreensão, cansaço, desesperança e receio que o vínculo, arduamente construído, não se mantivesse.

No período de três meses em que não compareceu às sessões, foi possível reconstruir fragmentos de história dos traumas vividos na infância inicial, relativas ao afastamento da mãe e do pai. O investimento maior da família era ligado às tarefas de construir uma posição econômica de segurança. A mãe de Eduardo discorreu sobre suas dificuldades para materná-lo, sentindo que seu tempo seria mais bem empregado retornando logo ao trabalho, já que isso a preocupava muito. Não o amamentou e, antes do terceiro mês de vida de Eduardo, voltou ao trabalho, encarregando babás dos cuidados de seu filho. Supõe-se, então, que as dificuldades de vinculação com seu bebê dificultaram a internalização de um objeto bom e cuidador, que poderia ter sido a base de um ego seguro para Eduardo (Klein, 1981). A falta de paciência e de continência dessa mãe com os cuidados diários, os choros e as ansiedades do filho impossibilitaram-na de funcionar como matriz identificatória para seu filho aprender a pensar (Bion, 1980). Essas vivências precoces, ainda em um nível protomental, se não transformadas pelo aparelho mental do objeto cuidador geram desamparo e ficam intraduzíveis. Meltzer (1990) aponta que esse nível protomental fica cindido na personalidade, formando um *claustrum*, que exercerá forte influência no caráter, ocasionando ansiedades impensáveis e sentimentos catastróficos. Seus pais narraram uma série de condutas autodestrutivas ao longo da infância de Eduardo e que, em sua óptica, eram apenas "coisas de menino malandro", não as discriminando como um pedido de socorro, para ser olhado e cuidado. Configurou-se a história de uma criança deixada a si mesma, rodeada de conforto material, num vazio de afetos e de abandono físico e psíquico.

Voltando à sua psicoterapia, Eduardo retomou os estudos e o trabalho, porém utilizava seu salário para aquisição de drogas. Sabemos que o adolescente atuador e usuário de drogas tem o sentido de realidade vago e fragmentado, vivendo num mundo de fantasias, especialmente quando se isolam ou se retraem. Sem serem psicóticos delirantes, vivem a realidade interna como "mais verdadeira" que as relações com o mundo externo, manifestando pobreza egoica e fraco controle sobre sua impulsividade. Afastam-se e atacam os vínculos com outros quando não sentem seus desejos atendidos, buscando na droga aquilo que a realidade não fornece. Na relação transferencial, Eduardo se apresentava muito desconfiado, aguardando para ver como a terapeuta reagiria. Falava pouco de si e não aceitava qualquer intervenção relacionada às suas dificuldades. Nas sessões, ficava inquieto, circulava pela sala e fazia uso frequente do banheiro; por vezes, desejava encerrar a sessão antes do horário combinado. Mostrava-se frágil, necessitando de ajuda e, logo depois, se apresentava onipotente, autossuficiente, menosprezando a terapeuta e o tratamento.

O manejo técnico dos *actings* exigiu vigilância e atenção, já que as interrupções, as faltas, os ataques ao contrato e ao vínculo colocaram em risco o prosseguimento da psicoterapia. Compreendemos também que outra função do *acting*, além de comunicar estados mentais de sofrimento e caos, seria o de negação. "A função da atuação é a desmentida pela ação: a mágica da ação e dos gestos aparece com grande clareza [...] o adolescente tem a necessidade de negar seu abandono por meio da ação para afirmar exageradamente sua independência da mãe arcaica onipotente, para contra-aplacar o impulso regressivo à passividade, recusando sua dependência da própria realidade" (Blos, 1996 p. 174).

Eduardo se envolvia, frequentemente, em acidentes quando saía das festas e chegava em casa com "as peles penduradas". Tal como nesse caso, entendemos que patologias tão comuns na adolescência atual (anorexia, bulimia, somatizações graves, agressões ao corpo, tatuagens exageradas, *body transformation*, entre outros) são a expressão do corpo não-simbolizado e tomado como real e concreto, sendo utilizado para narrar, para encenar pensamentos e histórias que a mente ainda não sabe contar. Para descarregar sofrimentos e riscos de fragmentação atuam concretamente através do corpo, em um ferimento ou uma marca física em lugar da representação de uma perda ou sofrimento psíquico (Dias, 2000). O corpo é tomado como uma coisa entre outras coisas, ficando um corpo casca, esvaziado de significados, algo estranho que seria indiferente machucar ou destruir, onde a dor física impede de sofrer a dor psíquica. Na ausência da representação psíquica, a única realidade é o vazio, e o adolescente aferra-se à falta. Ser autodestrutivo seria a única forma de "ser".

No processo de busca de autonomia e de sua identidade, a violência comporta uma dimensão de domínio sobre o outro para instaurar um processo de separação. Por meio de atos violentos, alguns jovens, como Eduardo, tentam inverter o processo e transformar passividade em atividade, originando a formação de um estranho 'compromisso' entre o desejo de marcar uma diferença e o desejo de uma aproximação extrema com o outro. Em sua infância, sofreu "invasões" de seu *self* com exigências de sobreadaptação, que não consideraram os seus limites e suas necessidades afetivas. Parece que os espaços internos e externos, privados e públicos em sua família não eram bem delimitados. Supomos que Eduardo apresentou dificuldades para construir um espaço continente intrapsíquico, com formação de limites dentro/fora. Os traumas precoces modelaram sua organização interna, gerando um jovem vulnerável que, com a chegada à adolescência, não pode usar seus potenciais positivos, recorrendo a condutas de autossabotagem (Jeammet e Corços, 2005).

Importante, em casos de jovens com muita fragilidade egoica, é estarmos atentos à articulação entre os fatores internos e externos e observar cuidadosamente o peso da realidade externa na economia psíquica do adolescente. Dependerão da natureza do encontro do adolescente com o mundo circundante e com as pessoas no seu entorno as possibilidades de um maior potencial para saúde (no sentido de organizar o ego e enfrentar as dificuldades) ou para psicopatologia (quando o encontro com a realidade externa desorganiza estruturas do aparelho psíquico, fechando uma imagem negativa e uma organização patológica, que pode ser forma de buscar nova identidade).

O processo adolescente corresponde à criação de um sistema de representações que dê conta de um novo estatuto identificatório ligado ao corpo, identidade, lutos, emergência das pulsões. Levy (2006) refere que mais do que a busca de identidade, o adolescente se vê frente à busca de subjetivação, o que gera um intenso trabalho mental. E acrescenta que o sentimento de estranheza em relação a si e aos demais a sua volta provoca angústias de aniquilamento e de morte. Na reconstrução desse sistema de representações, irá se delineando a adolescência com maiores ou menores incidências traumáticas. Essa reconstrução passa eminentemente pelo corpo. Se a capacidade de simbolização se mantém, veremos esses sentimentos de estranheza e de despedaçamento representados em algumas condutas passageiras, excêntricas e comuns, nessa etapa vital, ou nas roupas rasgadas, cabelos pintados, como no caso de Mariana. Não mantendo o estatuto simbólico, o corpo será vivenciado como estranho e indiferente, sobre o qual serão possibilitadas agressões e mutilações, como nos casos de Milena, Eduardo e Flávio. As mudanças corporais ocorridas na adolescência radicalizam o problema do conhecer sobre si. O corpo é a fundação da própria existência, e "um corpo que se pensa e uma mente que se descobre e se reconhece naquele corpo é um corpo pensado por si" (Busato, 1996, p.143).

CONSIDERAÇÕES FINAIS

Os fragmentos clínicos apresentados ilustraram algumas formas comunicativas não-verbais utilizadas pelos adolescentes, que vão do normal ao patológico, dependendo de aspectos intrapsíquicos e de realidade externa, contextualizados em cada história de vida com suas especificidades.

O uso maior ou menor do corpo em movimentação concreta no *setting*, a fala usada como descarga, os *actings* apontam para conteúdos primitivos e não mentalizados. Além de nos indicarem acerca de experiências protomentais a serem significadas, não podemos esquecer que são as formas possíveis que o adolescente elege para fazer ingressar no *setting* tais vivências. Constituem uma forma de narrativa aquém das palavras, passando mensagens por códigos corporais e de conduta, muito mais próprios para serem olhados e percebidos de forma sensorial. Nosso papel é decodificar esses ideogramas e figurações mediante nosso aparelho psíquico. Com nossa compreensão psicodinâmica, temos que estar habilitados técnica e pessoalmente a compreender as identificações projetivas que são jogadas em nossa mente, nos seus diversos significados, captando suas comunicações grosseiras ou mais sutis. Elas são a plataforma através das quais são lançados no campo psicoterápico aquilo que ainda não tem palavras, o que ainda está excluído da apropriação subjetiva do paciente de aspectos de sua história. Concordamos com Quinodoz (2003) quando diz que é uma arte acolher e lidar com identificações projetivas, compreendendo-as de forma que se estabeleça um bom vínculo e um processo de comunicação que leve ao *insight* e à mudança psíquica. Da mesma forma, o uso da contraidentificação projetiva pode ser um instrumento valioso, se tomarmos consciência da carga de projeções despejadas em nossa mente e as utilizarmos para estabelecer empatia e contatar com o sofrimento de nossos pacientes. Suportar a carga projetiva e se contraidentificar com ela se constitui uma forma de regressão parcial (Pestalozzi, 2005), o que nos permite estar sintonizados com os estados mentais do paciente. A comunicação do adolescente é variada e multifacetada, daí termos que contar com nossa própria capacidade de sonhar e devanear sofrimentos, traumas e anseios do paciente.

O processo psicoterápico com adolescentes é difícil, rico, fluido e complexo, mas traz muitas gratificações. As formas de expressão pouco simbólicas para as quais somos convocados a discriminar e a descobrir sentidos nos colocam em situações de incerteza, inconsistência e de situações de "não saber", que marcam o processo transferencial/contratransferencial em muitas etapas da psicoterapia. Isso seguramente demanda que tenhamos uma boa dose de capacidade negativa, além de uma "agilidade mental bastante adolescente, para a qual talvez seja conveniente não ter demasiado esquecida a nossa própria adolescência" (Leivi, s/d, p. 15).

As explosões do corpo, a ruptura das idealizações e dos mitos familiares e a ressignificação identificatória marcam nossa viagem psicoterápica em conjunto, rumo ao autoconhecimento e ao crescimento psíquico dos nossos jovens pacientes.

Actings, ações comunicativas e *enactments*, mesmo tendo funções narrativas, apontam para falhas nos processos simbólicos e precisam ser transpostos para esfera das representações. Nossa clínica envolve a cura pela palavra, daí a necessidade de que os adolescentes, no *setting*, possam comunicar o que pensam e sentem através da linguagem verbal. O poder das palavras, como veículo para a mudança psíquica, é um dos elementos mais integrativos que podemos oferecer aos pacientes. Os símbolos verbais têm o poder de organizar e conter sensações e sentimentos, conduzindo à construção de uma nova ordem de coisas que poderão ser compreendidas e transformadas (Ogden,1996)

O tratamento psicoterápico com adolescentes não deixa de ser uma "ventura e uma aventura" pelas possibilidades de elaborações e de conquistas, ao se realizar a passagem do corpo à palavra, do concreto ao simbólico, com a consequente apropriação da sua história. O entusiasmo juvenil, a esperança e as alegres experimentações não podem ser desperdiçadas. Nunca devemos esquecer que a adolescência é a etapa com maior potencial de criatividade e renovação para toda a sociedade, pois inclui o novo e o pulsar da vida que cada nova geração traz consigo.

REFERÊNCIAS

ABERASTURY, A.; KNOBEL, M. (Org.). *Adolescência normal*. Porto Alegre: Artmed, 1981.
ANZIEU, D. *O eu pele*. São Paulo: Casa do psicólogo, 1989.
BARUGEL, N.; SOLA, B. M. La accion comunicativa. *Revista de Psicoanálisis APdeBA*, Buenos Aires, v. 23, n. 2, 2001.
BLOS, P. *Transição adolescente*. Porto Alegre: Artmed, 1996.
BION, W. *Aprendiendo de la experiência*. Buenos Aires: Paidós, 1980.
BUSATTO, C. O corpo ponte entre o estar aí e o narrar-se. In: FERRARI, A. *Adolescência*: o segundo desafio. São Paulo: Casa do Psicólogo, 1996. p. 142-160.
BIRMAN, J. Tatuando o desamparo. In: CARDOSO, M. R. (Org.). *Adolescente*. São Paulo: Escuta, 2006. p. 24-43.
CASSORLA, R. M. S. Do baluarte ao enactment: o "não-sonho" no teatro da análise. *Revista Brasileira de Psicanálise*, v. 41, n. 3, p. 51-68, set. 2007.
_____. Procedimentos, colocação em cena da dupla (enactment) e validação clínica em psicoterapia psicanalítica e psicanálise. *Revista de Psiquiatria do Rio Grande do Sul*, v. 25, n. 3, p. 426-435, set./dez. 2003
CASTRO, M. G. K.; TIMMEN, V. F. Tatuagens: histórias à flor da pele. *Revista do IEPP*: Psicoterapia Psicanalítica, Porto Alegre, v. 7, n. 7, 2005.
DIAS, S. A inquietante estranheza do corpo e o diagnóstico na adolescência. *Psicologia USP*, São Paulo, v. 11, n. 1, 2000.
ERICKSON, E. *Identidade, juventude e crise*. Rio de Janeiro: Zahar, 1976.
FERRO, A. *A técnica na psicanálise infantil*: a criança e o analista, da relação ao campo emocional. Rio de Janeiro: Imago, 1995.
FREUD, S. Três ensaios sobre a teoria da sexualidade. In: _____. *Edição standard brasileira das obras psicológicas completas de Sigmund Freud*. Rio de Janeiro: Imago, 1997. v. 7, p. 51-120.
GUIGNARD, F. *O infantil ao vivo*: reflexões sobre a situação analítica. Rio de Janeiro: Imago, 1997.
GUS, M. Acting, enactment e a realidade psíquica "em cena" no tratamento analítico das estruturas borderline. *Revista Brasileira de Psicanálise*, v. 41, n. 2, p. 45-53, jun. 2007.
_____. O *acting* e o *enactment*: realidade psíquica em cena. *Revista do IEPP*: Psicoterapia Psicanalítica, Porto Alegre, v. 6, n. 6, p. 46-57, 2004.
JEAMMET, F.; CORÇOS, M. *Novas problemáticas da adolescência*: evolução e manejo da dependência. São Paulo: Casa do Psicólogo, 2005.

KLEIN, M. O significado das primeiras situações de angústia no desenvolvimento do ego. In: KLEIN, M. *Psicanálise da criança*. São Paulo: Mestre Jou, 1981.

KANCYPER, L. *Confrontação de gerações:* estudo psicanalítico. São Paulo: Casa do Psicólogo, 1999.

KNOBEL, M. A síndrome da adolescência normal. In: ABERASTURY, A.; KNOBEL, M. (Org.). *Adolescência normal*. 10. ed. Porto Alegre: Artmed, 1981. p. 24-59.

LEIVI, M. B. *Historizacion, actualidad y accion em la adolescência*. Mimeografado.

LEVY, R. Adolescência: o re-ordenamento simbólico, o olhar e o equilíbrio narcísico. *Revista de Psicanálise da Sociedade Psicanalítica de Porto Alegre*, v. 13, n. 2, p. 233-245, Porto Alegre, 2006.

MAZZARELLA,T. *Fazer-se herdeiro:* a transmissão psíquica entre gerações. São Paulo: Escuta, 2006.

MELTZER, D. El Claustrum y la adolescência. In: _____. *Claustrum:* una investigación sobre los fenómenos claustrofóbicos. Buenos Aires: Spatia, 1994. p. 148-151.

_____. *Metapsicologia ampliada*. Buenos Aires: Spatia, 1990.

MELTZER, D., HARRIS, H. *Adolescents*. Buenos Aires: Spatia, 1998.

MONDELLO, M. L. Estar no vazio, espaço sem tempo. In: FERRARI, A. *Adolescência:* o segundo desafio. São Paulo: Casa do Psicólogo, 1996. p. 119-141.

MONDRZAK, V. S. Adolescentes pseudo-pseudomaduros: um estudo da clínica psicanalítica da atualidade. *Revista Brasileira de Psicanálise,* v. 41, n. 2, 2007.

QUINODOZ, D. A Contra-identificação projetiva é um instrumento precioso? *Revista Brasileira de Psicoterapia,* Porto Alegre, v. 5, n. 2, p. 149-164, 2003.

PESTALOZZI, J. O Simbólico e o concreto: adolescentes psicóticos em psicoterapia psicanalítica. *Livro Anual de Psicanálise,* v. 19, p. 269-288, 2005.

RASSIAL, J.J. *O adolescente e o psicanalista*. Rio de Janeiro: Companhia de Freud, 1999.

UNGAR, V. La tarea clínica con adolescentes, hoy. In: HORSTEIN, M. C. R. (Comp.). *Adolescencias*: trayectorias turbulentas. Buenos Aires: Paidós, 2006.

Parte III

situações clínicas específicas

Psicoterapia breve de orientação psicanalítica na infância e na adolescência

11

Heloisa Maria Rodrigues Furtado
Nádia Maria Marques

INTRODUÇÃO

O termo *breve*, no título deste capítulo, supõe uma questão sempre presente na vida humana: o tempo. A referência ao sentido da palavra *tempo* não é casual. Nosso objetivo é apresentar ideias sobre o que se conhece como psicoterapia breve. Como entendemos o "breve" em um tratamento psicológico? Por que o uso do termo? Certamente, há uma ligação com a duração do tratamento, mas sua compreensão, no contexto das psicoterapias, vai muito além de seu significado semântico. É preciso esclarecer, logo de início, que o uso do termo psicoterapia breve no desenrolar deste capítulo, diz respeito à abordagem focal, planejada e de objetivos limitados. Optamos por manter o emprego do termo psicoterapia breve por ser essa a forma que a grande maioria dos autores de orientação psicanalítica se refere à abordagem em questão.

A questão do tempo, sua definição e significado é tema de diversos campos do conhecimento. Pode ser abordada por diferentes vértices e está presente em toda e qualquer tentativa para compreender o que é relativo ao *humano*. Vivemos em um período de tempo (linear), como vivemos em um espaço (físico) e nossa consciência disso é alcançada gradativamente, à medida que vamos nos discriminando do objeto simbiótico primordial e percebendo a existência de uma realidade externa a nós. Nosso sentido de tempo (como nosso desenvolvimento emocional) estará sempre ligado às nossas experiências relativas ao intervalo de tempo entre nossas privações infantis e a satisfação das mesmas

(Molnos, 1995). Desse modo, nossa representação temporal está estreitamente vinculada à representação da realidade objetiva.

A criança constrói conceitos na relação com seu cuidador. Sua construção da noção de tempo também será dessa forma alicerçada, o que vale afirmar, então, que o tempo "real" é um construto mental e cultural.

Sabemos que essa noção do tempo linear – cronológico, absoluto e fixo, não é a única que vivenciamos, uma vez que a vivência subjetiva do tempo, por simples experiências do dia a dia, nos mostra a sua inegável relatividade. Para um período de tempo ser experimentado como longo ou curto concorrem vários fatores: nosso estado emocional, fase do ciclo vital em que nos encontramos, poderíamos acrescentar ainda nossa condição física e mental de um modo geral.

Além da "prisão" ao tempo linear, no mundo moderno nos vemos às voltas com outra realidade: a aceleração dos acontecimentos. Além de cada um de nós viver a experiência subjetiva do "passar do tempo", conforme nossa vivência pessoal, os próprios fatos objetivos ganham outro significado pela velocidade com que ocorrem. O avanço tecnológico, a rapidez dos meios de comunicação, a quase simultaneidade entre um acontecimento e o conhecimento do mesmo acaba por nos colocar numa expectativa de logo conhecer tudo, resolver tudo, desfrutar tudo. Paradoxalmente, essas mesmas mudanças nos impedem de aprofundar o conhecimento, de buscar soluções mais adequadas, de viver intensamente as experiências que se nos apresentam. Há uma "cultura" da velocidade, da pressa, que parece atingir o campo da psicoterapia.

Isso transposto para uma situação de psicoterapia, leva-nos a problematizar a duração de um tratamento psicológico. Se o tempo real é um aspecto a considerar quando uma pessoa busca ajuda profissional, como conciliá-lo com o tempo interno do sujeito, a vivência subjetiva da pessoa? Se há uma aceleração no campo dos conhecimentos, das comunicações, o ritmo da vida emocional seria, da mesma forma, mais acelerado?

Em psicoterapia, precisamos considerar a necessidade de lidar com ambos os enfoques da temporalidade: o linear e o cíclico, além de trabalhar em um campo relacional, onde a temporalidade não existe (fenômenos transferenciais e contratransferenciais) e com a inexistência da temporalidade no inconsciente.

Lembramos que a abordagem psicoterápica breve aqui apresentada está fundada nas concepções da teoria psicanalítica, entre elas o conceito básico de inconsciente, cuja noção e caracterização excluem toda ideia de temporalidade linear, não admitindo pois, uma sequência cronológica da experiência subjetiva. De modo coerente, a psicoterapia, longa ou curta, de orientação psicanalítica, trabalhará com o tempo subjetivamente vivido. Esse é o tempo na psicanálise, independente da duração do trabalho terapêutico.

Levando em conta a relatividade do tempo, a mudança dos tempos (e dos dramas e das ansiedades dos pacientes), a ampliação e o aprofundamento dos conhecimentos teóricos e técnicos da psicanálise, perguntamo-nos: com que recursos (no seu sentido mais amplo) podemos nós, psicoterapeutas, atender aos anseios dos pacientes que nos procuram?

Certamente a delimitação do tempo de tratamento exigirá mudanças de enquadre e modificará as relações terapeuta/paciente, mas são justamente essas mudanças que historicamente foram sendo sistematizadas com base nos pressupostos da psicanálise original. É com esse alicerce que abordamos o que hoje é reconhecido como psicoterapia breve psicanalítica.

Partindo dessa muito ampla concepção de tempo e cientes de que o tempo, considerado em si mesmo, transcende em muito os objetivos desse trabalho, deparamos-nos com a complexidade que se nos apresenta ao tentarmos situar a questão temporal na psicoterapia psicanalítica, independentemente das circunstâncias, da indicação ou da faixa etária em que ela acontece.

Tudo que foi dito até agora sobre a relatividade do tempo e sobre a vivência subjetiva da passagem do tempo terá importância nas considerações a seguir. Entramos num terreno complexo e minado de aspectos altamente variáveis para chegarmos a uma conclusão sobre duração de uma psicoterapia. Diversos fatores terão que ser levados em conta, oriundos do paciente, do terapeuta, das circunstâncias nas quais foi ou é realizado o tratamento, de suas finalidades, do local onde ele é realizado e outros aspectos certamente imprevisíveis. Num breve recorrido da história da psicoterapia breve, tentamos, contextualizando a abordagem breve, entender sua evolução e sua prática atual.

A duração de uma psicoterapia é uma das questões cruciais do processo. Sabemos que os objetivos de uma psicoterapia apontam claramente para o alcance de um desejável grau de autonomia e independência, o qual supõe a elaboração da nossa condição de finitude e da necessidade de enfrentamento de perdas. James Mann (1978, citado por Parry, Roth e Kerr, 2007) vê o limite de tempo como uma metáfora para a finitude do próprio tempo para o indivíduo; para o autor, lidar com o limite temporal evoca a realidade da perda e da morte e propicia importante experiência de amadurecimento.

As terapias de tempo limitado lidam com as frustrações e decepções dadas por esse limite, tanto para pacientes quanto para terapeutas. As terapias baseadas em teorias psicodinâmicas dão mais ênfase a esse aspecto e ao valor terapêutico do término fixo (Parry, Roth e Kerr, 2007). Os autores mencionados ainda citam Malan (1976) e Ryle e Kerr (2002), para quem as terapias breves têm em comum, além de um limite de tempo, um foco e a característica de atividade do terapeuta e, por isso, talvez essa modalidade terapêutica devesse ser chamada de *terapia intensiva* em comparação às de longa duração, melhor caracterizadas como *extensivas*.

O termo *breve* nos traz motivo para discussão. Na tradição do trabalho psicanalítico, sabemos que o tempo – cronológico – usualmente exigido para "desmontar defesas", "vencer resistências" e chegar ao material inconsciente é necessariamente longo. Sabemos também que a noção de profundidade em psicoterapia, tão relacionada com a psicoterapia psicanalítica e de longa duração, pode ser vista sob a perspectiva da origem do material – profundo porque primitivo – ou sob a perspectiva da força das defesas do paciente – profundo porque o paciente resiste em liberá-lo. Dessa forma, o tempo, para os objetivos de uma psicoterapia serem alcançados, mostra-se relativo, pois o próprio tempo cronológico é relativo. Portanto, não podemos entender *Psicoterapia breve* como um tipo de tratamento que se caracteriza por sua brevidade.

A psicoterapia dinâmica breve tem uma história tão antiga quanto a própria psicanálise. Knobel (1986) lembra que alguns autores concordam que a maioria dos casos clínicos de Freud não eram mais do que experiências de psicoterapia breve e afirma que a própria psicoterapia aparece como uma natural e lógica consequência da psicanálise. Para Molnos (1995), pode-se argumentar, inclusive, que a psicanálise clássica desenvolveu-se gradativamente a partir de uma forma de psicoterapia breve. Essa afirmativa não nos parecerá estranha se considerarmos que os primeiros tratamentos psicanalíticos realizados por Freud foram de duração muito curta. São fartamente conhecidos os casos de Bruno Walter, tratado em seis sessões em 1906, e de Gustav Mahler, em quatro sessões em 1908. O caso infantil do "Pequeno Hans", publicado em 1909, também pode ser considerado um tratamento breve. Muitos autores estudiosos da psicoterapia breve os usam como exemplos (Gebara, 2003; Hegenberg, 2004; Lowenkron, 2006).

PSICOTERAPIA BREVE – DE FREUD À ATUALIDADE

Desde os primeiros escritos sobre a técnica psicanalítica, a questão da duração do tratamento está presente. Os primeiros tratamentos realizados por Freud duravam apenas alguns meses; ele estava empenhado em buscar curas rápidas e preocupado em comprovar a eficácia de sua técnica. Ao mesmo tempo, o aprofundamento de questões teóricas e o estudo dos conceitos metapsicológicos foram mostrando a necessidade de prolongar as terapias, pois a compreensão da estrutura caracteriológica das resistências demandava um tempo maior para alcançar esses objetivos.

Em 1918, na conferência *Linhas de progresso na terapia psicanalítica*, proferida no Congresso Psicanalítico Internacional (Budapeste), Freud propõe uma psicoterapia de base psicanalítica para responder à necessidade assistencial da população, prevendo (e recomendando) adaptações da técnica à realidade socioeconômica e cultural da população. Poderíamos dizer, como Gebara (2003), que essa manifestação de Freud gerou o interesse de alguns profissionais em buscar soluções mais adequadas para a maior aplicabilidade da técnica psicanalítica: a um maior número de pessoas, a pessoas com condições socioeconômicas mais difíceis e/ou a outras situações especiais.

A partir de então, o progresso das psicoterapias breves ocorreu de modo descontínuo, mas sem dúvida foram os avanços dos estudos psicanalíticos que permitiram o seu desenvolvimento (Knobel, 1986). Seu processo evolutivo pode ser dividido em três fases: o *estágio psicanalítico*, representado pelas tentativas de Freud, Ferenczi e Rank de modificarem a técnica psicanalítica no sentido de agilizar a melhora dos sintomas dos pacientes, sem a modificação dos objetivos da análise clássica; o *estágio intermediário*, no qual autores como Alexander e French procuraram definir de forma mais clara as diferenças entre a técnica da psicanálise e a técnica da psicoterapia breve e o *estágio psicodinâmico breve*, situado a partir da década de 1950, quando os objetivos e a estratégia desta técnica se delinearam de forma mais precisa (Yoshida, 1990). Este último estágio tem como representantes Malan, Sifneos, Mann, Davanloo, entre outros. Eles destacaram o valor social da psicoterapia breve, uma vez que esta trouxe benefícios a um número maior de pessoas, as quais, pelas mais variadas razões, não podiam se submeter a processos terapêuticos prolongados. Demonstraram, ainda, que a pessoa possui, na sua estrutura psíquica potencial para entender seus conflitos e usar seus recursos para superá-los ou amenizá-los, conseguindo adquirir uma estabilidade de ego que favoreça um processo evolutivo mais saudável, capaz de desfrutar de relacionamentos interpessoais de forma gratificante, sendo social e profissionalmente produtiva sem submissões neuróticas ou rebeldias masoquistas, conquistando, ao mesmo tempo, um lugar respeitado em sua comunidade.

No entanto, é fundamental deixar claro que a psicoterapia breve não surgiu com finalidade exclusiva de "eliminar sintomas", "atender a maior demanda e muito menos para atender a um desejo do paciente. Embora a psicoterapia breve possa, em uma boa medida, preencher esses objetivos, podemos dizer que todos esses aspectos em conjunto colaboraram para o seu desenvolvimento nas últimas décadas. Sem dúvida, a necessidade de dar conta de uma demanda social maior (hospitais e centros de saúde) e a falta de recursos econômicos de um considerável contingente da população que tem indicação de atendimento psicológico levaram os profissionais da área da saúde mental a refletir sobre possíveis adaptações da técnica psicanalítica clássica. Assim como houve modificações da técnica original da psicanálise para tratar psicóticos e grupos, por exemplo, houve estudos que mostravam o quanto, em determinadas circunstâncias, muitas pessoas poderiam se beneficiar com essa abordagem. Além da constatação da limitação de tempo e dinheiro de um número significativo de pessoas para se submeterem à psicanálise, a própria falta de motivação de pacientes para um tratamento prolongado também foi estímulo ao desenvolvimento da psicoterapia breve. Junte-se a isso o advento da terapia cognitivo-comportamental (tipicamente de curta duração), o desenvolvimento da terapia medicamentosa e, ainda, outra razão, que é a maior facilidade de utilizar e validar dados para pesquisa que a psicoterapia breve proporciona.

Com relação ao trabalho com crianças, foi Arminda Aberastury a psicanalista pioneira no desenvolvimento das psicoterapias destinadas a crianças e adolescentes na América Latina. Aberastury (1972) relacionou a indicação de atendimentos com objetivos e tempo limitados com situações de eminência de cirurgia, presença de sintomas agudos e isolados que pudessem ser focalizados, recusa ansiosa a se submeter a tratamento médico ou odontológico, início de doença mental no paciente ou em familiar próximo e situações de crises familiares com mensagens contraditórias ou enganosas, como separação de pais, nascimento de irmãos, adoção, viagens, recasamento de pais, entre outros. Arminda Aberastury introduziu pressupostos novos à teoria da técnica e, cumprindo a função social da psicanálise, atendeu situações de crise que transcendiam os limites oferecidos pelo tratamento psicanalítico clássico.

Como registramos acima, a concepção da abordagem psicoterápica breve apresentada neste capítulo está alicerçada nos pressupostos da psicanálise como teoria, método e técnica (Freud, 1923-1976) e entendida como a articulação entre a teoria psicanalítica e um procedimento determinado.

O breve recorrido feito sobre os caminhos da psicoterapia breve nos aponta para não apenas a importância de conhecê-la como um tratamento eficaz, originado nos princípios da teoria e da técnica psicanalítica, como também para considerá-la uma abordagem imprescindível, em muitos casos e situações, nos dias atuais.

PSICOTERAPIA BREVE NA INFÂNCIA E NA ADOLESCÊNCIA

Contexto atual

As últimas décadas têm se caracterizado por intensas transformações socioculturais estimuladas por avanços tecnológicos que se sucedem numa velocidade não experimentada pelo homem até então. Essas modificações são amplas e abrangem a estrutura familiar, o mercado de trabalho, o sistema econômico, os progressos da comunicação e das aplicações da informática e as novas descobertas no campo das ciências.

Dentro desse contexto, presenciamos o declínio da autoridade familiar, caracterizado pela sociedade permissiva. As crianças e adolescentes de nossos dias parecem ver a autoridade, a tradição e a renúncia à satisfação imediata dos desejos como forma de autoritarismo e repressão. Estimulada pela competição consumista, essa população tende a estruturar personalidades narcisistas, em vez de conflitos e culpa frente à autoridade, experimentam ansiedades e insatisfações crônicas que dominam o seu mundo interno (Costa, 2000).

Os riscos que existem na sociedade atual para o desenvolvimento evolutivo saudável de crianças e adolescentes são enfatizados por Lewis e Wolkmar (1993), quando se referem aos efeitos a que crianças e adolescentes estão expostos em situações como divórcio, alcoolismo, violência social, maus-tratos, negligência e abusos. Estímulos significativamente estressantes e traumáticos podem desencadear um colapso adaptativo que pode assumir a forma de perturbações psicológicas graves, desencadeando sintomas psíquicos, psicossomáticos ou da vida das relações que acarretam bloqueios do desenvolvimento.

A necessidade de atender aos problemas atuais dessa população a pressiona à busca de uma solução imediata, para que retome o seu desenvolvimento; essa busca vem ao encontro da psicoterapia breve em sua função terapêutica e profilática. Respeitando as urgências que acompanham o cotidiano contemporâneo, essa modalidade terapêutica oferece um espaço para pensar.

Constata-se que, embora a psicoterapia breve, destinada à infância e adolescência, seja bastante utilizada na prática clínica, principalmente em instituições, ambulatórios, hospitais, clínicas-escolas, entre outras, existem poucos trabalhos e pesquisas publicadas sobre essa técnica.

A psicoterapia breve aplicada à infância e adolescência representa um progresso muito valioso, não só do ponto de vista terapêutico, mas também dentro da evolução geral da psiquiatria infantil, já que introduz técnicas de trabalho interdisciplinar. Ou seja, inclui a possibilidade do trabalho ser realizado em equipe, com a participação da família, da comunidade e de profissionais especializados, tanto no diagnóstico quanto no tratamento pois uma única forma de abordagem terapêutica pode não ser suficiente para crianças e adolescentes (Knobel, 1977). Muitas vezes, são necessárias várias combinações de tratamentos, como: farmacoterapia, terapia de família, acompanhamento pedagógico, fonoaudiológico, orientação aos pais, entre outros. A combinação da psicoterapia breve com outras abordagens, quando necessárias, tem resultado em melhoras significativas e rápidas na população infanto-juvenil.

Particularidades no processo terapêutico

O lugar dos pais

As características de dependência da criança e do adolescente obrigam o terapeuta a considerar o problema do acompanhamento e orientação aos pais. Por isso, essa modalidade de atendimento considera indispensável a realização de entrevistas sistemáticas com pais e/ou cuidadores, para que esses sejam auxiliados a compreender e aceitar as dificuldades dos filhos, bem como ajudá-los a receber as melhorias que irão exigir reestruturação da dinâmica familiar. Esse procedimento se justifica, ainda, em função da repercussão imediata que esse tipo de intervenção psicoterápica pode causar nessas faixas etárias, mobilizando mudanças rápidas.

Temos o conhecimento de que a psicoterapia de crianças e adolescentes possui particularidades vinculadas à inclusão dos pais na configuração da relação entre terapeuta e paciente. Os pais exercem uma presença contínua no horizonte do campo terapêutico, configurando, com o terapeuta e o paciente, uma singular estrutura, que promove funções e efeitos próprios nos pacientes e no terapeuta. O trabalho psicanalítico leva o terapeuta a ressignificar sua própria infância em relação aos pais de sua história pessoal. Ao mesmo tempo, a relação vincular do casal de pais com o terapeuta de seu filho ressignifica as situações narcísicas e edípicas não-resolvidas da história individual dos genitores, exercendo neles contínuas reestruturações que, por sua vez, incidem nas vicissitudes do processo psicoterápico da criança e do adolescente. O terapeuta necessita, então, instrumentar ferramentas que permitam incluir, dentro do campo analítico, os nexos que se estabelecem entre a transferência do paciente e a contratransferência do terapeuta, as quais estabelecem um campo do qual faz parte a relação com os pais. O terapeuta deve, em seus encontros com os genitores, criar espaços e tempos mentais discriminados na economia libidinal dos próprios pais, para que o filho tenha um lugar próprio no território sem fronteira dos inconscientes parentais. Assim, o terapeuta não só oferece orientação e informações aos pais com a finalidade de adequar o meio ambiente às necessidades de desenvolvimento e crescimento de seus filhos, mas também trabalha com a trama identificatória dos desejos de vida e de morte dos pais que recaíram sobre o filho. A função do terapeuta é a de libertar os pais e a criança do cativeiro narcisista em que ambas as partes participam e padecem em uma cumplicidade inconsciente (Kancyper, 1997).

Trabalho clínico com crianças e adolescentes

A técnica da psicoterapia breve deve ser norteada por alguns aspectos básicos que são específicos do trabalho clínico com crianças. O terapeuta precisa, inicialmente, facilitar o estabelecimento de uma aliança terapêutica com a criança, capaz de sustentar a tarefa em que se recompõe o sintoma como uma manifestação do desejo da mesma de entrar em contato com seu conflito e resolvê-lo. Para tal, é necessário oferecer um *setting* terapêutico estruturado por meio da escuta empática, do acolhimento incondicional, do sigilo e de material lúdico pelo qual a criança poderá comunicar seus sentimentos, desejos e fantasias inconscientes. Esse enquadre é fundamental, pois funciona como o depositário natural das ansiedades mais primitivas da criança e como fator estruturante do qual o terapeuta faz parte. Racusin (2000) sugere que o terapeuta realize intervenções do tipo verbal e não-verbal que facilitem o contato da criança com sentimentos e impulsos, significando-os e nomeando-os; sugere a utilização da interpretação dos conteúdos mentais conscientes e inconscientes, de forma que o paciente possa conectar sentimentos e desejos com o significado simbólico de seu sintoma e a utilização da transferência e da contratransferência como recurso importante na construção de algo novo que possa ser criado a partir do aqui-agora do processo da psicoterapia. Essas intervenções poderão auxiliar a criança a desenvolver recursos que a capacitem na resolução de suas dificuldades, fortalecendo seus mecanismos de enfrentamento, incrementando sua autoestima e recuperando sua capacidade de retornar ao percurso de seu desenvolvimento.

A adolescência rompe a estabilidade da infância, trazendo consigo mudanças que determinarão sensações e emoções intensas (Ferrari, 1996). O adolescente, imerso nas dores psíquicas decorrentes de suas perdas e da deformação da percepção do tempo, percebe que viver é uma aventura difícil e complexa. As angústias que participam dessa nova fase serão enfrentadas por meio de mecanismos maníacos, de intelectualizações e de *actings* que colocam o corpo e o ato como vias de comunicação, denunciando a ruptura do simbólico. O adolescente, quando busca tratamento, traz consigo sua estrutura psíquica ainda pouco desenvolvida e sem recursos suficientes para dar conta de todas essas questões. Exige, do ponto de vista técnico, que o terapeuta seja empático e continente, oferecendo, através de suas intervenções verbais e não-verbais, significado a emoções ainda não pensadas. A relação que se estabelece, a partir do par terapêutico, auxilia o adolescente a conectar as experiências que ocorrem no campo com acontecimentos de sua realidade cotidiana, integrando passado e presente. Nessa área intermediária da experiência relacional ocorre o processo de mudança, no qual o terapeuta estimula o paciente a descobrir seu mundo e o pensar em como se sente nele.

Kusnetzoff (1993), ao salientar o período turbulento e conflitivo pelo qual o adolescente transita, recomenda que o terapeuta, numa abordagem focal, mostre-se flexível, compreensivo e atento. É importante que ele aceite o jovem, valorizando suas queixas, disponibilizando-lhe o seu olhar e a sua escuta para receber as suas diferentes formas de comunicação. O terapeuta deve desempenhar um papel ativo na psicoterapia breve, a fim de estabelecer, em curto espaço de tempo, um *rapport* rápido e capaz de focalizar áreas conflituosas importantes, sem postergações desnecessárias. Nessa técnica, o terapeuta se dedica a situações atuais da vida do adolescente, enfatizando os fatores adaptativos do ego e os recursos que favoreçam suas áreas autônomas. A partir da focalização de seu problema, desenvolve um trabalho compartilhado e, considerando a compreensão do que se passa na transferência e na contratransferência, o terapeuta deixa de lado material não significativo ao foco. Como um fotógrafo, terapeuta e paciente vão ampliando cada vez mais o detalhe (foco) de uma fotografia, até encontrarem "algo" que não aparecia na reprodução original (latente) (Ferrari, 1996).

O caso de Clara, atendida nessa modalidade, ilustra as possibilidades descritas acima. Clara, 16 anos, buscou atendimento psicológico por recomendação de seu cirurgião-dentista. Ela precisava se submeter a uma cirurgia buco-facial complexa e de difícil recuperação e se mostrava muito ansiosa com a possibilidade de ver sangue. A psicoterapia breve realizada com a paciente aconteceu ao longo de 15 sessões, acompanhadas de entrevistas com sua mãe e com o dentista para a compreensão dos procedimentos cirúrgicos e para assessorá-lo quanto ao manejo com a jovem. A necessidade urgente de Clara de se preparar emocionalmente para essa intervenção determinou o foco do trabalho psicoterápico.

Orientado pelo foco, o terapeuta se ocupou em ajudar a paciente a entrar em contato com suas fantasias e ansiedades relacionadas à fase evolutiva as quais se associavam inconscientemente ao ato cirúrgico. Com o auxílio do vínculo estabelecido com o terapeuta e das intervenções do mesmo, que ativavam sua atenção, seu afeto e sua capacidade de pensar, a jovem, através de suas associações relativas ao foco, se deu conta de que a condição de paciente cirúrgica a remetia à sensação de passividade, com a qual se submetera às situações de risco, nas quais seu pai a colocava quando criança. Ela lembrou que, nesses momentos, não se sentia amparada e protegida pela mãe, que se afastava de forma omissa. A evolução do processo aproximou também a paciente de fantasias e desejos edípicos transferidos para o dentista e associados simbolicamente à intervenção cirúrgica. A compreensão de que o temor à morte, despertado pela cirurgia, se vinculava a sensações de risco e excitação que experimentara com as "brincadeiras" do pai, que a assustava, quando, por exemplo, a colocava sentada em lugares altos ou exposta a risco de queda, foi auxiliando a paciente a poder pensar de forma mais real sobre a situação que iria enfrentar. Na fase final de seu atendimento, após um período de resistência desencadeado pelo temor de não ser suficientemente cuidada pela terapeuta e pelo dentista que, em sua fantasia, a abandonariam em uma situação de risco como fizera sua mãe no passado, Clara começou a mostrar interesse em obter mais informações a respeito do procedimento, do período de hospitalização e da recuperação pós-operatória. Da mesma forma, passou a se sentir mais tranquila para conversar com o dentista e fazer as combinações necessárias para a intervenção. Além das dificuldades relativas à cirurgia, pode se verificar mudanças mais amplas na paciente. Ela passou a se questionar a respeito de seu grupo de amigos e das relações com seus pais, conquistando uma visão mais integrada de suas relações. Passou a preocupar-se com sua aparência e seu modo de vestir, tornando-se mais feminina. A partir dessas condições, a data da cirurgia foi marcada e a intervenção ocorreu com êxito, reforçando a autoestima e segurança da paciente em si mesma e na equipe técnica.

Resta destacar que as entrevistas iniciais, principalmente a primeira, são cruciais no atendimento de adolescentes, pois, além de desempenharem um papel terapêutico são profiláticas da deserção prematura do paciente. A disposição ao diálogo, a evitação do silêncio e o comportamento ativo do terapeuta, nas primeiras sessões, reduzem as ansiedades paranoides frente ao desconhecido e favorecem o desenvolvimento de uma aliança de trabalho positiva.

A psicoterapia breve na infância e na adolescência vem se desenvolvendo como uma técnica de tratamento na qual as metas terapêuticas são limitadas a um foco. De forma geral, é recomendada após uma profunda avaliação em casos onde uma modalidade de tratamento mais complexa e de tempo indefinido se mostra impraticável.

Na clínica com crianças e adolescentes, muitas vezes nos deparamos com situações reativas, como quadros de ansiedade, depressão e perturbações psicossomáticas, advindas de crises determinadas por conflitos familiares, separação dos pais, problemas escolares e relacionais, etc. que exigem intervenção rápida e breve. Nessas situações, a possibilidade de trabalhar com um foco pode se tornar útil e indicada.

Todo o foco deve possuir um eixo central determinado pelo motivo de consulta e sua configuração será fruto das entrevistas iniciais de avaliação. O terapeuta precisará identificar o fator desencadeante e a crise vital ou acidental pela qual passa o paciente para compreender o foco a ser definido junto ao mesmo. Identificados o desencadeante e a situação atual, o terapeuta deve seguir seu trabalho, orientado pelas associações do paciente, rumo à investigação e à delimitação do foco que corresponde ao conteúdo latente. O seguimento do processo psicoterápico promoverá uma evolução da compreensão do foco inicial, delimitando e aprofundando a compreensão de seu psicodinamismo (Valério, 2005).

A psicoterapia breve, além de focal, se caracteriza por ser dirigida ao *insight* e por utilizar variadas intervenções verbais, como interpretação, assinalamento, reasseguramento, fornecimento de informações, orientações, entre outras. O tempo surge, também, como uma possibilidade da técnica, podendo ser definido ou não *a priori*, em função das necessidades do paciente, do terapeuta ou da instituição. O terapeuta mantém constantemente em sua mente um foco durante o processo psicoterápico como objetivo de seu trabalho junto ao paciente. Ele o faz idealmente para que o foco possa ser formulado em termos de uma interpretação essencial sobre o qual toda a terapia irá se basear. O terapeuta ocupa um papel ativo no processo, pois é sua tarefa principal guiar o paciente para esse foco principal através de interpretações parciais e atenção seletiva. Cabe a ele, partindo de seu conhecimento profundo do paciente e considerando o que se passa no campo terapêutico, eleger o material clínico que está em consonância com o foco. O uso da atenção seletiva do terapeuta, no caso de Clara, facilitou o trabalho de elaboração de conflitos subjacentes a seu problema atual que a impediam de realizar a cirurgia indicada.

O objetivo último da psicoterapia breve é facilitar à criança e ao adolescente uma adaptação crítica ao ambiente, recuperando a sua capacidade de aprender, de se relacionar e de brincar de acordo com sua idade, assim como favorecer ao adolescente a aquisição da possibilidade de projetar seu futuro e integrar sua identidade adulta (Knobel, 1977).

INDICAÇÕES E CONTRAINDICAÇÕES DA PSICOTERAPIA BREVE NA INFÂNCIA E NA ADOLESCÊNCIA

A indicação da psicoterapia breve na infância e na adolescência deve ser realizada após minuciosa avaliação diagnóstica, o que inclui a compreensão dos sinais e sintomas do paciente, o diagnóstico dinâmico que definirá ansiedades, defesas e níveis libidinais, o diagnóstico das características da personalidade em desenvolvimento e o diagnóstico sociofamiliar.

Aberastury (1972) calcada em sua extensa experiência como psicanalista de crianças e adolescentes, refere-se à "terapia breve" (p. 30) "como uma técnica que se utiliza da interpretação adaptada aos limites de uma situação, que se coloca como urgente na vida de uma criança". Indicou essa modalidade de atendimento para pacientes portadores de doenças graves, como as cardiopatias congênitas, para aqueles que deveriam se submeter a procedimentos cirúrgicos e tratamentos odontológicos mobilizadores de ansiedade, entre outras situações específicas.

Knobel (1997), referindo-se à psicoterapia breve aplicada à infância e adolescência, explica que a criança e o adolescente podem apresentar, dentro de uma problemática complexa, alguns focos que podem ser *atacáveis* por meio da psicoterapia. Sugere que esse tipo de psicoterapia seja indicado em situações de emergências como: enfermidades na família, problema emocional decorrente de doenças orgânicas, morte de pessoas significativas, vivências de abandono, divórcio, entrada na escola, mudanças de residência ou cidade, nascimento de irmão, entre outros. A essas situações, agrega as reações psicológicas a acontecimentos catastróficos, como acidentes graves, problemas de crises políticas ou institucionais que repercutem na família.

Proskauer (1969), a partir de sua experiência clínica com essa modalidade de atendimento, indica cinco questões a serem avaliadas para indicação da psicoterapia breve na infância. São elas: a capacidade da criança de responder rapidamente e desenvolver uma aliança de trabalho positiva com o terapeuta, a possibilidade de um assunto focal e dinâmico ser identificado como central na psicopatologia geral da criança e compatível de ser resolvido em período curto – favorecendo a retomada de um desenvolvimento sadio –, a utilização de defesas flexíveis e a presença de traços de caráter da criança que favoreçam a resolução de um assunto focal, a possibilidade da criança possuir confiança básica suficiente para que o término da psicoterapia breve seja experimentado mais como uma experiência positiva de crescimento do que como um novo abandono; e, por fim, o ambiente da criança deve ser suficientemente protetor (ou se transformar em) de tal forma que os esforços de tratamento não sejam sabotados por forças patogênicas na casa da criança, na escola ou na comunidade. Ampliando essas indicações, o autor refere situações especiais, nas quais a psicoterapia breve pode ser útil, como em famílias que possuem a indicação de psicoterapia sistemática ou psicanálise, mas que demonstram resistências associadas a sentimentos de ameaça frente a um tratamento de final indeterminado. A psicoterapia breve pode funcionar como uma experiência de tratamento que flexibilize as defesas e diminua as ansiedades que impedem a participação em um tratamento profundo de longa duração. Uma outra indicação seria a de trabalhar com a criança e a família durante o período que precisam esperar para receberem o atendimento indicado, quando este não pode ser recebido de imediato, como ocorre seguidamente em instituições de saúde mental. E, ainda, em situações em que a família traz um limite de tempo para resolver alguma dificuldade da criança, determinada por situações como mudança de país, viagens, poucos recursos financeiros, etc.

Crianças que apresentavam fobias agudas, estados regressivos, inibições de funções do ego, comportamentos neuróticos (que não sejam caracteriológicos), reações que extrapolavam os comportamentos normalmente esperados para a sua faixa etária respondem bem a um processo terapêutico breve e focal (Lester, 1968).

As indicações da psicoterapia breve para o adolescente são bastante variáveis, sendo mais específicas as perdas e os lutos decorrentes do crescimento, a incapacidade de lidar com a identidade sexual, dificuldade em manejar com a temporalidade, conflito nas relações sociais, familiares e amorosas, aceitação conflitiva do próprio corpo, vulnerabilidade às pressões ambientais, como uso de drogas, atos irresponsáveis e delituosos, problemas de aprendizagem, dificuldade de tolerar frustração e reconhecer limites (Knobel, 1997).

Os transtornos neuróticos, quer se manifestem pela primeira vez na adolescência ou sejam reedições de conflitos que não foram tratados na infância, que desapareceram ou se atenuaram, respondem mais facilmente à Psicoterapia Breve. Da mesma forma, adolescentes com retração de tipo autista em seu grupo de iguais que, quando estimulados pelo ressurgimento de impulsos heterossexuais se relacionam melhor com o seu meio, também se beneficiam desta abordagem (Kusnetzoff, 1993).

Em relação à exclusão da indicação de psicoterapia breve, parece haver consenso entre os autores de que crianças e adolescentes portadores de psicoses, atraso mental significativo, baixo nível de adaptação social, desordens invasivas do desenvolvimento, falhas severas nas relações iniciais, problemas caracteriológicos sérios e pertencentes a famílias rígidas e disfuncionais teriam menos probabilidade de conquistar benefícios com essa modalidade de atendimento.

CASO CLÍNICO: UM TEMPO PARA (RE)NASCER

Thomas estava com 3 anos e 6 meses quando seu pediatra recomendou que ele realizasse uma avaliação psicológica. A ausência do pai, compensada por uma proximidade superprotetora da mãe, e as recorrentes crises de asma do menino justificavam o encaminhamento realizado.

A relação próxima e ambivalente que Anita (mãe) e Thomas mantinham logo se revelou na dificuldade que ambos demonstraram em se separar. O paciente, ao mesmo tempo que exigia a permanência da mãe nas sessões, agarrando-se as suas pernas com expressiva ansiedade, a rejeitava com comportamentos desafiadores e agressivos. Na creche, a professora reclamava de sua desobediência e de seus comportamentos rebeldes com os colegas.

O nascimento de Thomas desencadeou o afastamento de Geraldo (pai) da família, culminando com a separação do casal quando quando Thomas tinha 1 mês. Anita revelou que ainda não havia superado a mágoa e o "ódio" do ex-marido que a abandonara para assumir uma relação extraconjugal. Essa situação a impedia de facilitar a aproximação entre pai e filho, prevalecendo sua necessidade de reforçar a Thomas uma imagem desvalorizada da figura paterna. O menino e seu pai se encontravam muito esporadicamente.

Quando iniciou seu atendimento, Thomas mamava no seio, usava fraldas e dormia na mesma cama que a mãe. Embora fosse um menino esperto, ativo e espontâneo, comportava-se como um bebê. Ainda nesse momento, Anita matriculou o filho em uma creche onde ele se adaptou com facilidade. No entanto, a mãe se sentiu muito ansiosa e "perdida" sem o filho e, por isso, permaneceu vários dias na creche até se acostumar com essa nova situação.

Esses dados relevantes da história de Thomas evidenciavam a existência de significativa ansiedade, dificultando o desenvolvimento do processo de separação e individuação entre mãe e filho de forma saudável, o que impedia o seu crescimento emocional. Constatou-se que as ansiedades de separação circulavam na relação entre Anita e Thomas, de forma que ambos se encontravam atrelados ao desejo e ao temor do reengolfamento e da simbiose. Evidenciou-se que a relação dessa díade se constituía no foco principal do processo de psicoterapia, que teve a duração de 28 sessões.

Uma ligação estreita entre mãe e filho, acompanhada da ausência do pai, pode gerar dificuldades para a inclusão de um terceiro na relação. Uma das intervenções terapêuticas possíveis é abordar o vínculo patológico que impossibilita a inclusão de outra pessoa na dupla simbiótica. A terapia com o foco no binômio mãe e filho tem por objetivo tratar essa relação, esclarecendo a profunda interdependência e a ansiedade de separação, bem como as formas defensivas que mãe e filho recorrem para sustentar esse vínculo. O terapeuta assume o papel diferenciador que deveria ter sido cumprido pelo pai e não o foi, em decorrência de suas dificuldades psíquicas ou por impedimentos advindos da díade mãe-bebê (Bleichmar, 1972).

A evolução dos atendimentos demonstrou o quanto a terapeuta representava para Anita e Thomas, a figura que iria interferir na relação dual e próxima que mantinham. A essa vivência de corte experimentada na transferência, a dupla reagiu com manifestações de resistência que ameaçaram, em alguns momentos, a continuidade do atendimento. Porém, a atenção e o trabalho terapêutico dedicados a esse ponto de urgência incrementaram o vínculo do paciente e de sua mãe com a terapeuta, encorajando-os a enfrentar as fantasias das quais derivavam sentimentos de ameaça, ambivalência e culpa. Esse funcionamento encarcerava mãe e filho, à medida que negavam a possibilidade de um funcionamento em separado e, ao mesmo tempo, lutavam contra a simbiose.

Nas sessões iniciais, excluindo a participação da terapeuta, mãe e filho alternavam períodos de proximidade, promovidos pelos jogos que Thomas propunha à mãe, por outros onde eles se afastavam, quando o menino chamando a mãe de "monstro", a convidava para um duelo com armas e espadas.

No seguimento da psicoterapia, Anita e Thomas testaram a terapeuta em sua capacidade de continência, buscando se assegurar de que o trabalho terapêutico não concretizaria o temor de perda subjacente à estreita relação que ambos mantinham, muito pouco perturbada pela presença do pai. A possibilidade de mudança pareceu ter sido marcada pela ansiedade que o pequeno paciente demonstrou, quando o gatilho do revólver com o qual costumava se defender da "mãe-monstro" estragou. Aflito, dirigiu-se de forma direta à terapeuta e pediu-lhe auxílio, pois precisava recuperar e reforçar seus recursos para enfrentar o afastamento da mãe, garantindo sua condição masculina ameaçada. Thomas passou, então, a identificar a terapeuta como alguém diferente de sua mãe e portadora de outros atrativos. Ele, amparado pelo olhar de Anita, experimentou essa nova relação, não mais dispensando a participação da terapeuta nas brincadeiras com a bola, com o jogo de sinuca, com os super-heróis e com os desenhos com os quais se ocupava ao longo das sessões. No entanto, a aproximação e o prazer desfrutados nesta nova relação assustaram o paciente que, preocupado com os sentimentos de exclusão externalizados pela mãe, buscava atender as próprias necessidades de proteção narcísica através de comportamentos regressivos. A terapeuta, centrada no foco da relação entre ambos, oportunizou um espaço no qual mãe e filho puderam entrar em contato com a realidade de seus sentimentos e fantasias e, pensando sobre eles, puderam criar uma nova forma de se relacionar.

Assegurado da permissão de sua mãe e mais tranquilo quanto à sua constância, enquanto objeto diferenciado de si mesmo, Thomas iniciou um brinquedo na casa de bonecas, montando cenas familiares, nas quais a figura paterna foi incluída. Assim, o menino expressou o seu desejo de examinar com a mãe as reais possibilidades de um encontro com Geraldo.

Nas entrevistas de acompanhamento realizadas com a mãe, foi possível auxiliá-la a separar suas dificuldades não superadas com o ex-marido das questões referentes à relação do filho com o pai. A mobilização despertada por essa mudança motivou Anita a iniciar seu tratamento pessoal. Os encontros de Thomas e Geraldo começaram a acontecer com maior regularidade. O menino completou seu controle esfincteriano, deixou de mamar no seio, as queixas somáticas diminuíram de intensidade e a avaliação da creche atestava que ele se mostrava mais maduro.

Iniciou-se um momento da psicoterapia em que Thomas passou a se ocupar com brinquedos adequados para sua idade, os quais explicitavam temas de cunho predominantemente edípico. Ele se movimentava de forma mais autônoma nas sessões, recorrendo à terapeuta em sua necessidade de ser ajudado a demarcar um espaço íntimo e individual. Mãe e filho iniciam um movimento de separação representado nas sessões pelas brincadeiras de Thomas que dispensavam a participação de Anita e pelo cansaço demonstrado por esta em permanecer nas sessões. O menino reforçou seus esforços em direção à individuação, na medida em que ele e sua mãe desenvolviam a consciência da diferenciação entre o eu e o outro (Mahler, 1986).

Assim como Thomas ganhara um quarto em sua casa, ele ganhara um espaço interno particular e diferenciado. Estava pronto para estar só na companhia da terapeuta e assim se reconhecer em sua individualidade, assegurado de sua possibilidade de se voltar para o pai na busca de identificações estruturantes de sua identidade.

O tempo do atendimento foi predeterminado no contrato realizado no início da psicoterapia, de acordo com as características da instituição[1] na qual Thomas e sua mãe foram atendidos. Essa possibilidade da técnica não passou despercebida ao paciente, que simbolicamente demonstrou estar atento ao tempo que teria para tentar elaborar o conflito que o impedia de crescer. Thomas encontrou em sua caixa de brinquedos um relógio que foi colocado em evidência em todos os momentos iniciais e finais de suas sessões ao longo de seu atendimento. Na tentativa de controlar sua ansiedade de separação transposta para a relação com a terapeuta, ele marcava o horário do início e do fim de cada encontro. Da mesma forma, ele, em sua fantasia, controlava e definia o tempo subjetivo e real que possuía para, juntamente com sua mãe, se preparar para seu desprendimento do sentimento de completude adquirido na simbiose que poderia cunhar sua eterna dependência (Lisondo, 2001). A díade mãe e filho, no período de sete meses de psicoterapia, demonstrou ter adquirido as condições psíquicas necessárias para retomar o processo de separação, de individuação e de indiscriminação, elaborando o luto pela perda do vínculo narcisista e construindo espaços de subjetivação próprios.

A terapeuta, Thomas e Anita, em um clima de emoção, presenciaram o nascimento emocional (Mahler, 1986) do menino que se mostrou apto a dar seguimento ao seu desenvolvimento cognitivo, emocional e relacional.

BUSCANDO UMA SÍNTESE...

Na tentativa de reunir ideias aqui apresentadas sobre aspectos teóricos, técnicos e clínicos da psicoterapia breve, arriscamos destacar alguns pontos considerados essenciais para a reflexão sobre o tema.

Dissemos, no início do capítulo, que o termo *breve*, no contexto das psicoterapias diz respeito à abordagem focal, planejada e de objetivos limitados. Ao mesmo tempo, afirmamos que esse recurso psicoterápico é fundado nos pressupostos da psicanálise, também como teoria, método e técnica, incluindo, certamente, a coerência entre os pressupostos teórico-técnicos e o procedimento clínico. Considerando, ainda, o tempo como uma representação da realidade objetiva, indispensável à condição humana, podemos pensar que a abordagem definida como breve não muda a essência da psicoterapia psicanalítica.

A clínica psicanalítica parte da ideia que de é possível promover mudanças psíquicas a partir da significação dada às nossas experiências emocionais. O alcance de mudanças almejadas e almejáveis é viabilizado via estabelecimento de relações interpessoais, experiências de considerar a existência separada do outro, seu ponto de vista, seu momento de vida, sua subjetividade. Trazendo essa concepção para a prática psicoterápica, podemos entender melhor a importância e o sentido de pensar a psicoterapia breve como uma abordagem válida, eficaz e indicada em diversas situações. Se considerarmos aspectos do campo analítico, tais como a singularidade da dupla terapeuta/paciente, o potencial de saúde na busca de tratamento, as limitações e transitoriedade da condição humana, estaremos melhor equipados para empreender um processo psicoterápico. Não estaria tudo isso representado na experiência que Thomas e sua terapeuta viveram em seu, relativamente curto, período de 28 sessões da terapia? Parece que o tempo que o pequeno paciente marcava de início e fim de cada sessão ilustra a vivência de uma experiência da realidade objetiva (externa) e, simultaneamente, a vivência de uma experiência da realidade subjetiva (interna), integrando fantasias inconscientes e demandas do mundo externo, elementos complementares para a conquista do bem-estar do sujeito.

NOTA

1 SAPP – Serviço de Atendimento e Pesquisa em Psicologia da Faculdade de Psicologia da PUCRS.

REFERÊNCIAS

ABERASTURY, A. *El psicoanálisis de niños y sus aplicaciones*. Buenos Aires: Paidós, 1972.
BLEICHMAR, E. D. (1972) La psicoterapia del binômio madre-hijo en la simbiosis patológica. In: ABERASTURY, A. El psicoanalisis de niños y sus aplicaciones. Buenos Aires: Paidós.
BRAIER, E. *Psicoterapia breve de orientação psicanalítica*. São Paulo: Martins Fontes, 1986.
CORDIOLI, A. *Psicoterapias: abordagens atuais*. Porto Alegre: Artmed, 1998.
COSTA, J. F. A ética e o espelho da cultura. Rio de Janeiro: Rocco, 2000.
FERRARI, A. B. *Adolescência: o segundo desafio*. São Paulo: Casa do Psicólogo, 1996.
FREUD, S. Análise terminável e interminável. In: _____. *Edição standard brasileira das obras psicológicas completas de Sigmund Freud*. Rio de Janeiro: Imago, 1974. v. 23.
_____. Dois artigos de enciclopédia: psicanálise e teoria da libido. In: _____. *Edição standard brasileira das obras psicológicas completas de Sigmund Freud*. Rio de Janeiro: Imago, 1974.

GEBARA, A. C. *Como interpretar na psicoterapia breve psicodinâmica*. 1. ed. São Paulo: Vetor, 2003.
HEGENBERG, M. *Psicoterapia breve*. São Paulo: Casa do Psicólogo, 2004. (Coleção Clínica Psicanalítica)
KANCYPER, L. *La confrontacion generacional:* estudio psicoanalítico. Buenos Aires: Paidós, 1997.
KNOBEL, M. *Psicoterapia breve*. São Paulo: EPU, 1986.
_____. Psicoterapia breve da infância e adolescência. In: FICHTNER, N. *Transtornos mentais da infância e adolescência*. Porto Alegre: Artmed, 1997.
_____. *Psiquiatria infantil psicodinâmica*. Buenos Aires: Paidós, 1977.
KUSNETZOFF, J. C. *Psicoterapia breve na adolescência*. Porto Alegre: Artmed, 1993.
LEMGRUBER, V. *Psicoterapia breve e a técnica focal*. Porto Alegre: Artmed, 1984.
LEWIS, M.; WOLKMAR, F. *Aspectos clínicos do desenvolvimento na infância e adolescência*. Porto Alegre: Artmed, 1993.
LESTER, E. P. Brief psychoterapy in child psychiatry. *Canadian Psychiatric Association Journal*, v. 13, n. 4, p. 301-309, 1968.
LISONDO, A. B. D. Na simbiose patológica, uma concha acústica para dois. Na psicanálise nasce o ser e a linguagem. In: GRAÑA, R.; PIVA, A. (Org.). *A atualidade da psicanálise de crianças*. São Paulo: Casa do Psicólogo, 2001.
LOWENKRON, T. *Psicoterapia psicanalítica breve*. Porto Alegre: Artmed, 2006.
MAHLER, M. *O processo de separação-individuação*. Porto Alegre: Artmed, 1986.
MOLNOS, A. *A question of time:* essentials of brief dynamic psychotherapy. London: Karnac Books, 1995.
PARRY, G.; ROTH, A. D.; KERR, I. B. Psicoterapia breve e de tempo limitado. In: GABBARD, G.; BECK, J. S.; HOLMES, J. *Compêndio de psicoterapia de Oxford*. Porto Alegre: Artmed, 2007. p. 679-700.
PROSKAUER, S. Some technical issues in time limited psychoterapy with children. *Journal of American of Child Psychiatry*, v. 8, p. 154-169, 1969.
RACUSIN, R. J. *Brief psychodynamic psychotherapy with young children. Journal of the American Academy of Child and Adolescent Psychiatry*, v. 39, n. 6, jun. 2000.
RAPPAPORT, C. R. *Temas básicos de psicologia*. São Paulo: E.P.U.
VALÉRIO, M. H. Focalização. In: EIZIRIK, C. et al. *Psicoterapia de orientação analítica:* fundamentos teóricos e clínicos. Porto Alegre: Artmed, 2005.
YOSHIDA, E. M. P. *Psicoterapias psicodinâmicas breves e critérios psicodiagnósticos*. São Paulo: E.P.U, 1990.

12 Psicoterapia de grupo com crianças mediada por contos

Maria da Graça Kern Castro

A psicoterapia de grupo abre novas perspectivas a quem está habituado a trabalhar em psicoterapia individual com crianças, possibilitando conhecer, além das ansiedades e fantasias, os vínculos e relacionamentos interpessoais como eles aparecem no aqui-agora do *setting* entre todos os membros do grupo, entre cada criança e o restante do grupo e com o psicoterapeuta.

Neste capítulo, é apresentado o relato de uma psicoterapia de grupo mediada por contos infantis. Juntamente com duas colegas[1], compartilhei desta experiência junto a crianças que frequentavam uma escola comunitária de educação infantil. Descreve-se o enquadre, as características do grupo, papéis e funções da psicoterapeuta, coterapeuta e observadora. São descritas as etapas das sessões e é realizada uma retrospectiva do processo psicoterápico, enfocando, no início, os processos de formação do vínculo e estabelecimento do enquadre, um outro momento de consolidação da transferência e processos de catarse e o período final de elaborações e término.

O objetivo da terapia de grupo é propiciar mudanças no equilíbrio intrapsíquico de cada paciente. Através do vínculo grupal, possibilita-se a circulação de ideias e sentimentos comuns, gerando *insights* e o autoconhecimento, estimulado pela experimentação de papéis e de relacionamentos diferenciados no grupo. A presença de outras crianças estimula a participação e a espontaneidade. Cada membro do grupo pode se deparar com sentimentos e problemas semelhantes aos seus, tendo a possibilidade de ver espelhado no grupo suas ansiedades, seus temores e suas fantasias, e se sentir aceito e compreendido. No grupo, toma consciência de como interage com as outras crianças e com o terapeuta, tendo espaço para experimentar novas formas de se relacionar e assumir responsabilidades por suas condutas. À medida que a criança se sente mais livre e compreendida, revela suas emoções e pensamentos, sendo também estimulada a sua criatividade. Crianças que apresentam inibições se sentem mais à vontade para manifestar seus desejos e as impulsivas são levadas, pelo contrato e segurança do *setting*, a tolerar frustrações e adiar gratificações (Zimerman, 1997; Levinky, 1997; Fernandes, 2005, 2006; Bodstein e Arruda, 2006).

O objetivo de nosso trabalho era conhecer as possibilidades terapêuticas da psicoterapia de grupo mediada por contos (Gutfreind, 2003). Tínhamos, também, um objetivo de alcance social visando implementar atendimentos de grupo e atender, futuramente, maior número de crianças expostas a situações de risco e de vulnerabilidade social, no ambulatório de uma clínica-escola em uma instituição.

Por que usar contos numa psicoterapia de grupo?

Relembrando a personagem Scherazade, *Mil e uma noites*, percebe-se que contar histórias foi o estratagema que manteve viva a personagem dessa história. (Barca Gomes, 2006). Tal como Scherazade, continuamos a contar e escutar histórias para lidar com emoções, sentimentos e pensamentos difíceis de serem expressos pela linguagem comum. As vivências emocionais mais intensas ou não-verbais e primitivas, em todos os tempos, encontraram formas de expressão através de mediadores culturais, como os mitos, a literatura, o teatro, as pinturas e as artes em geral. Os contos infantis, com sua magia, personificam angústias humanas e, ao longo dos séculos, foram usados pelos povos para lidar com a conflitiva emocional. Nas últimas décadas, vêm sendo utilizados como mediadores em psicoterapias (Bettelheim, 1979; Hisada, 1996; Gutfreind, 2003; Sunderland, 2005; Corso 2006).

Os contos, por serem instrumentos lúdicos e transicionais, auxiliam na comunicação de vivências afetivas importantes. Apresentam possibilidades de soluções criativas para enfrentar problemas, mostrando que novas formas de pensar, ser e agir são possíveis. Pela identificação com os personagens, a criança enxerga, sob novas formas, problemas antigos e situações de sua própria vida. Pela distância temporal e espacial do "Era uma vez, num país distante...", fica afastada e vê de longe, com distanciamento, o seu conflito, que é o do personagem e não apenas dela. Pela identificação com as diversas facetas de um conto, a criança empaticamente se sente compreendida, acolhida e aliviada em seus sofrimentos. As histórias auxiliam a criança a reconhecer o material psíquico como pertencente a si mesma, através de mecanismos de identificação projetiva e introjetiva. Os contos com suas imagens e metáforas usam a linguagem do pensamento primário, como nos sonhos, facilitando a entrada no mundo interno. Partindo do imaginário e do fantástico, abrem espaço para nomear emoções, para o pensar e o simbolizar, facilitando o desenvolvimento do pensamento secundário (Sunderland, 2005). Além de tocarem em aspectos inconscientes, os contos estimulam o desenvolvimento egoico, como, por exemplo, as funções de atenção, memória, pensamento sequencial e lógico, observação, capacidade de análise e síntese e relações espaço-tempo. Desenvolvem-se funções de linguagem, amplia-se o vocabulário, além de permitirem uma viagem ao mundo da imaginação e do simbólico. São desenvolvidas funções do ego, como percepção, pensamento, conhecimento, juízo crítico, comunicação e atenção, que o campo grupal propicia. Os participantes aprendem a escutar e a serem ouvidos pelo outro (Bettelheim, 1979; Gutfreind, 2003; Sunderland, 2005; Corso e Corso, 2006).

A psicoterapia grupal com uso de contos apresenta dois eixos que dão conta de seus efeitos psicoterápicos: o eixo lúdico e o eixo reflexivo. O primeiro se refere ao prazer que uma psicoterapia com contos envolve, abrindo espaços de criação. Ele se forma através da combinação de imagens, de jogos de ilusão, imaginar, criar, ver de outro modo o concreto da vida, gerando um espaço interno, onde a criança poderá se refugiar nos momentos difíceis de sua vida. O eixo reflexivo é exercido pela função de ser continente de ansiedades que o conto abarca, à medida que contém sentimentos e afetos, fornece nomes e significados, estimula a reflexão e ajuda a pensar (Gutfreind, 2003).

Crianças têm prazer em escutar e contar histórias. Inventam e deslocam simbolicamente seus sentimentos, ansiedades e conflitos, recriam, reinventam, recontam o que lhes interessa naquele momento. Os enredos dos contos tradicionais e de alguns contos modernos lidam com conteúdos emocionais que são inferidos pela trama e pelas ações dos personagens. Isso produz uma série de mecanismos psicológicos – basicamente calcados em identificações, projeções, introjeções e sublimações – e busca de saídas, além do pensar sobre temas como rivalidades, inveja, ciúmes, medos de abandono, entre outras ansiedades. Isso possibilita olhar a vida sob outros vértices e se apresenta como uma ponte para novas aprendizagens. Por exemplo, numa história de monstros e dragões que engolem e dilaceram pessoas, a criança toma contato com sua agressividade, voracidade e sadismo oral. Esse material arcaico é contido pelos personagens e esses elementos regressivos podem ser transformados (através de novas associações verbais da criança ao relato, por desenhos ou dramatizações). Assim, os contos têm uma função organizadora da mente, já que o material que era primitivo, violento e cru, passando por um processo mental de processamentos e elaborações, se torna um novo elemento disponível para o pensar ao ser deslocado do concreto ao simbólico.

Ao escutar uma história, crianças podem reviver momentos de olhares, sons e vozes que remetem a experiências emocionais precoces das suas relações com a mãe, algo conhecido no nível inconsciente (Gutfreind, 2003). Esse conhecimento não pensado foi experienciado no nível pré-verbal e, mesmo sendo incompreensível para o bebê, foi entendido e compartilhado pela mãe ou pelo substituto cuidador. Uma história fala ao *conhecido não pensado* (Bollas, 1992), já que a criança sente traduzidos alguns de seus sentimentos. Ao ouvir uma história de monstros, bruxas, terrores de ser abandonado ou cair em buracos escuros, por exemplo, sente que "isso fala de algo que conheço bem, mas nunca tinha pensado". Quando um *conhecido não pensado* é nomeado, isso é alentador, pois, daí em diante, ele pode ser reconhecido e ser pensado em nível de processo secundário, abrindo caminho para novas cadeias associativas. O grupo terapêutico de contos possibilita chegar à vivências profundas da mente infantil e aos conhecidos não pensados, trazendo esperança de que os sentimentos das crianças sejam compreendidos.

Partindo das contribuições de Winnicott (1975), que diz que a psicoterapia ocorre numa terceira área da experiência emocional, espaço potencial criativo e aberto às simbolizações, situado entre a realidade subjetiva e a realidade objetiva, explicitamos no diagrama a seguir o espaço psicoterápico onde ocorre a psicoterapia grupal mediada pelos contos:

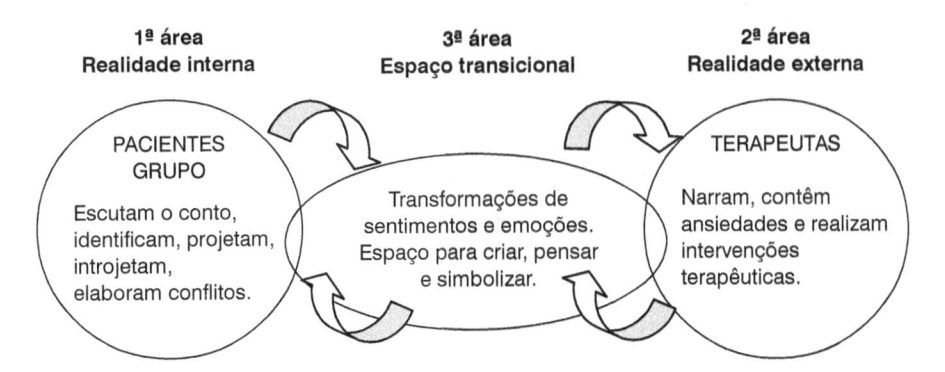

1ª área
Realidade interna

3ª área
Espaço transicional

2ª área
Realidade externa

PACIENTES GRUPO

Escutam o conto, identificam, projetam, introjetam, elaboram conflitos.

Transformações de sentimentos e emoções. Espaço para criar, pensar e simbolizar.

TERAPEUTAS

Narram, contêm ansiedades e realizam intervenções terapêuticas.

O espaço lúdico e terapêutico se forma através da combinação do que se ouve no conto e das imagens e associações que surgem e se formam na mente da criança e do grupo. Cria-se, no vínculo do terapeuta-narrador com o grupo de crianças, uma relação de confiança e de segurança, favorecida pelo enquadre. O grupo teria uma função continente (Bion, 1980) com suas regras, contratos, espaços e papéis delimitados. Esse *setting* teria a função de *holding* descrita por Winnicott, organizando sensações dispersas, oferecendo sustentação e acolhendo a manifestação espontânea de ansiedades, emoções e pensamentos das crianças.

SOBRE O ENQUADRE

É a soma de todos procedimentos que organizam, normatizam e possibilitam o funcionamento grupal, como local, horário, peridiocidade, entre outros acordos formais realizados com o grupo. O *setting* tem como função delimitar papéis, posições, direitos e deveres dos membros do grupo (Zimerman, 1997).

O enquadre ou *setting* é simples e constante, sendo construído com cuidado e flexibilidade. É necessário um local próprio e adequado, espaçoso e confortável para a narrativa dos contos e acomodação do grupo. Usamos uma parte ampla de uma sala de aula de uma escola de educação infantil, onde desenvolvemos nosso projeto terapêutico. As sessões eram semanais, sempre no mesmo dia e horário e tinham a duração de 1 hora e 30 minutos. A escolha dos contos ocorreu pela demanda do grupo e pelo desejo do narrador. Nesse caso, muito importante é ressaltar que o narrador goste do conto e esteja identificado com a história escolhida.

Terapeutas

Em nossa experiência, alternamos papéis e funções a cada semana, trabalhando em coterapia. Ao *terapeuta-narrador* cabia a escolha e narrativa do conto, assim como a organização e manutenção do enquadre. Sentávamos em círculo, no chão, junto ao grupo. Cabia à *coterapeuta* auxiliar o grupo a manter o *setting* e a atenção, ficando sentado junto ao grupo. A *observadora*, no início, ficava fora do círculo, de modo a observar e anotar toda movimentação grupal, as falas e interações entre membros do grupo. Foi convidada pelas crianças a participar da roda e, em algumas ocasiões de maior tensão no grupo, também auxiliou como coterapeuta.

A função da observadora foi muito importante, pois suas anotações forneceram dados que a memória não daria conta para a compreensão dos movimentos transferenciais e contratransferenciais.

Foi de fundamental importância estarmos atentas às comunicações verbais, mas especialmente às manifestações não-verbais (mímicas, olhares, movimentos corporais) que as crianças apresentaram no transcurso do processo psicoterápico

O psicoterapeuta de grupo com crianças necessita desenvolver algumas habilidades, como, por exemplo, a capacidade de ser continente e empático com as necessidades de cada membro e do grupo como um todo, bem como dispor de senso de humor, intuição e rapidez na tomada de decisões em diversas circunstâncias inusitadas que, por vezes, ocorrem no trabalho com essa faixa etária. Ansiedades despertadas pelo conteúdos de alguns contos sofreram transbordamentos na conduta e foram atuadas pelo grupo (sob forma de agitação, gritos, alguns empurrões entre as crianças), e fomos exigidas numa rápida e firme intervenção, algumas vezes sendo necessário conter fisicamente alguma criança mais violenta. Esse tipo de intervenção era explicada e interpretada, sempre discriminando-se entre fantasia da realidade, o pensar e o falar como distintos do agir. Ter consciência das manifestações e pressões do grupo sobre as terapeutas foi decisivo para não ficarem confusas no cruzamento das identificações projetivas e introjetivas que perpassavam o *setting* (Levisky, 1997; Gutfreind, 2003).

O grupo

Constituído por 14 crianças, 6 meninos e 8 meninas, de pré-escola comunitária, com idades entre 4 e 6 anos que frequentavam a mesma classe. Sabíamos que não era um número ideal, que oscila entre 5 a 10 crianças (Gutfreind, 2003). Um grupo grande criou dificuldades adicionais de manejo e facilitou dispersão em conversas paralelas ou em agitação, o que fez com que as terapeutas estivessem muito atentas aos movimentos e reações do grupo. Por dados de realidade externa não havia possibilidade de dividir o grupo em dois, como seria o ideal. A indicação dessas crianças para o trabalho psicoterápico ocorreu em função de seus comportamentos, mobilizando a atenção de professores e direção da escola, que perceberam a necessidade de ajuda extra. Assim o grupo passou a dividir, além das suas professoras, o *setting* e as mesmas terapeutas.

Eram crianças de baixa renda, expostas à vulnerabilidade social. Suas famílias moravam em bairros distantes, porém pais e mães trabalhavam no bairro onde se situava a escola, desempenhando funções de doméstica, jardinero, porteiro e atividades similares. Havia rotatividade no grupo, devido às faltas, pois quando seus pais não iam ao trabalho, as crianças não frequentavam a escola nesses dias e, consequentemente, o grupo terapêutico. No transcorrer dos cinco meses da psicoterapia, quatro crianças abanonaram a escola e o grupo.

Etapa diagnóstica

Este foi o primeiro momento do trabalho. Obtivemos dados sobre as crianças através de entrevistas com direção, coordenadora pedagógica e professoras. Todos os dados preliminares foram colhidos das observações das crianças, tanto em sala de aula quanto nas atividades lúdicas livres e em três sessões diagnósticas com o grupo. Foi difícil realizar entrevistas diretamente com os pais[2] das crianças, visto que poucos puderam se ausentar do trabalho para as entrevistas.

Realizada a síntese diagnóstica do grupo, foram eleitos os seguintes temas/focos que iluminaram nossas atividades:
- agressividade (brigas na escola e vivências agressivas no lar, separações e abandonos dos pais).
- sexualidade (curiosidade intensa).
- aceitação e tolerância às diferenças (havia crianças com deficiência física no grupo).
- separações e perdas (pais de muitas das crianças em processo de separação e litígios, nascimento de irmãos, morte de parentes).

Contrato e duração

Nossa vivência mediada por contos se desenvolveu na modalidade breve e focada, num total de 18 sessões, em um período de cinco meses.

Foi realizado um contrato verbal, um "pacto narrativo" (Gutfreind, 2003), sendo explicado como funcionaria a psicoterapia, horários, procedimentos, normas para o grupo, enfatizando que a expressão simbólica de todos os sentimentos era permitida, mas que a expressão na conduta poderia ser contida, caso perturbasse o grupo. Falamos de nosso trabalho ter tempo limitado e que iríamos trabalhar aproximadamente cinco meses com eles, com começo, meio e término, até nossa separação do grupo. Tais informações oferecem nexo e sentido à experiência e fornecem uma moldura estruturante para o funcionamento grupal.

Os momentos de cada sessão

Sessões de grupo com crianças devem ser estruturadas, mas com flexibilidade suficiente para o terapeuta estar atento ao novo e inusitado que pode surgir no grupo. As sessões se constituíram inicialmente de duas fases. A primeira foi a narrativa do conto, quando sentadas em círculo no chão, junto à narradora e coterapeuta, as crianças desenvolviam habilidades de escuta e atenção. A segunda fase, de elaboração, constituiu-se de três momentos: (1) discussões e associações verbais, (2) dramatizações e (3) expressão gráfica.

1. O primeiro momento foi baseado nas discussões sobre pensamentos e sentimentos despertados pela história. Também era uma oportunidade para associações, apontamentos e questionamentos sobre a escuta realizada.
2. O segundo momento foi da dramatização do conto, nascido das necessidades do grupo, na quarta sessão. Algumas crianças, mobilizadas pela pressão da ansiedade, buscaram novas formas para lidar com conteúdos ansiogênicos despertados pela escuta do conto e as colocaram em cena através de "teatrinho". Pensamos que a dramatização surgiu como uma necessidade do grupo de expressar corporalmente uma conflitiva que o nível verbal não continha. Talvez, nem dispusessem, naquele momento, de palavras para nomear experiências pré-verbais acerca das fantasias que os contos estavam suscitando.
3. No terceiro momento da sessão, foi utilizada a expressão gráfica. Após terem dramatizado aspectos do conto, as crianças se dirigiam à mesa, onde já estavam colocadas (pela coterapeuta e observadora) as folhas em branco. Havia no centro da mesa vários potes com lápis coloridos e giz de cera e algumas borrachas. Cada criança tinha uma pasta individual com seu nome, onde eram colocadas suas produções gráficas, que ao final da sessão ficavam sob a guarda das terapeutas até o próximo encontro.

O fato de o grupo encerrar a dramatização e se dirigir à mesa os colocava em um estado de calma. Esta etapa funcionou como ponte ou caminho de volta para a realidade externa, após a carga emotiva das dramatizações. A expressão gráfica se mostrou muito rica e criativa, pois algumas crianças partiam do estímulo do conto desenhando suas próprias histórias, algumas com ricos conteúdos. Outras repetiam monotonamente os mesmos desenhos ao longo de todas as sessões (crianças mais regressivas e com pouca capacidade simbólica), enquanto alguns tentavam imitar o desenho dos colegas, o que geralmente criava situações de rivalidade, que tiveram ocasião de ser trabalhadas com o grupo. Todos gostavam de desenhar e se sentiam bem nessa atividade expressiva que os encaminhava para o final da sessão. As terapeutas mantinham atitude atenta e, quando solicitadas, escreviam as novas histórias relatadas referente aos desenhos no verso da folha. Com o transcorrer das sessões, as crianças faziam mais de um desenho. Aqui, observamos as diferenças individuais de forma mais marcada, pois pelo grafismo foi possível identificar as crianças mais imaturas no seu desenvolvimento psicomotor e com conflitivas emocionais mais acentuadas. Não era nosso objetivo interpretar os desenhos e sim propiciar um espaço de continência e compreensão, além de um tempo para elaborações pessoais de cada criança, tolerando o ritmo de cada uma. Ao final, os desenhos eram colocados na pasta de cada criança, encerrando aquela sessão e sendo realizada a despedida até o próximo encontro.

Após o término de cada sessão, eram realizadas reuniões com as três terapeutas, em que discutiam os sentimentos despertados pelo grupo, os aspectos contratransferenciais envolvidos, as questões de manejo técnico e de compreensão do material, bem como a organização para o próximo encontro. Cumpre salientar a importância decisiva da supervisão[3] recebida e, sem a qual, essa experiência não teria se tornado tão produtiva, tanto para as crianças quanto para as psicoterapeutas.

SOBRE O DESENVOLVIMENTO DO PROCESSO PSICOTERÁPICO

O desenrolar do processo psicoterápico foi muito enriquecedor para todos os participantes. Retrospectivamente, relendo e analisando todas as anotações das 18 sessões, foi possível demarcar três momentos marcantes no processo psicoterápico e na evolução do grupo:

Fase 1: Formação do vínculo e estabelecimento do enquadre (primeira a quarta sessão)

Na etapa inicial do processo, foi estabelecida a aliança terapêutica e o conhecimento dos membros grupo, funções e papéis de cada um. Esclarecemos a função terapêutica como distinta das demais exercidas pelas pessoas que participavam de seus cuidados na escola. Falamos do respeito entre todos os membros do grupo e do sigilo com o conteúdo das falas no grupo. Discriminar o *setting* como algo diferenciado do processo educativo cotidiano da escola se mostrou decisivo para estabelecimento da confiança, do vínculo e do contrato terapêutico com as crianças. Visávamos também, nessa etapa, possibilitar o desenvolvimento da capacidade de atenção e de escuta. O grupo estava motivado e curioso, e os meninos participavam e falavam bastante, enquanto as meninas levaram mais tempo para se tornarem espontâneas nas suas expressões.

Nas três primeiras sessões, foram narrados contos tradicionais, conhecidos por todos, cujos enredos facilitaram investigar temores, segredos familiares, conflitivas narcísicas e edípicas.

A psicoterapia de grupo explorou os relacionamentos como eles se apresentaram no "aqui-agora" do *setting*, entre os membros do grupo como um todo, entre cada criança em relação aos demais e em relação aos terapeutas. Toda a comunicação individual a qualquer membro do grupo ou às terapeutas foi entendida com significados em níveis de transferência. O foco psicoterápico não era somente no "que diziam" as crianças, mas também no "como" e no "porquê". Estar atento ao conteúdo, forma e motivos das suas falas ofereceu melhor apreensão dos significados de seus sofrimentos.

O papel das terapeutas foi de continência das ansiedades, de discriminação, esclarecimentos e interpretações, apenas quando necessárias ao crescimento grupal. Com muita frequência, foi necessário tomar posições ativas de oferecer limites e retomar as combinações feitas. As crianças ficavam muito agitadas, tanto pela turbulência própria da idade quanto pelas peculiaridades específicas de cada uma delas e pelos conteúdos despertados pelos contos. Nas primeiras sessões mantivemos um tempo de espera, acolhimento e tolerância, o que propiciou o aparecimento de sentimentos e verbalizações sobre os seguintes temas: medos (de escuro, perder os pais, ficar só e de morte de familiares) segredos familiares (separações, brigas, traições) e conflitiva edípica (diferenças sexuais, casamento e descasamentos; as meninas identificadas com o conto do espelho mágico, princesas e aspectos de feminilidade, e os meninos com príncipes e suas espadas poderosas). A etapa posterior à escuta do conto (na maioria das vezes histórias dos Irmãos Grimm, mas também alguns contos modernos) foi a do desenho em que as associações brotavam através do grafismo e das verbalizações e associações sobre eles.

Na quarta sessão, foi narrado um conto moderno que tratava de um fantasma que surgia nas noites em que faltava luz e assombrava as crianças numa casa. Essa história mobilizou muita ansiedade, ocasionando mudança importante na dinâmica grupal. As crianças falavam, contavam sonhos, relatavam medos de vampiros e do Drácula. Duas meninas se abraçavam com medo e um menino reclamou que não gostou do conto, pois temia sonhar com coisas ruins. Outro, com voz embargada, disse que sonha frequentemente que um fantasma o persegue e o amedronta. Na hora do desenho, em que geralmente se acalmavam, continuavam agitados, provocativos uns com outros, disputando lápis e borrachas que antes costumavam dividir. Ficou visível a competição entre eles, mas em especial de duas meninas, que gritavam e se agrediam verbalmente na disputa por uma borracha grande. Essas meninas, nas sessões anteriores, eram apáticas e pareciam pouco se ligar aos contos e ao grupo. Nesse dia, chamaram a atenção dos colegas sobre si e foram alvo de muitos ataques pelos colegas. Algo novo havia ocorrido, as crianças se mostravam como eram realmente: assustadas, ansiosas, ciumentas, competitivas e com muita raiva. Após intervenção da terapeuta, que apontou as rivalidades manifestas e a falta de tolerância das crianças entre si, espontaneamente as crianças começaram a usar mímicas, enfiando suas blusas na cabeça, agitando as mangas como longos braços como se fossem fantasmas e começaram a dar empurrões entre si. Isso gerou alguma violência, certo caos no grupo e impotência nas terapeutas, que momentaneamente se sentiram indiscriminadas nas suas funções de fornecer continência e segurança às crianças. A expressão violenta do grupo (no nível da ação e do corpo, verdadeiras descargas impulsivas e *actings*) precisou ser firmemente contida pelas terapeutas. Foram retomadas as regras iniciais de nosso contrato com o grupo e a discriminação entre a expressão direta das emoções e as manifestações simbólicas: era permitido desenhar, pensar e falar sobre o que sentiam, mas não era permitido tudo fazer. Levadas por nossa própria ansiedade, pela dificuldade de manejo da agressão grupal, aliada às angústias atuadas pelas crianças, a terapeuta narradora daquele dia, aproveitando a iniciativa proposta pelo grupo, percebeu que a dramatização seria recurso útil e propôs que dramatizassem os seus medos. De forma intuitiva e espontânea, o próprio grupo nos havia indicado mais uma via simbólica a ser seguida. Assim, a representação de papéis, o "teatrinho", surgiu como um recurso terapêutico adicional para a expressão e a simbolização dos conflitos. Então, os meninos pediram para serem os fantasmas e as meninas teriam que fugir deles. Formaram dois grupos: o dos perseguidores e o dos perseguidos, em uma grande correria pela sala. Ocorreu uma gritaria catártica. As crianças expressaram fantasias e temores que refletiam impulsos e figuras inconscientes atemorizantes e perseguidoras que o conto fez emergir e que pareciam fazer parte da ficção interna de cada uma daquelas crianças.

Ao término, eles se deitaram no chão, bem à vontade e mais calmos. Entendemos que o grupo, naquele momento, reproduziu um mecanismo de cisão usado no início da vida, quando o bebê, assolado pelos próprios impulsos destrutivos agindo dentro de seu ego rudimentar, necessita cindir o *self* e o objeto em aspectos bons e maus, como defesa e como forma rudimentar de discriminação de seus impulsos libidinais e agressivos. A cisão feita no grupo entre os personagens fantasmas (perseguidores sádicos) e as meninas perseguidas dava vida a ansiedades bastante primitivas, que encontraram expressão nesse jogo dramático. As crianças se beneficiaram ao trabalhar ludicamente com conteúdos primitivos ansiogênicos, que encontraram formas de representação, via gestos e movimentos.

Compreendemos que o estado mental persecutório do grupo era difícil de ser verbalizado, mas foi facilmente comunicado através de ações comunicativas (Barugel e Sola, 2001) e da dramatização. No "como se" do contexto psicodramático, tomou forma um espaço lúdico de "quase sonho", formando uma ponte entre o concreto e o imaginário, entre a realidade interna e a externa do grupo (Pavlovsky, 1980). As personificações, baseadas nos mecanismos de dissociação e projeção são os lastros para a transferência que se manifestou nos diversos papéis que as crianças atribuíram a si e aos outro membros do grupo (Klein, 1981). As personificações indicam os estados mentais da criança e os papéis representam partes de seu mundo interno e vivências pré-verbais, mas também podem refletir a externalização, via projeção e deslocamentos, de relacionamentos atuais com seus pais e familiares. Estarmos atentas para as cisões, negações, repressões e projeções de parte do *self* de cada criança, em particular e de todo o grupo, ofereceu a possibilidade de retomar o impacto que as ações comunicativas tiveram sobre cada membro do grupo e explorar sentimentos a seu respeito. Sentir-se aceito e compreendido, sem retaliações, é importante para a saúde mental da criança. Foi tarefa terapêutica necessária oferecer limites seguros e regras, discriminar, junto ao grupo, o que era a expressão de sentimentos hostis e violentos, via ação, da aceitação de condutas intoleráveis que, se não fossem canalizadas, teriam impedido a evolução do trabalho grupal. Nesse ponto do trabalho, percebemos que o processo transferencial estava estabelecido, e as crianças sabiam que ali era o contexto para expressarem sentimentos a serem elaborados no aqui-agora da sessão.

Fase 2: Consolidação da transferência, catarse e início das elaborações de conflitos (quinta a décima segunda sessão)

Na quinta sessão, persistiram os conteúdos agressivos, ainda com muitas brigas, competições das crianças pela atenção das terapeutas e algumas situações difíceis de manejar no grupo. O grupo solicitou novas histórias de monstros e fantasmas. O conto *Monstro Monstruoso da Caverna Cavernosa* (Rios, 2004) foi usado no sexto encontro, e as crianças se identificaram com os problemas, preocupações e ansiedades dos personagens. Esse conto, a pedido do grupo, foi recontado mais tarde em outra sessão. O monstro com dois narizes, seis orelhas, quatro braços e 219 dentes, além de atemorizante pelos berros que emitia, era simpático; não queria devorar princesas, pois detestava carne humana e adorava sorvetes. Esse personagem foi tela de muitas identificações e projeções para o grupo, e muitas crianças falaram da perda dos dentes de leite, de ficar " banguelas e feios", até que os novos dentes nascessem, além de outros temores de castração e fantasias de desintegração corporal e emocional.

Movimentos transferenciais coloridos de agressão não contida, ainda escapavam via atuações e encontravam nos diversos personagens vias de identificação e possibilidades de inicialmente realizar processos catárticos e, a seguir, pensar e elaborar os sentimentos que emergiam, mediados pelas histórias. Paulatinamente, as crianças conseguiram falar de situações vividas nas famílias, como, por exemplo, situações de agressão física, separações abruptas de pessoas queridas, brigas em família e diversas situações traumáticas, às quais eram expostas. Algumas das projeções patológicas e violentas de suas famílias incidiam sobre essas crianças e foram trazidas ao *setting*. Tiveram oportunidade de serem descritas por palavras, diminuindo paulatinamente a compulsão à repetição, via *actings*.

Um dos meninos, enquanto desenhava, criou suas próprias metáforas que capturaram e revelaram quadros da sua realidade emocional. Compartilhou-as com o grupo que soube acolher e se identificar com sua fantástica história. Partindo de vivências reais de abandono e maus tratos, transpôs para a seguinte história as vivências traumáticas que eram semelhantes a de outras crianças do grupo.

Era uma vez, um lugar esquisito, onde moravam muitos palhaços, mas não era um circo legal e bom. Nesse lugar, morava um palhaço triste, porque ninguém o achava engraçado e não gostavam dele e nem das

suas piadas. Mas riam dele, porque o achavam bobão, e ele ficava muito bravo com isso, pois não era bobo. Um dia, ele foi parar numa floresta que era habitada somente por lápis de todas as cores. Os lápis grandes batiam muito nos lápis pequenos. Havia um lápis gigantão, muito mau, que comia os lápis pequenos. Mas aí apareceu um lobo mau que matou o lápis gigante e o engoliu. O lobo então vomitou todos os lápis pequenos que estavam na barriga do gigante.
O lobo morreu envenenado, mas os lápis pequenos que foram vomitados, viveram felizes para sempre.

Crianças traumatizadas não costumam relatar de forma verbal, na linguagem do processo secundário, seus traumas, mas os expressam inconscientemente por outras formas, geralmente a linguagem dos sintomas (Alvarez, 1994; Sunderland, 2005). Experiência como invasão traumática e como carga insuportável para a mente pode ficar enquistada e, se não elaborada, tende a ser descarregada por vias não mentalizadas, que pode ser o próprio corpo (através de somatizações) pela mente (via delírios e alucinações) ou pela conduta (pelas atuações de maior ou menor violência).

Se é excessivamente difícil expressar verbalmente o que lhes aconteceu, oferecer às crianças outras formas de expressão (desenho, criação de peças teatrais, poesia) facilita o domínio da emoção e o distanciamento do trauma. No conto antes relatado, o menino conseguiu simbolizar experiências traumáticas, graças à sua capacidade de resiliência e habilidade para responder com condutas adaptativas frente a situações de maus-tratos. Encontros humanos significantes podem ser elementos preciosos para auxiliar crianças traumatizadas a enfrentar realidades difíceis, proporcionando esperança de novos modos de enfrentar as circunstâncias adversas. O grupo terapêutico contribuiu como um espaço privilegiado para encontros humanos significantes, com as terapeutas e com as outras crianças, local para troca de afetos, experiências e mudanças psíquicas. A continência dada pelo enquadre forneceu fator de proteção ao serem trabalhados conteúdos tão dolorosos e traumáticos. Serviu também como modelo para processar conflitos de uma forma deslocada e simbólica, portanto, tolerável.

Na sessão seguinte, o conto Rapunzel liberou a questão das origens da vida. Na dramatização, as crianças encenaram nascimentos: colocaram-se em fila, à frente de uma das terapeutas, e imitavam sair de sua barriga, chorando como bebês. Nessa mesma sessão, a menina portadora de deficiência física conseguiu falar de todo o seu sofrimento pelo nascimento recente de sua irmã e sobre o ciúmes e medo de perder o amor da mãe para o novo bebê.

Nessa fase, até a décima primeira sessão, o grupo esteve muito produtivo, e os contos trouxeram à tona temas relacionados a perdas e ganhos com o crescimento: perder dentes de leite, mas ganhar os novos fortes e definitivos; perder os colegas da escolinha que se foram, mas ganhar os novos amigos que entrariam. As crianças maiores que iriam para 1ª série, após as férias, perderiam a escolinha e professoras de que gostavam, mas ganhariam outra escola, maior, com novos amigos e professores, aprendendo a ler e escrever.

Na décima segunda sessão, o grupo estava inicialmente agitado, mais do que de costume. Quase todas as crianças se cutucavam e manifestavam irritação e agressividade, o grupo estava caótico e desorganizado. Pensamos que tal conduta grupal comunicava alguma forma de projeção de sentimentos brutos não passíveis de serem mentalizados. Mas o que seria?

Quando o grupo se acalmou, e já estavam a postos sentados em círculo, a narradora[4] se deu conta de que não estava disposta a contar nenhuma das histórias que havia preparado. Intuiu que os contos preparados não acolheriam toda carga emocional experimentada por todos nós naqueles momentos anteriores. Então, perguntou se o grupo não desejaria contar ou inventar uma história para as terapeutas ouvirem. Eles prontamente aceitaram e fizeram a seguinte produção coletiva (falando ao mesmo tempo, outros complementando e enriquecendo dados, em um grande prazer lúdico).

> *Era uma vez um cachorro, que vivia em uma floresta. Lá viviam bichos grandes e pequenos, bons e maus. Um dia resolveram fazer uma festa de aniversário dos bichos, pois o cachorrinho estava de aniversário. Um bicho mau trouxe um presente para o aniversariante: era uma bomba, dentro de uma linda caixa. Quando o cachorrinho abriu o presente, a bomba estourou e ele ficou muito doente. E ele morreu.*
>
> *As pessoas achavam que ele havia morrido; ficaram muito tristes, mas não morreu nada. Ele andava perdido pela floresta. Quando encontrava alguém conhecido, todos corriam, fugiam dele, apavorados, pois se ele havia morrido, achavam que ele era um fantasma. Ele foi ficando cada dia mais triste e sozinho e se escondeu.*
>
> *Até que um dia, ele encontrou sem querer um amiguinho que não correu e nem se assustou com ele. Apenas disse que era muito bom que ele não*

estivesse morto. O cachorrinho ficou muito feliz e viveram felizes para sempre. Eles, então, precisaram fazer uma grande festa para comemorar. Tinham também que matar o bicho mau. Então fizeram uma outra grande festa, pois o mau com certeza mandaria outro presente-bomba. E aí, quando fosse hora de abrir o pacote, mandariam ele mesmo abrir. Então assim foi feito. Durante a festa o bicho mau levou outro presente, e a bicharada obrigou o mau a abrir o pacote. A bomba estourou na cara dele, matando-o, e todos comemoraram na festa.

Esse exemplo nos mostra o tipo de ansiedades e fantasias que precisavam ser representadas e também nos indicou que as crianças conheciam emocionalmente os objetivos das sessões. Demonstraram que é possível contar de "outro jeito" seus sofrimentos. Dentro dos limites do trabalho realizado, algumas das crianças estavam recontando suas próprias histórias e se inscrevendo na história de seus pais, de suas famílias e do ambiente em que vivem. As crianças apresentavam segredos sobre maus tratos, violência e abusos em suas famílias. Tais assuntos continuaram sem serem verbalizados de forma explícita, mas deslocada e simbolicamente estavam sendo tratados e elaborados de forma metafórica, com os próprios recursos disponíveis de seu ego e condições desenvolvimentais do momento.

O *setting* acolheu as "loucuras", as brigas, as maldades e as perseguições nas situações em que o grupo ficou explosivo e atuaram suas tensões e ansiedades. Tiveram a experiência de que não se destruíam entre si e nem às terapeutas, que continuaram disponíveis e pensando com eles sobre o que acontecia no grupo. A firmeza e a disponibilidade do *setting* mostrou-se tecnicamente indispensável naqueles momentos de desorganização grupal. Esse é o papel do enquadre: suportar, conter e aguentar as ansiedades que são trazidas pelo grupo. Assim, os empurrões e as brigas puderam ser entendidos como uma forma de projeção patológica do grupo, que depois foi canalizada para a linguagem metafórica da explosão do cãozinho e sua morte. O revivê-lo, a vingança frente ao "malvado" e a sua sobrevivência abriu perspectivas reparadoras. O grupo se organizou ao seu próprio modo e nos indicou como essas crianças encontraram um espaço para narrar, imaginar e criar algo que não era passível de ser falado e nomeado: as ansiedades persecutórias, os traumas vividos, os temores de morte, abandono e rechaço. Na fluida atmosfera grupal, as crianças descobriam novas dimensões simbólicas e observaram os impactos que fantasias hostis exerciam cada um e sobre o todo do grupo. Tal como em um laboratório, fizeram novas modalidades de experimentações: novas formas de sentir, pensar, se comportar e relacionar com o outro.

Fase 3: elaboração e despedida das terapeutas (décima terceira a décima oitava sessão)

A data do término prevista foi comunicada ao grupo: as crianças menores mostraram nos dedos as seis sessões que faltavam. Falaram de pessoas que entraram e saíram na turma da escola e de pessoas que saíam e retornavam em suas famílias, assim como se separariam das terapeutas brevemente. Na décima terceira sessão, uma semana após a confecção da história do cachorrinho, as crianças estavam muito desorganizadas. As meninas, sempre mais calmas, agrediram-se fisicamente e a agitação era grande. Não é possível controlar ou prever todas as reações do grupo, mas ao se observar que está se instalando um clima de descarga direta da agressão, o papel do terapeuta é de transformar em palavras as emoções que passam pelo grupo. Após isso, retomar as combinações, oferecendo os limites necessários ao prosseguimento do processo psicoterápico, proporciona ao grupo a retomada do ambiente proprício para o início da sessão.

O conto escolhido para esse dia narrava a história de uma princesa que tinha medo de escuro, de dormir sozinha e de perder suas riquezas. O grupo mostrou interesse, mas ainda estava muito agitado e inquieto, especialmente na hora da dramatização. Compreendemos que tais comportamentos estavam ligados às ansiedades paranoides e depressivas suscitadas pela possibilidade de separação com o término da oficina dos contos. O grupo demonstrou um empobrecimento do processo simbólico alcançado e, na etapa anterior à nossa separação, foi necessário dar limites firmes e rever o contrato e o pacto inicial. Havia um movimento transferencial ligado às situações de frustrações e de perdas que essas crianças viviam em suas famílias[5]. Parece que geralmente a agressão não era contida e canalizada nas suas famílias, e as crianças descarregavam nas sessões suas vivências de forma muito direta e pouco simbolizada.

Havia alternância de movimentos progressivos e regressivos no grupo. Aos poucos, conseguiram se reorganizar e se dirigiram à mesa para os desenhos. Um dos meninos sugeriu cantar "atirei o pau no gato". Ao final, outro menino propôs cantar uma versão em que gato é amigo e não precisa ganhar pauladas, e todos cantam essa versão. Essa atividade, que nasceu do grupo de forma espontânea, foi reorganizadora para as crianças.

Os limites dados pelas terapeutas foram necessários e estruturantes nos diversos momentos de transbordamento pulsional por parte de algumas crianças. Demarcar o que é possível ou não fazer no grupo de forma firme e clara foi construtivo, pois inibiu a descarga na ação e favoreceu o pensar antes do agir. O grupo reagiu positivamente e fez um movimento de autorregulação das suas ansiedades e da agressividade, podendo canalizá-la através de meios simbólicos, como foi a escolha das duas versões da canção por eles escolhida. Quanto mais as crianças simbolizassem, menos recorreriam aos *actings* comunicacionais, mas precisavam ainda de mais recursos para representarem seus conflitos, que foram recrudescidos com percepção da data do término de nosso trabalho.

Nas três sessões finais, as manifestações na conduta diminuíram bastante. O grupo foi elaborando histórias com conteúdos bem agressivos, mas com algumas tentativas mais consistentes de reparação. Por exemplo, na décima quinta sessão, em vez de ouvirem a história preparada pela terapeuta-narradora, quase todos pediram para ir ao banheiro; então, por iniciativa do próprio grupo, eles se organizaram em uma fila e foram ao banheiro. Precisavam evacuar algo (urina/ansiedades) concretamente, mas recorreram aos mecanismos obsessivos (a fila) e buscavam alguma forma de autorregulação. No retorno, propuseram que eles nos contariam a história de *Peter Pan*. Um dos meninos menores e mais agitados pediu para narrar o conto, mas era interrompido por novos detalhes acrescentados pelo grupo. Enfatizaram o quanto seria bom não crescer, somente desejar coisas boas e não perder nada nunca. Um dos meninos lembrou aos colegas que o relógio fazia *tic-tac*, mas não sabiam onde ele estava; sabiam, no entanto, que ele vinha junto com o crocodilo. O crocodilo havia comido a perna do Capitão Gancho, mesmo sendo ele um adulto brabo e forte. O capitão Gancho temia o jacaré (que carregava dentro de si o relógio/tempo). Assim, as crianças entenderam que a lei também servia para todos e que os adultos também sofrem castrações, tendo que se curvar frente ao tempo irreversível e às normas e à lei.

Nas sessões em que eles narraram histórias, o grupo buscou uma auto-organização e encontrou um espaço para imaginar e criar, baseado em experiências de vida que antes não eram passíveis de serem nomeadas. Nesses momentos, em vez de interpretarmos os conteúdos, escolhemos fazer formulações verbais dos afetos ligados às narrativas, deixando que cada criança realizasse os entendimentos e elaborações possíveis naqueles momentos. As mudanças e o crescimento psíquico são gradativos e não podem ser apressados.

Foi importante aguardar a ocasião adequada para realizar as interpretações, respeitando-se o ritmo e o momento do grupo, para que pudessem extrair suas próprias compreensões acerca de suas fantasias e ações.

Na penúltima sessão foi contada a história de "O dragão de sete cabeças": um menino foi expulso de casa pelo pai, que não tinha condições de criá-lo. Encontrou um pai adotivo na floresta que lhe ensinou a ser caçador, lhe deu carinho e ensinou coisas da vida. O menino cresceu e quis conhecer o mundo para ganhar dinheiro e, mais tarde, poder cuidar de seu pai adotivo, na sua velhice, retribuindo o cuidado. O pai lhe disse que poderia ir, mas que as razões para sair de casa seriam: conhecer o mundo, enfrentar novos perigos e ser curioso, pois ele, o pai, sabia cuidar de si. Daí, seguem-se as aventuras, insucessos e sucessos do personagem.

O grupo ouviu atentamente, identificando-se com o personagem. Estavam muito mais calmos e centrados. Aperceberam-se, rapidamente, que o conto tratava de perdas, separação e lutos, mas também dos ganhos com o crescimento e a independência. Quiseram dramatizar imediatamente, e nos chamou atenção que rapidamente se organizaram na distribuição dos papéis entre eles, fazendo o teatro de forma muito bonita. Quando foram à mesa e receberam suas pastas e papéis, pediram para fazer dobraduras (nova forma de expressão simbólica que partiu deles próprios, surpreendendo-nos). O menino franzino que narrou "Peter Pan", pediu para fazer o avião, mas não conseguia sozinho, e tivemos que ajudá-lo. Outras crianças faziam barcos e chapéus. Desenharam uma carinha sorridente nos chapéus e os pintaram de giz de cera. Alguns fizeram questão de escrever o nome, enfatizando que sabiam escrevê-lo bem. Colocaram nas suas cabeças, alegres com a atividade. Fizeram alguns aviões de papel. A cena de aviões voando pela sala nos pareceu um atividade um tanto maníaca, talvez uma tentativa de lidar com o luto pela proximidade da separação e o término do grupo terapêutico. Novamente falamos do término de nosso trabalho com eles, e o grupo trouxe o tema das perdas e dos ganhos: no ano seguinte, alguns também irão embora, pois frequentarão a 1ª série, mas os pequenos ainda ficarão ali. Os maiores iriam para a 1ª série e teriam que se transferir para outra escola, "muito maior". Verbalizaram sentimentos de saudades de todos, mas também sua satisfação com as mudanças que viriam.

Pareceu-nos que os movimentos progressivos do grupo estavam se firmando, pela elaboração dos sentimentos paranoides e, depois, dos depressivos, com uma autorregulação e evolução que nos surpreendeu. Ao narrarem para as terapeutas histórias feitas por eles próprios e a do "Peter Pan", as crianças mostraram uma identificação com a capacidade narrativa dos adultos, além de terem conseguido um espaço mental e lúdico para reorganizar sua ansiedade de separação frente ao término da psicoterapia.

Cada criança desenvolveu sentimentos de confiança em si e nos vínculos com os membros do grupo, à medida que aumentavam seus meios de autoexpressão. Processos de identificação, esclarecimentos, confrontações, discriminações alargaram suas habilidades interativas e de comunicação interna (entre partes de seu *self*) e comunicação interpessoal e expansão dos seus processos simbólicos. Cada participante, partindo tanto das vivências positivas quanto negativas de suas vidas, encontrou um espaço mental para aprender, obter *insights* e crescimento. Agora era possível contar suas próprias histórias com novos significados, com a possibilidade de ter esperanças, tal como os personagens com os quais se identificaram, além de poder pensar sobre desfechos mais favoráveis para as diversas situações de vida.

CONSIDERAÇÕES FINAIS

Trabalhar dentro da segurança oferecida pelo *setting* possibilitou que cada criança trouxesse um rico potencial para o grupo, com seu modo original de ser e de se relacionar. O grupo funcionou como um "laboratório" de vínculos interpessoais, pois, se em várias circunstâncias as crianças entraram em conflito, em inúmeras outras se auxiliaram, colaboraram e desenvolveram capacidade empática e de comunicação . Na última sessão, as duas meninas que mais se hostilizaram durante o transcurso da psicoterapia sintetizaram as conquistas obtidas ao verbalizarem aos colegas e às terapeutas: "vamos ser amigas para sempre, mesmo que a gente ainda possa brigar algum dia".

O processo narrativo de contos se constituiu em um valioso mediador para a psicoterapia grupal e um seguro intermediário entre o mundo interno de cada criança, repleto de fantasias (reconfortantes, boas e também persecutórias e agressivas) e a realidade externa que as circundava, por vezes tão hostil quanto suas fantasias mais agressivas. A vivência psicoterápica facilitou processos de reconstrução e de apropriação da própria história individual daquelas crianças através da invenção de seus próprios contos grupais ou individuais nos quais manejaram emoções que os mobilizavam. O enredo dos contos tradicionais, tanto quanto dos modernos, promoveu o surgimento de conteúdos emocionais inferidos tanto da trama quanto das ações dos personagens, possibilitando-lhes nomear sentimentos e ansiedades, promovendo uso de mecanismo defensivos mais evoluídos e, dessa forma, aumentando a capacidade representativa e do pensar antes de agir. A experiência de grupo tornou-se terapêutica pela expansão da capacidade simbólica das crianças e pela elaboração de diversas situações traumáticas de suas vidas. Algumas crianças conseguiram integrar aspectos cindidos de seu *self*, responsabilizando-se por seus atos com menor uso dos mecanismos projetivos. As trocas afetivas e interativas no grupo e a crescente capacidade de nomear e colocar em palavras algumas emoções e pensamentos foram conquistas importantes para o bem-estar e a saúde mental daquelas crianças. A poesia de Horácio Costa (2003) sintetiza essa ideia:

> "Já o menino sabe
> Que tudo que tem forma
> Tem nome,
> E, o que nome tem, conforta".

Os objetivos inicialmente propostos foram alcançados. Alguns conflitos das crianças foram parcialmente elaborados, e isso tornou nossa experiência gratificante e produtiva. Como psicoterapeutas, sentimos prazer no trabalho realizado ao nos apropriamos desse valioso recurso terapêutico, que poderá atingir e beneficiar maior número de crianças através da psicoterapia de grupo mediada por contos.

NOTAS

1 Adriane de Rose e Rosimara Pozada.
2 Os pais autorizaram que seus filhos participassem das atividades, através de consentimento livre e esclarecido dado à Direção da Escola.
3 Todo o processo psicoterápico foi supervisionado pelo Dr. Celso Gutfreind.
4 Psicóloga Adriane de Rose.
5 Muitas das famílias viviam situações de hostilidade entre familiares, com alcoolismo e agressões físicas, além de perdas por separação dos pais e ameaças de punição e castigos físicos.

REFERÊNCIAS

BARCA GOMES, P. *O método terapêutico de Scherazade*. São Paulo: Iluminuras, 2000.
BARUGEL, N.; SOLA, B. M. La accion comunicativa. *Revista de Psicoanálisis APdeBA*, Buenos Aires, v. 23, n. 2, 2001.
BETTELHEIM, B. *A psicanálise dos contos de fadas*. Rio de Janeiro: Paz e Terra, 1979.
BION, W. *Aprendiendo de la experiencia*. Buenos Aires: paidós, 1980.
BODSTEIN, K.; ARRUDA, S. L. S. Fantasias sexuais e edípicas em pré-adolescentes atendidos em grupo de psicoterapia lúdica. *Arquivos Brasileiros de Psicologia*, v. 58, n. 1, p. 58-74, jun. 2006.

BOLLAS, C. *A Sombra do objeto*. Rio de Janeiro: Imago, 1992.
COSTA, H. *O menino e o travesseiro*. São Paulo: Geração, 2003.
CORSO, D.; CORSO, M. *Fadas no divã*: psicanálise nas histórias infantis. Porto Alegre: Artmed, 2006.
FERNANDES, B. S. O desenho como recurso auxiliar em psicoterapia de grupo com crianças. *Vínculo*, v. 3, n. 3, p. 46-55, dez. 2006.
_____. Psicoterapia de grupo: o que é o grupo infantil – e o que promove. *Revista Brasileira de Psicoterapia*, v. 7, n.2/3, p. 217-226, maio/dez. 2005
GUTFREIND, C. *O terapeuta e o lobo*. São Paulo: Casa do Psicólogo, 2003.
HISADA, S. A utilização de histórias no processo psicanalítico de pacientes adultos. In: CATAFESTA, I. (Org.). *D. W. Winnicott na Universidade de São Paulo*. São Paulo: Instituto de Psicologia da Universidade de São Paulo, 1996.
KLEIN, M. A personificação dos jogos na criança. In: _____. *Contribuições à psicanálise*. São Paulo: Mestre Jou, 1981.
LEVISKY, R. B. Grupos com Crianças. In: ZIMERMAN, D. E. *Como trabalhamos com grupos*. Porto Alegre: Artmed, 1997.
PAVLOVSKY, E. *Espacios y creatividad*. Buenos Aires: Lugar, 1980.
RIOS, R. *Monstro monstruoso da caverna cavernosa*. São Paulo: Difusão Cultural do Livro, 2004.
SUNDERLAND, M. *O valor terapêutico de contar histórias: para crianças: pelas crianças*. São Paulo: Cultrix, 2005.
WINNICOTT, D. W. *O brincar e a realidade*. Rio de Janeiro: Imago, 1975.
ZIMERMAN, D. E. *Como trabalhamos com grupos*. Porto Alegre: Artmed, 1997.

13 Psicoterapia familiar nas situações de recasamento: a criança, o adolescente e seus pais

Rosa Lúcia Severino

INTRODUÇÃO

As grandes transformações na ciência, na economia, na cultura e na sociedade promoveram mudanças nas constituições familiares e na sua definição. De conceitos mais restritos, em que a família era composta por um casal heterossexual e seus filhos, passamos para concepções nas quais a família pode se definir como um grupo de pessoas vivendo sob o mesmo teto com adultos envolvidos nos cuidados das crianças, distribuição de tarefas e funções que se alternam.

O controle da natalidade, a profissionalização e a independência financeira da mulher estão entre os fatores que incidiram no alto índice de separações e divórcios, gerando-se um número cada vez maior de novos casamentos e reorganizações familiares.

A complexidade das relações que se estabelecem na construção e na estruturação dessas famílias podem ser observadas, mas muito pouco pode se prever ou pretender generalizar e classificar, considerando-se sua inserção em diferentes realidades: a individual que sofre mudanças, a situação dos pais, que embora separados precisam comunicar-se e continuar se responsabilizando pelos filhos, e a do novo casal, que começa sua vida com filhos.

As crianças e/ou adolescentes necessitam administrar o estabelecimento de novos vínculos, lidarem com conflitos de lealdade, conviverem com novos irmãos e se submeterem a regras e aos padrões de comportamentos diferentes dos que foram criados, sendo, por vezes, expostos a situações econômicas desiguais entre duas casas.

Para a família extensa, o desafio consiste em ter que incorporar uma nova família com netos que não são netos, novos sobrinhos, noras ou genros com quem irão interagir, permanecendo, muitas vezes, ligações significativas com o cônjuge do primeiro matrimônio.

A qualidade do relacionamento e a intimidade entre os cônjuges, bem como entre estes e os filhos, são priorizadas, demandando muita sensibilidade, compreensão e tolerância de todos os envolvidos.

Como psicoterapeutas, somos desafiados a construir um espaço terapêutico de acolhimento e resolução de conflitos, com indivíduos pertencentes a organizações familiares tradicionais: famílias com regras de funcionamento já estabelecidas e com uma identidade que possibilita a seus integrantes o uso da mesma linguagem.

Somos igualmente solicitados a mergulhar em um mundo de novas possibilidades, com famílias que necessitam construir outra identidade, baseadas em experiências anteriores e diferentes, com expectativas que, muitas vezes não se cumprirão. Famílias monoparentais, com um único genitor envolvido na criação e educação dos filhos; famílias com dois núcleos advindos da separação ou divórcio e casais homossexuais com filhos adotivos ou biológicos de um dos parceiros, estão entre as novas configurações familiares.

Entre todas essas, que requerem estudos aprofundados, abordarei neste capítulo a família com recasamento, utilizando minha experiência clínica e trabalhos de diferentes autores. Esse modelo de organização familiar também pode se definir como combinada, reconstituída, reestruturada, ampliada ou aberta.

DO INDIVÍDUO À FAMÍLIA

Os indivíduos se caracterizam por pertencerem a múltiplos sistemas. A família é o sistema menor dentro de um macrossistema social, onde fluem trocas e interferências mútuas.

O comportamento e o desenvolvimento de um indivíduo influenciam todos os demais membros da família, e esta igualmente influencia seus integrantes. As delimitações de espaços psicológicos entre pais e filhos, de todos com outros familiares e com o meio externo, constituem uma condição importante para o adequado funcionamento da família.

A família tem um ciclo desenvolvimental que acompanha o crescimento dos filhos, com a dinâmica própria de cada fase. Quando os filhos são pequenos, as demandas são diferentes do período da adolescência, da família com adultos jovens, ou quando os filhos saíram de casa.

As expectativas frente ao casamento se modificam e, quando explicitadas, favorecem a renegociação de regras anteriormente estabelecidas.

O casamento na juventude é diferente do período da educação e criação dos filhos, assim como do período do envelhecimento: da paixão ao amor responsável e maior companheirismo e acolhimento recíproco.

Então, podemos observar vários casamentos com o mesmo parceiro, modificando-se o contrato inicial de acordo com as novas demandas. Muitas vezes, a falta de flexibilidade no sistema dificulta a solução de crises, chegando à dissolução do casamento.

As transformações vivenciadas pelo grupo se refletem no relacionamento do casal, que precisa se confrontar com as suas diferenças e, ao mesmo tempo, dar o suporte necessário para o crescimento físico e emocional dos filhos.

Fatores do desenvolvimento individual dos cônjuges igualmente entram em cena, e, por vezes, conflitos não resolvidos com as famílias de origem podem confundir e obscurecer reais necessidades: e muitas vezes, a ruptura no casamento tem nessas relações primordiais a verdadeira motivação.

Para se compreenderem as relações de casamento, é fundamental a pesquisa sobre como cada componente se constituiu como indivíduo dentro da sua família de origem, qual experiência relacional vivenciou, tanto como observador do casamento dos pais quanto na interação com cada um deles. A transmissão transgeracional de modelos aprendidos, a delegação de papéis, crenças e mitos familiares operam na dinâmica conjugal.

É na família de origem que os indivíduos experimentam a condição de se sentir fortemente vinculados, para posteriormente se separar no caminho da diferenciação. Nesse contexto, vivencia relações afetivas intensas que influenciarão nas escolhas relacionais futuras (Severino, 1996, p. 76).

As famílias do recasamento compõem um grupo no qual um novo membro (ou membros) é incluído, num sistema anteriormente composto por pais e filhos e que se desfez por separação ou divórcio ou pela morte de um dos cônjuges. Pelo menos um dos envolvidos teve uma experiência matrimonial anterior e em um grande número, ambos tiveram.

São famílias abertas, nas quais as pessoas envolvidas podem desempenhar papéis nunca antes assumidos, em uma rede de relações que assume um caráter sentimental, amigável, genitorial e que variam em intensidade e comprometimento (Francescato e Locatelli,1999, p.509).

CONTEXTOS QUE ANTECEDEM AO RECASAMENTO

O período de crise no casamento, que culmina em separação, provoca reações e emoções desconhecidas por todos os envolvidos nesse processo. Os adultos experimentam ansiedade e confusão, comportamentos ambíguos, dispendendo muita energia psíquica para sobreviverem à dor e aos sentimentos de culpa que acompanham a ruptura do casamento.

A perda do cônjuge, associada à perda de vários vínculos, gera sentimentos de insegurança, abandono e traição, em especial quando a separação é abrupta e não-consensual (Sluzki, 1997, p. 104).

Somam-se questões de ordem prática, que envolvem condições econômicas; o homem, que na maioria dos casos, é quem deixa a casa, depara-se com novos desafios como morar e se organizar sozinho, além de ficar longe dos filhos. Se o homem não se mantém muito atento ao seu relacionamento com os filhos, corre o risco de se tornar um pai periférico.

Já a mulher, muitas vezes precisando intensificar sua atividade profissional, pode se afastar por maior tempo de casa, sentindo-se também sobrecarregada com o novo papel de cuidar sozinha da casa e dos filhos. Se não pode se sustentar sozinha, ela permanecerá dependente do ex-marido, o que não é bom, nem sob o ponto de vista econômico, nem emocional.

A perda do convívio com as famílias extensas de cada um, muitas vezes a perda da rede de amigos, coloca os adultos numa situação de isolamento maior do que o desejado. O retorno ao mundo social extrafamiliar, o estabelecimento de novas amizades, a vida sexual fora do casamento ou relação estável, representam outras dificuldades advindas do divórcio.

No período inicial do divórcio, os pais, tencionados e deprimidos, podem se voltar mais para si mesmos do que para os filhos, dirigindo sua energia para a separação física e financeira; se as crianças são pequenas, além de vivenciarem a ausência do genitor que saiu de casa, experimentando fantasias ou temores de perder o que ficou. Raiva, preocupação, tristeza, solidão, conflitos de lealdade e sentimentos de rejeição costumam emergir nesse período. Para os pré-adolescentes e adolescentes, a raiva, característica também da idade, pode ser intensificada, associando-se aos conflitos de lealdade, luto e preocupações a respeito de sexo e casamento.

Ocorrem separações em que ou o pai ou a mãe fazem do filho um aliado contra o outro cônjuge, misturando-os nas conflitivas pertinentes ao casal e sobrecarregando emocionalmente a criança ou o adolescente.

Acreditar que não perderam a família, mas considerar que esta se transformou em dois núcleos, a família do pai e a família da mãe, pode trazer alento e esperança.

Ter assegurado o direito de conviver com aquele que não tem a custódia, bem como a manutenção dos vínculos com seus familiares, auxilia os filhos a enfrentarem a nova realidade, bem como favorece a aceitação de um novo casamento.

Os avôs desempenham um papel muito importante, pois além de constituírem um sistema de apoio, proporcionando carinho e compreensão aos netos, transmitem um sentido histórico e de continuidade da família. Podem ainda atuar como mediadores com os pais, nos casos onde há ausência de comunicação ou litígio.

Se os recursos econômicos forem suficientes, a preservação da moradia dos filhos, em especial se tratando de adolescentes, favorecerá o convívio com o grupo de amigos e colegas de escola e ajudará na superação das dificuldades.

Não é o divórcio que prejudica os filhos, mas as formas como os pais se separaram. O litígio, a perda de contato com um dos pais e privações econômicas advindas dessa situação são os fatores que trazem problemas e intensificam o sofrimento.

Em geral, na dissolução do casamento, os cônjuges mantêm o padrão comportamental e relacional que tinham previamente. Assim, um casal não se separa muito diferentemente do que conviveu. Se houve consideração, respeito mútuo e envolvimento no cuidado dos filhos, poderão chegar a acordos que preservem uma relação positiva e a continuidade da união enquanto pais.

A observação clínica coincide com a literatura especializada, enfatizando essas condições como fundamentais para o divórcio emocional. Assim, arranjos flexíveis serão viabilizados preservando a presença e participação de ambos os genitores na vida dos filhos. E quanto melhor elaborado estiver o divórcio para os adultos, mais fácil será para os filhos conviverem com essa situação e elaborá-la.

A sociedade conjugal se desfaz, mas a sociedade parental deverá permanecer até que os filhos se tornem adultos e independentes.

Os ex-cônjuges podem desenvolver relações amistosas, cooperando um com o outro e priorizando o bem estar dos filhos. Em alguns casos, ressentimentos e antagonismos antigos geram sentimentos de raiva e hostilidade que interferem nas combinações sobre o cuidado com os filhos, observando-se menor flexibilidade no sistema. Pode se observar a manutenção do litígio conjugal, que cria um clima de hostilidade, não havendo nenhuma comunicação direta entre os ex-cônjuges, gerando famílias definidas como monoparentais, em que um único genitor se responsabiliza pela criação e educação dos filhos (Ahrons citado por Kaslow, 1987).

Em pesquisa recente, intitulada "Ligações familiares pós-divórcio: implicações a longo prazo para as crianças", Ahrons (2007) descreve o estudo longitudinal com famílias binucleares, em que foram entrevistados 173 indivíduos 20 anos depois do divórcio de seus pais, ocorrido no período da infância.

Os achados mostraram que o subsistema parental continua impactando a família binuclear 20 anos após a ruptura do casamento, exercendo forte influência na qualidade dos relacionamentos dentro do sistema familiar. As crianças que relataram que seus pais foram cooperativos, também relataram melhores relacionamentos com seus pais, avós, padrastos ou madrastas e irmãos. Durante o período de 20 anos, a maioria das crianças vivenciou o recasamento de um ou ambos os pais, e 1/3 dessa amostra relembrou o recasamento como mais estressante que o divórcio. Para aqueles que experienciaram o recasamento de ambos os pais, 2/3 relatou que o recasamento do pai foi mais estressante do que o da mãe. Quando a relação das crianças com o pai se deteriorou depois do divórcio, o relacionamento com seus avós paternos, madrasta e irmãos emprestados era distante, negativo ou inexistente. Para que os relacionamentos permaneçam estáveis, se desenvolvam ou piorem, dependerá de um complexo entrelaçamento de diversos fatores (Ahrons, 2007, p. 54).

De acordo ainda com pesquisas norte-americanas, 75 a 80% dos divorciados voltam a se casar, o que leva a supor que as pessoas seguem buscando o casamento como uma instituição válida para satisfazer seus anseios e necessidades.

Kaslow (1987), estudiosa sobre o assunto, aponta como motivações para um novo casamento:

(1) Motivos similares para o primeiro casamento: amor e desejo de compartilhar a vida com alguém, no sentido de desenvolver e alcançar novas realizações, é provavelmente a razão mais comum dada pelas pessoas.

(2) Oferecer uma vida em família para os filhos do primeiro casamento: as tarefas de constituírem genitor único podem ser opressivas e a possibilidade de dividi-las com um segundo parceiro que auxilie é muito atrativo.

(3) Alguns indivíduos divorciados não toleram a condição de estarem sozinhos, se sentindo sem reconhecimento; procuram outro

casamento para se livrar da sensação desconfortável de desequilíbrio.
(4) Outros casam de novo para serem apoiados financeiramente.

FORMANDO UMA NOVA FAMÍLIA

Quando um homem e uma mulher se unem num segundo casamento, trazendo consigo os filhos de relacionamento(s) anterior(es), constituem uma estrutura familiar complexa, na qual conflitos e tensões próprios da convivência se intensificam e as reações se tornam visíveis. "É como se nas famílias recasadas o processo de se unir e pertencer tivessem lugar sob um poderoso microscópio, focado diretamente na essência dos relacionamentos interpessoais" (Visher, 1994, p. 329).

De modo geral, considera-se aconselhável um período de tempo entre o divórcio e o recasamento (dois a três anos) para um bom ajuste familiar. E, de acordo com Kaslow (1987), um novo casamento tem maiores chances de ser bem-sucedido se os cônjuges realizaram alguma terapia pós-divórcio para explorarem a dinâmica de seus relacionamentos.

Quando e como introduzir um novo parceiro na vida das crianças é um ponto chave e delicado. Se ocorrer cedo demais, acarretará sentimentos de deslealdade em relação ao outro genitor ou temor de prejudicar sua relação com o mesmo.

Conviver com o romance e a relação altamente sexualizada do início de um relacionamento pode ser mais um fator de estresse para os filhos. E se o namoro não segue adiante, há também o risco de significar uma perda dolorosa, próxima às perdas vivenciadas na separação dos pais, deixando as crianças inseguras e desconfiadas frente a outros relacionamentos.

Para mães de crianças pequenas, em especial para as que têm muitas ocupações profissionais, administrar o tempo disponível para estar com os filhos e um namorado costuma ser complicado e, por vezes, acaba ocorrendo uma exposição precoce de um ou mais envolvimentos.

Há situações em que os pais excluem completamente os filhos do novo relacionamento, muitas vezes por se sentirem culpados pela separação ou por temor das consequências se o ex-parceiro tomar conhecimento. Manter segredo gera tensões, enfraquecendo vínculos de confiança, em especial se tratando de adolescentes, que raramente deixam de perceber que está acontecendo alguma coisa que não está sendo falada.

Deve-se ter sempre presente que a nova constituição familiar ocorre sobre uma situação de luto pela perda da primeira família: a elaboração das perdas dependerá de muitos fatores, entre os quais o tempo de duração do matrimônio prévio, a maneira como o grupo anterior se relacionava, a idade das crianças e o tipo de divórcio vivenciado.

Muitos sentimentos podem não ser identificados, sobretudo nas crianças, por se constituírem processos inconscientes. Além disso, frequentemente, é difícil para os casais das famílias com recasamento permitir que as crianças expressem seus sentimentos positivos e negativos em relação aos quatro adultos envolvidos em suas vidas, intensificando-se, assim, os conflitos.

Uma reação de hostilidade, explosão de raiva ou agitação, pode estar encobrindo uma profunda tristeza. Quando a criança é muito pequena no momento da separação de seus pais, o luto pode ficar adiado. Alcançando um estágio cognitivo posterior, coincidindo ou não com a formação da nova família, situações externas que ressignifiquem sentimentos de perda suscitarão reações, por vezes, incompreensíveis aos olhos dos adultos.

Quando ambos os pais recasam, os filhos devem interagir com dois novos sistemas familiares: precisam conviver com pessoas com estilo de vida diferente que trouxeram, além das experiências com suas famílias de origem, vivências com uniões ou matrimônios anteriores. Se a rede familiar inclui muitas pessoas, pode ser mais difícil para as crianças acharem o seu lugar no sistema. Por outro lado, a criança tem seu universo relacional ampliado ao conviver com outras figuras de avós e tios: ter que se ajustar a diferentes estilos de vida contribui para torná-los indivíduos flexíveis.

Os sistemas se tornam ainda mais complexos se ambos trazem filhos dos casamentos anteriores, reunindo-se como grupo de coirmãos. A hierarquia em relação às idades, quem é caçula ou o mais velho, não se mantém; podem ainda ocorrer alianças ou exclusão por questões de gênero. Relações com "novos" irmãos devem ser desenvolvidas; rivalidades fraternas podem ficar acirradas, em especial quando os filhos são pequenos. Quanto melhor o relacionamento entre os não-irmãos, melhor a integração de toda a família. Quando são adolescentes, a supervisão e comunicação aberta são fundamentais: o tabu do incesto não opera imediatamente, podendo ocorrer o enamoramento entre os "não-irmãos". Os adultos envolvidos precisam aprender a lidar com necessidades muito diferentes, e isso demanda atenção e cuidados especiais.

Um grande desafio para as famílias com recasamento consiste na necessidade de se tornarem um grupo, sem ter tido anteriormente uma história através da qual pudessem se organizar gradualmente. Dentro desse grupo, o novo par deve construir sua identidade de casal, desenvolver alianças mútuas e solidificar sua relação.

A aceitação por parte das famílias extensas auxilia no processo de construção da nova família, favorecendo um sentido de pertinência familiar. O apoio vind dos amigos e da rede social aumenta a adaptação e o desenvolvimento das forças das famílias reconstituídas.

Minha experiência clínica, exemplificada no caso descrito, coincide com autores que apontam alguns preditores de dificuldades na organização das famílias com recasamento (Carter e McGoldrick, 1995):

1. Uma grande discrepância entre os ciclos de vida das famílias.
2. Negação de perda anterior e/ou um intervalo curto entre os casamentos.
3. Incapacidade de resolver questões de relacionamento intenso na primeira família; por exemplo, se existirem sentimentos de raiva intensa ou amargura em relação ao divórcio ou se ainda há ações legais pendentes.
4. Falta de consciência das dificuldades emocionais do recasamento para os filhos.
5. Incapacidade de abandonar o ideal da primeira família intacta e passar para um novo modelo conceitual de família.
6. Esforços para estabelecer fronteiras rígidas em torno da nova associação familiar e pressão para haver lealdade e coesão primárias na nova família.
7. Exclusão dos pais ou avós biológicos, combatendo sua influência.
8. Negação das diferenças e dificuldades; agir "como se" essa fosse apenas uma família comum.
9. Mudança na custódia dos filhos perto do recasamento.

Tradicionais papéis de gênero, no qual é esperado que as mulheres cuidem dos filhos, devem ser revisados, uma vez que será importante o envolvimento direto do pai com os filhos quando estes estiveram com ele e a nova parceira.

Crianças dos recasamentos não estão procurando novos pais. Assim, a expectativa de que a nova esposa substitua a mãe real irá gerar disfuncionalidades no sistema, podendo acarretar sintomas nos filhos. Em consequência, poderão ter medo de perder a mãe, ficar confusos e divididos entre duas cuidadoras, ou se comportar com hostilidade.

Além disso, frequentemente as crianças resistem a um dos lares. A relação de proximidade e intimidade com o genitor que tem a custódia interfere nos esforços positivos dos padrastos ou madrastas, impedindo que estes sejam reconhecidos. Cooperar ou gostar deles pode ser sentido como deslealdade. Quanto mais os padrastos ou as madrastas se envolvam nos cuidados e disciplina, mais as crianças poderão sentir que o território do pai ou mãe real está sendo invadido. Entretanto, se a aproximação é gradual, amorosa e flexível, quando for necessária a colocação de limites as crianças demonstram melhor adaptação e aceitação. Nesses casos, é fundamental que os adultos se apoiem no estabelecimento das regras.

A nova esposa, sensibilizada com a tristeza dos enteados, pode tentar amá-los mais do que ama seus filhos. Em consequência, estabelece uma relação onde não pode reconhecer em si mesma sentimentos de raiva quando ocorrem comportamentos destrutivos ou de superexigência (Carter e Peters, 1996, p. 293).

Considera-se igualmente problemático quando uma mulher vê no novo companheiro um substituto para um pai ausente: situação vivida na relação anterior ou porque no meio dos conflitos pós-separação o litígio conjugal colocou o pai para fora da relação. Da real impossibilidade de substituição, nesses contextos, advêm sentimentos de frustração e por vezes, revolta, provocando desajustes na relação do casal.

A expectativa de que o homem assuma a posição de único provedor da família gera estresse e impasses, uma vez que suas responsabilidades financeiras com os filhos do primeiro casamento deverão continuar.

Pesquisas indicam que a posição de um padrasto é mais fácil do que a da madrasta. Talvez porque se espera menos dos homens por padrões culturalmente aprendidos, fazendo com que eles não se sintam sobrecarregados ou desafiados como as mulheres. Uma situação peculiar acontece quando uma criança sente ciúmes do padrasto com quem tem que dividir a atenção e o amor da mãe (Schwartz, 1995, p.164).

Um dos piores problemas que os parceiros dos recasamentos devem enfrentar é serem colocados no papel de malvados. A complexidade evidenciada nessas relações inspirou uma nova versão para o conto de fadas *Cinderela*, apenas sob o ponto de vista da madrasta:

> *Eu estava me sentindo tão sozinha que fui facilmente arrastada pelo pai de Cinderela, casando com ele quando nós apenas nos conhecíamos. Uma vez casados, eu percebi que ele ainda estava obcecado pela esposa falecida.*

Ele adorava cegamente Cinderela e era tão indulgente com ela, que Cinderela jamais imaginou que poderia se esperar ajuda dela em casa. Ele gastava muito com presentes para ela e para as minhas filhas não dava nada, as quais ficavam compreensivelmente enciumadas. Elas também se ressentiam, porque deviam lavar e cozinhar enquanto Cinderela se recusava a fazê-lo. Sempre que eu tentava por ordem na pobre menina órfã, ela tinha um acesso de mau humor e corria para seu pai, que sempre ficava do seu lado, contra mim.

E quando o pobre homem repentinamente morreu, eu não consegui controlar Cinderela. Ela ficava fora muitas horas. A próxima coisa que fiquei sabendo foi que ela fugiu para se casar com o príncipe (que era uma fonte de tormento no castelo) e eles contaram que ele a havia "salvado" de uma escravidão em sua própria casa.

O texto descrevendo um sentido contrário do famoso conto de fadas aponta para a evidência de que todo o conflito familiar pode ter outra versão. A expectativa sobre as madrastas ou padrastos de amarem automaticamente os filhos do novo cônjuge mais do que amam a seus próprios é um dos fatores que impactam mais do que ajudam nas novas relações e pode criar o mito da madrasta malvada. As madrastas podem ser percebidas como adversárias, à medida que os filhos crescem, em especial as filhas mulheres, que se tornam as maiores protetoras de suas mães e suas guias mais leais (Carter e Peters, 1996, p. 293-294).

CONTEXTOS TERAPÊUTICOS PARA FAMÍLIAS COM RECASAMENTOS

Entre os motivos principais de consulta, atualmente encontramos crianças que estão vivenciando ou já vivenciaram a separação dos pais, ou estão fazendo parte dos novos arranjos familiares.

O relato a seguir foi escrito pela mãe de uma família com recasamento. Ilustra as muitas dificuldades que essas famílias enfrentam, e a abordagem terapêutica procurou acompanhar a complexidade da construção da nova constelação familiar.

A figura a seguir apresenta esquematicamente parte do genograma familiar no qual se evidencia a triangulação de Renato, o paciente identificado, com a mãe (extrema proximidade) e com a madrasta (relação de conflito).

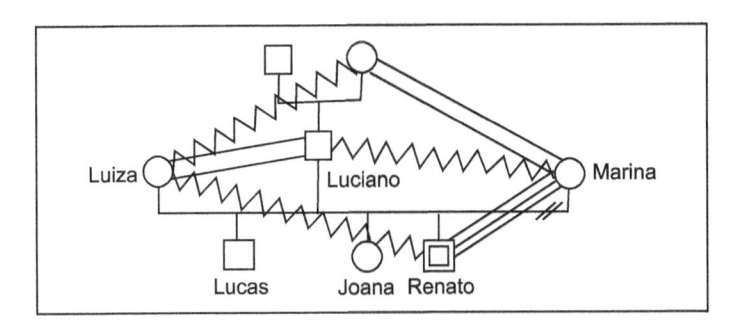

LUTANDO PARA SEREM FELIZES

Conhecemos-nos no período da faculdade, sendo apenas amigos. Ele casou, teve filhos, e quando eu estava noiva, reencontramos-nos casualmente. A vida rolou, e dois anos depois, fico sabendo que ele se separou. Novo reencontro; dessa vez, combinamos sair juntos. Acabamos namorando e, como era tudo ótimo, passei a dormir no apartamento dele; as roupas foram indo aos poucos. Entre a saída de Luciano de sua casa e o nosso namoro foram apenas seis meses.
Sua filha, Joana, tinha 7 anos, e o filho, Renato, 3 anos. Eu inicialmente achei o máximo namorar um cara já com filhos. Divertíamo-nos como casal e também com os filhos. Fomos relativamente felizes no início com as crianças, com quem fazíamos viagens e passeios, que fizeram com que convivessem com meus familiares. Paralelamente, enfrentávamos o inconformismo de Marina, sua ex-esposa, em relação ao que estava rolando; ela jogava pesado com as crianças, não as autorizando a gostarem desta intrusa, o que gerava conflitos de lealdade. Eu era uma mulher solteira, de vida boa, formada e com independência econômica. Por opção, morava ainda com os pais e gastava minha grana com o que eu gostava: passeios, hobbys, congressos, amizades, etc.
Marina, que encabeçou a separação, estava arrependida, fazendo tudo para Luciano voltar. Ele se mostrava culpado, muito culpado, pois era o mentor intelectual do evento e sofria pelas crianças. Sua mãe não apoiava nossa união e se unia a Marina. Luciano cedia às solicitações de Marina, que de início, o requisitava constantemente. Nunca me assustou a ideia de me envolver com meus enteados; fazíamos muitas coisas boas juntos e houve épocas em que eu queria até adotá-los, de mãe viva.

Hoje, sei que cometi alguns erros. Entrei nessa história sem que tivessem feito a mínima separação emocional. Depois, pensei ter entrado numa história que já tinha todos os personagens. Eu sobrava.
Outro erro, quanto mais eu era generosa, amorosa e cheia de recursos, mais minha presença salientava as limitações da mãe deles. Isso ficou notório quando o tempo passou e a adolescência os impulsionou a recuperar a mãe. Entre os conflitos de lealdade e carências, eles me agrediam para poder voltar para ela. Não pensavam que poderiam circular lá e cá.
Após quatro anos de casados, engravidei de nosso primeiro filho, Lucas. Foi uma época problemática: para Marina, isso representava a divisão do patrimônio com filhos que não eram seus, ansiedade que era repassada para Joana e Renato.
No ano seguinte, aos 10 meses de Lucas, Joana veio morar conosco, seguida por Renato um mês depois. Luciano me consultou sobre Joana poder ficar e respondi que jamais me oporia, mas que não imaginava o que poderia ocorrer.
De mulher solteira, independente, passei a ser mãe de três filhos. Enfrentamos novas dificuldades: as crianças preferiam permanecer conosco mesmo quando fosse o período combinado para ficarem com a mãe. Com o nenê pequeno, não conseguia dar a mesma atenção aos maiores, mas ainda estávamos levando.
Dois anos depois, nasceu nosso segundo filho, Ricardo, e mudamos todos para uma casa nova, já que tínhamos uma pretensa grande família. Sempre achei que seria viável, mas aos poucos comecei a mudar de ideia, quando não me sentia dona de minha própria casa. Luciano não conseguia me proteger das agressões da ex-esposa.
Não sei por que não seguimos a indicação de terapia. Talvez as coisas tenham se acalmado quando ficou definida a troca de guarda para Luciano.
Acreditávamos que poderíamos ser felizes com essa grande família. Mas, foram tempos difíceis: Luciano se demorava para retornar para casa, pois não sabia como lidar com a demanda dos filhos. A vida de casal ficou interferida e o romantismo sem lugar.
Meus enteados ficaram conosco durante cinco anos, quando então em clima de muitas brigas, eles decidiram retornar para a casa da mãe. Hoje, sei que a melhor madrasta não se compara com a unha da mãe. O que importava para eles era ter garantido o amor de Marina.
Procuramos atendimento quando Renato estava com 8 anos e apresentava problemas de desatenção e agitação na escola. (Luiza)

O processo de avaliação psicológica incluiu a nova família, sessões com Luciano e Luiza, sessões com Joana e Renato e deles com a mãe. Foram identificados em Renato sentimentos de tristeza, ansiedade e ambivalência frente a permanecer ou deixar a casa materna e ficar próximo da irmã, que já morava com o pai.

Marina, vinculada aos filhos, sofria por terem saído de casa; apresentava depressão, o que operava como motivo para as crianças evitarem estar com ela, agravando a situação.

Essas questões foram relacionadas com o comportamento inquieto de Renato e sua falta de atenção nas atividades escolares, coincidindo com o pedido de alteração da guarda dos filhos. Indicou-se psicoterapia individual para Renato com enfoque familiar, com a inclusão dos familiares no atendimento sempre que necessário.

Esse caso clínico exemplifica padrões relacionais possíveis de serem explorados e compreendidos em famílias com recasamento, levando-se em consideração os triângulos formados dentro dessas famílias.

Embasando-se na teoria de Bowen (1991), pensar triângulos é "observar as maneiras previsíveis nas quais as pessoas se relacionam umas com as outras num campo emocional. Os movimentos dos triângulos podem ser tão imperceptíveis que dificilmente se pode observá-los em situações emocionais tranquilas, mas na presença de ansiedade e tensões, sua frequência e intensidade aumentam" (p. 71).

McGoldrick, Gerson e Schellenberger (1999), partindo dessa teoria, sugerem triangulações previsíveis em famílias com recasamento: triangulação criança, pai e madrasta, onde a hostilidade entre as crianças e a nova esposa gera conflito no pai, que fica dividido entre a esposa e os filhos; as crianças estando aliadas à mãe e em conflito com a madrasta, entre outras.

Ocupar uma posição menos central na vida das crianças e respeitar a ligação dessas com o pai e a mãe deixa a criança mais livre, evitando a triangulação.

Triangulações também podem ocorrer com a mãe biológica, seus filhos e o padrasto.

A cultura ocidental influencia em expectativas maiores em relação à maternidade do que à paternidade, tornando mais difícil a experiência das madrastas (McGoldrick, Gerson e Schellemberger, 1999).

Para um planejamento terapêutico, devem ser considerados os espaços de tempo entre o término do primeiro casamento e a constituição da nova estrutura familiar, a idade dos filhos e o tipo de comunicação mantida pelos ex-cônjuges, entre tantos outros.

Quando uma criança ou adolescente são o motivo de consulta, os pais da primeira família devem ser incluídos, em especial no processo diagnóstico. Se a comunicação é positiva, as sessões se realizam em conjunto; caso contrário, pai e mãe são vistos separadamente.

Se o problema apresentado envolve diretamente o padrasto ou a madrasta, estes deverão participar desde o início e durante o tratamento.

Crianças cujos pais se separaram quando ainda muito pequenas podem reviver sentimentos de solidão, experimentando sentimentos de abandono ou rechaço, que podem se desencadear por situação advinda do ambiente familiar, escolar ou de outros eventos fora da família.

No processo de avaliação e terapia, deve-se enfocar a criança ou adolescente oferecendo-lhes um espaço terapêutico individual, que possibilite a expressão, a compreensão e a elaboração desses conflitos. Paralelamente, realizam-se sessões com o grupo familiar, nas quais se evita a discussão de questões conjugais, direcionando-se o foco para alternativas de solução conjuntas frente as dificuldades do paciente identificado.

O relacionamento satisfatório do casal é fundamental não somente para sua felicidade, mas porque dessa relação depende a estabilidade de todos os demais. O casal deve ser auxiliado a estabelecer fronteiras flexíveis, que favoreçam um espaço a dois, o que requer um planejamento consciente e objetivo.

Nessa situação de transição e crise familiar, é importante realizar intervenções terapêuticas em nível estrutural, relacional e individual que favoreçam a comunicação dos próprios sentimentos, a capacidade de escutar os outros e o desenvolvimento de competências relacionais e afetivas (Francescato e Locatelli, 1999, p. 528).

O trabalho psicoterapêutico em nível individual deve enfocar questões relativas à autoestima, desenvolvendo sentimentos de confiança nos outros e a capacidade de expressar pensamentos e emoções que levem a uma interação mais positiva.

Com a família e o casal, são estimulados comportamentos de colaboração e respeito mútuos, de aceitação das diferenças e o restabelecimento de ligações e comunicação que estejam interrompidas.

As funções parentais devem ser apoiadas tanto no sentido financeiro quanto no sentido educacional e emotivo, tendo-se presente que a dissolução foi da sociedade conjugal; a parental deve se manter até a entrada dos filhos na idade adulta.

Esse aspecto educacional é importante, uma vez que auxilia os cuidadores a descobrirem maneiras de levarem adiante o projeto da nova família, sentindo-se igualmente validados enquanto pessoas competentes.

Orientar os adultos envolvidos na construção da nova família, sobre a importância da relação dual entre pais e filhos, desenvolvendo atividades conjuntas, por exemplo, contribui para reassegurar a proximidade nas relações, minimizando sentimentos de exclusão experimentados por padrastos ou madrastas; igualmente, a relação a dois entre estes e os enteados pode favorecer o estreitamento dos laços afetivos.

Outra questão a ser trabalhada é auxiliá-los a reconhecer que a relação entre os pais e os filhos do primeiro casamento vem de muito mais tempo do que com o novo parceiro e, sendo assim, o vínculo é mais forte. O envolvimento e o compromisso do pai ou mãe com as crianças é completamente diferente do que com os novos parceiros.

Considerando que os hábitos e formas de convívio devem se construir numa nova ordem, a criação de rituais familiares auxilia na definição da nova família.

A comemoração de eventos ou datas festivas, conforme estavam acostumados os pais da primeira família com seus filhos, pode ser resguardada, mas é importante que o novo grupo escolha como fazer a sua celebração em particular, elegendo datas e momentos para que isso se viabilize.

Promover encontros, reunindo avós ou tios de ambos os lados, ajudará as famílias dos recasamentos a se sentirem conectadas e unidas.

Pensar nas competências dos indivíduos em vez de se acentuar as dificuldades é um caminho para auxiliá-los a recuperarem a autoconfiança e olharem para o futuro.

Ahrons (2007) aponta seis características descritivas da força familiar: (1) expressão de apreciar uns aos outros e sabedoria para dispender tempo juntos; (2) participação de atividades comuns; (3) bom padrão de comunicação; (4) confiança; (5) orientação religiosa e (6) habilidade para lidar com o estresse de maneira positiva. Essas mesmas habilidades poderão resultar ou não em um novo casamento, podendo se desenvolver na organização de uma nova família.

Para sintetizar muito do que foi dito até o momento, incluo alguns fatores indicativos de uma organização com sucesso e satisfação, conforme Francescato (1999):

1) Elaboração da perda, compreendida seja como perda do cônjuge ou do genitor que saiu, mas também como perda da ideia da família de origem, com suas regras, suas lembranças suas tradições, etc.

2) A definição de expectativas realísticas: esse é um fator decisivo e significa que os membros da nova família têm a noção de pertencer a um tipo de família diferente da tradicional, em que: a) os adultos e as crianças se encontram e se unem enquanto estão em posição diferente do seu ciclo de vida individual, familiar e de casal; b) os adultos e as crianças respeitam os ex-cônjuges; c) as ligações genitor-filho são precedentes à formação do casal; d) existe um genitor biológico em outra casa ou na memória; e) as crianças se movimentam entre duas famílias; f) os padrastos ou madrastas não têm relações legais com as crianças; g) existe a consciência de que é necessário certo tempo (2 a 4 anos) para o processo de construção de uma família reconstituída.

3) A solidificação do novo casal: na família reconstituída com sucesso o casal é muito unido e conseguiu superar, sobretudo na fase inicial, o problema de administrar o próprio espaço e o próprio tempo e os limites entre o espaço do casal e aquele da família.

4) A individualização dos rituais familiares: a nova família necessita viver seus rituais e tradições a seu próprio modo para a construção das ligações afetivas.

5) O desenvolvimento da relação entre genitores e filhos do atual companheiro: quando foi possível estabelecer inicialmente uma relação amigável, deixando a função educativa exclusivamente para os pais e alcançando com o tempo um acordo com os mesmos sobre essa distinção de papéis, estabelecem-se relações satisfatórias entre os filhos e os padrastos/madrastas. As palavras-chaves são flexibilidade e clareza.

6) Colaboração entre as famílias: os adultos não são hostis ou competitivos, mas colaboram nos interesses dos filhos (Francescato e Locatelli, 1990).

A terapia acontece na cabeça dos terapeutas. É imperativo para a saúde das famílias com recasamento que em nossas cabeças façamos justiça para a flexibilidade, para a criatividade e para o esforço que os adultos (madrastas e padrastos) fazem pelas suas famílias e para a resiliência das crianças em se ajustar a todas essas mudanças. (Visher, 1994, p. 329)

CONSIDERAÇÕES FINAIS

Embora muitas dificuldades tenham sido discutidas nesse capítulo, o trabalho com famílias ao longo de muitos anos me ensinou a reconhecer seus inúmeros recursos e saídas para a solução dos problemas enfrentados ao longo de seu desenvolvimento.

Em especial, as famílias dos recasamentos desenvolvem a tolerância, a aceitação das diferenças e a criatividade, muito provavelmente imbuídas do desejo de acertarem a nova escolha, cuidando para não repetirem os erros cometidos no passado.

Desafiados a "inventarem" a nova família, mostram-se muito ativos e participativos, procurando se adaptar às demandas da nova situação. Como todas as famílias, frente a situações de maior estresse ou sofrimento, podem temporariamente "se paralisar", cabendo a nós, terapeutas, ajudá-los a recuperarem as próprias competências.

Favorecer o restabelecimento de relações quando houveram rupturas familiares e estimular a ampliação de redes de convívio social estão entre os objetivos da psicoterapia familiar.

REFERÊNCIAS

ABELSOHN, D. A "good enough" separation: some characteristic operations and tasks. *Family Process*, v. 31, p. 61-83, 1992.
AHRONS, C. R. Family ties after divorce: long-term implications for children. *Family Process*, v. 46, n. 1, p. 53-65, 2007.
BOWEN, M. Hacia la diferenciación de si mismo en la familia de origen. In: BOWEN, M. (Ed.). *De la familia al individuo:* la diferenciación del si mismo en el sistema familiar Buenos Aires: Paidós, 1991. p. 64-86.
CARTER, B. Famílias resultantes de segundas nupcias: la creación de un nuevo paradigma. In: WALTERS, M.; CARTER, B.; SILVERSTEIN, O. (Ed.). *La red invisible*. Buenos Aires: Paidós, 1991. p. 364-400.
CARTER, B.; MCGOLDRICK, M. (Ed.). *As mudanças no ciclo de vida familiar.* 2. ed. Porto Alegre: Artmed, 1995.
CARTER, B.; PETERS, J. K. *Love honor and negotiate*. New York: Pocket Books, 1996.
FRANCESCATO, D.; CAGNETTI, L.; GREGO, L. A. Rapporti interpersonali all'interno delle famiglie ricostituite. *Terapia Familiare*, v. 51, p. 19-30, 1996.
FRANCESCATO, D.; LOCATELLI, M. Luci e ombre delle famiglie aperte. In: ANDOLFI, M. (Ed.). *La crisi della coppia*. Milano: Raffaello Cortina, 1999. p. 509-539.
KASLOW, F.W.; SCHWARTZ, L. L. *The dynamics of divorce*. New York: Brunner/Mazel, 1987.
MCGOLDRICK, M.; GERSON, R.; SCHELLENBERGER, S. Family relational patterns and triangles. In: MCGOLDRICK, M.; GERSON, R.; SCHELLENBERGER, S. (Ed.). *Genograms:* assessment and intervention. New York: Norton & Company, 1999. p. 101-114.

SCHWARTZ, P. *Love between equals:* how peer marriage really works. New York: The Free Press, 1995.

SEVERINO, R. L. Casais construindo seus caminhos: a terapia de casal e a família de origem. In: PRADO, L. C. (Ed.). *Famílias e terapeutas construindo caminhos.* Porto Alegre: Artmed, 1996. p. 71-96.

SLUZKI, C. Casando e descasando: vicissitudes da rede social durante o divórcio. In: SLUZKI, C. (Ed.). *A rede social na prática sistêmica.* São Paulo: Casa do Psicólogo, 1997. p. 99-116.

VISHER, E. B. Lessons from remarriage families. *The American Journal of Family Therapy,* v. 22, n. 4, p. 327-336, 1994.

WALSH, F. Coppie sane e coppie disfunzionali: quale differenza: riesaminando il quid pro quo coniugale. In: ANDOLFI, M. (Ed.). *La crisi della coppia.* Milano: Raffaello Cortina, 1999. p. 55-72.

Psicoterapia de crianças e adolescentes com tendência antissocial

14

Soraya Maria Pandolfi Koch Hack

É muito comum na clínica de crianças e adolescentes a procura por atendimento diante da sintomatologia na área da conduta. Mentir, roubar, agredir, destruir, desafiar são manifestações que mobilizam os adultos cuidadores, sejam os pais, os professores, os pediatras, bem como outros que também convivem diretamente, ou seja, os colegas de aula, os primos, os irmãos, etc.

Tais sintomas são encontrados muitas vezes em crianças com satisfatório nível de integração, maturação, criatividade, com uma estruturação e saúde psíquica que surpreende a quem se propõe a atendê-los. Por outro lado, também constatamos a existência de crianças e adolescentes com sintomas na conduta, congelados psiquicamente; alguns, inclusive, nem chegam aos nossos consultórios, sendo encontrados nas ruas. Tomados por uma intensa destrutividade, acabam, como citam Vilhena e Maia (2002), encontrando seus limites nas portas de uma delegacia.

Portanto, as manifestações de problemas na área da conduta, em maior ou menor grau, aparecem em personalidades com diversas estruturas e funcionamento, tais como neurótica, *borderline*, psicótica, anestruturas, psicopatia, como também em crianças portadoras de síndromes orgânicas, etc. Mas como explicar essa diversidade de situações clínicas em diferentes estruturações psíquicas com manifestações semelhantes, mesmo de intensidades variadas? O que essas crianças têm em comum? *O que clamam?*

Tomando a teoria da tendência antissocial desenvolvida pelo psicanalista D. Winnicott, proponho entender e, a princípio, responder essa questão. Esse autor postulou que a criança, à medida que vai crescendo, passa por várias fases que vão consolidando seu amadurecimento pessoal: a dependência absoluta, relativa e o rumo à independência, necessitando uma adaptação do ambiente familiar às suas necessidades. Se houver uma ruptura ou perda dos cuidados parentais, a criança passa a viver um "estado de deprivação".[1] "Uma criança torna-se deprivada quando é destituída de algum aspecto essencial de sua vida em família" (Winnicott, 2000, p. 409). O "complexo de deprivação" começa através de manifestações em seu comportamento denominadas de tendência antissocial. Tais manifestações incluem o roubo, a mentira, a agressividade, sintomas alimentares, bem como uma desordem generalizada.

E é sob esse vértice teórico, enfocando o estado de deprivação, desencadeando a tendência antissocial, que esse capítulo se propõe a discorrer. Logicamente sem menosprezar outras teorias e definições a respeito dos problemas de conduta, que também serão citadas nessa reflexão. Sem a pretensão de aprofundar, é preciso referir que outros autores da psicanálise tradicional fizeram sua contribuição a respeito do assunto, tais como Aichhorn, Friedlander e Klein. Mas, como coloca Loparic (2006), foi Winnicott que introduziu um novo paradigma à psicanálise quando provou que os comportamentos antissociais eram causados pela falha ambiental e não propriamente provenientes de uma culpa originada pela conflitiva edípica.

Articulando os conceitos de Winnicott, alguns autores contemporâneos vêm estudando o entendimento na etiologia dos indicadores de problemas comportamentais, ressaltando a importância que esse tema tem para a clínica psicanalítica contemporânea (Bogomoletz, 2007; Bordin e Offord, 2000; Outeiral e Felippe, 2007; Sá, 2001; Vilhena e Maia, 2002). As terminologias utilizadas na atualidade para referir esses sintomas variam, desde transtorno de conduta, distúrbio de conduta, problemas de externalização, que não necessariamente tem o mesmo sentido da tendência antissocial, tal como foi desenvolvida por Winnicott. No entanto, todos os autores apontam significativamente que a etiologia está relacionada com a fragilidade dos relacionamentos entre pais e filhos e com a interação familiar.

Winnicott (2005) desenvolveu essa teoria observando crianças e adolescentes que passaram por muitas situações de rupturas familiares, movidas pela situação da 2ª Guerra Mundial. Nos dias atuais, observamos outras guerras, percebidas pelos afastamentos, transições familiares, inseguranças, também geradas pelo cotidiano violento e competitivo das grandes cidades, que levam, muitas vezes, os pais a olharem menos os seus filhos. Compartilho com Vilhena e Maia (2002) a ideia da falta de legitimidade das funções paterna e materna na contemporaneidade. Assistimos ao *"adolescimento* dos pais e do a*dultescimento* das crianças" (Alexandre, 2006, p. 15). Com isso, faltam padrões adultos para os adolescentes se identificarem. Nesse contexto, os pais correm o risco de serem negligentes no ato de criar seus filhos. Acrescentaria que a falta de continência e de limites por parte dos pais também deixam os filhos mais vulneráveis à violência psíquica, oriunda de fontes externas à família, como a televisão, internet, drogas, etc.

É possível identificar, segundo Winnicott (2000; 1982), graduações diferentes para o comportamento agressivo e destrutivo: a) as manifestações naturais de agressividade; b) as manifestações da própria tendência antissocial como sinal de esperança e como resultado do estado de deprivação (que é o foco desse capítulo); c) o extremo do comportamento delinquente. Desses três grupos, são as crianças e adolescentes com indicadores de tendência antissocial é que certamente mais chegam aos consultórios. Aqueles com manifestações naturais de agressividade são facilmente manejados pelo próprio meio, e os delinquentes acabam sendo afastados, institucionalizados. Acrescentaria a possibilidade de existir um outro grupo, que evolui da tendência antissocial à delinquência, quando o pedido de socorro não é atendido a tempo (Hack, 2007).

Enfim, é preciso refletir sobre a complexidade do tema da tendência antissocial, incluindo também nessa reflexão as possibilidades de intervenções e atendimentos psicoterápicos. Um breve histórico dos conceitos se torna relevante nesse momento, dos primórdios da psicanálise tradicional até Winnicott, incluindo uma posterior leitura da tendência antissocial na pós-modernidade, para depois refletirmos sobre as modalidades de tratamento propriamente dita, o *setting* terapêutico e a técnica psicoterápica adaptados à contemporaneidade da clínica de orientação psicanalítica.

RECAPITULANDO A CONCEPÇÃO DA DELINQUÊNCIA A PARTIR DA PSICANÁLISE

A psicanálise tradicional postulava basicamente que a vida é regida por forças e conflitos e sua principal tendência a ser superada no decorrer do desenvolvimento é a renúncia do princípio do prazer. É com essa perspectiva que muitos dos autores entendiam a delinquência. Freud citado por Garcia (2004), deparando-se com pacientes que praticavam o que ele chamou de ações proibidas (furtos, fraudes e incêndios voluntários), entendia a origem dessas, provenientes do 'complexo de Édipo'. Para ele, isso também acontecia com crianças que praticavam atos proibidos, com o objetivo de serem punidas.

Os seguidores de Anna Freud, Aichhorn e Friedlander "acreditavam que o ambiente participa da etiologia da delinquência, mas esse ambiente é entendido como um agente disciplinador" (Garcia, 2004). Por isso, para esses autores, o tratamento da delinquência seguia uma linha pedagógica de intervenção. Por outro lado, para a corrente kleiniana, os fatores etiológicos da delinquência são intrapsíquicos e constituicionais. Para Klein, é a presença do superego e não a falta que acarreta os comportamentos antissociais (no que difere dos freudianos). "Acreditava que só através da análise dos conteúdos das fantasias inconscientes recalcadas seria possível curar a delinquência" (Garcia, 2004, p.30).

Bowlby (1982) foi um estudioso sobre as perdas e os vínculos rompidos entre pais e filhos, contribuindo com um outro enfoque. Para ele:

> Duas síndromes psiquiátricas e duas espécies de sintomas associadas são precedidas por uma elevada incidência de vínculos afetivos desfeitos. As síndromes são a personalidade psicopática (ou sociopática) e a depressão. (Bowlby, 1982, p.63)

Também sustentava a ideia de que a infância dos indivíduos com psicopatia foi severamente perturbada pela morte, divórcio ou separação dos pais ou, ainda, por outros eventos que resultavam em rupturas de vínculos afetivos. Segundo Sá (2001), Bowlby postulava que crianças com vivências de relações satisfatórias com sua mãe podem regredir através de comportamento hostis, antissociais e delinquentes.

Com essas colocações, é possível perceber que Bowlby se aproxima de Winnicott na concepção da delinquência e do impacto das rupturas dos vínculos. Porém, desenvolveram teorias com peculiaridades diferentes. Para Bowlby, segundo Garcia (2002), a mãe, no início da vida de um bebê, já é um objeto externo, enquanto para Winnicott, não é um 'objeto objetivo' – separado – mas um objeto subjetivamente concebido. Se a criança sofrer uma perda materna nesse estágio inicial, que ele chama de dependência absoluta, ela passaria por uma privação. No entanto, se sofrer a perda na fase posterior, em que há uma diferenciação do *self*, ela passaria a viver o estado de deprivação, que, como será descrito a seguir, desencadeia a tendência antissocial.

O ESTADO DE DEPRIVAÇÃO E A TENDÊNCIA ANTISSOCIAL – A TEORIA DE WINNICOTT

Para entendermos as concepções de Winnicott a respeito da tendência antissocial, é preciso, primeiramente, recapitular a teoria do amadurecimento pessoal, elaborada pelo mesmo autor, fundamentada em dois pressupostos: "o primeiro é de que todo o indivíduo humano possui uma tendência inata ao amadurecimento e à integração, e o segundo é de que essa tendência só se realiza na presença de um ambiente suficientemente bom" (Garcia, 2004). Ao mesmo tempo, é preciso retomar também como o autor entendia a agressividade natural sem destrutividade.

Segundo Winnicott (1988), o indivíduo passa por três fases em relação ao processo de dependência: dependência absoluta, relativa e rumo à independência. No início de sua vida, o bebê se encontra na fase de dependência absoluta em relação à sua mãe. A agressividade, nessa fase, é somente um movimento, cabendo a própria mãe significar esse gesto espontâneo de seu filho. Não há intencionalidade no gesto desse pequeno ser, ou seja, não existe bebê violento (Winnicott, 1982).

À medida que ele vai crescendo e se desenvolvendo, passa para a fase de dependência relativa. É necessário que a mãe progressivamente vá se distanciando (sem que isso signifique abandono) para que a criança perceba que os dois são pessoas diferentes. Com isso, também possibilita o crescimento da interação do(a) filho(a) com o pai. Este, por sua vez, abre um outro caminho para a criança, acrescentando elementos novos e valiosos. "A existência de uma mãe suficientemente boa está ligada à presença de um pai suficientemente bom" (Outeiral e Celeri, 2002, p. 774). Nessa fase, surge a ilusão, e com ela o objeto transicional, tão amado e dilacerado ao mesmo tempo.

Segundo Newman (2003), se a criança não for bem atendida a partir da fase de dependência relativa, pode começar a manifestar a tendência antissocial. Ou seja, se o afastamento da mãe for maior do que a pequena criança possa suportar ou se o pai não puder cumprir a sua função, acontece a sensação de raiva e de abandono. Surge a deprivação, levando no futuro à tendência antissocial. Assim, o gesto que poderia ser criativo, passa a ser reativo (Vilhena e Maia, 2002). Também a relação com o objeto transicional se modifica. Pode ser destruído ou perde o sentido. "Cessa a sua capacidade de usar o símbolo da união" (Garcia, 2004).

Portanto, "uma criança se torna deprivada quando é destituída de algum aspecto essencial de sua vida em família" (Winnicott, 1956/2000,

p. 409). Algum grau do que poderíamos chamar de "complexo de privação" começa a se manifestar através de um comportamento antissocial, que aparece em casa ou em um contexto mais amplo. Tais manifestações incluem o roubo e a mentira, a agressividade, a incontinência e a desordem generalizada. Além disso, Winnicott inclui outro sintoma comum, a "sofreguidão, juntamente com o seu correlato, a inibição do apetite" (Winnicott, 2000, p. 412).

Há duas vertentes para a tendência antissocial. Nas palavras do autor:

> ...Pode-se dizer que há dois tipos de tendência antissocial. Em um, a enfermidade se apresenta em forma de furto ou chamando atenção especial através do ato de urinar na cama, falta de asseio e outras delinquências menores que, de fato, dão a mãe trabalho e preocupações extras. No outro, há destrutividade, provocando atitudes firmes. (Winnicott, 1984, p. 230)

No primeiro tipo, houve uma perda do cuidado materno. O segundo, relaciona-se com a interação com pai, que falha no estabelecimento de limites, necessários para o desenvolvimento do autocontrole.

A tendência antissocial não constitui uma categoria diagnóstica em si. Ela pode aparecer em crianças normais ou neuróticas, depressivas ou psicóticas. Para Winnicott (2005), a tendência antissocial é um sinal de esperança, um sinal de SOS em que a criança sente o ambiente em débito com ela, reclamando por direitos perdidos, podendo, nos casos iniciais, ser entendida e "curada" e tratada dentro do lar, havendo então possibilidade de reverter a situação. Vilhena e Maia (2002) destacam que, na delinquência (em que o reclame por direitos perdidos é mais significativo, com nível maior de desespero e solidão), o limite é buscado fora de casa, às vezes até numa delegacia. Dessa forma, a motilidade e o gesto espontâneo se transformaram em agressividade com intencionalidade, destrutividade e, por fim, violência, por falta de acolhimento. Quando nunca se encontram os limites e os cuidados necessários há um congelamento e o resultado pode ser a psicopatia (Vilhena e Maia, 2002). O delinquente apresenta defesas constituídas com ganhos secundários, que dificultam a criança entrar em contato com seu "desilusionamento" inicial (Winnicott, 1999).

Portanto, existe uma graduação entre a agressividade natural, a tendência antissocial e a delinquência. E esta é uma discriminação importante de se fazer na clínica. Da mesma forma, é preciso também, antes de se fazer qualquer tipo de indicação ou intervenção psicoterapêutica, refletir a respeito da seguinte questão: no caso que estamos avaliando, podemos de fato constatar a deprivação ou seria uma privação?

DISCRIMINANDO CONCEITOS: DEPRIVAÇÃO X PRIVAÇÃO

Winnicott (2000) aponta-nos claramente três aspectos essenciais que caracterizam a deprivação, que de alguma forma já foram citados acima: (1) a criança, no início, recebeu cuidados suficientemente bons que foram retirados de maneira abrupta; (2) essa perda não foi corrigida a tempo da esperança ser mantida, e esse fato levou à vivência de uma aflição intolerável; (3) a criança já estava amadurecida o suficiente para se dar conta de que foi o ambiente que falhou. Mas a privação? A privação acontece na fase da dependência absoluta, quando o bebê ainda não tem noção do ambiente. Essa falha poderia levar à psicose.

Segundo Garcia (2004), ao passo que na deprivação a criança sente uma perda, fazendo posteriormente uma dissociação, na privação o que a criança vive é o aniquilamento, e o mecanismo é a cisão. Acrescentaria o comentário de Safra (2002, p. 830) a respeito das defesas:

> Nos comportamentos anti-sociais, há uma organização defensiva que busca a preservação da esperança e do humano. Na organização psicopática há subjacente uma organização psicótica na qual não há memória ou traços da experiência humana.

Por essas colocações, é possível pensar que o delinquente pode ter sofrido uma privação, ao passo que a deprivação seria o estado primordial da tendência antissocial. No entanto, a delinquência também pode ser encarada como uma evolução de uma tendência antissocial não tratada, fruto da decepção e desesperança (Hack, 2007).

Até o momento, foquei o artigo na teoria winnicottiana, trazendo também contribuições de autores que buscam diretamente aprofundar essa perspectiva e suas contribuições ao pensamento psicanalítico. Mas é preciso considerar também o que outros pesquisadores contemporâneos, que estudam especificamente os problemas comportamentais, têm a nos dizer. É possível integrar a teoria formulada por D. Winnicott em 1956 a essas novas concepções, ou não? Serão de fato novas concepções?

DISCRIMINANDO DIAGNÓSTICOS E TERMINOLOGIAS: A RELEITURA DA TENDÊNCIA ANTISSOCIAL NA PÓS-MODERNIDADE

Certos comportamentos antissociais podem ser observados no curso do desenvolvimento normal de crianças e adolescentes transitoriamente. Por isso, segundo Bordin e Offord (2000), é necessário diferenciar normalidade de psicopatologia. Esses autores fazem uma leitura psicanalítica na etiologia dos problemas de conduta, citando Winnicott, e a privação afetiva, a busca do objeto perdido e a desesperança. Também propõem uma diferenciação importante entre transtorno de conduta e distúrbio de conduta: o primeiro é considerado um transtorno psiquiátrico, em que a criança ou adolescente não apresenta sofrimento psíquico ou constrangimento com as próprias atitudes e não se importa em ferir ou desrespeitar as pessoas no geral; o segundo é considerado uma forma mais abrangente e inespecífica para nomear problemas de saúde mental que causam incômodo no ambiente, seja familiar ou escolar. Comparando tais definições com as de Winnicott, faço uma relação entre transtorno de conduta e delinquência de um lado, e distúrbio de conduta e tendência antissocial, de outro.

O termo "antissocial" não é só referido na literatura apenas pelo viés psicanalítico. Seguindo uma perspectiva desenvolvimentista, Pacheco e colaboradores (2005) refere que o termo antissocial é muito utilizado para fazer referência às características comportamentais de diversos transtornos mentais; o vocábulo tem sido empregado para designar o caráter agressivo e desafiador da conduta de indivíduos que, mesmo não tendo o diagnóstico de um transtorno específico, apresentam problemas comportamentais que causam prejuízos. Sugerem utilizar a expressão 'problemas de externalização'para crianças menores para evitar o "estigma implícito no termo antissocial" (p. 56). Também fazem referência à importância da interação familiar na etiologia e no tratamento.

É possível constatar que muitos autores contemporâneos que vêm estudando o comportamento agressivo e delinquente se utilizam cada vez mais da teoria da tendência antissocial e delinquência, formulada por Winnicott. Na busca da etiologia dos problemas comportamentais, alguns autores ressaltam a ideia da perda afetiva, da ruptura, da esperança e, às vezes, a ausência de esperança em resgatar os cuidados maternos e paternos (Alexandre, 2006; Bordin e Offord, 2000; Garcia, 2004; Outeiral e Felippe, 2007; Sá, 2001; Vilhena e Maia, 2002).

Safra (2002) também faz sua leitura sobre esse tema. Para ele existiriam três psicodinamismos subjacentes ao comportamento antissocial. Há o grupo que reinvindica a situação perdida. Há um segundo grupo que procura a experiência constitutiva na rua e não em casa, com um "código de relacionamento e pertencimento ao grupo da rua" (p. 830). Ainda há um terceiro grupo que é invadido por uma "lucidez medonha"; congelando sua esperança, buscam destruir o que lhes parece mais hipócrita no campo social.

Vilhena e Maia (2002) descrevem detalhadamente a importância da falha ambiental que instaura a tendência antissocial. Essa é um sinal de SOS (esperança) ao meio que se encontra em débito com a criança. Tais autoras ampliam a reflexão ressaltando os problemas encontrados na atualidade, principalmente no que diz respeito ao exercício dos cuidados paternos. Para elas, "os filhos da contemporaneidade são retrato de pais com medo de serem pais, retrato do lugar que resta vazio, a ser preenchido por algo ou alguém que está fora da família, seja virtualmente, pelos heróis da televisão, ou pelos colegas virtuais na internet" (p.50). Acreditam que o comportamento antissocial denuncia um palco de rivalidades, já que também a diferença nítida entre criança e o adulto não estaria sendo mais tão marcada.

Com essa recapitulação, é possível entender por que Outeiral, (1991), já considerava a tendência antissocial "um dos temas básicos nas contribuições de Winnicott" (p.129). Ou seja, tal teoria continua sendo pertinente, suficientemente aproveitada na contemporaneidade da etiologia dos problemas de conduta.

COMO TRATAR A TENDÊNCIA ANTISSOCIAL?

a) As consultas terapêuticas

Para Winnicott (2000), o tratamento da tendência antissocial deve ser feito pelo fornecimento de um ambiente cuidador, que poderá ser redescoberto e testado pela criança, dando-lhe a oportunidade de experimentar novamente os impulsos do id. É a estabilidade desse novo ambiente que realiza a terapia. "Os pais são frequentemente bem-sucedidos em curar seus filhos dessas carências secundárias, e isso fornece a chave para esperança que o clínico pode ter quanto a conseguir a cura da tendência antissocial" (Winnicott, 1984, p. 230).

Com essas colocações, é possível entender porque Winnicott utilizava o método de *consultas terapêuticas* para o tratamento da tendência antissocial. Acreditava que, trabalhando com os pais, descobrindo o significado dos sintomas e, principalmente, ajudando-os a restituir os cuidados perdidos, estaria contribuindo efetivamente para a melhora desses pacientes. Porém, ressaltava que esse procedimento só seria eficaz se a história fosse fornecida, principalmente, pela própria criança em seu contato individual com ela, que é de fato quem sabe sobre os fatos significativos essenciais. Portanto, "o único valor, em sentido terapêutico, está na descoberta desses problemas na consulta terapêutica com a criança" (Winnicott, 1984, p. 230).

Acredito que o procedimento de *consultas terapêuticas* pode ser muito útil e eficiente quando os sintomas e o trauma original são recentes. Como diz Garcia (2004), a grande descoberta teórica de Winnicott, essencial para fins de prevenção, foi de que a tendência antissocial pode ser mais facilmente tratada quanto mais perto estiver do seu ponto de origem.

Como exemplo desse tipo de intervenção, cito um caso clínico referente a um menino; neste relato, será identificado como Felipe.

Com 4 anos, recebo Felipe para avaliação pelo fato de ter regredido no controle esfincteriano adquirido aos 2 anos. Encaminhado pela pediatra, a mãe procurou ajuda três semanas depois dos sintomas se manifestarem: Felipe estava "sujando as calças", além de estar muito irritado. O casal parental havia se separado também há dois anos. A mãe referia estar ainda deprimida com a separação e impedia o acesso do pai ao filho. O pai, por sua vez, não lutava por essa aproximação, morando inclusive fora do estado.

Na sessão de jogo, Felipe reproduziu no brinquedo sua situação familiar. Criou com os bonecos da família uma história em que o pai viajava muito, a mãe trabalhava e ficava pouco tempo em casa e brigava com o filho. Este era descrito como um menino que gostava de brincar, mas estava triste. A capacidade de simbolização de Felipe era muito desenvolvida, fator importantíssimo no seu prognóstico.

Os sintomas de Felipe desapareceram a partir da segunda sessão. Foram necessárias várias entrevistas com a mãe para que ela entendesse o significado dos sintomas, o protesto do menino, o sentimento de desamparo. Com as entrevistas, a mãe passou a entender mais as demandas do filho e percebeu que ela precisava de atendimento para resolver a separação e entender a necessidade que o filho também tinha do pai. Não houve indicação de psicoterapia para Felipe, pois rapidamente o menino retomou seu desenvolvimento a partir do momento que seus protestos foram entendidos na sessão terapêutica e, provavelmente, também pelas mudanças que se sucederam posteriormente na qualidade do vínculo com seus pais.

Naturalmente, a evolução favorável desse caso ocorreu também pela estruturação mais saudável e pela capacidade de simbolização, nem sempre presente nos pacientes com tendência antissocial. Além disso, o tempo dos sintomas e a idade do menino foram fatores que contribuíram para a evolução favorável. Então, quanto mais precoce for a intervenção e o trauma, mais facilmente é possível reverter o sintoma.

Nesse sentido, muitos profissionais da área da saúde mental podem ser muito bem-sucedidos quando, ao entender psicanaliticamente o clamor dos sintomas, intervém no ambiente com intuito de simplesmente restituir à criança o que lhe foi 'roubado'. Essa intervenção dirigida aos pais poderia ser utilizada com mais frequência na área da psicologia escolar. Isso porque no cenário da escola muitas vezes é possível detectar tais manifestações mais precocemente, o que normalmente não acontece com a mesma frequência no âmbito da psicologia clínica; nesta, os pacientes já chegam, em sua grande maioria, com os sintomas mais cristalizados, necessitando de outro tipo de aporte e intervenção.

b) A psicoterapia psicanaliticamente orientada
Em circunstâncias nas quais o ambiente se mostra com dificuldade de restituir os cuidados imediatamente, quando a criança já possui outras dificuldades anteriores ou quando há risco de uma cristalização dos sintomas a curto ou longo prazo a psicoterapia pode ser necessária. Antes que os ganhos secundários se estabeleçam de maneira a diminuir o sofrimento do indivíduo que foi deprivado e com isso impeçam a possibilidade dele aceitar ajuda, é possível indicar também um tratamento de *psicoterapia de orientação psicanalítica* da tendência antissocial.

O objetivo, segundo Winnicott (2000), tal como nas consultas terapêuticas, seria o de se chegar ao trauma original da deprivação e redescobrir no *setting* a experiência que foi perdida. Segundo Garcia (2004), Winnicott postulava que em alguns casos, nesse tipo de distúrbio, interpretações de nada adiantavam; o necessário era o fornecimento real de confiabilidade e segurança e o reconhecimento do próprio trauma. Tal necessidade de reconhecimento é também salientada por Safra (2002). Refletindo sobre esse aspecto, lembro-me do atendimento de uma menina, cujo atendimento relato brevemente a seguir.

Mariana, uma pré-adolescente de 10 anos, inicia atendimento por apresentar irritação, choro frequente, brigas com amigas, além de descumprir regras e combinações estabelecidas pela mãe. A menina relata de uma forma racional a separação dos pais, o afastamento e o recasamento do pai, que resultou no nascimento de um novo irmão. Embora negasse seus sentimentos de perda com a vivência desses fatos, Mariana pintava seus desenhos usando a cor preta de forma predominante. Além disso, referia-se aos materiais lúdicos oferecidos no setting terapêutico como insuficientes. À medida que fui trabalhando o significado simbólico dessa insuficiência (a vivência do abandono paterno), Mariana foi se deprimindo, reconhecendo a sua dor. Necessitou intensificar a frequência da psicoterapia por um determinado período, pois entendemos que a frequência das sessões também estava "insuficiente" para conter suas ansiedades pré-adolescentes potencializadas pela vivência do afastamento do pai.

Acredito, a exemplo do caso de Mariana, que a psicoterapia de orientação psicanalítica pode ser bem-sucedida nos casos típicos de tendência antissocial; nas situações em que no *setting* terapêutico não há apenas o reconhecimento do trauma de uma forma intelectual. Ou seja: não basta 'saber' o que e quando foi deprivado. O paciente precisa sentir a deprivação e reproduzi-la na sessão. Isso pode acontecer no jogo simbólico e na própria experimentação desse estado na relação terapêutica.

É preciso considerar que nem todos os pacientes com esse quadro conseguem usar a via da simbolização para expressar seus conflitos. Assim, acabam manifestando suas angústias diretamente através de seus atos antissociais na própria sessão. Mais do que nunca, o psicoterapeuta passa a ser o alvo transferencial direto e, por isso, deve estar preparado para suportar o impacto da tendência antissocial no *setting* psicoterápico. A partir disso, é preciso destacar a importância de compreendermos o ato antissocial de um paciente na sessão, como uma esperança e não como resistência. Tomando as palavras de Khan[2], o que inicialmente pode parecer uma reação terapêutica negativa, pode ser entendida como uma comunicação que diz respeito à perda. Essa compreensão é extremamente necessária ao psicoterapeuta que, tomado e paralizado pelos inevitáveis sentimentos contratransferenciais que esse tipo de paciente desperta, pode vir a se sentir atacado e rechaçado por esse paciente, correndo o risco de repetir a deprivação. A empobrecida capacidade de simbolização e a reprodução da tendência antissocial na sessão ficam exemplificadas no atendimento do menino que chamo aqui de Tiago, relatado a seguir.

Tiago, 8 anos, apresentava várias atitudes transgressoras na escola, quando foi encaminhado para tratamento: batia nos colegas quando contrariado, discutia com professores, se recusava a fazer as tarefas escolares. Tiago morava com seus próprios pais. Tinha uma mãe preocupada e conectada com o filho. O pai, por sua vez, encontrava-se em um momento difícil de sua vida profissional e pouco se envolvia com a rotina do filho, e, quando isso acontecia, deixava o filho criando as próprias regras. Tiago sofria de deprivação paterna, mas não era consciente disso. Nas sessões, só queria usar jogos burlando regras. Também tentava de uma forma onipotente e arrogante transgredir as regras do setting, como, por exemplo, discutir os horários de início e término da sessão. Certamente, entendia esse comportamento como uma comunicação de algo que faltava na vida dele. Tiago não simbolizava, mas "atuava" a sua necessidade, demonstrando que necessitava de alguém que exercesse o papel de função paterna.

Os limites encontrados no espaço terapêutico por si só inevitavelmente reproduzem o estado de deprivação, acionando sentimentos de perda. Porém, a confiabilidade que o psicoterapeuta desperta, a continuidade de seus cuidados e a compreensão compartilhada ajudam a restituir a esperança quase perdida. Até chegar nesse ponto, os pacientes com esses sintomas irão testar a confiabilidade do *setting* e do próprio psicoterapeuta por muitas vezes. Foi o que aconteceu com Tiago, que, aos poucos, foi entendendo do que sentia falta, integrando os sentimentos que estavam negados e cindidos. Assim, o agir foi substituído pelo "pensar" e o "sentir".

É também preciso considerar, durante a psicoterapia, a necessidade de se manter uma aliança terapêutica com os pais, possibilitando-lhes momentos de reflexão para que busquem o reconhecimento dos sintomas como uma comunicação que precisa ser acolhida e transformada. Como exemplo, cito o caso de Lauro, que realizou psicoterapia comigo em dois momentos de sua vida.

Aos 7 anos, recebo Lauro para atendimento, por apresentar condutas destrutivas: atirar pedras em outras crianças e agredi-las fisicamente. Além disso, apresentava desleixo com seus materiais e pertences e, por vezes, furtava pequenos objetos. Os sintomas iniciaram após o falecimento trágico de um de seus irmãos. Os pais se deprimiram com a perda, mas não conseguiam conversar sobre isso. Lauro sentiu diretamente o afastamento dos pais, que provocaram a descontinuidade dos cuidados.

Quando os pais procuraram o atendimento, estavam exaustos e irritados com Lauro. Foi muito difícil para os pais entenderem o significado dos sintomas, associados ao estado de deprivação materna e paterna, pois isso os levava a se apropriarem dos sentimentos de perda em relação ao outro que estava morto. Este caso evoluiu muito bem, pois era um menino que conseguia simbolizar e conversar sobre seus sentimentos. Mas essa evolução foi possível também com os pais, que acabaram aceitando e aderindo ao tratamento de uma forma colaborativa. A aceitação foi facilitada pelo fato de se ter trabalhado com os pais mais intensamente no início do atendimento, possibilitando, posteriormente, a construção de uma aliança terapêutica consistente com eles.

Lauro retomou o atendimento em meados da adolescência, por insistência dos pais. O filho estava apresentando sintomas como rebeldia, desleixo consigo mesmo e baixo rendimento escolar. O adolescente resistiu o engajamento ao processo psicoterapêutico, pois significava retomar o estado de dependência relativa que tinha estabelecido comigo na infância. Entendemos que era necessário o atendimento psicoterápico nesse momento de sua vida, em meio às vulnerabilidades suscitadas pela crise da adolescência e pelas manifestações de tendência antissocial que denunciavam uma reedição do estado de deprivação.

c) Tratamento residencial

Winnicott postulava que o lar da criança é o lugar mais adequado para o seu crescimento e desenvolvimento. No entanto, observou que em alguns casos era necessário um *tratamento residencial*, ou seja, o afastamento da criança do meio familiar e o acolhimento por parte de alguma instituição habilitada para isso. "Esta deve fornecer uma estrutura rígida e estável – porém, justa e confiável – de controle externo, de modo a conter a confusão" (Garcia, 2004, p.87). Logicamente, essa modalidade de tratamento tem sido nos nossos dias o caminho natural da delinquência. Como citado, nessa situação clínica há um congelamento afetivo, com ganhos secundários já instituídos. Tais pacientes provêm, na maioria das vezes, de lares caóticos, sem condições de prover os cuidados mínimos necessários à sobrevivência física e emocional. Infelizmente, muitos acabam nem passando pelo tratamento residencial, mas se encaminhando diretamente para a prisão, como dizem Vilhena e Maia (2002).

Das três possibilidades de intervenção terapêutica, certamente é a psicoterapia que mais indicamos nos casos que nos procuram na clínica de orientação psicanalítica de crianças e adolescentes. Isso porque, quando nos procuram, os sintomas já estão com risco de se cristalizarem e, aí, apenas a consulta terapêutica não é suficiente. Por outro lado, como já citei no início dessa exposição, os quadros diagnosticados como delinquentes nem sempre chegam diretamente nas clínicas. Embora muitos delinquentes tenham vivenciado mais o estado de privação, pela hipótese de não terem recebido amor e cuidados necessários no início de suas vidas, compartilho da ideia de que muitos delinquentes apresentavam inicialmente algum tipo de tendência antissocial, na esperança de resgatar algum tipo de cuidado perdido, ou seja, acredito que muitos tenham vivenciado o estado de deprivação. Porém, havendo perda total da esperança, instala-se o congelamento afetivo.

QUANDO O SOS CHEGA A TEMPO

Somos muito felizes como psicoterapeutas quando conseguimos socorrer a tempo nossos pacientes, antes que os sintomas se cristalizem, antes que eles mesmos percam a esperança. A tendência antissocial é o retrato da busca do "tesouro perdido". O tesouro se refere aos relacionamentos com as figuras parentais que foram em algum momento rompidos ou fragilizados.

No cenário da pós-modernidade, continuamos a reiterar a importância dos vínculos familiares, dos cuidados materno e paterno, da mesma forma como Winnicott (1999) sugeriu no século passado. As rupturas, descontinuidades e falhas significativas desses cuidados geram o que ele definiu como o "estado de deprivação", desencadeando, por sua vez, a tendência antissocial na criança e no adolescente. No entanto, hoje, podemos observar a tendência antissocial, com base na deprivação, provavelmente por razões diferentes daquelas descritas e definidas por Winnicott na metade do século passado, quando observou as consequências das rupturas familiares sobre os filhos por ocasião da 2ª Guerra Mundial.

Hoje, vivemos outras guerras. As rupturas e as descontinuidades dos cuidados parentais podem acontecer em diferentes situações e estruturações familiares (com pais casados, viúvos, divorciados, etc.). Vemos famílias passando por diversas transições (Hack, 2008). Encontramos pais que não assumem sua função de autoridade perante os filhos, não se discriminam, ausentando-se do seu papel parental e, com isso, provocando um vazio, um desamparo. Também percebemos um culto à independência precoce e um excesso de atividades e estímulos de um lado, e a falta de um "aparador" de outro. Com isso, muitas crianças e adolescentes tentam buscar fora de casa esse amparo, através das manifestações de tendência antissocial. De outra forma, poderiam cair na passividade e no anonimato. É nesse aspecto que é possível ver saúde nesse pedido de socorro, principalmente quando detectada no início do quadro.

Na clínica psicoterápica, é preciso atentar para essas manifestações e realizar a intervenção mais adequada: seja uma consulta terapêutica, uma intervenção psicoterápica ou um encaminhamento para um serviço de saúde mental nos casos mais gravemente destrutivos, com um comportamento delinquente. Acredito que nas situações em que a psicoterapia de orientação psicanalítica se torna necessária, é preciso considerar a importância do *setting* terapêutico, incluindo o terapeuta e o *holding* oferecido por este. A continuidade dos cuidados terapêuticos pode vir a restituir o paciente do estado de deprivação e ajudá-lo a tomar contato com seus próprios sentimentos, encobertos por suas transgressões. Com isso, melhora a sua comunicação com o ambiente original e originário de suas aflições. Enfim, é preciso ajudar o paciente a resgatar a esperança, ouvir seu "pranto" e resgatar seu "canto", ou seja, retomar o curso de seu desenvolvimento.

NOTAS

1 O termo *deprivation,* usado por Winnicott (1956/1987) no texto original em inglês, não tem equivalente no português. Neste artigo, seguindo a proposta do autor, será utilizada a expressão deprivação, para poder discriminar da privação. A diferença entre estes dois conceitos será explicitada no decorrer desta exposição.
2 Masud Khan escreveu a introdução do livro *Da Pediatria à Psicanálise,* de D. Winnicott (2000).

REFERÊNCIAS

ALEXANDRE, D. P. *A importância do holding na organização afetivo-social de crianças que manifestam tendência anti-social.* Dissertação (Mestrado) – Programa de Pós-Graduação em Psicologia, Universidade Federal do Rio Grande do Norte, Natal, 2006.
BOGOMOLETZ, D. *Do desenvolvimento emocional primitivo à tendência anti-social*: para uma teoria winnicottiana da delinqüência. 2007. Disponível em http://www.dwwinnicott.com/artigos/23.html Acesso em: 14 abr. 2008.
BORDIN, I. A.; OFFORD, D. Transtorno de conduta e comportamento anti-social. *Revista Brasileira de Psiquiatria,* v. 2, p. 12-15, 2000.

BOWLBY, J. *Formação e rompimento dos laços afetivos*. São Paulo: Martins Fontes, 1982.

GARCIA, R. M. A. *A tendência anti-social em D.W.Winnicott*. Dissertação (Mestrado em Psicologia Clínica) – Pontifícia Universidade Católica de São Paulo, São Paulo, 2004.

HACK, S. M. P. K. A incrível trajetória do personagem Bochecha: do desamparo à delinqüência: um olhar winnicottiano. *Revista IPSI "In Cine"*, Novo Hamburgo, p. 75-78, 2007.

_____. *Deprivação e tendência anti-social no adolescente face ao divórcio parental*. Dissertação (Mestrado em Psicologia Clínica) – Universidade do Vale do Rio dos Sinos, São Leopoldo, 2008.

LOPARIC, Z. De Freud a Winnicott: Aspectos de uma mudança paradigmática. *Winnicott e-Prints*, v. 5, n. 1, 2006. Disponível em: <http://www.centrowinnicott.com.br/winnicott_eprint/uploads/c9441562-982f-4176.pdf>. Acesso em 13 abr. 2008.

NEWMAN, A. *As idéias de D.W. Winnicott*: um guia. Rio de Janeiro: Imago, 2003.

OUTEIRAL, J. A tendência Anti-social. In: OUTEIRAL, J.; GRAÑA, R. (Org.). *Donald W. Winnicott:* estudos. Porto Alegre: Artmed, 1991. p. 129-135.

OUTEIRAL, J.; CELERI, E. A tradição freudiana de Donald Winnicott: a situação edípica. E sobre o pai? *Revista Brasileira de Psicanálise*, v. 36, p. 757-777, 2002.

OUTEIRAL, J.; FELIPPE, M. Distúrbios de comportamento, 2007. Disponível em: <http://www.joseouteiral.com/textos/J.Outeiral%20e%20Marcelo%20Felippe%20-%20Disturbios%20de%20Comportamento.doc>. Acesso em: 26 jul. 2007.

PACHECO, J. et al. Estabilidade do comportamento anti-social na transição da infância para a adolescência: uma perspectiva desenvolvimentista. *Psicologia: Reflexão e Crítica*, v. 18, p. 55-61, 2005.

SÁ, A. A. Delinqüência infanto-juvenil como uma das formas de solução da privação emocional. In: Universidade Presbiteriana MacKenzie (org.). *Anais do I Congresso de Psicologia Clínica*, p. 13-22, 2001.

SAFRA, G. O gesto na tradição. *Revista Brasileira de Psicanálise*, v. 36, p. 827-834, 2002.

VILHENA, J. & MAIA, M. Agressividade e violência: reflexões acerca do comportamento anti-social e sua inscrição na cultura contemporânea. *Revista Mal-Estar Subjetividade*, v. 2, p. 27-58, 2002.

WINNICOTT, D. *A criança e seu mundo*. 6th ed. Rio de Janeiro: LTC, 1982.

_____. *Consultas terapêuticas em psiquiatria infantil*. Rio de Janeiro: Imago, 1984.

_____. *Da pediatria à psicanálise*. Rio de Janeiro: Imago, 2000.

_____. *O ambiente e os processos de maturação*: estudos sobre a teoria do desenvolvimento emocional. 2. ed. Porto Alegre: Artmed, 1988.

_____. *Privação e delinqüência*. 4th ed. São Paulo: Martins Fontes, 2005.

_____. *Through paediatrics to psycho-analysis*. London: Hogarth, 1987.

_____. *Tudo começa em casa*. São Paulo: Martins Fontes, 1999.

15   *Psicoterapia psicanalítica com crianças institucionalizadas*

Ana Celina Garcia Albornoz

O abandono, a negligência e o abuso físico, sexual e psicológico são fatos frequentes na vida de muitas crianças. As crueldades impostas a essas crianças deixam marcas que causam graves sequelas na estruturação do seu psiquismo, dão origem a severos quadros psicopatológicos e têm importantes repercussões na vida adulta. As violências perpetradas contra crianças, na maioria dos casos, têm os pais como principais autores. Pais traumatizados na sua própria infância, em geral, apresentam dificuldades para desempenhar suficientemente bem o papel parental. Em muitos casos, a Lei nº 8069, de 13 de junho de 1990, determina que as crianças vitimizadas sejam afastadas das suas famílias de origem e sejam encaminhadas às instituições de acolhimento.

No meu dia-a-dia profissional, em uma instituição pública de acolhimento de crianças vítimas de maus-tratos, frequentemente me deparo com diversas situações que remetem à necessidade de buscar recursos para minimizar as dores deixadas pelas marcas da violência na infância. Tais circunstâncias se inscrevem no campo da práxis ressaltando a questão: como ajudar? Ao buscar na psicanálise uma resposta, fui levada a pesquisar sobre o tema e a constatar que a produção científica na área é escassa.

A psicoterapia com crianças institucionalizadas requer considerações especiais: de um lado, o entendimento dos efeitos das privações sobre o psiquismo e o seu impacto no desenvolvimento e, de outro, a compreensão das especificidades da técnica da psicoterapia infantil e os benefícios dessa abordagem à infância vitimizada; temas abordados neste capítulo.

A ORIGEM DO MAL

A falta de um cuidado suficientemente bom nos primeiros anos de vida inaugura um contexto de privações. As circunstâncias das privações na infância registrarão as suas marcas na memória do indivíduo, edificarão a sua subjetividade nesse sentido e poderão determinar as suas pautas de conduta no futuro.

As experiências de frustração de suas necessidades, vivenciadas pelo bebê, provocam nele o registro da sensação de vazio, originado pela ausência de figuras continentes e consistentes. Os inadequados objetos de identificação, que falham na sua função primordial de promover a organização interna e o controle pulsional no ego incipiente, permitem o incremento da sensação desprazerosa da dor, causada pela irrupção de uma estimulação excessiva e contínua e pela falha significativa dos mecanismos de proteção. Instala-se o caos: o bebê, incapaz de satisfazer as próprias necessidades, inundado pelo fluxo de excitação que não domina, depara-se com um excesso de angústia intolerável ao ego. Incapaz de dar conta de tal experiência, torna-se incapacitado por ela. Tais experiências traumáticas invadem os processos normais de desenvolvimento, pois deparam o ego ainda incipiente com o vazio e com a falta de uma ação capaz de transformação, com uma excitação que não pode ser descarregada e com o incremento do ódio (Albornoz, 2001), promovendo a destruição completa ou parcial do aparelho mental em desenvolvimento ou já desenvolvido e do senso de identidade, culminando na deformação da mente (Shengold, 1999) ou mesmo na morte do indivíduo (Spitz, 1988).

Bollas (1992) e Piera Aulagnier (1989) propõem que a identidade de uma pessoa é resultante da possibilidade da mesma de metabolizar os encontros relacionais que teve no momento da constituição do seu psiquismo. As possibilidades de funcionamento do ego, suas posições identificatórias, bem como a sua psicopatologia, são determinadas pelos encontros e desencontros do indivíduo com os seus objetos da infância.

O poder maléfico de um encontro pode comprometer a identificação do sujeito e entravar significativamente o funcionamento das suas capacidades, tornando-o capaz de superar conflitos ou de apenas repeti-los ao longo da vida. Posteriormente, cada vez que alguém ou algo demandar uma ação do indivíduo, desperta nele a memória das cicatrizes do seu passado.

A ausência marcante de bons relacionamentos e de cuidadores suficientemente bons na infância é vivenciada como uma perda irremediável pelo psiquismo e produz uma sensação de abandono. A falha no estabelecimento da sensação de enraizamento no objeto cuidador gera uma profunda e permanente sensação de insegurança na criança. As percepções e sentimentos advindos dessas vivências contaminam o presente e também o futuro. Todo o novo objeto que se apresentará a ela, espelhará a rejeição e promoverá o medo de ser desprezada. A criança vitimizada contém, na sua identidade, o atributo *ser desprezível* e reage a ele.

As vivências hostis na infância determinam o incremento do poder de destrutividade do indivíduo, que ele pode voltar tanto para dentro de si, constituindo uma potencialidade melancólica, como para fora de si, direcionando ataques ao outro. A difícil superação de tais vivências infantis pode levá-lo a revivê-las, mais tarde, na forma de práticas auto ou heterodestrutivas, como a dependência química, prostituição, assaltos, sequestros, assassinatos ou ataques terroristas constituindo esse indivíduo como um *ser violento*, como uma ameaça potencial a ele mesmo ou à sociedade.

As circunstâncias acima descritas assim ocorrem porque os traumas não elaborados contaminam o processo de decodificação das novas experiências, sendo essas integradas ao psiquismo a partir da mesma lógica das experiências traumáticas anteriores. O abusivo da história, no presente esquecido, fundamenta o sintoma, que através da repetição descontextualizada, o denuncia (Albornoz, 2006).

Na tentativa de minimizar os efeitos dos episódios maléficos do passado e partindo do princípio de que a criança não pode se constituir suficientemente bem psiquicamente na ausência de figuras parentais, as instituições de abrigamento buscam cada vez mais aperfeiçoar a sua forma de acolhimento, no sentido de oferecer cuidados físicos e emocionais adequados às necessidades dos indivíduos em desenvolvimento. Os abrigos buscam reproduzir um contexto tipicamente familiar, em que cuidadores substitutos desempenham as funções parentais e estabelecem relações afetivas com as crianças que estão afastadas dos pais. Dessa forma, propiciam à criança condições para o estabelecimento de uma estruturação psíquica mais saudável, capaz de desenvolver e manter a capacidade de estabelecer relações afetivas. Porém, a seguinte questão se impõe: essa maternagem secundária reparadora dará conta de um mau-encontro originário? É muito é possível. Mas as marcas do passado não deixam de pesar facilmente. Com um caso clínico, ilustro a minha argumentação.

Afinal, quem sou eu?

Conheci Karina quando ela ingressou numa instituição para crianças vitimizadas com 20 dias de vida. A menina, filha de pai desconhecido, fora abandonada pela mãe no hospital logo após o seu nascimento. Passou a viver em um abrigo residencial juntamente com outras crianças, sendo atendida por uma equipe fixa de cuidadores que passaram a desempenhar os papéis parentais junto a ela, e ao fazerem isso, desenvolveram importante vinculação afetiva com a menina, sendo correspondidos na mesma intensidade. Karina apresentou ótimo desenvolvimento global, era ativa, afetiva, esperta, tinha boa socialização e boa adaptação pré-escolar.

Os cuidadores, ao cuidarem das suas dores, minimizaram os vazios de Karina, tornando suportável a sua existência. Porém, não tardou para que um objeto espelhasse a rejeição e o desprezo vivenciados no abandono precoce. A posteriori, seu comportamento denunciou que a impossibilidade de nomear a angústia vivida num momento de desamparo gerou um caos e se constituiu num entrave na vida da criança. Despertada pela demanda atual, a ausência antiga deu sinal de vida, não diretamente, mas através dos sintomas.

O desenvolvimento de Karina transcorria bem, até que aos 8 anos, aquela menina exemplo, boazinha, esperta, que outorgava aos seus cuidadores o troféu do bom cuidado, sucumbiu às exigências escolares e passou a apresentar dificuldades na aprendizagem e má conduta na escola: não atendia ordens, não respeitava os colegas, mostrava-se distraída, não escrevia o seu nome de forma correta, mesmo já tendo aprendido anteriormente, e não conseguia nomear objetos, animais e pessoas de forma adequada.

Karina despertou para a busca da sua verdadeira identidade. Quem é Karina afinal? A menina boazinha que conquistou os cuidadores substitutos? Ou será que essa menina boazinha tem outra por dentro, conforme diz um ditado popular? Para compreender e poder falar sobre alguém ou algo, Karina precisava compreender a sua própria origem, necessidade que permaneceu adormecida até que um estímulo externo tocou a sua ferida e despertou a sua memória. As muitas boas mães e os muitos bons pais do abrigo deram sustentação a sua existência e a ajudaram a suportar a vida até o momento em que um exercício de reflexão praticado em aula exigiu que Karina olhasse para dentro de si. Nesse momento, a menina descobriu um buraco, uma não-resposta do Outro à sua demanda, uma sensação de desenraizamento do objeto primário conhecido durante os 9 meses de gestação, a privação vivida com o abandono.

Os seus sintomas revelam o vazio, transparecem a angústia e dão forma às incógnitas. Renovam a privação de outrora, como uma tentativa de inseri-la no contexto para solucioná-la. Os sintomas revelam a verdade que os causam. Como Karina poderá aderir à lei da cultura, se não domina a lei da natureza como propõe Freud (1980) em "Totem e Tabu"? Como poderá falar do que não entende? Como poderá saber o significado do seu nome se não compreende o que a constitui psiquicamente? O não-dito de sua história obstaculiza o seu pensamento. Mas os seus sintomas também são reveladores: as letras ininteligíveis do seu nome dizem algo do que foi recalcado.

Segundo Trece (2003), ao escrever, o sujeito diz mais do que sabe e quer. Escrever significa dizer de si próprio, ato provocado pela angústia, na tentativa de se fazer existir em cada *letra-lixo*, inventar a própria história e, por meio da letra, bordear o real. É preciso ler além do que está dito, ler nas entrelinhas; é preciso decifrar o que o inconsciente cifrou. Escrever é uma forma de escrever a própria experiência, é uma tentativa de dar conta da dor da existência. A escrita de Karina revela a dor de não poder saber mais a respeito de si mesma.

Os sintomas permitem o acesso às memórias censuradas e esquecidas das experiências traumáticas (Freud, 1980). Tais lembranças, repetitivas e veladas do traumático, revelam o apego do sujeito ao acontecimento (Ramos, 2003) e denotam o seu impacto no psiquismo. Karina precisa de ajuda para articular em palavras o que os seus sintomas revelam e prosseguir o seu desenvolvimento. Precisa da ajuda da psicoterapia psicanalítica para nomear a angústia que aparece inominadamente, necessita de um espaço de reconstrução e de construção.

O abrigo em que Karina vive conta com um Serviço de Psicologia Clínica que oferece atendimento em psicoterapia psicanalítica para que as crianças vítimas de maus-tratos resistam às suas mazelas e não sucumbam ao embrutecimento, como um meio de prevenção à miséria humana e à violência, assim como Freud (1980) apregoava. Karina foi encaminhada para uma avaliação psicológica que constatou que ela possui um bom potencial intelectual, perturbado por um grande desequilíbrio emocional, sendo indicada a psicoterapia.

A psicoterapia psicanalítica

A psicoterapia infantil é uma modalidade específica de tratamento que leva em conta o momento evolutivo da infância. A avaliação da criança deve observar se as dificuldades apresentadas por ela decorrem de vicissitudes do desenvolvimento normal ou de uma incapacidade de dar-lhe seguimento. A psicoterapia na infância pode ser indicada na presença de sintomas específicos, de conflitos interpessoais persistentes ou de atrasos, paradas ou regressões no desenvolvimento adaptativo e emocional (Ortigues e Ortigues, 1988; Zavaschi, et al., 1998).

As primeiras entrevistas têm importância especial para o processo psicoterápico, porque em geral contêm um enunciado das questões essenciais que serão desenvolvidas durante todo o tratamento. É essencial que se estabeleça uma relação tal, *não-diretiva*, em que a criança possa determinar o ritmo do seu processo, expressando os desejos e os sofrimentos que é capaz de pôr em jogo em cada momento (Ortigues e Ortigues, 1988). O paciente não relata fatos, ele vive situações: é importante que o terapeuta entre em contato com o paciente, procurando captar o que ele, a partir de sua história, está sentindo no *aqui-agora* (Duarte, Bornholdt e Castro, 1989).

Entre os objetivos da psicoterapia infantil estão possibilitar o desenvolvimento da curiosidade e despertar o desejo de conhecer, pois a criança que aprende adquire maior domínio de si própria e do mundo. Nesse sentido, a psicoterapia busca auxiliar a criança a superar ansiedades que geram bloqueios no pensamento e no conhecimento (Castro, 1998). Para tanto, através da análise de seus sintomas, conflitos, história familiar e escolar, e de seus movimentos psíquicos, o psicoterapeuta deve buscar compreender os motivos que levam a criança a apresentar uma inibição intelectual (Souza, 1995), conscientizá-la dessas demandas, instaurando assim o processo de elaboração e de superação das suas dificuldades.

A psicoterapia é um recurso essencial no processo de elaboração de situações excessivamente traumáticas, desde que leve em conta essa condição peculiar. Atualmente, busca-se cada vez mais aplicar a psicoterapia às pessoas vitimizadas e negligenciadas. Esse contexto de tratamento requer uma visão especial, visto que precisa levar em conta que esses indivíduos não apresentam o seu desconforto como um sofrimento mental conectado a uma experiência e a uma representação, mas sim como um vazio que a mente busca preencher concretamente. Esse equilíbrio é alcançado às expensas de um empobrecimento da vida mental, expresso na redução da atividade fantasmática e na superficialidade da percepção e expressão dos sentimentos.

Pela compulsão à repetição, a história traumática mobiliza no paciente a necessidade de buscar uma solução para a sua dor. Ele a expressa concreta e diretamente no *setting* e envolve a figura do terapeuta. A violência vivida passivamente no passado, agora é revivida também ativamente. O terapeuta passa a ser alvo dos ataques sofridos e não tolerados pelo paciente, bem como é solicitado a impor-lhe sofrimento e assim confirmar a sua história de agressão e rechaço. O terapeuta também é o alvo da demanda de amor não satisfeita no paciente. A repetição promove o contato com a realidade cruel. O terapeuta, interlocutor de um drama, promove a transformação dos sentimentos atuados em pensamentos.

O processo terapêutico inaugura no paciente vitimizado a capacidade de sofrer a dor psíquica. O sofrimento pode ser nomeado, o paciente pode investigar o seu significado transformando as consequências psíquicas dessa experiência. Dessa forma, a abordagem torna possível ao sujeito alcançar também o prazer (Dantas, 1999).

O tratamento deve reencontrar o acidente que *golpeou* o psiquismo infantil e, quando isso for impossível, o terapeuta deve propor uma hipótese sobre ele a partir do que se inscreve no contexto terapêutico (Aulagnier, 1984/1989). Esse delicado e profundo processo de reconstrução de uma história deve estabelecer o contato com a realidade do paciente, decodificando os fatos que o acometeram, para que então os sentimentos apropriados a essas vivências possam ser reconhecidos. O paciente precisa conhecer o que sofreu, com quem e como esse sofrimento afeta a sua vida (Shengold, 1999).

A psicoterapia passa a tecer a trama do imaginário de Karina. A menina, implicada na tentativa de decifrar seus enigmas, busca saber: quem foi o seu primeiro par? Por que se afastou dela? Nas primeiras sessões, ela busca entender a lógica do jogo dos pares, que exige o encontro dos pais com os filhotes, tarefa que lhe é bem complicada. Comunica o que precisa entender em sua vida. Refere também as suas hipóteses para o abandono sofrido. Ela fantasia que foi deixada pelos pais devido a sua maldade, ou seja, apresenta a fantasia de que afastou os pais devido à intensidade dos seus impulsos sádicos. No jogo, a menina errante é abandonada pelos pais porque não foi merecedora do seu afeto. Dessa forma, Karina reconstrói o período inicial de sua vida, tenta compreendê-lo e elaborá-lo.

A relação terapêutica possibilita o compartilhamento de uma experiência emocional não-sensorial que está subjacente ao que é dito. A disponibilidade do paciente para se comunicar e a disponibilidade do terapeuta para compreender essas comunicações permitem a identificação da natureza e da qualidade da dor, seja ela decepção, frustração ou intolerância. Promove o estabelecimento do contato com um eu soterrado que precisa ser descoberto (Amendoeira, 1999; França, 1999).

A criança facilmente tende a estabelecer uma relação fantasmática com o seu psicoterapeuta, envolvendo-o como referência do seu passado e momento atual (Diatkine e Simon, 1972). Na transferência, o antigo e o atual tomam parte em uma mesma conjuntura, confirmando a atemporalidade do inconsciente. As atribuições que a criança faz hoje ao terapeuta têm origem nas impressões deixadas por suas experiências prévias de relacionamentos objetais e são reveladoras da sua realidade psíquica. Essas revivências, reconhecidas *como se* e interpretadas pelo terapeuta, tornam-se acessíveis e passíveis de reconhecimento pelo paciente (Albornoz, 2006).

No *setting*, o psicoterapeuta filtra a emoção para substituí-la pelo pensar, enquanto o paciente primeiro *ab-reaciona* os afetos, para somente depois ingressar no processo racional. As memórias guardadas despertam de seu adormecimento e expressam todas as suas dores armazenadas ao longo do tempo, vividas como ofensas narcísicas e nunca esquecidas. O terapeuta se torna o representante de todos os antepassados, vilões ou vítimas, que o paciente reencontrará cheio de mágoas, libertando-se dos sentimentos aprisionados e aprisionadores, modificando, através do presente, o passado e o futuro. Na trajetória de um tratamento, o paciente e o terapeuta, cada um no seu papel, conhecerão os afetos e emoções de uma história pessoal (Francischelli, 1999).

Para a compreensão do mundo interno que emerge, expresso na relação terapêutica, é essencial uma atenção cuidadosa à contratransferência do terapeuta. Este, com o seu corpo, com o seu afeto e com a sua mente, torna-se um importante instrumento para o desvelamento das dores e dos amores do paciente.

Karina desperta intensos sentimentos na terapeuta, especialmente quando passa a viver no *setting*, com forte apelo transferencial, toda a sua fragilidade e o desejo de ser cuidada como uma filha. Ela se mostra boazinha, frágil, sedutora, verbaliza o desejo de morar no consultório, o desejo de ser adotada e demanda ser cuidada como uma filha pela terapeuta. Como resposta a essa demanda, o desejo de gratificá-la, de confortá-la, de recompensá-la e de adotá-la, emerge com grande força no terapeuta, que, em vez de responder com uma atuação, pode acompanhar através da sua sensibilidade o impacto dos vazios deixados no psiquismo da paciente.

A transferência dessas crianças é recheada predominantemente de más expectativas e de raiva, o que torna muito difícil o seu manejo. É frequente a tentativa do paciente de reproduzir os contextos traumáticos outrora experimentados, mostrando-se provocativo e desagradável, ou sedutor e envolvente, atribuindo ao terapeuta o papel de responsável pelos fatos passados, tentando incitá-lo de várias formas a impor-lhe sofrimento, demanda essa que deve encontrar forte resistência (Shengold, 1999). Esses pacientes podem inconscientemente recriar relacionamentos abusivos do passado em torno do terapeuta (Gabbard, 2001), enquanto pacientes que apresentam transtorno de estresse pós-traumático podem demonstrar dificuldades para estabelecer a relação transferencial, pois apresentam uma antecipação crônica da situação de perigo ou de abuso (Grunbaum, 2000).

No caso, Karina revive o medo do abandono. Ela procura dissimular os seus sentimentos de brabeza quando é derrotada no jogo, além de encobrir as dificuldades apresentadas no ambiente externo, temendo ser deixada pela terapeuta caso o seu lado feio transpareça como ela acredita que ocorreu no seu passado. Ela também transforma em ativo o que viveu passivamente. Durante vários momentos de grande intensidade na sessão, quando a terapeuta esperava dela uma resposta associativa ao trabalho de desvelamento que estava em andamento, Karina saía da sessão para ir ao banheiro. Ela abandonava a terapeuta, quando esta esperava pelo clímax do descobrimento, deixando-a só na sala e com um sentimento de frustração e de incompletude.

A presença constante do psicoterapeuta na sessão, mesmo diante da atividade dos processos de repetição da tendência de reproduzir a perda do objeto, alivia e desperta satisfações na criança. No entanto, a constatação da permanência do objeto necessita a elaboração da interpretação, o que requer certo tempo (Diatkine e Simon, 1972).

Mais tarde, Karina passa a viver sentimentos transferenciais negativos mais intensos, impossíveis de serem encobertos. Mostra-se hostil com a terapeuta. Constata que mesmo diante da expressão de sua maldade, não é abandonada. Revive na transferência a sua história. Pode pedir, protestar, brigar, chorar, entender a sua origem e falar sobre ela. Sua mente foi liberada para pensar e aprender. A menina passa a ter sucesso escolar. Ao final do tratamento, o seu desejo de adoção foi de fato satisfeito. Karina foi colocada em uma família substituta.

Cabe salientar que a mudança implica também na possibilidade da criança vivenciar uma experiência nova e real de contato com o outro, de uma forma diferente e melhor do que antigas formas de relacionamentos já experimentadas (Graña, 2000). O psicoterapeuta ao não sucumbir à trágica história do paciente, que teima em repetir os seus fatos através do tratamento, torna-se a mais importante mola propulsora para a mudança. Ele leva o paciente a conhecer uma outra realidade possível, em que a tônica das relações deixa de ser abusiva para ser baseada na tônica do desejo e da confiança.

Esse tipo de paciente exige grande investimento físico, intelectual e emocional do terapeuta. Além de um consistente arcabouço teórico, é essencial que o profissional que tem ao seu encargo tão difícil e delicada tarefa possa contar com uma equipe de apoio, com colegas e supervisores, que o auxiliem a suportar a pressão dos intensos sentimentos aos quais está exposto, dos ataques que pode sofrer e a perceber os seus sentimentos contratransferenciais. Dessa forma, o terapeuta, protegido frente a possibilidade de vulnerabilidade, poderá se fundir com o paciente e também se afastar dele quando for necessário.

CONSIDERAÇÕES FINAIS

Com base no caso apresentado e em outros estudos realizados, posso afirmar que a psicoterapia psicanalítica deve ser oferecida às crianças vitimizadas com grande chance de bons resultados, pois, através da análise do relacionamento transferencial e contratransferencial entre paciente e terapeuta, ela permite o resgate das experiências mais precoces da vida de um indivíduo e a sua elaboração, possibilitando o desenvolvimento de novas capacidades para a sua personalidade. As más representações do *self* e do objeto podem ser modificadas e substituídas por boas internalizações. O reordenamento de sentimentos e de atitudes desencadeados pelo tratamento leva a uma nova organização mental. A energia, antes empregada para ocultar o sofrimento, fica liberada para novos empreendimentos e, dessa forma, a personalidade da criança alcança um novo equilíbrio. A partir dessa relação intersubjetiva, o paciente introjeta a função pensante do terapeuta, tornando-se capaz de transformar e simbolizar as suas dores. Suportando o seu sofrimento, ele pode também desfrutar os prazeres. A psicoterapia pode lançar a criança para além da sua história original.

REFERÊNCIAS

ALBORNOZ, A. C. A infância roubada: enfocando vivências de abuso. *Revista da Saúde*, v. 2, p. 38-45, jul./dez. 2001.

_____. *Psicoterapia com crianças e adolescentes institucionalizados*. São Paulo: Casa do Psicólogo, 2006.

AMENDOEIRA, W. Dor psíquica. *Revista Brasileira de Psicanálise*, v. 33, n. 3, p. 545-553, 1999.

AULAGNIER, P. *O aprendiz de historiador e mestre-feiticeiro*: do discurso identificante ao discurso delirante. São Paulo: Escuta, 1989.

BOLLAS, C. *A sombra do objeto*: psicanálise do conhecido não-pensado. Rio de Janeiro: Imago, 1992.

CASTRO, M. G. K. *Inibições intelectuais e fuga frente ao conhecimento*. Dissertação (Mestrado) – Pontifícia Universidade Católica do Rio Grande do Sul, Porto Alegre, 1998.

DANTAS JR., A. Dor psíquica e o negativo: uma ilustração do trabalho do negativo no campo da experiência da dor. *Revista Brasileira de Psicanálise*, v. 33, n. 3, p. 573-584, 1999.

DIATKINE, R.; SIMON, J. *La psychanalyse précoce:* le fil rouge. Paris: Presses Universitaires de France, 1972.

DUARTE, I.; BORNHOLDT, I.; CASTRO, M. G. K. *A prática da psicoterapia infantil*. Porto Alegre: Artmed, 1989.

FRANCISCHELLI, L. Memória de mágoas. *Psicanálise*, v. 1, n. 1, p. 115-122, 1999.

FRANÇA, M. O. O inexorável da dor humana junto ao processo analítico. *Revista Brasileira de Psicanálise*, v. 33, p. 555-572, 1999.

FREUD, S. Fragmentos da análise de um caso de histeria. In: _____. *Edição standard brasileira das obras psicológicas completas de Sigmund Freud*. Rio de Janeiro: Imago, 1980. v. 7, p. 129-256.

_____. Linhas de progresso na terapia psicanalítica. In: _____. *Edição standard brasileira das obras psicológicas completas de Sigmund Freud*. Rio de Janeiro: Imago, 1980. v. 17, p. 201-216.

_____. Totem e tabu. In: _____. *Edição standard brasileira das obras psicológicas completas de Sigmund Freud*. Rio de Janeiro: Imago, 1980. v. 13, p. 13-194.

GABBARD, G. O. A contemporany psychoanalytic model of countertransference. *Journal of Clinical Psychology*, v. 57, n. 8, p. 983-991, Aug. 2001.

GRAÑA, R. B. A atualidade da psicanálise de crianças. *Psicanálise*, v. 2, n. 1, p. 139-153, 2000.

GRUNBAUM, L. Posttraumatic nightmare: "via regia" to unconscious healing of the traumatic split? *Richard e Piggle*, v. 8, n. 2, p. 181- 190, May/Aug.

LEBOVICI, S. Préface. In: DIATKINE, R.; SIMON, J. *La psychanalyse précoce:* le fil rouge. Paris: Presses Universitaires de France, 1972. p. 5-8.

ORTIGUES, M.-C.; ORTIGUES, E. *Como se decide uma psicoterapia de criança*. São Paulo: Martins Fontes, 1988.

RAMOS, H. Neurose na infância não é nenhum bicho-papão. In: FERNANDES, M. A. M. (Org.). *Quando uma criança precisa de análise?* São Paulo: Casa do Psicólogo, 2003. p. 75-86.

SEGAL, H. O desenvolvimento infantil nas etapas precoces; da maneira que ele se reflete no processo analítico: passos na integração. *Revista Brasileira de Psicanálise*, v. 21, n. 3, p. 415-430, 1987.

SHENGOLD, L. Maus tratos e privação na infância: assassinato da alma. *CEAPIA*, v. 12, nov. 1999.

SOUZA, A. S. *Pensando a inibição intelectual*. São Paulo: Casa do Psicólogo, 1995.

SPITZ, R. *O primeiro ano de vida*. 5. ed. São Paulo: Martins Fontes, 1988.

TRECE, L. O (a)rriscado: reflexões sobre a angústia e a letra. In: M FERNANDES, M. A. M. (Org.). *Quando uma criança precisa de análise?* São Paulo: Casa do Psicólogo, 2003. p. 101-118.

ZAVASCHI, M. L. et al. A psicoterapia de orientação analítica na infância. In: CORDIOLI, A. V. (Ed.). *Psicoterapias:* abordagens atuais. 2. ed. Porto Alegre: Artmed, 1998. p. 441-458.

16 *Psicoterapia psicanalítica com autistas*

Maria da Graça Kern Castro
Iane Campos Álvares

No Brasil, calcula-se que existam, aproximadamente, 600 mil pessoas afetadas pela síndrome do autismo (Associação Brasileira de Autismo), se for considerada somente a forma típica da síndrome (Bozza e Callias, 2000). No entanto, não há nenhum estudo sério sobre o número de autistas no país, mas suspeita-se que haja 1 milhão de casos não diagnosticados (Revista Época, junho, 2007). Infelizmente, muitas dessas pessoas jamais chegam a ter o atendimento necessário (médico, psicológico, pedagógico, psicoterápico e outros) que lhes possibilitaria uma vida com menos sofrimentos e ansiedades catastróficas.

Escrever sobre nossa experiência com autistas em psicoterapia psicanalítica foi uma forma de dividir com o leitor nossas dúvidas, perplexidades, as peculiaridades e as complexidades que envolveram nossos encontros com autistas em seus longos e complexos tratamentos.

Crianças autistas podem ser, total ou parcialmente, incapazes de estabelecer contatos com outras pessoas, olhá-las ou ter capacidade rudimentar para alcançar vínculos ou sentir curiosidade a respeito dos contatos humanos. Eles vivem num mundo particular, no qual desenvolvem um modo privado de formas de agir e de viver. Qualquer coisa que perturbe esse universo desperta medo, pânico. Desenvolvem rituais, aos quais aderem como uma maneira de manter controle sobre suas vidas. Criam formas de autoproteção e isolamento em todos os processos que seriam normais do desenvolvimento humano, que necessitariam ocorrer dentro da intimidade da relação pais/filhos e que não acabam acontecendo. Sua linguagem pode ser inexistente ou consistir na repetição de palavras, de forma ecolálica e sem sentido. As palavras EU e TU, caso sejam usadas, podem ser usadas de forma intercambiável, sem discriminação dos significados das mesmas. Falam de si na terceira pessoa e não discriminam *self* e objeto. Eles evitam o contato com os olhos, parecem não ouvir e tratam as pessoas da mesma forma que tratam os objetos inanimados.

A absoluta repetitividade e a estereotipia que apresentam são a medida da limitação dessas crianças na sua vida emocional. Jogos imaginativos e criativos podem ser inexistentes em algumas e muito restritos em outras. Para muitas crianças com autismo, a capacidade para pensar simbolicamente não foi desenvolvida. Elas frequentemente não conseguem brincar, no sentido simbólico e criativo do termo, embora possam gastar horas a girar as rodas de um carrinho ou repetir movimentos por muito tempo.

No presente capítulo, apresentaremos as vicissitudes de um processo em que a qualidade da relação humana e as peculiaridades do mundo em que vivem os autistas tornam a psicoterapia uma tarefa extremamente árdua. Inicialmente, faremos uma rápida resenha histórica do autismo sob o vértice psicanalítico. Após, com base em casos clínicos, discutiremos questões relativas aos fenômenos do processo psicoterápico, em especial as dificuldades de estabelecer o vínculo, o uso da relação transferencial e contratransferencial e adaptações da técnica terapêutica que se tornam necessárias com crianças severamente limitadas.

AUTISMO: O VÉRTICE PSICANALÍTICO

Desde o seu nascimento, a criança tem uma longa trilha a ser percorrida para a construção da sua subjetividade, sua humanização e inserção no mundo compartilhado do simbólico e da cultura. Nem todas as crianças conseguem fazer esse percurso, já que algumas ficam estacionadas e detidas em seus processos desenvolvimentais. É o caso das crianças autistas, em que se observa uma alteração do padrão humano interativo e distúrbios no seu desenvolvimento global presentes precocemente em suas vidas.

Em 1943, Léo Kanner identificou e nomeou a síndrome do Autismo Infantil Precoce e apontou as seguintes características nas crianças estudadas: elas sofriam de uma inabilidade inata de se relacionarem emocionalmente com outras pessoas e com os objetos e apresentavam desordens graves no desenvolvimento da linguagem, sendo que a maioria delas não falava e, nas crianças que falavam, era comum a ecolalia e a inversão pronominal. Suas condutas eram caracterizadas por atos repetitivos e estereotipados; não suportavam mudanças no ambiente e preferiam o contexto inanimado ao contexto humano.

Treze anos antes da nomeação do quadro feita por Kanner, Melanie Klein (1981) descreveu psicanaliticamente um caso de um menino, Dick, de 4 anos, em que afirmava que o transtorno "*diferia da esquizofrenia típica infantil porque o transtorno era, nesse caso, uma inibição de desenvolvimento, enquanto, na maioria dos casos, trata-se de regressão, depois que a criança superou com êxito certa etapa de seu desenvolvimento*" (p.311) Supondo que a detenção desenvolvimental de Dick seria de origem constitucional, decorrente de intensa ansiedade ligada aos exacerbados impulsos de morte, os quais, em combinação com as defesas primitivas e excessivas do ego, resultariam em grave perturbação emocional, que inibia o seu desenvolvimento. O bloqueio da relação com a realidade e o desenvolvimento da vida de fantasia culminou em *déficit* na capacidade de simbolizar, central no quadro desse menino, que hoje diagnosticaríamos como autista.

O autismo tem sido alvo de inúmeros estudos e de muitas discussões acerca de sua etiologia e fatores desencadeantes. Até meados dos anos de 1980, as controvérsias giravam entre causas orgânicas ou psicogênicas. Em revisão das diferentes abordagens do autismo, Bozza e Callias (2000) consideram o autismo uma síndrome comportamental com etiologia diferente, na qual o processo de desenvolvimento infantil se encontra profundamente distorcido. Mesmo com considerável número de pesquisas sobre a síndrome, não é possível uma interpretação única para ela, já que o campo tem sido marcado por polêmicas em torno das suas causas, sejam elas afetivas, cognitivas, biológicas ou psicogênicas. Tanto modelos neurológicos quanto genéticos não conseguiram ainda especificar os mecanismos patogênicos do autismo infantil (Tafuri, 1992, 2003; Bozza e Callias, 2000).

Meltzer (1984) e Alvarez (1994) apontam que se considere uma causação múltipla para o autismo, já que uma visão determinista de suas causas são modos lineares e não-produtivos de compreender e intervir em fenômeno tão complexo. Alvarez (1994) estudou o autismo de um ponto de vista interacional, ressaltando que, mesmo na presença de disfunção neurológica ou de outras causas orgânicas, correrá em paralelo um déficit psíquico resultante das vinculações com o ambiente, inicialmente reapresentado pela mãe e pai, os quais terão efeitos sobre a estruturação psíquica da criança. Tustin (1990, 1994) refere que, mesmo no autismo psicogênico, deve ser levado em conta possível a associação de fatores neuroquímicos com o funcionamento emocional.

A observação de bebês, orientada psicanaliticamente, iniciada por Bick (1968), aponta que, no início da vida, o bebê vive estados de não integração, desamparo e ansiedades catastróficas que impelem a busca de um objeto que mantenha unidas as partes do *self*. A função materna teria uma função continente e de membrana protetora, como pele ou um filtro entre o interno e externo, mantendo coeso o *self* do bebê ante às ameaças de desmantelamento e de desintegração. Perturbações nas funções de pele primordial levam à formação de *segunda pele psíquica,* ou seja, a criação de um substituto para a função de pele continente não introjetada no início da vida. A segunda pele psíquica teria função defensiva, enquanto a dependência ao objeto fica negada, sendo substituída por uma pseudo-independência, manifestando-se como uma concha muscular, muito comum nas crianças autistas.

Meltzer (1975) descreveu que a criança autista oscila entre entre um estado autista propriamente dito e um estado mental com alguma tendência para a integração. No estado autista subitamente ocorre uma interrupção da vida mental, com desmantelamento do *self*[1]. Nesse estado, a criança não tem noção de tempo nem de espaço e vive, no que Meltzer denominou de unidimensionalidade da mente. Quando esse estado é suspenso, a criança retorna de onde parou e passa a viver no estado residual de autismo em que podemos observar a existência de relações bidimensionais, com uso de identificações adesivas[2]. Esse estado mental advém do fracasso na introjeção pela riança da função continente do objeto externo, comumente representado pela mãe. O *self* não introjeta o objeto, mas adere ou se cola a ele. Não há noção da existência de um espaço psíquico "dentro" e de um "fora", característico do funcionamento bidimensional da mente e caracterizado por condutas de imitação, espelhamento, movimentos de repetição e ecolalia. possíveis ameaças à condição de mesmice e de imutabilidade das estereotipias produzem ansiedades intensas e fantasias de rupturas da superfície, como rachar, desgarrar, congelar, se dissolver.

Tustin (1975) postula que autistas pareciam ter nascimento mental prematuro, vivenciando a cesura do nascimento, com a separação corporal com a mãe precocemente e de maneira insuportável. Isso os tornava *"hipersensíveis à vida"* e entravam em choque e isolamento com suas mães, muitas delas depressivas, na ocasião do seu nascimento. Esse nascimento mental prematuro desencadearia mecanismos precoces primitivos para se defender e para lidar com essa espécie de circunstância.

Tustin, no seu primeiro livro *Autismo e psicoses infantis* (1975), seguindo os conceitos de Mahler e de Anthony usava o termo *autismo primário normal* como uma fase desenvolvimental de todas as crianças, em um estado inicial de seu desenvolvimento. Anos depois Tustin (1995), embasada nas pesquisas de psicólogos desenvolvimentistas e na observação mães/bebês[3], que apontavam para competências do recém-nascido na busca de objeto desde o nascimento, reformulou o uso dos termos *autismo primário normal* e passou a usar a terminologia *autossensualidade* para nomear as etapas muito precoces do desenvolvimento infantil. O termo *autismo primário* apenas ficaria restrito à psicopatologia.

Se ocorrerem déficits críticos na vinculação mãe/bebê, nos estágios iniciais, haverá uma ruptura básica e patológica da autossensualidade normal, ocasionando encapsulamento do bebê em si mesmo. A autossensualidade normal é que vai gerar o subsequente processo de diferenciação e integração da criança que, através dos sentidos e percepções, conduz à ligação objetal. A separação física pelo nascimento, nos autistas, é percebida como desprendimento traumático de algo inanimado em vez de um processo gradual de diferenciação de um ser humano vivo. Percepções da separação física da mãe reativa uma ferida primária que é sentida como vazio ou buraco. O lugar para o bebê no espaço mental materno aflora na sua identificação do que Winnicott chamou de *preocupação materna primária* (1978) e que Tustin, baseada no conceito de continente-contido de Bion (1991), nomeia *útero mental da mãe*, que acolhe e filtra descargas de excitação sensorial da criança. Falhas nessa relação inicial provocam no bebê pavor de aniquilamento, de cair infinitamente no vazio, num *buraco negro* e nele ser sugado.

As crianças autistas viveriam uma fase de *autossensualidade patológica*, com uma ruptura e um corte do contato sensual (visual e auditivo, basicamente) com a mãe. Essas crianças se percebem mental e prematuramente sozinhas, cedo demais, fechando-se em uma autossensualidade aberrante. Aos sentidos do bebê, a mãe não seria mais desejada e necessitada. A criança se voltaria para "objetos autóctones"[4], que as autossensações criam patologicamente e se tornam os novos objetos da criança autista. São os *objetos e formas autistas* a que se apegam obstinadamente (Tustin, 1990).

A partir da década de 1980, estudos e avanços sobre as capacidades sociais do bebê expandiram e contribuíram para esclarecer teorias psicanalíticas evolutivas (Bozza e Callias, 2000). Aportes de pesquisas do desenvolvimento infantil, de alguma forma, confirmam alguns dos pressupostos dos teóricos das relações objetais (Greenberg e Mitchel, 1994) ao abrirem perspectivas para a compreensão das crianças como sensíveis aos vínculos, às formas e às qualidades da experiência vivenciada com seus primeiros objetos. Stern (1992, p. 210) indicou que o bebê é dotado de vida subjetiva, ativa e é "profundamente social no sentido de estar predisposto a se envolver e a encontrar interações singulares com outros seres humanos" (Stern, 1992, p. 210). Hobson em sua Teoria Afetiva (1993, 2002) considera o bebê humano preparado para ser sensível e responsivo à emoção dos outros, assim como emocionalmente expressivo. Isso permite, desde o nascimento, seu engajamento afetivo e social nas interações face a face que caracterizam a fase de intersubjetividade primária. Outros teóricos do desenvolvimento (Brazelton, 1998; Trevarthen, 2000) comprovam que bebês têm preferência em focalizar o rosto humano e, em especial, os olhos, e que comunicam para o outro suas necessidades, usando seu corpo, seus movimentos e sons que emitem. As trocas afetivas entre os bebês e suas mães são a base para a ligação e compreensão não-verbal entre eles e, assim, o bebê vai adquirindo a habilidade de comunicar ao outro suas necessidades e desejos. Bebês autistas, no entanto, evitam o contato e o olhar humano e tendem a focalizar o seu olhar em áreas periféricas ao rosto humano (Milher e Fernandes, 2006). As crianças com autismo apresentam déficit na aquisição e no desenvolvimento dessa habilidade que pressupõe a intenção comunicativa. Essa falha é notada, pois os autistas não olham para a face do outro, não prestam atenção aos objetos manipulados por outras pessoas, produzem pouco ou nenhum gesto declarativo, não se envolvem em jogos de faz-de-conta (Tomasello, 2003).

A dificuldade do bebê autista de retribuir o olhar materno e interagir afetivamente foi responsável por muitos debates sobre o papel dos pais na etiologia do autismo, chegando-se mesmo a responsabilizá-los pelas dificuldades do filho. Contemporaneamente, a visão psicanalítica é que a distância afetiva entre a criança com autismo e seus pais pode ter resultados bastante nocivos, mas não é a causa do autismo[5]. Nesse sentido, é importante não perder de vista a perspectiva de múltiplos fatores etiológicos. Hoje, como uma parte importante do plano de tratamento, os psicoterapeutas oferecem aos pais da criança autista um espaço regular para a escuta e compreensão de suas dificuldades, visando maximizar a melhora na comunicação com o filho bem como oferecer suporte nas dificuldades cotidianas, que poderão dirigir e controlar a família pelas demandas e rituais da criança autista. Esse suporte aos pais contribui para aumentar a vinculação com eles, de modo a manterem a psicoterapia da criança. Essa escuta não pode ser confundida com psicoterapia pessoal dos pais, que somente é recomendada a eles no momento em que se sentem motivados para tal.

A PSICOTERAPIA COM AUTISTAS

Tratar psicanaliticamente autistas é uma tarefa complexa e enigmática, que nos coloca em contato com os elementos muito primitivos da constituição do aparelho psíquico e da subjetividade humana. Lidamos com o não-verbal, com a repetição monótona, ecolálica e obsessiva num âmbito concreto, muito mais com as sensações primitivas e de um corpo ainda não libidinizado. Crianças autistas, no *setting*, manipulam seus dedos, seus pés, chupam sua língua, mordem a parte interna das bochechas, soltam bolas de saliva, emitem gases ou defecam, enfiam dedos nos orifícios do rosto de uma forma automática. Esses comportamentos refletem o seu primitivismo, pois o corpo é o palco daquilo que para outras crianças já seria mentalizado e teria alguma forma de representação. Geralmente, apresentam perturbações nas funções alimentares e de higiene. Dos quatro casos que apresentaremos, três deles tinham sérios distúrbios alimentares e encoprese até aproximadamente os 10 anos.

Não ignoramos[6] as áreas de sobreposição orgânica e psicológica que existe na compreensão dos transtornos autísticos e que é vital para nos auxiliar a moldar objetivos realísticos para o seu tratamento. Nosso ofício é facilitado ao partirmos de ampla compreensão dos fenômenos autistas e da cuidadosa observação e flexibilidade necessárias aos ajustes incluídos no *setting*, com as adaptações da técnica terapêutica para esse tipo de pacientes.

A configuração do *setting* protetor e acolhedor representa o primeiro passo para a formação do vínculo terapêutico. Na psicoterapia de uma criança autista, é de suma importância a manutenção do *setting* e o vínculo formado com o terapeuta, como essenciais ao desenvolvimento do tratamento, pois esses fatores levam à gradual discriminação eu/não-eu e ao início da construção da identidade do paciente (Marques e Arruda, 2007). Assumir uma postura de tolerância e continência e, inicialmente, sem preocupações em compreender ou dar significações aos atos da criança, é fator de importância para criação da relação terapêutica.

Nos casos por nós atendidos, identificamos etapas muito semelhantes às propostas por Tustin (1975, 1990) na psicoterapia com autistas.

Fase inicial da psicoterapia

A criança, ao chegar à psicoterapia, apresenta vida psíquica pobre e está imersa no seu isolamento, além disso, muitos autistas não falam, o que nos torna testemunhas de rituais infindáveis.

Adriano, 5 anos, em sua primeira sessão, ao ser convidado a entrar, o fez de forma automática, ignorando a presença da terapeuta. Parecia surdo e mudo. Pulava, batia as mãos como se fosse voar, corria desordenadamente pelo consultório. De imediato, viu uma máquina de calcular sobre a escrivaninha e passou a apertar seus botões por longo tempo, em total alheamento. Só interrompia a atividade para dar novos pulos e agitar freneticamente suas mãos.

Ao trabalhar com autistas, temos uma configuração do estar juntos em termos espaciais, com uma qualidade física, mas não emocional (Mondello, 1996). Isso é angustiante, pois o que ocorre nesse espaço fisicamente dividido com a criança, como exemplificado com Adriano, não remete a um contato humano com trocas entre criança e psicoterapeuta. Há movimentação no espaço físico, mas não há um movimento com trajetória de experiências, não há um trajeto de ação, de ritmo, que discrimine eu-tu, interior-exterior. Há fuga, afastamento, rodopios, *flaps*, pulos, ficar à distância ou se enfiar em um canto. Todos esses deslocamentos no espaço impossibilitam que apareça o limite, a diferença, a separação, o eu e o tu.

A atividade bizarra e insistente de Adriano não podia ser considerada um jogo ou brincar simbólico. Ferreira (2000) chama essas atividades de *movimentos de jogo,* que mesmo sem aparente sentido, teriam a função de um apaziguamento pulsional. Se tivermos paciência e atenção com eles, poderá se abrir uma pequena brecha para compreensão do mundo mental do autista.

Nossa principal tarefa, na fase inicial, é fazer contato com a sua tênue vida psíquica, estabelecendo alguma espécie de vínculo e de relação terapêutica e, muito lentamente, ir trabalhando as barreiras autistas. É indispensável o estabelecimento do *setting* que acolha as ansiedades catastróficas e de desmantelamento que costumam se apresentar, quando se rompe a mesmice e o isolamento da criança. Nessas circunstâncias, entramos em contato com seus sofrimentos e terrores, aqui as palavras não atingem. Indispensável é o psicoterapeuta ser tolerante às frustrações e capaz para aguardar os vagos indícios de alguma novidade num mundo tão estereotipado e rígido. Enquanto o autista vive no seu mundo fechado, repleto de "certezas" repetitivas e de rituais, nós, terapeutas nos sentimos ignorados e na posição de mais um objeto inanimado. Muitas vezes, temos o sentimento de que nada acontece, que as sessões são sempre previsíveis e idênticas às anteriores. Mas a experiência nos ensinou que a atenção contínua ao pequeno detalhe no aparentemente igual, a observação de um gesto vago ou uma nova forma de gritar, de pular ou de atirar um objeto, podem indicar caminhos e apontar focos de luz no escuro, do rígido e impenetrável universo autista.

Cumpre salientar que, mais importante que o conteúdo das intervenções, ou possíveis interpretações, é o tom e inflexão de nossa voz, nossos gestos e nossa postura atenta e viva, que possibilitam o "estar junto" e ter acesso à criança nas sessões. Na fase inicial, prioritariamente temos que fazer discriminações de atividades aparentemente caóticas. Por exemplo, ao rodar um objeto compulsivamente, a criança pode ser auxiliada a discriminar que o mesmo está fora do seu corpo e que sua ação visa controlar esse objeto. Ao enfiar a mão dentro de um orifício corporal, como sua boca ou seu nariz, ou ao fazer uma bolha de saliva que brota entre seus lábios, o autista pode aprender sobre suas cavidades corporais, protótipos de seus espaços internos.

Na etapa inicial do tratamento, convivemos com crianças dominadas por sensações, que necessitam passar por um longo processo de transformações do sensorial e concreto ao psíquico e ao representável. O refúgio no interior de seu escudo protetor ou barreira autística, com encapsulamento em atividades autossensuais, estereotipadas e sem vida, visa a proteção frente a estados de grande vulnerabilidade e sofrimento, para evitar a consciência da separação corporal do objeto. O psicoterapeuta teria a função de tentar atravessar a barreira autística e fazer contato com esse mundo desvitalizado, agindo como um elemento vivo e ativo, para que a criança autista possa estabelecer alguma ligação com uma mente viva que pensa (Alvarez, 1994; Korbivcher, 2007).

O brinquedo simbólico inexiste, e eles realizam ações monótonas e repetidas à exaustão. É possível aproveitá-las para realizar tentativas de jogos de diferenciação: dentro/fora, nomear partes do corpo da criança, distinguindo-as das do corpo do terapeuta, delimitando bordas, espaços, limites do Eu/não-Eu. Vagarosamente, a criança vai construindo espaços e saindo de relações bidimensionais, de imitação, colagem e aderência. Um dos indícios de progressos é quando começam a tolerar abrir mão dos objetos e formas autistas e, mesmo que por poucos momentos, possam realizar jogos de reciprocidade, como, por exemplo, atirar uma bola e recebê-la de volta ou alguma atividade que lembre jogos de esconder. Quando isso acontece, já há considerável avanço, pois ocorre a troca dos objetos autistas pelos objetos e espaços transicionais, e vão se constituindo as possibilidades para o eu verdadeiro brincar.

A fase inicial (que poderá durar muitos meses) evolui para a segunda etapa, com a chegada do paciente a algum tipo de tridimensionalidade mental, e isso se manifesta, por exemplo, com interesses por cavidades, por colocar e retirar cubos de uma caixa e também com desenhos (Tustin, 1990, p.238) de figuras geométricas, como o círculo e o triangulo[7], como exemplificado no caso a seguir:

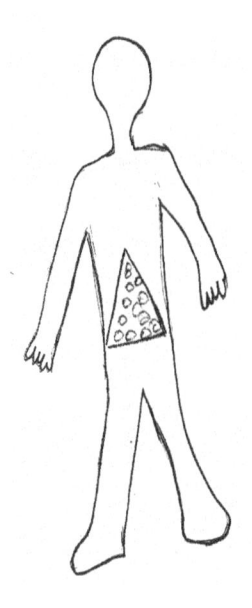

Adriano, em sua 47ª sessão se negava a entrar, gritava muito e corria pelo corredor, apagando e acendendo as luzes. Teve que ser contido pela mãe que o colocou para dentro do consultório. Entrou sem me olhar, dirigindo-se ao aparelho de ar condicionado que o fascinava. Gritava, pulava e tentava ligar e desligar o botão do aparelho. Tento contato verbal e o chamo pelo nome. Verbalizo que parecia muito zangado no corredor. Ele então se dirige ao quadro negro e desenha uma figura humana com um triangulo no abdômen. Coloca muitas bolinhas dentro do triângulo. Fala diversas vezes: o que falta? O que falta? O que falta? O que falta?

Percebo que está repetindo um desenho feito na escola, e lhe digo que quer saber as partes do corpo que faltam no desenho. Ele pula e torce as mãos. Olhamos o desenho ele ponta a cabeça e percebe que faltam os olhos, a boca, os ouvidos, nariz, cabelo. Mostro-lhe que o desenho tem uma barriga com um triângulo enorme cheio de coisas.
Adriano risca todo o desenho, abana suas mãos, como se estivesse querendo tirar algo de sua cabeça. Em seguida senta na minha poltrona e a gira sem parar. Ao impedi-lo de persistir naquele movimento, seguro a cadeira; ele bate com sua perna em meu pé. Nesse momento, parece que me "descobriu" ou, no sentido de Winnicott (1975), criou-me como ser humano, pois me olha atentamente no rosto, o que era incomum acontecer. Estabelece-se algo novo entre nós.
Digo a ele que está me olhando no rosto, que eu sou Graça e ele é Adriano. Ele escorrega da poltrona e, nesse movimento, vira o seu pé, que fica trancado na cadeira. Chora um choro sem modulação e sem nenhuma lágrima, como se fosse um uivo ou um gemido. Digo que seu pé deve ter doído realmente ao ficar preso na cadeira. Ele me olha novamente e fala "pomadinha branca no dodói, pomadinha branca no dodói...".
Digo-lhe que está chorando porque está doendo o pé e quer que eu cuide dele. Não tenho pomadinha branca, mas tenho conversas com ele que podem ajudar. Repito que desenhou seu corpo cheio de cocôs duros, que ele os prende, não deixa sair (ele apresentava severa encoprese). Assim como seu pé ficou preso e dolorido. Continuo dizendo que desenho riscado no quadro mostra um menino cheio de coisas que o assustam. Surpreendentemente, ele me olhou e disse: "Adriano cheio de choro". Fecha seus olhos e brotam lágrimas. Ele verdadeiramente, agora, chora com algum sentimento. Senta no chão e se encosta em mim. O que faltava e, que ele perguntava insistentemente no início da sessão, agora aparecia: emoção e possibilidade de formar alguns vínculos, tanto internos, entre algumas partes de seu self, quanto externos, entre nós dois. Nesse momento, percebo que evacuou na calça. Mostro-lhe que sinto o cheiro de suas fezes e que ele também sente. Ele grita, negando-se ir ao banheiro. Deita a cabeça no chão e diz: "descansar". Assim fica até acabar a sessão, aguardando sua mãe levá-lo.
Nesse dia, algo mudou na qualidade da relação de Adriano com a realidade externa, mas em especial houve alguma transformação dentro de seu self, que agora tinha algum espaço tridimensional para abrigar e ser continente de seu sofrimento, de seu choro, de seu cansaço.

Na fase inicial da psicoterapia com autistas, nosso objetivo é modificar o isolamento e diminuir o uso de formas e objetos autísticos, chamando-os à vida. *"Não é bom tratarmos esses pacientes como se eles fossem pedaços preciosos de porcelana chinesa. Eles frequentemente tentam nos forçar a isso, mas não devemos conspirar com eles. Eles possuem muitas forças que nunca descobriram, e devemos ajudá-los a descobri-las"* (Tustin, 1990, p. 237).

Fase intermediária: consolidando espaços mentais e trabalhando o desamparo

Quando a concha autística começa a ser aberta e é revelada, surge *"uma criatura desamparada que sente que uma parte vital está faltando"* (Tustin, 1990, p. 239). Há indícios do surgimento de continente psíquico rudimentar que já pode conter identificações projetivas e introjetivas, com surgimento de fantasias rudimentares. Instala-se um espaço transicional, existem rudimentos de jogo e há maior interação com o psicoterapeuta. Nessa etapa, surgem oscilações dos estados de isolamento ao contato e vice-versa, estabelecendo-se algum sentido de identidade. Interessante apontar que crianças encapsuladas no seu autismo raramente adoecem, mas, quando retiradas de sua concha protetora, ficam expostas às doenças comuns da infância, e, nos jovens autistas, aparecem afecções psicossomáticas, em especial na pele.[8]

A atenção redobrada às manifestações da relação transferencial e contratransferencial facilita chegar mais próximo ao mundo interno da criança. Lenta e gradualmente, fazemos contatos para tirá-la para longe do mundo estéril, estranho e, não obstante, seguro que eles criam. Manter ligações é o nosso grande desafio terapêutico, para inseri-los num mundo mais vivo, em que as relações humanas são melhores que os rituais sem sentido que sustentam suas vidas. Autistas vivem num mundo vazio e solitário, em que os fatos vividos são como que descolados das experiências emocionais que deveriam acompanhá-las. Em função dessa concretude e desligamento, existem dificuldades para a construção de memórias que servirão de base para os processos de sua subjetivação.

Lambert (1995) ressalta que o autista sofre de uma *falta de história*. Geralmente, seus pais, ao relatarem a vida dos filhos autistas, lembram poucos acontecimentos, costumando descrever dados factuais de que não incomodaram, dormiam muito, eram bonzinhos, "parecendo não haver um bebê em casa". Construir vínculos, estabelecer um sistema de trocas afetivas entre pais, filhos, irmãos e demais membros da família produz experiências emocionais que serão marcantes para produção de lembranças, que servirão de alicerces da historicidade de uma família. Como construir uma história em comum, nessas famílias, com crianças tão quietas e isoladas que pareciam nem ter existência? Como dar sentido ao que foi vivido por essas crianças? Seria possível construir uma história com significados para esses pacientes?

O que estamos acostumados a vivenciar nos tratamentos com outros pacientes em termos de transferência se mostra completamente diverso quando tratamos autistas. No *setting*, o isolamento, as condutas bizarras e ritualísticas nos fazem esbarrar em angústias impensáveis que, contratransferencialmente, também nos mobilizam sensações de isolamento e estranheza. É comum experimentarmos tédio, desatenção, desânimo, irritação e sensação de nada compreender, sentimentos que nos impelem ao afastamento do paciente. Outra reação contratransferencial é ir ao sentido inverso, forçando uma busca de sentidos onde há o vácuo e a ausência de significados. Alvarez (1994, p. 211) alerta que os comportamentos repetitivos apontam para "*o mortífero, o vazio ou possivelmente algo ainda pior*". Tomar contato com nossos sentimentos de impotência frente aos comportamentos autistas pode tornar possíveis movimentos produtivos na relação terapêutica.

Rocha (1997), citando Xavier Jacquey, descreve uma forma de transferência, típica dos autistas, que ele nomeou de *subobjetal*, na qual são transferidas relações bidimensionais, de adesão, imitação, formas autossensuais e muito primitivas. Não é a transferência dos objetos internos de um psicótico, nem de imagos materna ou paterna sobre o terapeuta. São transferências anteriores à possibilidade de internalização de relações objetais, que comportem existência de continente psíquico capaz de usar identificações projetivas e introjetivas. Na transferência subobjetal, o terapeuta não é reconhecido nas suas qualidades pessoais e numa posição de sujeito que suportaria a transferência de desejo ou movimento pulsional. O psicoterapeuta é sentido como um objeto anônimo e inanimado e é investido como mais um objeto autístico. Isso pode ser exemplificado quando "usam" a mão do terapeuta ou nos empurram como se fôssemos um objeto sem vida ou mais uma coisa no meio de outras.

Como apontado antes, o autista tem sérias dificuldades para constituir sua história e seu processo de subjetivação. Isso aparece na transferência subobjetal. O terapeuta se torna depositário dos aspectos parentais recusados e não-internalizados. Repete-se na relação transferencial um movimento pulsional dos pais em relação à criança que não pode ser "*simbolizada e internalizada por envolver perdas narcísicas impossíveis de serem suportadas pelo casal parental*" (Rocha, 1997, p.18).

Na fase intermediária da psicoterapia, em síntese, há o desenvolvimento de algum sentido de identidade, maior interação com o psicoterapeuta, surgimento do espaço transicional e do jogo, o surgimento de fantasias do tipo kleiniano e maior movimento ao se sentir humano.

A seguir, apresentamos alguns exemplos que ilustram alguns dos fenômenos do processo psicoterápico nas etapas iniciais e intermediárias, baseados em nossa experiência clínica com autistas.

MAURÍCIO: DO DESMANTELAMENTO RUMO À INTEGRAÇÃO

Maurício foi um de meus primeiros pacientes. Foi-me enviado por uma colega já com o diagnóstico de autismo infantil. Chegou surpreendendo-me. Era um menino lindo, mas seu rosto parecia de mármore: bonito, mas frio e sem expressão. Distante. Havia uma grande distância entre nós, não só por seu autismo, mas também por ter vindo num momento em que eu estava cheia de expectativa com a chegada de meu primeiro paciente infantil.

Não tinha como lhe explicar da caixa, dos brinquedos que poderia usar, de como poderia ficar livre para brincar e expressar o que quisesse. Também não poderia lhe dizer qualquer outra frase que havia aprendido nos livros. Nada disso poderia ser feito. E agora, o que faria com aquele menininho de 3 anos?

A mãe, Sandra, o havia introduzido na sala, dirigindo-o à mesinha, e ele, obedientemente ou automaticamente, sentou-se na cadeirinha baixa.

Sandra – "Olha quanto brinquedo essa tia tem!".

Imediatamente Maurício passou a repetir a frase, ao mesmo tempo em que fazia, ansiosamente, um gesto com a mão, parecendo estar escrevendo no ar, sem lápis:

Maurício – "Brinquedo essa tia tem, essa tia tem, essa tia tem, essa tia tem"...

Foi interrompido pela frase seguinte da mãe:

Sandra – "Vou te esperar lá fora".

Agora repetia ecolalicamente essa segunda frase, enquanto ela se retirava. Ficou sentado na cadeirinha; pegou o lápis de cima da mesa e passou a "escrever" na capa do bloco de papel. Escrevia os números de 1 até 12, colocando-os na capa de maneira aleatória. Quando chegava no 12, às vezes no 13, recomeçava. Eu tinha a impressão de que ele nem via o que estava fazendo; estava absorto, como se fosse tudo automático.

Sentei-me a seu lado, tentava falar com ele; cheguei mais perto, tentava dizer algo; passava a mão em seu braço. Eu queria contato desesperadamente, mas ele parecia não me notar. Seu rosto parecia ter uma expressão de tranquilidade, ou era "sem expressão?". Nos primeiros 30 minutos da sessão, tentei encontrar uma brecha para entrar e quem sabe encontrá-lo, mas foi em vão. Na capa do bloco de papel, onde ele estava colocando os números, uns por cima dos outros, agora havia um grande borrão.

Sem saber bem o quê, ou como fazer para que ele apenas me olhasse, comecei a cantar uma música infantil. Sentia-me pequena como ele. Nesse momento, ele me olhou. Continuei ali cantando com medo de que ele "fosse embora" novamente. Agora era ele quem me observava.

Depois do término da sessão, eu fiquei ali parada por longo tempo. Sentia-me exausta, meio que sem saber no que pensar; então, fiz algumas anotações e reli a entrevista que tivera anteriormente com os pais. Percebi que eu precisava transformar todas aquelas emoções, tão intensas, em algo mais coeso. No encontro com os pais, Sandra relatou os primeiros meses com seu bebê de forma objetiva, mas deixava passar sua angústia com um esfregar de suas mãos suadas. Sua voz era tensa e sentava de maneira ereta e rígida.

Após a primeira entrevista, o que parecia mais vivo e nítido para mim era a distância e a dificuldade de contato emocional que Sandra tivera com o seu bebê desde os primeiros meses. Ela parecia muito só e angustiada na luta para lidar com uma criança pouco responsiva aos seus cuidados. O pai trabalhava muito e deixava os afazeres domésticos e os cuidados com os filhos para a esposa, dizia: "isso é coisa para mulheres". Sandra tentava cuidar de seu bebê, porém, com grandes dificuldades. Estaria ela repetindo a história de sua família com mulheres distantes de seus filhos, como havia me relatado a relação com sua mãe?

Para entender melhor essa criança, reporto-me a dois grandes autores, Donald Meltzer e Esther Bick. Enquanto Meltzer estudava crianças autistas no final da década de 1960 e início da década de 1970, Bick correspondia-se com ele e direcionava seus estudos para a *Experiência da pele nas primeiras relações de objeto* (1968). Ela observava os estados de angústia catastrófica em certos bebês cujas mães apresentavam dificuldades de exercer a função continente, resultando em um estado de desintegração na mente da criança. Meltzer (1975) descreve como as crianças autistas oscilam entre um *estado de autismo propriamente dito* e outro de maior integração, que nomeou de *estado residual do autismo*. Estes dois estados ocorrem com alternâncias, às vezes súbitas. Durante o período em que a criança está no *estado autista propriamente dito*, ocorre uma suspensão da vida mental, com o desmantelamento do *self*. Considera que esse desmantelamento sobrevém de maneira passiva; a criança apenas deixaria os sentidos vagarem, suspendendo a atenção. Neste estado, ocorrem "fatos", mas não há experiências mentais que se prestem para a memória e o simbolismo. Não existe a transformação da experiência sensorial bruta – elementos beta – em experiências com significados e sentidos – elementos alfa, que serão a base do sonhar e do pensar (Bion, 1991).

Como Bick (1968), Meltzer (1975) também conclui que esse estado primitivo de funcionamento advém devido a um fracasso inicial nas relações objetais e na função continente do objeto materno. Sendo assim, interrompe-se a relação objetal e, consequentemente, no tratamento interrompe-se a relação transferencial.

Alvarez (1994) propõe uma teoria das relações objetais modificada ao acrescentar à teoria psicanalítica as propostas dos teóricos organicistas e do desenvolvimento, sobre etiologia do autismo, propondo um "repensar tanto sobre as bases inatamente determinadas quanto sobre as bases muito iniciais da experiência de se relacionar com um objeto" (p. 206). Refere, então, que mesmo uma mãe saudável e não deprimida, pode apresentar sérias dificuldades vinculares ao perceber a não responsividade do bebê diante de seus cuidados e atenções, criando-se um círculo vicioso entre a dupla, que Debray (1988) nomeou de *decepção recíproca*, com consequências devastadoras para o desenvolvimento da criança.

Bick (1968), estudando as relações de objeto primitivas, diz que o bebê necessita de uma força capaz de unir as partes da personalidade, e é com a ajuda desse objeto continente que ele pode sair do estado primitivo de não-integração. Álvares e Vieira (2003, p.157), estudando esses aspectos descritos por Bick, apontam:

> a falha neste processo inicial, além de impedir o desenvolvimento de um conceito de espaço dentro do *self*, também impede a formação da noção de um objeto externo continente. Assim, o bebê se vê impedido de projetar para dentro do objeto externo – identificação projetiva. Sente como se a personalidade estivesse simplesmente vazando sem contenção, em um espaço sem limites, gerando uma ansiedade de estar se liquefazendo.

Dessa maneira, acreditamos que o trabalho psicoterápico com essas crianças seja o de ajudá-los a integrar as partes da personalidade.

Voltando-nos novamente para Maurício, podemos sentir uma falta de contato entre mãe e filho, e mesmo de Maurício com a terapeuta, a qual em suas anotações encontra seguidamente a palavra "distância" ou a referência à falta de contato. Os sentimentos despertados fazem pensar no contato entre duas superfícies planas, relações de bidimensionalidade (Meltzer, 1975). Isso é anterior aos processos de *holding* (Winnicott, 1975), que pressupõem a existência de espaços psíquicos, a tridimensionalidade mental capaz de conter identificações projetivas. Para que o objeto materno possa desempenhar suficientemente bem sua função de *holding*, necessita ser capaz de estar por inteiro ali com seu bebê, prestar-lhe atenção e, como diz Winnicott (1956), desenvolver uma *preocupação materna primária*, identificando-se com seu bebê.

A mãe de Maurício parecia ter tido dificuldades de introjetar boas relações continentes e protetoras. Muitas vezes, a terapeuta a sentia funcionando como Meltzer (1975) descreve a mente bidimensional, percebendo os objetos e a si mesma como superfícies planas, sem interior. Nesse tipo de funcionamento bidimensional, os valores e as relações são externos, de imitação e colagem, ou seja, não geram quase nada que venha deles próprios, mas copiam os outros, estão sempre atentos ao que vem de fora. Geralmente, andam na moda, valorizam o *status* social e são pessoas aparentemente bem adaptadas ao exterior, funcionando como um *falso self defensivo* (Winnicott, 1990). Assim me parecia Sandra; seus conceitos vinham do exterior: seus relatos, muitas vezes, começavam com: "o médico disse que..."; "todo mundo sabe que o bom é...". Ela imitava ou seguia o que lia nos livros ou o que lhe diziam os médicos. Faltava algo que viesse de dentro de si, de uma experiência emocional para dar conta de seu filho.

Como observei em Maurício, desde nosso primeiro encontro descrito acima, não havia ainda formado a noção de espaço interno. O bloco de papel de sua caixa só era desenhado na capa. Formou-se um borrão com riscos apenas por fora, nunca abria o bloco. Durante todo o início do tratamento, manteve essa conduta, ficando preso à superfícies.

Maurício vinha à psicoterapia três vezes por semana, sempre trazido pela mãe. Nos primeiros meses de tratamento, meu maior esforço foi no sentido de entrar em contato com ele. Assim, eu tentava, através de minha mente, unir as partes de sua mente ainda tão desmantelada. Desejava que ele me olhasse. Eu cantava cantigas infantis para ele e tocava-lhe enquanto falava. Gradativamente, passou a me olhar por mais tempo, porém, em algumas sessões, voltava aquela sensação forte de que ele estava muito distante e passava os 50 minutos com um olhar vago, fora de foco.

Após seis ou sete meses de tratamento, passou a demonstrar que a noção de dentro e de fora estava surgindo em sua mente. Estava construindo a noção de um espaço interno que pudesse conter, primeiramente representado pela cavidade oral. Era a capacidade introjetiva se organizando e sua psicoterapia ingressando em outro estágio. Nessa época, quando eu lhe dizia alguma frase, como "Oi, como vai Maurício?", aproximava-se bem de meu rosto, abria bem sua boca e com um sinal me dava a entender que eu deveria repetir a frase dentro de sua boca, para que minhas palavras entrassem "dentro" dele. Assim eu fazia, falava com minha boca bem perto de sua boca aberta. Em seguida, utilizando suas duas mãos, ele abria delicadamente minha boca, escancarando-a e, finalmente, aproximava sua boca da minha e falava, de modo que suas palavras pudessem entrar em mim. "Tudo bem, Iane". Foi desse modo que iniciamos alguns diálogos. Ele parecia querer beber, incorporar-me. Muitas sessões iniciavam com esse "diálogo", para depois ele se dirigir ao banheiro, encher a pia de água e ficar mergulhando na *"aguinha limpa"*, e bebendo-a.

Em outras ocasiões, quando se desgostava de mim por algum motivo, principalmente se eu o fazia esperar um ou dois minutos antes de atendê-lo, ficava furioso. Cuspia inúmeras vezes no chão, como que a me colocar para fora; em seguida, perdíamos contato; seus olhos iam saindo de foco e não mais respondia a qualquer estímulo meu.

Na evolução de uma criança autista, esta passa a um narcisismo onde predomina a cisão dos objetos em bons e maus (Meltzer, 1975). Quando Maurício me via como um objeto bom, como a aguinha limpa, desejava-me colocar para dentro de si, bebendo-me. Quando o frustrava, sentindo-se abandonado por tê-lo deixado por apenas um ou dois minutos esperando antes de atendê-lo, eu me tornava o objeto mau que deveria ser projetado e cuspido. Podia presenciar o nascimento desses mecanismos de projeção e introjeção que estavam aparecendo de maneira ainda muito primitiva. Concretamente, cuspia-me e me engolia. A defesa contra esse objeto mau que abandona a projeção não era, muitas vezes, suficiente para aplacar sua angústia. Maurício, então, regredia e se deixava desmantelar. Sandra procurava chegar sempre no horário exato para que Maurício não ficasse esperando na sala de espera, mas, às vezes, até por diferença de relógios, ele não podia entrar imediatamente. A espera de um minuto já era catastrófica. Presenciei diversas vezes o quão fácil era frustrá-lo intensamente e perdê-lo para seu autismo. Pude compreender melhor e ter empatia com Sandra em sua tarefa de lidar com o filho no dia a dia, ainda mais imaginando que ela própria tinha dificuldades nesta área.

Nos meses seguintes, comecei a observar momentos de progressos significativos. Ele falava e eu podia entendê-lo. Porém, minhas férias se aproximavam e eu me preocupava pensando em como reagiria, já que os pequenos abandonos na sala de espera já eram tão catastróficos para ele. Tentava avisá-lo sobre as férias, mas ele não ouvia isso. Era tão doloroso para ele, que não podia deixar minhas palavras penetrá-lo? Foi só no último dia antes de minha saída que ele entendeu. Expressou-se, então, aos soluços e cantando bem alto e de maneira desesperada: *"o anel que tu me deste era vidro e se quebrou, o amor que tu me tinhas era pouco e se acabou".* Tudo era tão intenso que, ainda hoje, passados mais de 20 anos, recordo-me de seus soluços e de suas lágrimas pingando no chão. Sua angústia e tristeza eram intensas, mas agora já era capaz de expressá-las sem desmantelar sua mente, sem perder o contato transferencial.

Crianças autistas psicogênicas tiveram uma consciência traumática da separação física da mãe antes que tivessem equipamento para lidar com a perda (Tustin, 1990). Tanto a história de Maurício relatada pelos pais quanto os dados obtidos durante o tratamento comprovam essa extrema dificuldade para lidar com perdas. Os pais trouxeram-me inúmeras situações de perdas e mudanças por volta dos 2 anos, momento em que o bebê parou de falar e foi se afastando das pessoas, até chegar em meu consultório, aos 3 anos, já com o quadro autista bem agravado.

Outro aspecto importante são os estudos de Winnicott (1990) sobre os processos de maturação do bebê. A mãe e o bebê funcionam em reciprocidade empática, produzindo a ilusão de continuidade do ser, o que parece não ocorrer de maneira adequada nas crianças autistas. A separação parece ser experimentada como uma quebra na continuidade corporal, como a perda de uma parte do corpo. O autor aponta para os perigos de um choque desastroso na consciência de separação física.

Pensando em toda essa problemática quanto a separações, preparei-me para a primeira sessão após as férias. Como ele retornaria? Viria com sua mente desmantelada ou teria conseguido aguentar nosso afastamento?

Entrou berrando, espernenando. Dirigiu-se a sua caixa, pegou o fogãozinho e a geladeira de brinquedos jogando-os contra a parede e gritando: *"cai fora".* Recolhia os brinquedos e os jogava novamente gritando a mesma frase, *"cai fora".*

Nas sessões que se seguiram, passou a controlar todas as minhas atitudes. Fazia-me perguntas e eu deveria responder-lhe da maneira como ele desejava. Se eu, sem saber exatamente o que deveria falar, respondia com palavras um pouco diferentes, ainda que com o mesmo sentido, Maurício se irritava e, então, ele mesmo dizia o que queria ouvir e insistia para que eu me corrigisse. Por exemplo: quando chegava ao consultório, perguntava sempre:

"Oi, tudo bem, Iane?"; se eu lhe respondia: "Tudo bem, e tu, vais bem?", ele ficava furioso e dizia: "Estou bem, e o Maurício está bem?": Dizia essa frase com a entonação de que eu deveria repetir e de maneira autoritária, refazia a sua pergunta e ficava esperando que eu corrigisse minha resposta. Só quando eu o fazia exatamente da maneira que ele queria é que se tranquilizava. O controle onipotente dos objetos servia para evitar a separação. O paciente autista deseja "possuir" seu objeto, não pode se separar dele. Essa é uma forma muito primitiva de amor, egocêntrica, mas autêntica (Meltzer, 1975).

Essa tentativa de me controlar estava ligada a "um certo grau de previsibilidade e uma certa estabilidade que são as bases para o sentimento de segurança" (Sandri, 2000, p. 4). Minhas férias realmente o pegaram desprevenido. Ele não podia suportar nem as separações e nem as inseguranças trazidas por um objeto não controlável. Minha ausência por três semanas despertou muita raiva e decepção; porém, controlar-me e, assim, tornar o mundo mais previsível era suficiente, já não necessitava se desmantelar.

Ainda durante o primeiro ano de tratamento, em certa sessão, Maurício observa a placa com o logotipo da "Pepsi Cola", através da janela, na entrada de um bar em frente ao consultório. Em seguida repete "pepsi" e correndo pega um giz, coloca-o em minha mão e apertando minha mão contra o quadro-negro, repete: "pepsi". Entendo que devo fazer o desenho do logotipo do refrigerante que ele havia observado. Quando começo a fazer, Maurício irrita-se e aperta minha mão com mais força repetindo a palavra: "pepsi". Acabo percebendo que ele deseja que eu desenhe uma garrafa desse refrigerante. Mal termino o desenho, o menino coloca a sua boca no quadro-negro, como se fosse bebê-lo. Começa a chorar quando percebe que isso é impossível. Essa passagem é um exemplo claro do conceito de equação simbólica (Segall, 1983). O desenho para ele não era um símbolo do refrigerante, mas era o próprio. Não havia diferença entre símbolo e simbolizado.

Durante o segundo ano de tratamento, fazia xixi nas calças e ria sadicamente. Em certa sessão, após fazer xixi no meu sofá, veio em minha direção e, de maneira viva, como nunca havia feito, convidou-me: "Iane, vamos brincar?". Inicialmente pegou o bebê e a mamãe em sua caixa, em seguida abandonou-os e veio se sentar no meu colo. Acomodou-se. Ele chorava e dizia que a sua "barriguinha" doía. Dava *puns*, ora na realidade, ora imitando o som destes. Parecia estar revivendo suas cólicas nos cinco primeiros meses de vida. Essa brincadeira se repetiu por várias sessões. Começou a poder utilizar o *setting* e a relação transferencial como um espaço transicional, onde o brincar já era possível (Winnicott, 1975).

Em uma quarta-feira, antes que eu me despedisse, como de hábito o fazia no final da sessão, dizendo que o esperaria na sexta-feira, ele se apressou em me comunicar:

Maurício – Sexta-feira eu não venho (era a primeira vez que ele utilizava o pronome EU).
Iane – Não vens?
Maurício – Eu não vou ir lá com a mamãe; vou ficar aqui, ela não sabe.
Iane – O que ela não sabe?
Maurício – Ela não pega; vou ficar aqui.
Iane – Queres ficar aqui porque a mamãe não sabe te pegar no colo? Queres colinho?
Maurício – Ela não sabe. Vou ficar aqui (bem decidido).

Sua capacidade de brincar no espaço transicional (Winnicott, 1975) ainda era nascente, e por isso necessitava do colo concretamente, então, peguei-o no colo, e ele se deixou levar até a sala de espera. Lá, passei-o diretamente do meu colo para o colo de Sandra dizendo: "Hoje ele está precisando de colinho, mamãe". Sandra imediatamente largou-o no chão: "Mas com esse peso, no colo!"

Nessa passagem, Sandra mostra o quanto estava "pesado" para ela ter que lidar 24 horas por dia com uma criança autista. Nas entrevistas com ela demonstrava esse aspecto. Percebia que ela necessitava, também, de meu "colo" *(holding)* para ajudá-la a enfrentar esse "peso".

Maurício pedia à terapeuta para pegá-lo. Anzieu (1989), em seu livro *O eu pele*, referindo-se a um paciente adulto com um funcionamento bem primitivo, Marsias, demonstra como este necessitava "que eu o carregue, o aqueça, o manipule e devolva-lhe pelo exercício as possibilidades de seu corpo e de seu pensamento" (p. 183). Carregar, aquecer, manipular o paciente de Anzieu, assim como a palavra utilizada por nosso pequeno paciente Maurício, "pegar", pegar no colo, são palavras que mais uma vez nos remetem a reconstruções de falhas no *holding* materno.

Porém, apesar de todas essas falhas, Maurício lutava e prosseguia em seu desenvolvimento. O tema das sessões passa a ser *"o mamazinho"*. Levanta sua blusa e diz: "Eu tenho um mamazinho". Ou olha os bonecos e coloca pedaços de massinha de modelar dizendo serem os mamazinhos. Dizia várias vezes "Eu é que tenho um mamazinho".

Muitas vezes, sentia que ele queria me evitar enquanto brincava; eu tinha a impressão que ele achava que eu iria me intrometer à força dentro dele. Outras vezes, mostrava temer que eu o mordesse, abaixando sua blusa e se virando de costas para mim, dizendo: "não morde minha barriguinha". Essa impressão foi se intensificando nas sessões que se seguiram. Cada vez mais desejava se livrar de mim.

Passou a escrever algumas letras no quadro negro enquanto falava: *"M de Maurício, S de Sandra, C de Celso, I de Iane, M de mamãe"*. Assim passava muito tempo no quadro. Sempre de costas para mim e cada vez me evitando mais. Comecei a interpretar que não queria me olhar e estava com medo de mim. Então, acrescentou no quadro o *"HM" e dizia: "O HM vai embora"* ou *"HM é o vai embora"*. Essas frases eram ditas na entonação de uma música que passava na televisão, naquela época, na propaganda das lojas HM. Como muitas letras, ele fazia de lado ou de cabeça para baixo; mostrei-lhe que o H também era o I se visto de lado e o M era de mamãe. Ele queria que o HM, eu e a mamãe fôssemos embora. Pegou outro giz e começou a desenhar figuras humanas, destacando os mamazinhos e o *"bigo"*.

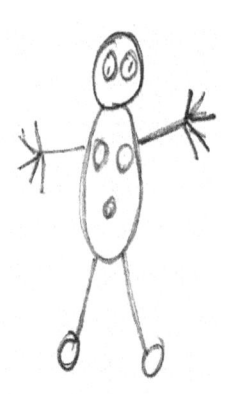

Desse dia em diante, nas sessões que se seguiram, passou a falar bastante em fazer xixi no mamazinho, em estragar o mamazinho e em fazer cocô. *"O xixi mata o mamazinho"*, gritava fazendo xixi nas calças e rindo sadicamente. Agredia, assim, aquele mamazinho que ele pensava que o havia abandonado e que lhe causava tantas cólicas. Depois ficava parado, o olhar fora de foco, e eu sentia que ele estava se indo, perdendo contato. Era como se ele tivesse destruído todo o mundo à sua volta.

Após dois meses trabalhando com ele esse material, sua agressão foi gradativamente diminuindo e começou a se interessar por mim e pelo consultório novamente. Examinava toda a sala, mexia no armário, examinava cada objeto de vários ângulos. Meu rosto era apalpado cuidadosamente. Por vezes, pedia que eu abrisse minha boca e a examinava também. Eu observava o despertar do impulso epistemofílico, descrito por Klein (1981), a descobrir e explorar o corpo materno.

Após muitas sessões de agressões mais amenas e de descobertas pela sala e por meu corpo, notei um brilho diferente em seus olhos; parecia deslumbrado e foi se aproximando de mim lentamente. Feliz como quem enxerga um tesouro, passou sua mão em meu peito, dizendo: *"o meu mamazinho!"*. Descobria que o mamazinho e eu havíamos sobrevivido? Essa foi a primeira vez que pude notar um brilho de esperança nele.

Após, passa a alternar períodos de maior esperança com outros de desesperança nas sessões. Por esses dias, saiu correndo de meu consultório e abraçou fortemente a mãe. Esta escorregou da cadeira e ajoelhada no chão deixou-se abraçar. Olhava alternadamente para mim e para o seu filho; por fim, fechou seus braços, abraçando a ele também. Foram alguns segundos de reencontro. Em seguida, como quem se recupera de um momento de fraqueza, Sandra se levantou, pegou o filho pela mão e disse: "Está na hora, vamos indo." Mas em mim, e certamente em Maurício, nasceu uma grande esperança.

Maurício prosseguiu seu tratamento por mais alguns anos. Estabeleceu uma rotina ao chegar ao consultório. Trazia sempre uma revista da sala de espera e então indicava que eu me sentasse; acomodava-se sentando em meu colo de uma maneira que seu corpo se encaixava exatamente no meu, passava a folhear a revista, apontando para as diversas figuras, como que a me mostrar. Era como um encaixe perfeito; era cômodo inclusive para mim. Eu tinha a impressão de que ao chegar necessitava restabelecer o contato comigo, como se o intervalo entre uma sessão e a outra, de alguma forma, rompesse nossa nascente simbiose.

Após alguns minutos encaixados assim, passava para outra atividade. Geralmente montava um quebra-cabeça de 20 peças que formava um desenho dos personagens "Tom e Jerry".

Sabemos da dificuldade desses pacientes para integrar suas mentes, e, portanto, para montar um quebra-cabeça. Nas primeiras vezes eu o auxiliava, como por exemplo, "Cadê a perna do Jerry?". Ele procurava com visível ansiedade. Muitas vezes eu tinha que lhe mostrar e ele, pegando a peça, a encaixava com bastante dificuldade. Em seguida passou a ele próprio fazer as perguntas: "Cadê a perna do Tom?". Maurício mesmo procurava e encaixava a peça. Comecei a me questionar se se tratava de uma introjeção. Mas certamente era ainda algo muito primitivo como uma incorporação do tipo que acontecia quando exigia que eu falasse dentro de sua boca aberta para que pudesse engolir minhas palavras. Era algo que se aproximava da "equação simbólica", algo concreto e não um símbolo propriamente dito, como na ocasião em que me solicitou que fizesse o desenho da "pepsi".

Ele repetia as mesmas perguntas que eu havia feito, com a mesma entonação, parecia mais com uma identificação adesiva. Algumas sessões mais tarde, surpreendeu-me fazendo perguntas originais, que eu nunca havia feito, como por exemplo: "Cadê o dedão do Tom?". Esse brinquedo passou a ser cada vez mais original de acordo com a sua crescente capacidade de introjeção. Estava começando a introjetar a função mental; podia criar perguntas e soluções. Outras brincadeiras começaram a surgir e o mesmo foi ocorrendo.

Ao mesmo tempo em que ele me deixava entrar em sua mente, sentia como se eu o invadisse e o penetrasse à força. Se eu falava algo, mesmo que fosse respondendo a uma pergunta sua, irritava-se muito, levantava-se e soqueava diversas vezes uma almofada. Eu ficava a assistir sua intensa luta entre deixar-me entrar ou colocar-me bem longe, agredindo-me. Tudo se dava com intensa ansiedade e gritavas: "Cadê, Iane? Não! Cala a boca".

Ao vivenciar essa situação tão dramática, eu pensava o quanto sua pele psíquica (Bick, 1968) não estava bem formada; havia buracos ou esfíncteres que não conseguia controlar (Meltzer, 1994). Não conseguia controlar os objetos que penetravam à força dentro dele. Contratrans-ferencialmente, eu me sentia paralisada, não sabia o que fazer, se respondia, se me calava, também paralisada com sua angústia. Ele ficava agressivo como se eu estivesse saindo de seu controle. Ora tentava impedir que eu entrasse dentro dele, ora tentava introjetar-me para me controlar.

Tentava me introjetar como a um bom objeto, mas nesse mesmo ato, sentia-se invadido à força, e eu era também o agressivo e o mau objeto. No percurso para o crescimento, paulatinamente, verificou-se que Maurício conseguia iniciar certa integração, tolerando por breves momentos a ambivalência. A continuidade do tratamento se caracterizou por momentos de regressão e progressão. Por mais alguns anos, seguiu vindo ao meu consultório; porém, já então com características de uma psicoterapia psicanalítica padrão.

HÉLIO: SUA HIPERSENSUALIDADE SONORA, DOS MONSTROS RUMO AO HUMANO

Hélio, aos 5 anos, iniciou psicoterapia, por "se isolar e ter condutas esquisitas". Falava muito pouco e apresentava estereotipias, encoprese, alimentação extremamente seletiva e um terrível medo a barulhos altos.

Realizou um longo tratamento até seus 16 anos, quando concluiu o ensino fundamental. Quando pequeno, estava sempre atento aos ruídos e entrava em pânico ao ouvir estouros de foguetes e de balões. Sua mãe relembrava que, quando era bebê gritava muito ante a visão de balões, motivo pelo qual não o levava aos aniversários e o mantinha praticamente isolado no lar. Já frequentando a psicoterapia, observei sua extrema sensibilidade auditiva. Nas ocasiões em que havia jogos de futebol, ele evitava sair à rua, pois temia os foguetes ou barulhos de buzinas. Ficava em estado de pânico com ruídos altos e estouros, repetindo: "barulho, cabeça estourada". A sensorialidade exacerbada de Hélio é comum a muitas crianças autistas frente aos estímulos externos. Essa dolorosa sensibilidade pode ser compreendida como uma proteção para um *self* vulnerável e que também conduz a um maior isolamento e incremento do uso das defesas autísticas, que possibilitam enfrentar o caos, a desintegração, o cair num buraco sem fim.

Aos 11 anos, já não possuía a fobia aos balões e foguetes, mas persistia sua hipersensibilidade a certos ruídos que, dificilmente, qualquer outra pessoa escutaria. Tomado pelo sensorial que o invadia, parecia um pequeno animal atento a qualquer som que pudesse lhe indicar perigos de fragmentação. No consultório, em várias ocasiões me avisou: *a lâmpada vai explodir, pois escuto o barulhinho dela*. Tinha crises e temia que fosse ocorrer uma catástrofe na sala de atendimento. Em dois ou três dias, realmente, a lâmpada deixava de acender. Essa especial aptidão auditiva tornava Hélio mais vulnerável frente aos seus temores de ser "explodido" e aniquilado em pedaços, o que dificultava ainda mais os seus vínculos com a realidade externa. Ruídos eram invasões e causavam seu *desmantelamento psíquico* (Meltzer, 1975), deixando-o fragmentado, em total desamparo e pânico.

Tal como outros autistas[9], Hélio apresentou dificuldades para constituir o que Anzieu (1989) chamou de *envelope sonoro*. O contato com o universo de sons oferecido pela mãe, através de sua voz que acalma, pelo canto, pela música de sua entonação ou pela devolução em eco de suas vocalizações e gritos forma um continente sonoro que é introjetado pelo bebê. Assim, a mãe, além de ser o primeiro espelho (Winnicott, 1975) para o bebê, que acolhe com seu olhar, significa e devolve o gesto espontâneo da criança é também um espelho sonoro. Se o banho de palavras não for envolvente e se tornar desagradável, esse espelho sonoro não irá orientar o bebê sobre o que ele sente, nem sobre o que sua mãe sente por ele. O envelope sonoro é o primeiro espaço psíquico, base para posteriores espaços (visual, tátil, olfativo, locomotor, mental, gráfico) que, introjetados, serão o esboço pré-individual de unidade e identidade e alicerce para aquisição de um aparelho psíquico capaz de conter e introjetar significados, para simbolizar e pensar (Anzieu,1989).

Durante os primeiros meses de terapia, o isolamento de Hélio era tal que diversas vezes dormiu, chegando a cair da cadeira em que sentava. Parecia surdo frente a minha voz, o que era um paradoxo, já que escutava ruídos sub-humanos. Angústia e terror eram os sentimentos predominantes nas ocasiões em que eu tentava contato verbal com ele ou quando percebia alguma mudança na posição de algum objeto do consultório. Repetiu por meses uma atividade que consistia em retirar os móveis do banheiro da casinha e recolocá-los minuciosamente no mesmo lugar. Deixava espaços tão justos e certeiros, que os móveis entravam com exatidão no espaço destinado a eles. Eu sentia sono e tédio ao ver aquele jogo de repetições incansáveis. Dei-me conta, em certa sessão, de que desejava muito que os pequenos móveis não coubessem nos espaços que Hélio lhes destinava na casinha. Um dia, ele "errou" e deixou um espaço menor, não entrando no vão o movelzinho que lhe era destinado. Foi um caos! Agitação e gritos; "Não dá, assim não dá..."; "Não entra, assim não...".

Hélio havia perdido o controle sobre suas formas e objetos autísticos. Ao "errar", introduziu o novo, a incerteza. Aquela sessão marcou uma série de outras em que passou a tolerar, vagarosamente, as frustrações, com menor desorganização. O movimento repetido, sempre o mesmo, não lhe cansava, porque reafirmava seu domínio sobre o objeto, eliminando qualquer excitação sensorial. Tustin (1990, p. 94) refere que "a criança autista está sempre tentando carimbar o mundo em termos de sistemas rígidos que parecem seguros".

Com muitas oscilações, entre alguns progressos e muitos retrocessos, foi uma grande surpresa escutar Hélio entoar uma canção e, juntos, cantamos por alguns minutos. Nessa etapa de seu tratamento, passou a usar uma expressão gráfica como forma comunicativa. Por meses a fio, fazia riscos no papel, garatujas espiraladas, como se fossem redemoinhos. Contratransferencialmente, sentia-me tomada por ansiedade e "sugada" para dentro daquele desenho ao ficar olhando seu repetitivo e monótono rabiscar, a ponto de adormecer por fração de segundos, como que hipnotizada. Senti-me sugada para dentro daqueles emaranhados de linhas, como se fossem a figuração do buraco negro, descrito por Tustin (1990). O termo, oriundo da Física, refere-se à força de gravitação dos buracos negros, que é tão forte que ela impede até partículas virtualmente desprovidas de massa, os fótons, de lhe escapar. O terror essencial do autista é de ser aspirado e de desaparecer em um abismo, em um sem-fundo, como um buraco negro. Essa vivência terrorífica corresponde a um estado mental de depressão elementar, que gera o isolamento e a alienação. Assim, senti-me, puxada por aqueles redemoinhos repetitivos e engolfantes, alienada, a ponto de adormecer.

Ao abrir os olhos, ele me olhava fixamente no rosto. Identificada com ele e suas vivências caóticas, fiquei "autista" e adormeci como ele na etapa inicial de sua psicoterapia. A partir desse evento, tivemos nosso primeiro encontro pelo olhar, série de muitos outros que se seguiram. Para uma criança como Hélio, suportar o olhar do outro foi uma grande conquista emocional, pois foi através da possibilidade de se ver reconhecido no olhar do outro, como uma individualidade, que se iniciaram os processos de diferenciação Eu e Não-Eu. A troca de olhares entre nós representou um importante momento na formação do vínculo e marcou mudanças transferenciais, indicando novas possibilidades de crescimento mental para o menino.

Meses mais tarde, falava palavras que eu não compreendia. Ele se irritava e repetia compulsivamente a palavra, até que, claramente, entendi que dizia *monsters*. Pegou do bolso algumas figurinhas chamadas Ploc Monsters, que acompanhavam uma conhecida marca de chicletes. Eram figuras bizarras, com metade do corpo de um animal e o restante de outro. Ele lia os nomes dos monstros de sua enorme coleção de figurinhas por muitas sessões. Fazia também balões de chicletes que tinham que fazer um barulho parecido com" Ploc", ao explodirem na sua boca. Estava elaborando os seus temores de fragmentação através do brincar: agora ele criava bolas que ficavam sob seu controle lúdico. Ele as explodia e não era tomado pelas antigas ansiedades catastróficas. Nessa etapa, já havia se criado uma área transicional, intermediária entre seu mundo interno e a realidade externa, e ele podia brincar, personificando e repetindo o seu antigo trauma relativo aos terrores de se sentir fragmentado pelos ruídos altos.

Semanas depois, ele passou a criar os seus próprios *monsters*, desenhando esquisitas combinações de animais. O contato com a terapeuta passou a ser mais efetivo, pois nomeava os monstros e, obsessivamente, os numerava e guardava numa pasta em perfeita ordem. Mais tarde, depois de meses usando esse jogo, começou a desenhar cachorros, gatos e pássaros. Aos poucos, passou a incluir pessoas nos desenhos que ficavam ao lado dos animais. Todo esse processo foi lento e era alternado com maneirismos e crises de pânico quando sentia mudanças na ordem que ele queria manter nos objetos do consultório e na sua caixa individual. Tinha menores momentos de isolamento e na escola conseguia acompanhar as atividades, tendo êxito em matemática. Nos seus desenhos, passaram a predominar as figuras humanas. Escrevia os nomes de seus colegas ou de familiares. Houve uma transformação em sua vida mental, perceptível na sua produção gráfica, na sua capacidade simbólica e nas suas relações escolares e familiares. Dos monstros que povoavam sua mente, passou a se relacionar com pessoas internamente e na sua vida externa. Na época do natal, começou a se interessar pelo mito do Papai Noel, que anos antes lhe causava pânico. Desenhou muitos deles e conseguia discriminar que era um mito em que uma pessoa qualquer se fantasiava de Papai Noel. Foi alargando seus interesses, trazendo livros com histórias de Saci Pererê, Negrinho do Pastoreio e outros personagens folclóricos. Hélio avançava simbolicamente ao discriminar entre o mundo de fantasias e a realidade externa. Estava estabelecido o espaço transicional, uma área do "como se" que lhe abria portas para o criar, o simbolizar e o pensar.

Tal como o personagem Pinóquio, que de boneco de madeira conquistou seu direito de ser humano, Hélio também passou por um longo processo de transformações e, de um menino robotizado e enrijecido nas suas estereotipias, tornou-se um jovem humanizado que conseguia estabelecer vínculos e modular alguns afetos, a par de continuar com seus momentos de recolhimento autista. Em seus longos anos de psicoterapia, realizou algumas conquistas pessoais, como concluir o ensino fundamental e ter atividade remunerada, sendo encarregado de organizar os vídeos e filmes de uma locadora. Aos 18 anos retornou, agora por desejo próprio, à psicoterapia. Conseguia falar com adequação sobre seus sofrimentos pelos rituais obsessivos que mantinha na hora de dormir, sobre o controle que tinha de manter sobre os objetos de seu quarto, como é típico do pós-autismo.

Mas, sobretudo, Hélio agora sofria pelos seus desejos sexuais e atividades masturbatórias que julgava serem "pecaminosas". Organizaram-se defesas compulsivas que o impeliam a lavar as suas mãos exageradamente. Ele queria namorar, mas não era bem aceito pelas moças de quem se aproximava. Tinha alguma consciência de ser "diferente" e sofria muito. Nessa época, quando muito mobilizado por ansiedades relativas aos seus desejos sexuais, apresentava alergias e coceiras na pele. Permaneceu mais dois anos em tratamento, interrompendo-o por mudança de cidade de sua família.

Hélio sofreu para conquistar sua condição humana e muito aprendi com ele sobre o difícil e doloroso trajeto que um autista tem que trilhar em busca de seus processos de subjetivação. Da sensorialidade exacerbada e das protoemoções não transformadas que o desmantelavam, construiu via relação terapêutica uma mente pensante. Para Bion (1962/1991), o aparelho mental se constrói no vínculo, e as emoções são o centro do significado, sendo que o conhecer e o pensar estão indissociados dos afetos. Hélio, duramente, pode ter acesso a afetos que conferiram sentidos a muitos eventos de sua vida e, já adolescente, teve a possibilidade de "sofrer o seu próprio sofrimento". Estava inserido no mundo da cultura humana, trabalhava e mantinha alguns vínculos, a par de manter muitas condutas bizarras e fases de isolamento. Seu estado pós-autista era o de um obsessivo-compulsivo grave.

ETAPA FINAL DA PSICOTERAPIA

Os tratamentos com crianças autistas costumam ser muito longos. Dois dos casos aqui descritos foram acompanhados até a adolescência, época em que já haviam adquirido progressos em sua vida psíquica e relativas conquistas na vida interpessoal; os outros meninos encontram-se ainda em tratamento. A etapa de finalização da psicoterapia não pode ser apressada e o processo de separação precisa ser trabalhado com tempo, calma e muita paciência.

Nessa etapa, está consolidado um espaço psicoterápico potencial e criativo, área em comum entre paciente e terapeuta, tal como em qualquer outra psicoterapia psicanalítica. Surgem todas as gamas de fenômenos que envolvem o campo psicoterápico, como já foi descrito em capítulos anteriores deste livro[10], com elaborações dos estados de pânico e desamparo, com a constatação de suas diferenças, mas também com inúmeros crescimentos e trabalhos de luto. Como autistas viveram feridas de separação nãocicatrizadas quando bebês, ao final de suas psicoterapias, quando terão que se separar fisicamente de seus terapeutas, atravessam um período bastante variável de tempo, em que temas de perdas e lutos têm que ser bem trabalhados, pois já aprenderam que há desencontros, encontros, afastamentos e novos reencontros durante suas vidas. Como aponta Tustin (1990, p. 243), "...talvez a parte danificada nunca seja completamente curada", mas abrem-se portas de uma vida mais plena, com interações e trocas e novas possibilidades para seu viver.

Leonardo: do irrepresentável à capacidade de nomear seu sofrimento

> *Leonardo estava com 17 anos, frequentava a 8ª série e estava próximo da etapa final de sua longa psicoterapia. Contou que fez uma viagem com seus colegas de escola, mas que todos já tinham pares para sentar*

no ônibus e ele ficou sozinho, almoçando também isolado no restaurante. Após esse relato, fica muito reservado. Levanta-se e vai até uma estante de livros e pega um deles. Lê o título em voz alta: "Irrepresentável[11]. Pensa e pergunta:
Leonardo – O que é isso?
Terapeuta – O que tu achas que é?
Leonardo – Não sei... É sobre representar?
Terapeuta – Pode ser, mas pode ser sobre não representar. Mas o que é representar?
Leonardo – É representar uma pessoa, como os atores da Globo. É imitar uma pessoa triste ou alguém bravo.
Fica silencioso. Retrai-se e faz certos movimentos estereotipados com suas mãos, como que rodopiando algo, como é seu hábito quando precisa se defender de algo angustiante.
A terapeuta o chama pelo nome diversas vezes, pergunta sobre o que pensa, sem sucesso. Ele respondia: "Nada, nada...". De forma intuitiva, a terapeuta começa a "representar" os movimentos autísticos de Leonardo. Nesse momento, ele a olha e fala com raiva:
Leonardo – Pára de representar Leonardo distraído!
Terapeuta – Quando ficaste com olhar vago e te chamei e perguntei o que pensavas, acho que não tinha nada mesmo, só um vazio, um buraco. Estavas muito longe, desligado daqui.
Leonardo – Eu não sei o que é... Fico distraído... Minha mãe diz que fico esquisito e as pessoas não gostam de gente que é assim, diferente.
Leonardo pega o livro e lê em voz alta o que estava escrito na contracapa: "...o analista se abre ao alucinatório e atinge, assim, zonas do psiquismo do analisando inatingíveis de outro modo: a dos traumas que não puderam ser representados". Repete a palavra "trauma" e, silenciosamente, pega uma bola dentro do armário e a rodopia com as mãos. Repete: "Trauma. Trauma... Trauma é uma coisa que aconteceu... (novamente se distrai, rodopiando a bola nas mãos) Depois diz:
Leonardo – Eu não lembro de nenhum trauma...".
Terapeuta – Pode ser que não lembres mesmo, mas pode ter existido algum que não tenhas memória e que seja mesmo irrepresentável.
Leonardo pega novamente o livro; abre-o e pergunta onde comprei, porque gostou dele e quer ter um igual. Conversamos sobre ser um livro difícil de ler e que talvez não fosse a leitura mais apropriada para ele nesse momento. Ficou zangado e acusava a terapeuta de não querer que ele tivesse um livro igual ao seu. Fica quieto e depois grita:

Leonardo – Dei um peido!! Abre essa janela. Vou te infestar toda.
Terapeuta – Foi um peido fedorento mesmo! Um peido pode ser representado?
Ele rindo e abrindo a janela, diz:
Leonardo – "Acho que pode. É um vento fedorento."
Terapeuta – Eu e tu estamos aqui com teu vento fedorento, mas eu não fujo de ti e nem vou ficar contaminada com o cheiro. Lembras quando começaste a vir aqui? Quase não falavas, ficavas muito isolado, fazia gestos... Agora podemos conversar sobre o que tu sentes e até representar a tua raiva através de um peido fedorento.
Leonardo – E eu já era distraído, desde pequeno... Eu queria ter amigos. Sou esquisito, ninguém gosta de mim.
Segue-se a sessão com Leonardo falando de seus sofrimentos e frustrações por não conseguir ter amigos que o convidem para sair ou ir a festas e também de seu desejo de ter uma namorada. Ao final da sessão, dá um abraço na terapeuta.

Com esse fragmento de sessão, observa-se que Leonardo, ao ver personificado na terapeuta seus rituais autísticos, percebeu os efeitos que causava nos demais. Conseguiu nomear sentimentos arcaicos de isolamento, além de mostrar sua raiva através da atuação, soltando gazes. Representar, dramatizar o que ocorreu, foi mais produtivo do que lhe fornecer interpretações no momento da sua retirada autística. Intuitivamente, foi-lhe oferecida a personificação e a imagem de seu isolamento autístico e condutas bizarras. A partir dessa experiência, ele criou a representação de sua raiva, através da metáfora do "vento fedorento" que inundou a sala. Em conjunto, a dupla paciente-terapeuta criou significados em cima do invisível, do traumático e do irrepresentável.

Esse fragmento clínico mostra a possibilidade do desenvolvimento da capacidade de simbolização, duramente alcançado por Leonardo no transcurso de sua psicoterapia. Em seguida, conseguiu retomar o seu pensamento verbal e falar sobre seu intenso sofrimento por não ter amigos, por ser rejeitado e ser considerado uma pessoa esquisita por seus colegas. Essa sessão marcou uma etapa nova e de mais progressos que se mantiveram até o término de sua psicoterapia.

O jogo dos afetos transferenciais e contratransferenciais vivenciado por sua terapeuta frente a Leonardo abriu possibilidades de representação que desempenharam um papel fundamental para o prosseguimento de suas narrativas e possibilidades de reconstrução de seus traumas e sua história nas demais sessões que se seguiram, auxiliando na evolução do seu crescimento psíquico.

CONSIDERAÇÕES FINAIS

A experiência com autistas enriqueceu nossa prática clínica e nos tornou mais tolerantes e abertas ao desconhecido. Contratransferencialmente, ao longo das psicoterapias experimentávamos a mesma sensação de desamparo e extrema solidão que os nossos pacientes. Em muitos momentos, tivemos nossas ligações mentais rompidas e nossa capacidade de pensar paralisada. Houve muitas ocasiões em que duvidávamos de nossas possibilidades de levar adiante tratamentos tão difíceis, longas psicoterapias, complexas e sofridas para os pacientes, suas famílias e para nós, terapeutas.

O conceito elaborado por Alvarez (1994, p. 64-65) de *objeto reclamador* teve importância em nossa clínica. Aprendemos que, ao tratar autistas, temos que:
- *reclamar* sua atenção e não deixá-los entregues às suas estereotipias e rituais, chamando-os à vida;
- ter paciência, muita persistência, e empatia com seu sofrimento silencioso;
- estar disponíveis e continentes;
- ter flexibilidade para adaptar a técnica habitual usada para outros tipos de pacientes menos graves.

Outra questão nos inquietava: até que ponto uma psicoterapia psicanalítica seria eficiente para crianças autistas? Casos como o de Adriano, Leonardo, Maurício e Hélio, fazem-nos pensar que todo o investimento afetivo das famílias, das terapeutas e dos demais profissionais envolvidos valeu a pena. Agora não mais nos deparávamos com pessoas robotizadas e quase inacessíveis, mas vislumbrávamos pessoas com sua carga de subjetividade que podiam manifestar os próprios desejos e que podiam sofrer, alegrar-se e viver uma vida menos árida, a par de terem alguma consciência de suas limitações, mas com interesse nas relações humanas.

Quando um tratamento com autistas é finalizado, é gratificante saber que eles, cada vez menos, apresentam momentos de prisão, em um terror sem nome, no caos e na indiferenciação sub-humana. Os seus sofrimentos possuem denominações, são pessoais e tem algum sentido. Há um sujeito que construiu algum significado ao que foi vivido, aos traumas e aos aspectos de sua história pessoal, que podem ser representados, pensados e elaborados, mesmo que de forma ainda rudimentar. Nossa rica experiência com crianças e jovens autistas nos ensinou que é possível eles se apropriarem de seu modo de ser no mundo, construindo seus processos de subjetivação e, como qualquer pessoa, sofrerem e elaborarem as suas dores por si mesmos.

NOTAS

1 "... um processo de clivagem, segundo o qual as crianças autistas desmantelam seu Eu em suas capacidades perceptuais separadas: o ver, o tocar, o escutar, o sentir, etc." (Meltzer, 1975, p.212). A fixação ou o agarramento em uma sensação particular, auditiva, tátil, vestibular visa, no autista, escapar deste desmantelamento sensorial, origem de um sentimento de inconsistência, de arrebentamento ou de despedaçamento intolerável.
2 Lapsos no desenvolvimento do senso de espaços internos impossibilitam o uso da identificação projetiva como mecanismo de comunicação primitiva do bebê/mãe. "Bebês aderem a objetos na ausência de espaços nos quais se possa projetar. Isso recebeu o nome de adesão ou identificação adesiva" (Hinsehlwood, 1992, p. 470).
3 "Se por autismo queremos dizer uma falta primária de interesse e de registros aos estímulos externos, então os dados recentes indicam que o bebê jamais é 'autista'..." No autismo existe uma falta de interesse geralmente seletiva ou evitação dos estímulos humanos. Isso jamais acontece com bebês normais. Uma fase "autística normal" a que ela está presa pelo nome e, parcialmente, pelo conceito a uma condição que é patológica e que não ocorre até mais tarde no desenvolvimento. A Dra. Mahler está a par de muitos achados recentes de pesquisas e de certa forma modificou sua conceitualização para acomodar esses achados. Em recente discussão, ela sugeriu que essa fase inicial bem poderia ter sido chamada de "despertar", o que está próximo de "emergência", termo usado por Stern – comunicação pessoal de Mahler em 1983." (Stern, 1992, p. 210).
4 Autoctonia é o termo relativo a seres não humanos, que nascem da própria terra, emergindo do solo.
5 Sobre esse tema, ver Capítulo 6: O lugar dos pais na psicoterapia de crianças e de adolescentes.
6 Entre as diversas teorias que nos auxiliaram apontamos: Teoria Afetiva – Hobson; Teoria da Mente – Baron-Cohen; Teorias Neuropsicológicas e de Processamento de Informação e de Déficit na Função Executiva – Hughes C. e Russell.
7 Ver também Maurício com seu desenhos, ressaltando os "mamazinhos e bigo".
8 Ver casos: Leonardo que, no estado pós-autista, passou a ter dermatite nas mãos quando algo o perturbava emocionalmente, e Hélio que, ansioso com fantasias sexuais, apresentava dermatites de contato.

9   Como no caso Maurício, Hélio estabeleceu contato através do envelope sonoro, proporcionado por sua psicoterapeuta na primeira sessão.
10 Ver Capítulo 4: A clínica com crianças e adolescentes: o processo psicoterápico. Capítulo 5: As etapas da psicoterapia com crianças.
11 Botella,C, e Botella, S. (2001). *O Irrepresentável*. Porto Alegre: Editora Criação Humana.

REFERÊNCIAS

ÁLVARES, I.; VIEIRA, C. O clone e a identificação adesiva. *Revista Psicoterapia Psicanalítica IEPP,* v. 5, n. 5, p. 154-163, 2003.
ALVAREZ, A. *Companhia viva*. Porto Alegre: Artmed, 1994.
ANZIEU, D. *O eu pele*. São Paulo: Casa do Psicólogo, 1989.
BAILEY, A.; PHILIPS, W.; RUTTER, M. Autism: Towards an integration of clinical, genetic, neuropsychological, and neurobiological perspectives. *Journal of Child Psychology and Psychiatry,* v. 37, p. 89-126, 1996.
BARON-COHEN, S. Social and pragmatic deficits in autism: cognitive or affective? *Journal of Autism and Developmental Disorders,* v. 18, p.379-401, 1988.
BARON-COHEN, S.; LESLIE, A. M.; FRITH, U. Does the autistic child have a 'theory of mind'? *Cognition,* v. 21, p. 37-46, 1985.
BICK, E. The Experience of skin in early object relations. *Internacional Journal of Psyco-Analysis,* v. 49, p. 484-488, 1968.
BION, W. *Aprendiendo de la experiencia*. Buenos Aires, Paidós, 1991a.
_____. *Elementos de psicanálise*. Rio de Janeiro: Imago, 1991b.
BOZZA, C.; CALLIAS, M. Autismo: breve revisão de diferentes abordagens. *Psicologia Reflexão e Crítica,* Porto Alegre, v. 13, n. 1, 2000.
BRAZELTON, T. B. *O desenvolvimento do apego*. Porto Alegre: Artmed, 1988.
DEBRAY, R. *Bebês/mães em revolta*. Porto Alegre: Artmed, 1988.
FERREIRA, T. *A escrita da clínica:* psicanálise com crianças. Belo Horizonte: Autêntica, 2000.
GEENBERG ,L.; MITCHEL, S. *Teoria das relações objetais*. Porto Alegre: Artmed, 1994.
HOBSON, P. *Autism and the development of mind*. London: L. Erlbaum, 1993.
_____. *The cradle of thought*. Oxford University, 2002.
HUGHES, C.; RUSSELL, J. Autistic children's difficulty with disengagement from an object: Its implications for theories of autism. *Developmental Psychology,* v. 29, p. 498-510, 1993.
KANNER, L. Autistic disturbances of affective contact. *Nervous Child,* v. 2, n. 3, p.217-250, 1943.
KLEIN, M. A importância da formação dos símbolos no desenvolvimento do ego. In: _____. *Contribuições à psicanálise*. São Paulo: Mestre Jou, 1981.

KORBIVCHER, C. F. Bion e Tustin: os fenômenos autísticos e o referencial de Bion: uma proposta de aproximação. *Revista Brasileira de Psicanálise,* v. 41, n. 2, p. 54-62, jun. 2007.

LAMBERT, A. M. O que faz a história para um sujeito. *Revista Fort-da,* Rio de Janeiro, 1995.

MARQUES, C. F. F. C.; ARRUDA, S. L. S. Autismo infantil e vínculo terapêutico. *Estudos de Psicologia,* Campinas, v. 24, n. 1, jan./mar. 2007.

MILHER, L.; FERNANDES, F. Análise das funções comunicativas expressas por terapeutas e pacientes do espectro autístico. *Pro-fono*: Revista de Atualização Científica, Barueri, v. 18, n. 3, 2006.

MELTZER, D. El Claustrum y la adolescência. In: _____. *Claustrum:* una investigación sobre los fenómenos claustrofóbicos. Buenos Aires: Spatia, 1994. p. 148-151.

_____. *Exploracion del autismo.* Buenos Aires: Paidós, 1984.

_____. *Metapsicologia ampliada.* Buenos Aires: Spatia, 1990.

MONDELLO, M. L. Estar no Vazio, Espaço sem tempo. In: FERRARI, A. *Adolescência:* o segundo desafio. São Paulo: Casa do Psicólogo, 1996. p. 119-141.

ROCHA, P. S. Terror do mudo novo ou interpretação autista do velho mundo. In: ROCHA, P. S. (Org.). *Autismos.* São Paulo: Escuta, 1997. p. 97-110.

SANDRI, R. *O primeiro sentimento de existência do bebê:* entre corpo e psiquismo. Conferência realizada na Clínica Pais-Bebê, Porto Alegre, 2000.

SEGALL, H. *A obra de Hanna Segall.* Rio de Janeiro: Imago, 1983.

STERN, D. *O mundo interpessoal do bebê.* Porto Alegre: Artmed, 1992.

TAFURI, M. I. Autismo infantil precoce. *Insight Psicoterapia,* ano 2, n. 16, p. 19-22, 1992.

_____. *Dos sons à palavra*: explorações sobre o tratamento psicanalítico da criança autista. Brasília: ABRAFIPP, 2003.

TOMASELLO, M. *Origens culturais da aquisição do conhecimento humano.* São Paulo: Martins Fontes, 2003.

TUSTIN, F. A perpetuação de um erro. *Letra Freudiana,* ano 16, n. 14, p. 63-79, 1995.

_____. *Autismo e psicose infantil.* Rio de Janeiro:Imago, 1975.

_____. Autistic children assesed as not brain-damage. *Journal of Child Psychoterapy,* v. 20, p. 209-225, 1994.

_____. *Barreiras autistas em pacientes neuróticos.* Porto Alegre: Artmed, 1990.

TREVARTHEN, C. Inrinsic motives for companioship in understanding: their origin, development and significance for infant mental health. *Infant Mental Journal,* v. 22, n. ½, p. 95-131, 2000.

WINNICOTT, D. W. *A natureza humana.* Rio de Janeiro: Imago, 1990.

_____. Distorção do ego em termos de falso e verdadeiro self. In: _____. *O ambiente e os processos de maturação.* Porto Alegre: Artmed, 1990.

_____. *O brincar e a realidade.* Rio de Janeiro: Imago, 1975.

_____. Preocupação materna primária. In: _____. *Textos selecionados:* da pediatria à psicanálise. Rio de Janeiro: F. Alves, 1978.

Psicoterapia de adolescentes com tendência suicida

17

Sandra Maria Mallman da Rosa

Esse tema suscita questões que vão muito além do entendimento e do manejo técnico, pois se refere a questões de vida e morte não apenas em nível simbólico, mas no real e no concreto. Falar sobre suicídio, em especial na sociedade ocidental, é praticamente um tabu. Para as famílias, e até mesmo para alguns profissionais da área da saúde, entrar em contato com ideias ou ameaças de morte mobiliza questões relacionadas com a própria morte, e banalizar o fato, negá-lo, criticá-lo ou buscar culpados é uma forma encontrada para aplacar as ansiedades que o assunto desperta. Dessa forma, muitos dos mitos que existem em torno do suicídio, mais do que desinformação, se justificam como uma proteção contra a percepção de um risco iminente, bem como para eximir os demais de responsabilidades e das providências a serem tomadas.

O adolescente é caracteristicamente impulsivo, hipersensível, suscetível, emotivo, impaciente e está em constante desequilíbrio. Como consequência, é maior a sua vulnerabilidade para condutas de risco, pois, para alguns deles, o ataque ao corpo é a única forma de expressar os conflitos internos e aplacar a tensão produzida pelas rápidas mudanças desencadeadas pela puberdade. Os jovens com tendência suicida mobilizam e desafiam o terapeuta de maneira peculiar: são intensas as identificações projetivas que provocam reações contratransferenciais igualmente intensas. Também o narcisismo do terapeuta é colocado em cheque ao se deparar com o fato de que em certos casos as suas intervenções poderão não ser suficientes para impedir o ato suicida. Alguns desses jovens estão decididos a morrer e para eles os esforços terapêuticos terão pouca ou nenhuma eficácia.

O suicídio ou parasuicídio é definido como qualquer ação que varia quanto ao grau de consciência, pela qual o indivíduo provoca um dano físico a si mesmo. Mesmo sem consequência de morte, essa ação é potencialmente perigosa, seja pela sua intencionalidade autodestrutiva ou pelo desconhecimento do indivíduo quanto aos riscos, cuja motivação vai desde o desejo de acabar com a própria existência até a intenção de, com o ato, modificar o ambiente sociofamiliar.

Através dos tempos, as reações da sociedade assumiram diferentes características diante do suicídio: admiração, como um ato de suprema liberdade ou solução aceitável para as situações intoleráveis da vida; como ofensa a Deus ou, para os gregos e romanos, um ato contra o Estado; ou interpretado como um desvio de comportamento, despertando reações de hostilidade e punição aos ditos infratores (Timbó, 2006). Na Antiguidade Clássica, começa a se esboçar o conceito de suicídio romântico, em que os amores impossíveis levavam a ameaças ou à consumação do suicídio, sendo abundantes na literatura as histórias com fim trágico, relacionadas ao abandono ou à perda do ser amado.

Durante séculos a Igreja não se posicionou, só havendo menção ao ato suicida quando Santo Agostinho e São Tomás de Aquino o taxaram como uma ação pecaminosa, demoníaca e moralmente recriminável. Posteriormente, incorporado à lei civil, o suicídio passou a ser visto como um atentado contra as instituições sociais, sendo punido com severidade: os bens da vítima eram confiscados, o corpo era exposto à execração pública e os parentes deviam pagar multa ao Estado.

No século XIX, intelectuais e filósofos começam a questionar esses conceitos, e o suicídio passa a ser visto como uma manifestação de loucura. Gradualmente, vai-se percebendo que existem fatores predisponentes e situações desencadeantes do comportamento suicida. A abordagem, agora menos baseada na moral, busca a compreensão do ato com um enfoque mais médico e social, chegando à visão atual do suicídio como uma questão de saúde pública.

Cerca de 3 mil pessoas por dia cometem suicídio em todo o mundo e, para cada uma delas, outras 20 tentam sem sucesso. A média de suicídios na população geral teve um aumento de 60% nos últimos 50 anos, principalmente nos países em desenvolvimento (OMS – 10/09/2007). Inúmeras pesquisas apontam para o suicídio como a segunda ou terceira causa de morte entre adolescentes e jovens adultos, sendo a faixa de 15-18 anos a mais crítica para os comportamentos de risco. É difícil precisar a frequência dessa ocorrência na população jovem brasileira, devido à precariedade dos registros médicos e policiais. Sem falar na dificuldade para determinar a intencionalidade de algumas situações aparentemente acidentais, visto que os acidentes de trânsito, atropelamentos e afogamentos podem camuflar uma intenção suicida. Tendo isso em mente, a projeção é de que existem pelo menos dez vezes mais suicídios no Brasil do que é de fato relatado (Souza, Minayo e Malaquias, 2002). Estima-se que de 15 a 25% daqueles que buscam a morte tentam novamente no ano seguinte, e, desses, 10% conseguem consumar o ato nos próximos 10 anos (Botega, 2006).

As taxas mais altas de suicídio entre jovens aparecem na Rússia, Lituânia, Hungria e Nova Zelândia (Avanci, Pedrão e Costa Junior, 2005). Estima-se que no Brasil entre 9 e 12% dos adolescentes atentam contra sua vida e 1/3 das hospitalizações psiquiátricas têm a tentativa de suicídio como um dos motivos de baixa (Resmini, 1993). Sabe-se que a população feminina utiliza esse recurso com mais frequência; porém, o índice de mortalidade é maior na população masculina. Isso se deve à escolha de métodos mais letais, maior propensão para violência impulsiva, maior inclinação ao abuso de substâncias, pedido de ajuda menos frequente e por serem mais frágeis diante de rupturas relacionais e outros tipos de tensões (Frazão, 2003).

Dentre as principais cidades brasileiras, Porto Alegre desponta com a taxa mais elevada, seguida por Curitiba. Os meios e procedimentos mais utilizados pelos jovens brasileiros (Souza, Minayo e Malaquias, 2002) são o enforcamento, estrangulamento e sufocamento, seguidos do uso de armas de fogo e explosivos. Entre as meninas predomina a ingestão de medicamentos e substâncias químicas (Avanci, Pedrão e Costa Júnior, 2005). Análises epidemiológicas indicam que a maioria dos suicídios entre os jovens ocorre em casa durante o dia, aproveitando a ausência dos pais, e ressaltam que uma relação pobre com a figura materna é um dos importantes fatores de risco.

A adolescência é um período de grande turbulência emocional que demanda um sofrido trabalho de reorganização psíquica em função das fantasias e angústias intensas, que são acionadas principalmente pelas transformações corporais da puberdade. O corpo é vivido como o lugar de onde emerge uma força pulsional incontrolável e inquietante, e para que se possa escapar da angústia ligada à possibilidade de consumação do incesto e do parricídio, o jovem deverá renunciar à onipotência infantil, à bissexualidade e admitir a diferença de sexos e gerações (Ladame e Ottino, 1996). Existe uma estreita relação entre a constituição da genitalidade e a confrontação com a ideia de morte como um fato irreversível e definitivo. Ao mesmo tempo que o advento da capacidade procriativa traz implícita a noção de vida, as perdas consequentes das alterações da puberdade fazem irromper a noção de morte (noção de temporalidade, de finitude da vida e o reconhecimento da morte) (Tubert, 1999).

O narcisismo do adolescente caracteriza-se pelo retraimento da libido (introspecção) e delírio de grandeza (hipervalorização dos próprios desejos e atos psíquicos, onipotência de ideias, fé na força mágica das palavras). O colapso narcísico (Probst, 1989) produz-se quando ele não é capaz de tolerar e elaborar dois fenômenos concomitantes: o desmoronamento do seu ego ideal frente às feridas narcisistas e a falha de seus ideais de ego, ainda não estabelecidos suficientemente. O rompimento das fantasias mágicas e onipotentes e o reconhecimento da morte, com o decorrente sofrimento narcisista e autoestima abalada, poderão dar lugar a depressões e ao surgimento da conduta suicida.

A forma de comunicação nessa faixa etária dá-se preponderantemente pela ação, muito mais do que pela palavra. Quando o mal-estar e a estranheza causados pelo novo corpo atingem um nível insuportável e não é possível fazer o luto pelo corpo perdido, existe um risco de pane (Dias, 2000), que será resolvido pela passagem ao ato. Surgem então as tentativas de morte, muitas vezes mascaradas através de jogos e condutas arriscadas. O risco de morte implícito nessas condutas relaciona-se com a onipotência infantil ainda não superada, que faz com que o jovem não considere a possibilidade de dano ao próprio corpo ou dos outros. As defesas maníacas são o último recurso para aliviar a dor e o sofrimento psíquico, e a sensação é de poder sobre a própria vida, de retomada do controle, o que lhe restabelece o sentimento de liberdade. A manipulação dessa ideia e a experimentação dos limites representam a fantasia de controle sobre a vida e a própria morte. Desafiar a morte e tentar dominá-la, com o sonho íntimo da imortalidade, é arriscar-se a morrer para conseguir viver e entender o que isso significa (Oliveira, Amâncio e Sampaio, 2001).

Na cultura de muitos povos primitivos, a adolescência representa um segundo nascimento. Nos ritos de iniciação, é encenada a morte do rapaz, que posteriormente é trazido de volta à vida pelos espíritos, marcando o fim da infância, a perda da identidade infantil e o ingresso no mundo dos homens, quando muitas vezes ele recebe um novo nome. A proibição do incesto e do parricídio também está representada nesses ritos, e somente através da renúncia a esses desejos primitivos da infância é que o jovem será admitido entre os adultos. A circuncisão, tão frequente na cultura desses povos, significa uma castração simbólica, quando então o púbere é obrigado a romper o narcisismo onipotente da primeira infância, representado pelo vínculo idealizado com a mãe, para só assim poder alcançar o poder social (Tubert, 1999). Com as meninas os ritos ocorrem após a menarca, e têm em comum com a iniciação dos meninos a separação da mãe, o isolamento, o castigo e o renascimento. O rito de iniciação condensa a significação da morte, do nascimento e a constituição do sujeito como tal, possibilitando-lhe o acesso à ordem simbólica. A tentativa de suicídio do jovem ocidental seria para Tubert (1999) um equivalente dos rituais primitivos, um ato mágico em que existe um período de morte simbólica, com ruptura do vínculo com a realidade e os objetos externos, seguida de uma reconexão com o mundo, e experimentada como um renascimento. Sob esse enfoque, o que o adolescente estaria buscando não seria realmente a morte, mas o controle da mesma através da sua sobrevivência ao ato suicida.

Durante a adolescência, é bastante comum o aparecimento de ideias suicidas. Isso não constitui um perigo por si só, caso não exista uma planificação ou associação com outros fatores de risco, quando só então adquirem um caráter mórbido que pode levar ao ato suicida (Barrero, 2005). É necessário que se faça uma diferenciação entre ideação suicida e aqueles pensamentos mais ou menos mórbidos que buscam responder às interrogações existenciais tão características do período da adolescência. Nessa fase, é bastante comum que surja um interesse maior pelos símbolos de morte, atitudes de atração/repulsão por acontecimentos horríveis, etc. Pensar sobre a morte é necessário e estruturante nessa idade (Teixeira, 2004).

Também é fator marcante a influência que têm sobre o indivíduo as crenças da sua cultura relacionadas com a morte. Na evolução da humanidade, a negação da morte como o final de tudo é uma constante, e sobre o suicídio, em particular, é possível que mais do que a expressão do instinto de morte, o ato suicida venha acompanhado de uma fantasia de vida ou sobrevida melhor ou mais feliz que a atual. Muitos pacientes trazem na ideia suicida o desejo de viver de outra maneira, numa mescla de fantasia de imortalidade por um lado, e esperança de que da próxima vez vá ser diferente do outro; seria, assim, um modo equivocado de querer viver. E o dano ou a morte ocorreriam, paradoxalmente, como consequência (Sinay, 1983). Para Ladame e Ottino (1996), o suicídio encerra vários paradoxos: o corpo se torna um objeto estranho e ao mesmo tempo é próprio ao sujeito; o gesto suicida é dirigido contra um inimigo vivido como exterior, ao mesmo tempo em que ele ataca a si mesmo. O conflito entre o corpo real (genital) e o corpo idealizado (impúbere) leva a outro paradoxo: como destruir o corpo real, salvando o corpo idealizado? O paradoxo maior é que o adolescente quer e não quer morrer.

Na adolescência, muitos comportamentos, apesar de não serem abertamente suicidas, podem ser considerados de risco: dirigir sem cinto de segurança, andar de moto sem capacete, portar armas, envolver-se em brigas, consumir substâncias (cigarro, álcool, maconha, inalantes), não usar preservativo nem método anticoncepcional, provocar vômito ou usar laxantes e moderadores do apetite para controle do peso (Carlini-Cotrim, Gazal-Carvalho e Gouveia, 2000). A prática da automutilação é mais uma das formas com que os jovens lidam com a angústia, extravasando-a no próprio corpo, e também pode ser caracterizada como um comportamento suicida (Coldibeli, 2007). As práticas de arranhões, cortes, queimaduras, bater a cabeça contra a parede configuram microssuicídios ou parassuicídios (Oliveira, Amâncio e Sampaio, 2001), nos quais a escolha feita é pelo sofrimento ao invés da morte. Também a chamada *Body Art*, que inclui a *scarification* (cicatrizes feitas com bisturi) e o *branding* (a pele é marcada com ferro quente, como acontece com o gado), vão muito além da identificação com os pares por meio das inscrições no corpo, pois rompem o limite entre estética e sofrimento, onde a dor física está a serviço da expressão da dor emocional.

Atualmente, o ato suicida já não é encarado tanto como um momento delirante, mas como negação da realidade, sendo fruto mais de um "rapto ansioso" do que psicótico. Ottino (1996) critica o emprego excessivo do termo "psicose" nesses casos, como também as teorias centradas exclusivamente no ódio ao próprio corpo. O momento suicida é de rompimento entre pensamento e ato, um atuar fora de controle, um estado de desespero em que não há possibilidade de representação simbólica. Mas o acento maior das teorias atuais recai sobre a vulnerabilidade desses adolescentes devido à sua fragilidade narcísica. As falhas narcisistas assumem papel preponderante, na medida em que levam à incapacidade do psiquismo de enfrentar situações ansiogênicas, sejam elas internas ou externas (Flechner, 2000). A tentativa suicida seria uma busca de imobilidade para extinguir a atividade psíquica, deter o que não está podendo ser controlado, que é a entrada na idade adulta. Essa imobilidade permitiria a negação da perda do objeto primário e a busca do reencontro fusional com ele. Essa seria uma forma de alcançar a calma e a paz que para esse jovem existiam antes do início da puberdade.

Por ser difícil de definir a intencionalidade autodestrutiva na adolescência, deve haver cuidado nas atitudes a serem tomadas em relação a comportamentos predominantemente manipuladores, que não parecem ter um propósito real de autodestruição. Ao se desconsiderarem os riscos e a gravidade potencial de tais comportamentos, perde-se a oportunidade de intervir adequadamente, o que pode significar a diferença entre a vida e a morte daquele indivíduo. Mesmo diante de uma nítida simulação, é conveniente que se busque entender o motivo da escolha dessa forma específica de expressão, pois indica que o jovem foi incapaz de responder de forma mais saudável à pressão dos seus conflitos internos.

Dentre os fatores que contribuem para o risco de suicídio (Resmini, 1993), destacam-se:
- aspectos familiares: abuso sexual, pais dependentes de substâncias psicoativas, ausentes, com conduta agressiva e repressora, com relações conflituosas;
- aspectos sociais (apoio emocional insuficiente): moram sozinhos ou com outras pessoas que não os pais; grupo de amigos problemáticos e desvalorizados;
- aspectos escolares: mau rendimento escolar, ou bom desempenho, mas com muita pressão pelo próprio êxito;
- sexualidade: vínculos simbióticos, forte ansiedade de separação diante de ameaças de rompimento, início precoce das atividades sexuais (para reter o parceiro);
- sintomas psiquiátricos: ansiedade, desesperança, humor depressivo, impulsividade, agressividade, conduta antissocial;
- história pregressa: tentativas prévias de suicídio, maus-tratos ou negligência, perda, ausência ou falta de convívio com um dos pais na infância, exposição prévia ao suicídio de pessoas significativas;
- diagnóstico: o distúrbio depressivo aumenta a probabilidade; transtorno de conduta, *borderline*, uso de substâncias psicoativas.

Quanto aos sinais precursores, sempre existem avisos, mensagens, indícios que anunciam as intenções suicidas (Bouchard, nd), são restos de esperança que configuram um pedido de ajuda:
- mensagens verbais diretas, aludindo à morte, ameaças de suicídio, comportamentos autodestrutivos;
- mensagens indiretas que aludem ao suicídio: preparativos para viagem (cartas de adeus, etc.), doação de objetos pessoais, interesse por temas relacionados à morte, atração súbita por armas de fogo e produtos tóxicos, depressão, transtornos do apetite e do sono, tristeza, choro, indecisão, irritabilidade, cólera, raiva, baixa

autoestima, ansiedade aumentada, isolamento, mutismo, perda de interesse nas atividades, busca pela solidão;
- comportamentos como faltas à escola, dificuldade de concentração, queda no rendimento escolar; hiperatividade ou lentidão extrema, atração e preocupação com temas de morte e reencarnação; negligência com a aparência, consumo excessivo de álcool, drogas ou medicamentos.

O processo suicida segue uma evolução, desde o início da crise até a passagem ao ato (Bouchard, s.d.):
1) Busca de solução – alternativas que possam gerar mudanças na situação estressante ou reduzir o sofrimento. A ideia de suicídio ainda não foi considerada ou é vista como apenas uma das possibilidades.
2) Ideação suicida – são rejeitadas as soluções ineficazes para a crise, e dentre as possíveis, aparece, súbita e brevemente, a morte. Esta passa a ser considerada com mais frequência e começam pensamentos sobre como colocar em prática.
3) Ruminação – o desconforto aumenta, é mais difícil de suportá-lo; sensação de terem se esgotado todas as possibilidades de solução; retorno constante da ideia de suicídio.
4) Cristalização – certeza de que o suicídio é a solução, passando à elaboração do plano. Isso leva a um alívio, parecendo não haver mais problema, pois a solução foi encontrada. Desligamento emocional dos demais e sentimento de isolamento.
5) Elemento desencadeante – é iminente a passagem ao ato, bastando qualquer elemento precipitante.

Cabe lembrar que o tempo de desenvolvimento de todo esse processo pode ser muito curto, durando por vezes apenas algumas horas. Entretanto, nunca é tarde para se intervir: a ambivalência e o medo de passar ao ato estão presentes até o último instante, e o processo pode ser interrompido a qualquer momento. Não deve ser esquecido, entretanto, que os passos desse processo evoluem mais rapidamente na segunda tentativa, quando as mensagens são mais veladas e o método utilizado é mais violento.

No tratamento com o adolescente, deve-se investigar o que lhe vem à mente quando pensa em suicídio e o que pensava no momento da tentativa. Relatar que pensava em alguém pode sinalizar um desejo de viver e que ainda mantém interesse pelos objetos, ao passo que "não estar pensando em nada" pode significar que já matou dentro de si as pessoas significativas, indicando gravidade maior e grande risco de repetição do ato (Laufer, 1996).

> *P., 17 anos, refere pensar em morte o tempo todo. Entretanto, demonstra preocupação com os amigos e como ficarão após sua morte. Pensa em se afastar do convívio deles com antecedência, para que tenham tempo de se acostumarem com sua ausência enquanto ainda está vivo. Esses são objetos com quem ele ainda se importa, que ainda não matou dentro de si.*

A tentativa de suicídio, segundo o grau de risco que implica, pode ser (Tubert, 1999):
1. "Benigna" – ato compulsivo, de baixo risco, com características reativas a situações de mudança ou perda, em um contexto emocional depressivo; é simultaneamente um castigo e um ato de vingança; ocorre em local onde seja possível ajuda; busca continente; é uma tentativa de restabelecer contato com alguém significativo. Os instrumentos utilizados são menos perigosos e mais ambivalentes (como remédios, que também servem para curar). Simboliza a morte como tentativa de renascer. Posterior alívio da tensão, podendo chegar ao arrependimento e desaparecendo a intenção suicida.
2. "Maligna" – ato impulsivo, de muito risco; relacionado com estrutura e psicopatologia ligada à personalidade prévia, sem desencadeantes observáveis; ocorre na ausência de testemunhas; os instrumentos utilizados indicam que a busca da morte é a finalidade maior (armas, jogar-se do alto de um prédio, por exemplo, ou na frente de carros); após a tentativa, dá-se um agravamento da tensão e persiste o desejo suicida.

A tarefa terapêutica é auxiliar o paciente a compreender o ato e liberá-lo da sua fascinação pela morte através, principalmente, do trabalho sobre o momento traumático. Deve-se procurar converter a angústia em um alarme que permita um primeiro ponto de ancoragem, que passará, necessariamente, pela figura do terapeuta (Flechner, 2000). O trabalho do terapeuta pode ser comparado aos ritos de passagem, em que a "iniciação" (morte da criança) dar-se-ia através da ação do terapeuta como o mediador da função simbólica (Tubert, 2000).

No contato com adolescentes suicidas, a empatia deve ser utilizada como principal instrumento. Deve-se tentar ver o mundo através dos olhos do paciente, em uma escuta ativa, acurada, empática, que possibilitará entender o conflito para o qual o paciente não vê outra solução, senão a morte. Ao investigar com o paciente as razões para sua conduta ou ideação autodestrutiva, o terapeuta poderá auxiliá-lo a buscar modos alternativos de lidar com as crises e problemas que enfrenta. Mas deve-se estar alerta para o risco de uma entrevista excessivamente centrada nos aspectos destrutivos, pois seria como uma confirmação aos temores do paciente de ser julgado como doente mental, o que poderia levá-lo a retrair-se defensivamente (Resmini, 1993).

> *C., 18 anos, foi encaminhado pelo clínico com queixa de dores pelo corpo que não correspondem a doença somática. Na primeira entrevista, conta que se sente triste "desde sempre". Após a morte recente do pai, transformou seu quarto num verdadeiro cenário fúnebre: pintou as paredes de preto, acrescentou objetos como velas, forca, arame farpado, lâminas de barbear. Remete o significado de cada objeto a ideias e/ou tentativas anteriores de suicídio. A terapeuta optou por realizar mais uma entrevista antes de encaminhá-lo ao psiquiatra, visto que o paciente já estava medicado com antidepressivo e demonstrava desejo de falar a respeito do que sentia e no que pensava. Na segunda entrevista, foi feito o encaminhamento psiquiátrico, que foi prontamente aceito pelo paciente. Na terceira entrevista ainda não havia consultado o psiquiatra e estava muito bravo com sua mãe. Queixava-se de que ela teria lhe dito que não se preocupasse com o fato de ir ao psiquiatra, pois isso não significava que fosse louco. Apesar de o assunto ter sido muito examinado nessa sessão, C. não retornou mais.*

Tanto ele quanto sua mãe se esquivaram das tentativas de contato feitas pela terapeuta, restando a esta o papel de causadora da dor e sofrimento do paciente, a pessoa que o considerava um louco. Além disso, foi transferida para ela toda a preocupação com a sobrevivência do rapaz. Fica, aqui, uma indagação relacionada com um aspecto paradoxal do atendimento em consultório a este tipo de paciente: a urgência de uma intervenção psiquiátrica e medicamentosa, em contraste com a necessidade de se estabelecer um vínculo mais consistente com o paciente antes de proceder ao encaminhamento.

A estrutura familiar tem participação importante no contexto da questão suicida do adolescente. Encontram-se nessas famílias a indiferenciação e a indiscriminação dos papéis de seus membros, ausência ou falha da função paterna e predomínio da função materna. A união com a figura materna fortalece a posição narcisista, dando-se um desequilíbrio na família. São famílias incapazes de tolerar a expressão da agressão porque não podem elaborá-la nem simbolizá-la. O adolescente é escolhido como uma vítima "propiciatória", voltando a agressividade contra si mesmo, o que serve para impedir a desintegração do grupo. Ele renuncia à própria identidade e fica sem um lugar onde possa se definir e se reconhecer como sujeito. Tubert (2000) entende que a tentativa de suicídio pretende romper a relação indiferenciada com a mãe, da qual não é possível sair de outro modo. A saída da posição narcisista significa uma morte, mas mantê-la também significa morrer como sujeito. As alterações da puberdade afetam não só o adolescente, mas também a todos os que convivem com ele, reativando "antigos demônios" que até então estavam silenciados. Isso significa que as atitudes dos pais podem estar relacionadas com uma reativação de conflitos transgeracionais, por sua vez relacionados com a violência e que não foram elaborados simbolicamente (Flechner, 2000). Sob esse enfoque, o ato suicida pode ocorrer como um fenômeno de repetição de algo escondido nos pais, que irrompe no filho através da identificação inconsciente com seus antepassados suicidas. É bastante frequente encontrar na história familiar desses adolescentes uma ou mais situações de morte por suicídio em gerações anteriores, fato geralmente desconhecido pelo paciente, fazendo parte de um segredo familiar. Mesmo que o fato seja do seu conhecimento, em geral é cercado de uma aura de mistério que permite a proliferação de fantasias a respeito, inclusive a de que cabe a ele dar continuidade a esse "destino".

A contratransferência na relação terapêutica com pacientes em risco também merece atenção especial: o paciente projeta no terapeuta sua hostilidade e angústia de morte, e este é posto à prova, pois deve ser capaz de receber e conter esses aspectos, para só posteriormente interpretá-los e devolvê-los ao paciente. Como vimos anteriormente, o terapeuta representa o responsável pelo despertar da dor psíquica e, por isso, é imprescindível que tenha analisado os aspectos que tocam diretamente a sua própria adolescência, bem como as angústias relacionadas à sua própria morte (Flechner, 2000).

Em muitos casos o paciente relata situações claramente autodestrutivas sem demonstrar preocupação com sua conduta, mesmo que admita o risco implícito quando confrontado com a situação. As angústias de morte são projetadas no terapeuta, que se faz cargo da depressão do paciente e sobre quem recai a pesada tarefa de se preocupar com sua integridade.

> *F., 19 anos, é um rapaz aparentemente bem adaptado: faz faculdade, estagia no outro turno, toca numa banda e tem uma namorada com quem, segundo ele, se dá muito bem. Buscou atendimento por dificuldades de relacionamento com o pai. Entretanto, a cada sessão relata situações em que se coloca em risco de vida, nem sempre estando sob efeito da maconha, da qual faz uso quase diário. Cada vez que sai do consultório, sorridente e agradecido, deixa a terapeuta por algum tempo sentindo uma profunda tristeza e vontade de chorar. F. permanece em sua mente até a sessão seguinte, sempre havendo o temor de que não retorne. São comuns seus longos atrasos e faltas, o que estimula ainda mais a preocupação da terapeuta.*

Tais pacientes "contaminam" aqueles com quem convivem, invadindo-os com sua angústia e desesperança. É o que F. gera em sua terapeuta, cuja situação angustiante a levou à contra-atuação como resposta inconsciente, fazendo contatos telefônicos quando ele não comparecia à sessão.

O ódio contratransferencial aparece no tratamento com muita freqüência através de reações como o sentimento de maldade e aversão (mais comum com pacientes com alto risco de suicídio), podendo ocasionar atuações, negligência no atendimento, o que pode oportunizar uma tentativa suicida. As ameaças suicidas do paciente, fomentadas por atuações e agressões, mobilizam o terapeuta, provocando culpa e ansiedade, deixando-o com a sensação de estar encurralado. Como resposta às agressões do paciente, o terapeuta protege-se num desejo inconsciente de que o paciente morra, terminando sua tormenta, ou que então abandone o tratamento (Tubert, 2000).

Laufer (1996) faz distinção entre os pacientes que apresentam ideação suicida, mas buscam ajuda daqueles que já tentaram suicídio. Os primeiros ainda mantêm condições de duvidarem de seus pensamentos e ações e mantêm algum sentimento de interesse por seus pais. Quanto aos segundos, já perderam a habilidade de duvidar das consequências de seus atos e pouca coisa se modifica internamente como resultado dessa tentativa, permanecendo eles com uma parte morta dentro de si. Alerta-se para a promessa do adolescente de que não vai tentar um novo ato suicida, pois embora possa não estar mentindo, isso não poderá ser mantido enquanto não encontrar um sentido, um significado para o que ocorreu com ele. Fato esse que, além de entendido, deverá passar a fazer parte da sua vida mental.

Apesar de algumas questões relacionadas ao suicídio na adolescência ainda não estarem muito claras, já é ponto pacífico que não existe um único tipo de funcionamento psicopatológico que explique esse comportamento, pois suas causas são multifatoriais (Botega, et al., 2006). Vimos aqui que para a compreensão das condutas autoagressivas e de risco, é central o conceito de narcisismo, o qual é – e precisa ser – abalado e reformulado durante o período da adolescência. A noção de morte e o início do reconhecimento da possibilidade da própria morte impõem uma limitação narcisista, à qual o jovem terá que se submeter para que possa amadurecer emocionalmente e ingressar na vida adulta.

A busca da própria morte assume diferentes significados para cada indivíduo, não podendo ser meramente reduzida à compreensão de um ataque ao corpo com o objetivo de eliminá-lo. Como a ação é uma característica desse período de vida, a passagem ao ato, como substituto do pensar, surge como uma das formas de expressar e tentar resolver os conflitos internos que ainda não podem ser metabolizados pelo aparelho psíquico. Embora o momento suicida represente um colapso mental, uma falha na capacidade de simbolização e seja em si um gesto de destruição do corpo "real", pode estar paradoxalmente representando um sinal de esperança, a procura de algo diferente do que está sendo vivenciado naquele momento. Neste sentido, a tentativa de suicídio não teria propriamente o objetivo de acabar com tudo, senão controlar onipotentemente o que causa sofrimento e levar a um renascimento em melhores condições. Por vezes, o sofrimento é tal que o adolescente não vê outra alternativa senão morrer destruindo, assim, o inimigo que projeta em seu próprio corpo. Resta o questionamento do quanto ele tem noção de que também está destruindo a si mesmo, ou se permanece numa fantasia onipotente de vida eterna, de invulnerabilidade, invencibilidade e imortalidade.

Dentre os diversos fatores que contribuem para o desenvolvimento de condutas suicidas, destaca-se a importância do contexto familiar, já que esse tem a função de auxiliar o jovem a desenvolver uma adequada capacidade de simbolização, de elaborar em especial o conflito edípico e aprender a lidar com a agressão. Em um estudo recente (Sauceda-Garcia, Lara-Munoz e Focil-Marquez, 2006), identificou-se que conflitos familiares foram os eventos que mais frequentemente precipitaram tentativas de suicídio entre os jovens.

O tratamento psicoterápico com esses adolescentes deve, antes de tudo, ter uma função continente para suas fantasias e intensas angústias, além de possibilitar a adequada expressão da agressão. Aplacar os sentimentos de desamparo e solidão, aprender a colocar em palavras os sentimentos e aflições, poder simbolizar as pulsões destrutivas são aspectos que fazem parte do processo de reconstrução progressiva dos vários fatores que motivaram o ato suicida ou que levaram a concebê-lo como saída inevitável para o impasse em que o jovem se vê. Encontrar palavras para nomear os fantasmas e desejos faz parte do trabalho de busca de um sentido ao ato suicida e demais condutas autodestrutivas, pois somente encarando-os de frente é que esse jovem poderá evoluir, ter uma mente mais saudável e progredir para uma vida sexual e social adulta.

Para que consiga realmente ajudar um adolescente suicida, é imprescindível que o terapeuta tenha bem-resolvidas as questões relacionadas com sua própria adolescência, em especial os assuntos ligados à vida e à morte. Na interação com o paciente, são despertados sentimentos intensos, nem sempre conscientes, e tenta-se alcançar a desesperança do paciente pode levar o terapeuta a um encontro consigo mesmo. A proximidade da morte do outro traz aspectos de indagações sobre a própria existência e sobre o sentido da morte e da vida (Teixeira, 2003). É recomendável, portanto, um contato regular com colegas da área que auxiliem na identificação de pontos cegos e equívocos na condução do caso e com quem possam ser discutidas em especial as reações contratransferenciais que podem entravar o tratamento, levar ao abandono ou até mesmo facilitar a passagem ao ato.

É de suma importância que sejam mais estudados os comportamentos suicidas nessa fase da vida, com o objetivo de divulgação e ações preventivas, em especial junto à escola e à família, lugares onde pode ser feita a detecção precoce e tomadas medidas mais imediatas e efetivas. A Organização Mundial da Saúde (OMS) e a Associação Internacional para a Prevenção do Suicídio (AIPS) alertam para a necessidade de se reforçar programas para que seja possível identificar e prevenir o comportamento suicida, para "que não continue sendo visto como um fenômeno-tabu, ou um resultado aceitável de crises pessoais ou sociais", mas como "uma condição de saúde influenciada por um ambiente psicológico-social e cultural de alto risco" (Ciência e Saúde, 10/09/07).

REFERÊNCIAS

AVANCI, R. C.; PEDRÃO, L. J.; COSTA JUNIOR, M. L. Perfil do adolescente que tenta suicídio em uma unidade de emergência. *Revista Brasileira de Enfermagem*, v. 58, n. 5, p. 535-539, 2005. Disponível em: <www.scielo.br/scielo.php?script =sci_arttext&pid=S0034-71672005000500007&lng=pt&nrm=iso>.
BARRERO, S. A. P. *?Como evitar el suicídio en adolescentes?* [2005]. Disponível em: <http://www.psicologia-online.com/ebooks/suicidio/index.shtml>.
BOTEGA, N. J. et al. (2006). Prevenção do comportamento suicida. *Psico*, v. 37, n. 3, p. 213-220, set./dez. 2006. Disponível em: <http://revistaseletronicas. pucrs.br/ojs/index.php/revistapsico/article/view/1442/1130>.
BOUCHARD, G. *Le suicide à la adolescence.* Disponível em: <www.psychomedia.qc.ca/dart7.htm>.
CARLINI-COTRIM, B.; GAZAL-CARVALHO, C.; GOUVEIA, N. Comportamentos de saúde entre jovens das redes pública e privada da área metropolitana do Estado de São Paulo. *Revista de Saúde Pública*, v. 34, n. 6, p. 636-645, dez. 2000. Disponível em: <www.scielo.br/scielo.php?script=sciarttext&pid=S0034-8910 2000000600012&lng=en&nrm=iso>.
COLDIBELI, L. (2007). O drama da automutilação. *Guia da semana teen*. Disponível em <http://www.guiadasemana.com.br/noticias.asp?/TEEN/SAO_PAULO/&a=1& ID=16&cd_news=29138&cd_city=1>.
DIAS, S. A inquietante estranheza do corpo e o diagnóstico na adolescência. *Psicologia-USP*, São Paulo, v. 11, n. 1, 2000.
FLECHNER, S. Psicoanalisis y cultura: la clinica actual de pacientes adolescentes em riesgo. Un nuevo desafío? *Revista Latino-Americana de Psicanálise – FEPAL*, v. 4, n. 1, p. 467-482, 2000.
FRAZÃO, P. De dido a dédalo: reflexões sobre o mito do suicídio romântico na adolescência. *Análise Psicológica*, v. 21, n. 4, p. 453-464, 2003. Disponível em: <www.scielo.oces.mctes.pt/pdf/aps/v21n4/v21n4a04.pdf>.
LADAME, F.; OTTINO, J. Las paradojas del suicídio: psicoanalisis con niños y adolescentes. *Revista de Psicoanálisis con niños y Adolescentes*, Buenos Aires, n. 9, 1996.
LAUFER, M. Entendiendo el suicídio: ?tiene un significado especial em la adolescencia? Psicoanalisis con niños y adolescentes. *Revista de Psicoanálisis con niños y Adolescentes*, Buenos Aires, n. 9, 1996.
OLIVEIRA, A.; AMÂNCIO, L.; SAMPAIO, D. Arriscar morrer para sobreviver: olhar sobre o suicídio adolescente. *Análise Psicológica*, v. 19, n. 4, p. 509-521, 2001. Disponível em: <http://www.scielo.oces.mctes.pt/pdf/aps/v19n4/v19n4a 03.pdf>.
OMS: 3.000 pesosas por dia cometem suicídio no mundo. *Último Segundo*, 10 set. 2007. Disponível em: <www.ultimosegundo.ig.com.br/ciencia_saude/2007/09/ 10/oms_3000_pessoas_por_dia_cometem_suicidio_no_mundo_997157.html>.
OTTINO, J. Psicopatologia, depressión y suicídio em la adolescência. Psicanalisis con niños y adolescentes. *Revista de Psicoanálisis con niños y Adolescentes*, Buenos Aires, n. 9, 1996.

PROBST, E. Perturbaciones narcisistas en la adolescencia y suicídio. *Revista de Psicoterapia Psicoanalitica*, Montevidéo, v. 3, n. 1, 1989.

RESMINI, E. A tentativa de suicídio na adolescência. In: GRAÑA, R. (Ed.). *Técnica psicoterápica na adolescência*. Porto Alegre: Artmed, 1993.

SAUCEDA-GARCÍA, J. M.; LARA-MUNOZ, M. C.; FOCIL-MARQUEZ, M. Violencia autodirigida en la adolescencia: el intento de suicidio. *Boletín Médico del Hospital Infantil de México*, v. 63, n. 4, p. 223-231, 2006. Disponível em: <http://scielo.unam.mx/scielo.php?script=sci_arttext&pid=S1665-11462006000400002&Ing=en&nrm=iso>.

SINAY, C. G. M. Aportes para la comprensión del suicídio. *Revista Psicoanalisis*, Buenos Aires, v. 5, n. 3, 1983.

SOUZA, E. R.; MINAYO, M. C. S.; MALAQUIAS, J. V. Suicide among young people in selected brazilian state capitals. *Cadernos de Saúde Pública*, Rio de Janeiro, v. 18, n. 3, p. 673-683, 2002. Disponível em: < http://www.scielo.br/pdf/csp/v18n3/9295.pdf>.

TEIXEIRA, C. M. F. S. Tentativa de suicídio na adolescência. *Revista da UFG*, v. 6, n. 1, jun. 2004. Disponível em: www.proec.ufg.br/revista_ufg/juventude/suicidio.html.

TIMBÓ, F. G. M. *Por que os adolescentes tentam suicídio?* Explicações a partir de dois casos em Ipueiras – CE. 2006. Monografia (Especialização em Saúde Mental) – Universidade Estadual Vale do 'Acaraú, Sobral, 2006. Disponível: www.esf.org.br/downloads/monografias/mental/goncalina-suicídio.pdf.

TUBERT, S. *A morte e o imaginário na adolescência*. Rio de Janeiro: Companhia de Freud, 1999.

Psicoterapia com o adolescente psicótico

18

Aurinez Rospide Schmitz
Luciana Motta

No exercício da atividade psicoterápica, observamos cada vez mais pacientes de estruturas regressivas – incluindo a psicótica. Isso requer dos psicoterapeutas uma constante busca de conhecimentos, reflexões e mudanças nos parâmetros tidos, até então, em relação à teoria e à técnica para uma ação psicoterápica mais adequada. Sentimos a necessidade de compartilhar a experiência do atendimento de adolescentes psicóticos, vivida na intimidade de nossos consultórios[1], com os colegas que se deparam com situações semelhantes. O tratamento de psicóticos, apesar de cada vez mais frequente na clínica atual, ainda é pouco discutido. Acreditamos que um dos motivos disso seja dificuldade de traduzir em palavras as intensas e complexas experiências vividas com o paciente na relação terapêutica.

O estudo da psicoterapia com pacientes psicóticos passa necessariamente pelo viés histórico, visto que o próprio Freud não acreditava que a abordagem psicanalítica com esses pacientes fosse possível, devido ao fato de o psicótico não desenvolver uma transferência e do ego ser frágil para suportar as interpretações, manter a aliança terapêutica e cooperar na análise. No entanto, assinalou alguns caminhos que possibilitariam futuramente uma abordagem desses quadros. Freud (1972) referiu que, a partir de mudanças apropriadas no método psicanalítico, talvez pudessem ser superadas as contraindicações para a psicoterapia das psicoses. No "Esboço de Psicanálise" Freud (1972), apontou que na estrutura psíquica dos psicóticos uma parte do ego fica preservada, lançando uma fonte de esperança para o tratamento desses casos.

A partir de Freud, a contribuição de outros autores foi fundamental para que o tratamento com pacientes psicóticos, inicialmente desacreditado, passasse a ser possível mediante adequações técnicas e aprofundamentos teóricos. Nesse capítulo, tomamos como base conceitos desenvolvidos, por Wilfred Bion e Herbert Rosenfeld, a partir de Melanie Klein, que nos auxiliaram na compreensão e tratamento desses casos. As ideias de autores como Jeammet, Corcos e Pestalozzi contribuíram na compreensão dos aspectos normais e patológicos da adolescência, visto ser esse um momento de mudanças internas e externas que, se somados a outros fatores, podem causar uma desestruturação psicótica. Nas complexidades do trabalho com esses adolescentes, abordaremos as questões técnicas referentes ao *setting* psicoterápico, a respeito do qual Donald Winnicott nos auxiliou com seu trabalho sobre a regressão no contexto psicanalítico. As peculiaridades da transferência e contratransferência, bem como da comunicação do psicótico, serão desenvolvidas com base nos autores da escola inglesa. Para nossas reflexões, apresentaremos quatro adolescentes, nos quais podemos identificar características de um funcionamento psicótico. Faremos alguns recortes das psicoterapias de Carla (15 anos), Fernando (18 anos), André (19 anos) e Paula (20 anos) para ilustrar o percurso em busca da mudança psíquica.

A CHEGADA DO ADOLESCENTE PSICÓTICO

As modificações corporais da puberdade inauguram uma nova etapa na qual o indivíduo se vê diante de mudanças não somente biológicas como também psicológicas e sociais. Essa passagem da vida infantil à etapa adulta irá exigir do adolescente uma reorganização, considerando a imposição das mudanças internas e externas, que não permitem mais que ele funcione como antes. Para o enfrentamento desse período são necessárias condições psíquicas, visto que essa é a fase da vida que exerce maior exigência às estruturas psíquicas do indivíduo (Pestalozzi, 2005).

A literatura aponta a adolescência como uma etapa de crise. Esta é inerente a todo o processo vivenciado pelo adolescente, porém a ocorrência de perturbações pode sugerir o fracasso relativo do aparelho psíquico em lidar com a crise, sinalizando um estado de vulnerabilidade ou até mesmo psicopatológico, como a psicose (Jeammet e Corcos, 2005).

Por vezes, no momento de realizar uma avaliação diagnóstica, o terapeuta pode minimizar os sintomas apresentados pelo adolescente, considerando-os manifestações da crise vivida nessa etapa. Ao mesmo tempo, com frequência ocorre por parte da família a subvalorização dos mesmos até o momento em que resulta num episódio francamente psicótico, indicando a gravidade da situação (Quevedo, Schmitt e Kapczinski, 2008). A experiência clínica revela que, após o primeiro episódio psicótico, torna-se mais fácil identificar os sinais prévios da instalação da doença olhando-os retrospectivamente. Além disso, nessa etapa, o quadro psicótico pode ser tanto passageiro quanto definitivo. É importante identificar se os sintomas apontam para um episódio psicótico reversível ou para o início de um quadro esquizofrênico (Cahn, 1994). Ressaltamos que o diagnóstico preciso e o tratamento diminuem o risco de uma evolução incapacitante, tanto pelos prejuízos imediatos quanto pelas sequelas no desenvolvimento futuro do adolescente.

Acreditamos que o processo de avaliação para o início de uma psicoterapia deva englobar aspectos do funcionamento atual do adolescente, considerar as vivências infantis, bem como a história de vida até o presente momento. Nos casos de adolescentes com estrutura psicótica é indicada também a realização de uma avaliação psiquiátrica, a fim de considerar a necessidade do uso de medicação como mais um recurso terapêutico. Cabe ressaltar que, atualmente, a tendência é do atendimento integrado ao paciente, visto que a abordagem biológica não dá conta dos aspectos psicológicos e sociais envolvidos, sendo necessária uma intervenção multidisciplinar que contemple as três áreas. O atendimento familiar, o uso de medicação e o acompanhamento psicoterapêutico, cada qual utilizando os instrumentos técnicos e específicos da sua área, porém norteados pela visão psicanalítica, são fundamentais para a melhora do paciente (Sterian, 2005).

O diagnóstico de psicose na adolescência exige do psicoterapeuta, além dos conhecimentos psicanalíticos e psicopatológicos, uma familiaridade com a linguagem psiquiátrica e noções de psicofarmacologia. Tendo em vista que um quadro psicótico quase sempre está inserido num contexto disfuncional, é também importante o conhecimento da dinâmica familiar.

Apresentaremos os pacientes Fernando e Carla, a fim de traçar algumas diferenciações quanto ao estabelecimento e curso do quadro psicótico. Fernando, 18 anos, frente às demandas adolescentes, representadas pelo vestibular e pelo seu primeiro relacionamento heterossexual, desencadeou um episódio psicótico de início abrupto. Embora a ansiedade apresentada por Fernando em relação a esses dois aspectos seja própria desse momento de vida, para ele foram os fatores desencadeantes de sua desestruturação psicótica. O quadro psicótico se caracterizava por delírios persecutórios, místicos e alucinações auditivas com significativa agitação psicomotora, sendo clara a necessidade de internação psiquiátrica pelo grau de desestruturação apresentado naquele momento. Após a internação, mostrava-se dependente dos familiares, necessitando ser acompanhado na maior parte do tempo, em função do seu grau de regressão. Pela forma violenta com que os sintomas se manifestaram, Fernando ficou impossibilitado naquele momento de continuar seus projetos. No entanto, com a manutenção da psicoterapia e da medicação, foi sendo possível a remissão dos sintomas psicóticos e a retomada de algumas atividades, entre elas o curso pré-universitário.

A hipótese diagnóstica inicial foi de um transtorno agudo; no entanto, o fato de o primeiro episódio psicótico de Fernando ocorrer aos 18 anos também sugeria a possibilidade de ser o início de um quadro esquizofrênico. Retrospectivamente, foi possível identificar alguns indícios de perturbações durante as etapas do seu desenvolvimento. Casos assim exigem um acompanhamento longitudinal a fim de confirmar a hipótese diagnóstica.

A história de Carla nos mostra um curso diferente em relação ao estabelecimento da doença. O primeiro episódio ocorreu aos 12 anos, o qual pode ser vinculado ao início das mudanças biológicas que caracterizam a entrada na puberdade. Houve necessidade de internação psiquiátrica e, após esse episódio, seguiram-se mais quatro internações no espaço de três anos. Além disso, esteve em tratamento psicoterápico durante períodos de curta duração, com diferentes profissionais. Carla chegou aos 15 anos encaminhada novamente para psicoterapia, com sintomas relativos ao isolamento social, afetivo e familiar. O quadro psicótico era caracterizado por delírios de grandeza, persecutórios e sexuais, bem como alucinações visuais e auditivas.

A desorganização de Carla foi relacionada às transformações corporais da puberdade, concomitantemente à entrada na adolescência. Nessa etapa da vida, ocorre a eclosão dos impulsos sexuais e agressivos, os quais são negados pelos adolescentes como forma de defesa diante das intensas modificações que estão ocorrendo (Levisky, 1998). A destrutividade desempenha um papel central, lado a lado com o erótico, visto que, na adolescência, existe a possibilidade da realização do incesto, assim como do parricídio e do suicídio (Levy, 2008). Nos adolescentes psicóticos, as falhas internas no domínio das pulsões poderão gerar defesas de recusa à vida pulsional e ao corpo que lhe dá suporte (Jeammet e Corcos, 2005).

Carla, apesar de seus 15 anos, não conseguindo permanecer com os amigos de sua idade devido à angústia que sentia diante de situações que envolviam aspectos do corpo sexuado, relacionava-se preferentemente com pré-adolescentes. No entanto, mesmo com essa recusa dos aspectos sexuais, estes irrompiam em brincadeiras, nas quais uma simples expressão facial era entendida, por exemplo, como um convite sexual explícito. Em determinada situação, o pai de uma amiga se ofereceu para levar Carla da escola até a sua residência; esse gesto foi compreendido por ela como uma atitude sedutora. Ao relatar esse fato em sua sessão, expressou as fantasias sexuais que a deixaram bastante perturbada pela reativação dos aspectos edípicos. O trecho a seguir, retirado de uma sessão, exemplifica a eclosão das fantasias edípicas nesta adolescente.

> *Carla falou dos sentimentos em relação ao seu pai. Descreveu o nojo que sentia dele durante a refeição. Quando o pai estava se alimentando, ela o via beijando e mordendo suas partes íntimas. Em função disso, preferiu ficar longe dele, evitando sua presença. A terapeuta reforçou a importância de verbalizar esse conteúdo na sessão, auxiliando-a a discriminar a realidade da fantasia. Tal conduta é importante, pois desconecta a concretude da equação entre a atitude do pai (de estar se alimentando) e os desejos incestuosos da paciente em relação a ele (a visão dele beijando e mordendo suas partes íntimas).*

Pelo que expomos até agora, observamos que a chegada para psicoterapia de um adolescente psicótico provoca um impacto pelo seu funcionamento, e não poderia deixar de suscitar questionamentos sobre o alcance do tratamento psicanalítico. Sendo assim, o que, de acordo com a nossa experiência, viabilizou a realização da psicoterapia de orientação psicanalítica nos casos aqui relatados?

Os estudos atuais avançaram na compreensão da psicose, propondo modificações necessárias para o atendimento desses pacientes. São casos que exigem que o terapeuta saia de uma posição conhecida, baseada no tratamento de pacientes neuróticos e se disponibilize para um atendimento com características peculiares no seu processo, no uso de medicação, no suporte aos familiares e, em algumas situações, nos períodos de internação psiquiátrica durante a vigência da psicoterapia.

André chegou para psicoterapia aos 18 anos, em função de seus graves sintomas obsessivos; porém, transcorrido algum tempo de tratamento, foi revelando aspectos mais regressivos, evidenciando um funcionamento psicótico através de pensamentos delirantes, ideias mágicas e condutas de automutilação (tricotilomania). Manifestava medo de não conseguir controlar seus impulsos agressivos, pensando efetivamente que poderia matar alguém. A intervenção da terapeuta necessitava ser mais ativa, diferente da forma interpretativa utilizada com pacientes neuróticos, auxiliando-o na discriminação entre o pensar e o consumar a agressão. O conteúdo das sessões era carregado de morte, sangue e suicídio. Este último tema era recorrente e visto por André como algo sublime e corajoso.

A partir da leitura de inúmeras obras literárias, André referia as ideias dos escritores como sendo suas, de forma indiscriminada, de modo a se tornar difícil diferenciar a fantasia da realidade. Frente ao discurso confuso e caótico de André, a terapeuta se sentia invadida pela descarga maciça dentro de sua mente, necessitando metabolizar essas evacuações[2] para posteriormente devolvê-las a ele. Pacientes com esse funcionamento necessitam de modificações na técnica psicoterápica, pois não se beneficiam com a intervenção interpretativa clássica, necessitando da mente do terapeuta para auxiliá-los na discriminação de aspectos do seu psiquismo, como interno/externo, *self*/objeto, pensar/agir.

Cabe enfatizar a importância do *setting* psicoterápico, o qual possibilita uma moldura firme e necessária para sustentar e acolher os aspectos regressivos do paciente. Entendemos que o *setting* não se restringe apenas às combinações específicas do contrato terapêutico e envolve diversos aspectos do manejo, a permeabilidade da mente do psicoterapeuta para acolher os aspectos regressivos do paciente e as complexidades do campo bipessoal que se estabelece. Cabe ressaltar a importância da manutenção do *setting* com pacientes regressivos, na medida em que esse reproduz as situações iniciais de maternagem pela regularidade, frequência e duração fixa das sessões, determinando, dessa forma, a estabilidade da relação (Winnicott, 2000). O momento da adolescência, acrescido de um funcionamento regressivo, acentua a necessidade da figura real do terapeuta na reconstrução de um psiquismo que teve falhas nos primórdios de sua vida mental. Em função disso, o terapeuta terá que lidar com tentativas de rompimento do *setting* pelo paciente, mantendo-se firme, sem ser rígido, no estabelecimento da relação terapêutica.

Dessa forma, além do conhecimento teórico e técnico necessário na formação de todo psicoterapeuta, as peculiaridades acima descritas demandam que este seja capaz de mergulhar junto com o paciente em etapas muito primitivas do seu psiquismo. Ao realizar isso, o próprio terapeuta entrará em contato com esses aspectos de si mesmo, exigindo que tenham sido aprofundados em seu tratamento pessoal. A continência proporcionada pelo tratamento do terapeuta o auxiliará a tolerar as invasões à sua privacidade e ao seu espaço mental, que podem suscitar os mais variados sentimentos, como raiva, incômodo e rejeição, que necessitam de um espaço para serem compreendidos.

No início da experiência com pacientes psicóticos, a gama de sentimentos experimentados pelo terapeuta poderá ser mais intensa e causar um impacto maior. Já na avaliação, o terapeuta precisa pensar no seu momento de vida, no número de pacientes mais regressivos que está atendendo a fim de considerar a sua disponibilidade para mais um, já que os tratamentos tendem a ser de longo prazo.

Além disso, uma dose de tolerância à frustração por parte do terapeuta é essencial para a manutenção do tratamento, na medida em que o crescimento desses pacientes não ocorre de forma linear e constante. O processo psicoterápico engloba incessantes movimentos progressivos e regressivos, e a evolução ocorre através de pequenas conquistas com profundos significados, que repercutem na vida desses adolescentes. A supervisão é um recurso do qual o terapeuta deve lançar mão para auxiliá-lo a tolerar a carga das identificações projetivas, dando-lhe continência e funcionando como um terceiro olhar sobre o caso.

AS COMPLEXIDADES E PECULIARIDADES DA PSICOTERAPIA COM PACIENTES PSICÓTICOS

Sabe-se que a linguagem é uma das formas de expressão da capacidade de organização mental do indivíduo. Sendo assim, desestruturação irá influenciar a forma como o indivíduo se expressa, pedindo tornar sua linguagem, muitas vezes, de difícil compreensão. O paciente André, nas poesias que escrevia, utilizava palavras vazias, aparentemente ilógicas, precisando da terapeuta para auxiliá-lo a traduzi-las em palavras comuns, conferindo-lhes sentido. A seguir, uma de suas produções escritas[3], que frequentemente levava para as sessões:

> ... Nas cerúleas eternidades aliformes,
> Onde miríades de aves encantadoras
> Com seus mantos de penas verniformes
> Macias, negras lutuosas lágrimas aladas,
> Os cisnes, aves de fulgor portentoso,
> Salmodiam melopeis de esplendor lustroso...

Nessa poesia, confirma-se uma comunicação incompreensível e desprovida de significado, causada pela dificuldade de André traduzir suas experiências emocionais em pensamentos e estes em palavras. A comunicação utilizada por esses pacientes desafia o terapeuta a apreender tanto o sentido concreto quanto o metafórico das suas verbalizações. No entanto, recomenda-se que, no início do tratamento, o terapeuta não forneça interpretações do significado simbólico da comunicação (Pestalozzi, 2005).

Dentro dessa perspectiva, na comunicação do psicótico, as palavras adquirem uma dimensão concreta quando são as próprias coisas que designam (Bion, 1994). Identifica-se esse funcionamento no sentido da equação simbólica descrita por Segal (1982). No processo da formação de símbolos, a equação simbólica se refere ao momento inicial em que o símbolo é igual ao objeto original. As equações simbólicas são típicas de uma mente regressiva, que funciona basicamente com mecanismos da posição esquizoparanoide, nas quais as relações ocorrem com objetos parciais, cindidos em bons ou maus. Se existir um estado mental perseguidor, será vivenciada uma invasão de maus objetos no *self*. Para se livrar disso, o sujeito recorre ao uso maciço de identificações projetivas, que serão ejetadas no mundo externo e identificadas com o objeto mau e perseguidor. Essas são as equações simbólicas percebidas como iguais ao objeto e são usadas para negar a ausência do objeto bom ou ideal e controlar o objeto perseguidor. Essa é a base do pensamento concreto do psicótico, no qual há confusão entre objeto e a coisa simbolizada e indiscriminação entre fantasia e realidade.

Podemos citar uma passagem da sessão de André, em que, ao passar a mão repetidas vezes na poltrona, acariciando-a e olhando fixamente para a psicoterapeuta – momento em que se desligava do mundo externo – fornecia sinais de que fazia uma equação simbólica entre as duas. Esse mesmo paciente não tolerava a separação da terapeuta, recusando-se a sair quando esta apontava o término da sessão. Entendemos que para a formação dos símbolos, é necessário suportar a separação, pois somente quando o ego mais desenvolvido suporta a noção de ausência do objeto, na posição depressiva, é que o símbolo passa a substituir o objeto, representando-o.

No processo de formação de símbolos, observamos alguns pacientes realizarem tentativas de construção, porém ainda de uma maneira frágil e desarticulada. Trata-se, de uma "pseudosimbolização". Isso ocorre quando o paciente confere um significado particular e inadequado a movimentos isolados do terapeuta, que para este não fazem nenhum sentido (Pestalozzi, 2005). Citamos o exemplo de Carla que, diante de movimentos aleatórios feitos pela terapeuta com as suas mãos ou pés, atribuía um sentido de provocação, sentindo-se convidada a brigar com ela.

A abordagem com pacientes psicóticos traz em seu cerne a compreensão de que, diferente dos neuróticos, esses não utilizam a repressão e sim a cisão, seguida do uso de maciças identificações projetivas. Nos casos aqui apresentados, o uso da identificação projetiva era sentido fisicamente pelas terapeutas através das reações que causava nelas, como intenso cansaço, sono e sensações corporais, como, por exemplo, dores abdominais.

Bion (1994) descreve o conceito de identificação projetiva, através do qual o sujeito cinde e projeta uma parte de seu *self* para dentro do objeto, no qual se instala. O uso estruturante desse mecanismo é a primeira forma de comunicação de estados mentais entre o bebê e sua mãe. Ocorre quando a mãe acolhe as evacuações do bebê colocadas em sua mente, via identificação projetiva, transformando a experiência emocional bruta, que agora, mentalizada pelo aparelho psíquico materno, fica disponível para a reintrojeção. No caso dos pacientes psicóticos, observamos que houve falhas nesse processo inicial. As desordens psicóticas na construção de seus processos de pensar e conhecer podem estar relacionadas tanto à dificuldade da mãe em servir como continente das necessidades do filho, quanto ao ódio e à inveja do bebê que dificulta o estabelecimento da relação continente/contido, indispensável para desenvolver a capacidade de pensar. O uso da identificação projetiva normal, visando a comunicação é a base da empatia com o outro e inicia os primórdios do processo simbólico. No caso de psicóticos, o uso deste mecanismo é excessivo e visa, prioritariamente, se livrar de estados mentais insuportáveis, que são colocados no exterior (mãe e terapeuta). Ao usar de forma maciça identificações projetivas patológicas, o paciente borra os limites do ego e conduz à dissolução dos mesmos e à indiscriminação eu/não eu, fantasia/realidade, presente/passado e a outros estados confusionais, tão característicos do funcionamento psicótico (Pestalozzi, 2005).

No processo transferencial, tais vivências emocionais primitivas e cruas precisam encontrar um continente mental que as processe e transforme. Através da capacidade simbólica e do pensar do psicoterapeuta, este gradativamente vai as discriminando e devolvendo ao paciente, respeitando seu tempo interno para a reintrojeção. Esta só ocorrerá se o paciente se sentir compreendido e contido em suas ansiedades e se, lentamente, for capaz de aprender a tolerar alguma frustração. Nesse momento, muitas vezes, o terapeuta pode se sentir prejudicado na sua capacidade de pensar em função dos contínuos ataques destrutivos, característicos dos pacientes psicóticos, ao elo e à sua própria matriz do pensamento (Bion, 1994).

Um fragmento da sessão de Carla ilustra os ataques ao elo na relação com sua terapeuta. Ao falar sobre suas atividades masturbatórias e da frequência desse comportamento, Carla se sentiu acusada de obter prazer inadequadamente por meio da masturbação. Distorceu o sentido das palavras escutadas e agrediu verbalmente a terapeuta, que se sentiu confusa e impedida de pensar, necessitando de algum tempo para se dar conta do que estava ocorrendo e retomar sua função psicanalítica. Situações como essas colorem e diferenciam o campo terapêutico com pacientes psicóticos. Estes, por não usarem a linguagem verbal para fins de comunicação, mas com o objetivo de se livrarem de estados mentais desagradáveis, recorrem à identificação projetiva como forma de comunicar suas experiências emocionais primitivas. Tal fato gera no terapeuta um tipo específico de contratransferência, denominada por Grinberg (1962) de "contraidentificação projetiva". Trata-se de uma manifestação no terapeuta devido à recepção passiva das projeções dos objetos internos do paciente, desempenhando inconscientemente o papel atribuído por ele. Enfatiza também o valor comunicativo da contraidentificação projetiva. Esse tipo de comunicação ocorre quando o terapeuta acolhe a projeção do paciente e a utiliza para dar sentido à vivência deste, que não pôde ser comunicada verbalmente.

Diferente do que se acreditava anteriormente – que o psicótico era incapaz de estabelecer uma relação transferencial –, os avanços teóricos a respeito desse tema apontaram a existência da transferência na relação paciente-terapeuta. Rosenfeld (1993) menciona que o paciente repete, revive e atua, na sessão, estados emocionais muito primitivos e regressivos, denominando esse tipo de relação de transferência psicótica. A transferência do psicótico é caracterizada como prematura, precipitada, intensamente dependente, tênue, tenaz e baseada na identificação projetiva (Bion, 1994). O paciente André já nas primeiras sessões apresentou uma transferência imediata com intensa idealização da terapeuta, mostrando precocemente uma dependência da mesma, a qual pode ser percebida na seguinte verbalização: "Eu não consigo fazer nada. Eu fico esperando os dias passarem, sexta-feira, sábado, domingo, segunda-feira, até eu poder vir aqui. A minha vida é ler e vir aqui". Nas sessões, oscilava desse tipo de transferência para uma relação persecutória, rompendo com a idealização e sinalizando a fragilidade da relação transferencial.

Uma característica típica da transferência psicótica é a tendência do desenvolvimento da transferência erótica desde o início do tratamento (Rosenfeld, 1988). Outra experiência de tratamento ilustra o estabelecimento desse tipo de transferência no começo da psicoterapia. Paula, 20 anos, estudante, apesar das dificuldades afetivas e de relacionamento interpessoal, mantinha preservada sua área intelectual, estando prestes a concluir o ensino médio. Na escola, possuía poucos amigos e uma vida restrita ao ambiente familiar, sem a experiência de ter tido um namorado. O contato com pessoas de seu cotidiano suscitava delírios de cunho sexual. Em sua psicoterapia, ao abordar suas dificuldades nos relacionamentos interpessoais, expressava imediatamente fantasias homossexuais em relação à terapeuta. Sua imaginação incluía situações nas quais ambas passeavam juntas em diferentes locais e também os momentos mais íntimos, em que se via acariciando a terapeuta e beijando-a. Percebe-se que, pelo processo transferencial, essa paciente regredia a desejos de fusão muito primitivos com a figura materna, desejos de ser acariciada e cuidada, mas que surgiam na sessão sob forma de amor homossexual.

A vivência de Paula em relação à transferência erótica expressa a maneira direta e crua que essas fantasias irrompem nos pacientes psicóticos, sem passar pelo processo de repressão que, nos neuróticos, faz com que elas apareçam de forma deslocada. Em termos técnicos, apesar do entendimento do terapeuta sobre essas manifestações, é necessário que este propicie um espaço para que o paciente possa organizar uma barreira de contato (Bion, 1991), de forma que tais conteúdos apareçam através de meios simbólicos, como no processo onírico ou em fantasias deslocadas. Nesse sentido, Rosenfeld (1988) afirma que a interpretação precoce da transferência erótica deixaria o paciente confuso e negativista, oferecendo riscos à continuidade do tratamento, visto que ele a vivenciaria como uma sugestão concreta e não como interpretação de suas fantasias. Esse autor é claro ao alertar que é uma técnica equivocada interpretar a transferência sexual no início da psicoterapia com pacientes psicóticos.

O DIFÍCIL PERCURSO EM BUSCA DA MUDANÇA PSÍQUICA

André que queria aprender a pensar

Cada encontro com o adolescente psicótico configura um momento único, no qual primitivas vivências e intensas emoções são experimentadas durante o percurso do tratamento psicoterápico. Uma verbalização no início do tratamento de André "Eu não sei pensar, nunca aprendi a pensar... ensina-me a pensar?", nos aponta o caminho a ser percorrido com esses pacientes no sentido do auxílio para desenvolver a sua capacidade simbólica, pois eles têm um insuficiente aparelho para pensar pensamentos – conceito desenvolvido por Bion (1991), que auxilia na compreensão das dificuldades dos pacientes psicóticos. Para esses pacientes, o psicoterapeuta será modelo para aprender a pensar através de suas funções continente/conteúdo e de suportar as ansiedades relativas às oscilações da posição esquizoparanoide para a depressiva (Bion, 1994).

André, no início do seu tratamento, apresentava uma mente debilitada, um discurso inacessível e histórias confusas que, aos poucos, foram se transformando pela possibilidade de nomear sentimentos, ideias e pensamentos. Usava a narrativa escrita como forma de elaborar seus conflitos, ansiedades e fantasias. Sua linguagem convocava os seus estados mentais, e seus primeiros poemas eram como colagens de palavras sem ligação:

> No leito cosmogônico de mitológicas torres frias,
> O rei dragão corta o céu crepusculário,
> Com asas escarlates, de envergaduras fantásticas, sombrias
> E a sombra envolve os mitos como hierático relicário
> Que guarda imarcecíveis flores lendárias,
> Suas asas são lábaros ígneos de cores vazias...

A psicoterapia de André foi caracterizada por inúmeros contos, escritos e poesias feitas por ele e lidas na sessão. No decorrer do tratamento, observou-se o crescimento de seu processo simbólico e a maior integração de sua personalidade, os quais se refletiram no seu pensar mais organizado e na forma da sua escrita. Esta é o resultado da transformação da experiência emocional, antes sem sentido *(beta)*, em experiências novas, palavras e significados que o auxiliaram a organizar seus sentimentos caóticos. Após alguns anos de psicoterapia, André venceu alguns concursos de poesia e publicou, em jornais, seus textos, como o descrito a seguir:

> Precisamos melhor aperfeiçoar nossas almas e usá-las como instrumento de modificação. Precisamos reinventar o humano, lançando novos alicerces para uma sociedade melhor, que proporcione frutos para as futuras gerações, as quais continuarão nossos legados de miséria ou esperança, de acordo com o que semeamos no presente.

Essa evolução foi possível através do espaço criado na psicoterapia, no qual a terapeuta funcionou como *rêverie,* emprestando sua função *alfa* que conteve as fantasias mais primitivas, devolvendo-as ao paciente pouco a pouco, de modo que ficassem integradas na sua vivência e não como fantasmas perseguidores. As palavras agora não eram mais "coisas" das quais precisava se livrar, mas elas descreviam suas vivências internas, que ofereciam coesão e sentido a sua experiência. A melhora desse paciente teve repercussão em outras áreas de sua vida, na medida em que iniciou e manteve relacionamentos de amizade, bem como conseguiu retomar os estudos, concluindo o ensino médio e se preparando para ingressar na universidade.

Frisamos que cada processo é único no que diz respeito à evolução e tempo necessário para tal. As conquistas de André refletem o trabalho psicoterápico realizado ao longo de muitos anos.

Paula e Carla: a construção da barreira de contato

Paula, que desenvolveu uma relação transferencial erotizada com a terapeuta, em um fragmento de sua sessão, após dois anos de tratamento, mostrou estar iniciando um caminho para a mudança psíquica. Paula permaneceu um tempo em silêncio. A terapeuta questionou sobre o que ficou pensando, e Paula ficou novamente silenciosa. Em seguida, disse: "não sei se quero te falar". Novo período de silêncio. "São aquelas fantasias de sempre (fantasias homossexuais). Tu já sabes. Só que eu não sei se dessa vez quero te falar". A intervenção da terapeuta, depois disso, foi no sentido de auxiliá-la na discriminação dos mundos interno e externo e na manutenção das suas fantasias no seu mundo interno. Paula, então, fez a seguinte colocação: "têm horas que eu acho ridículos esses meus pensamentos, que não deveria tê-los, pois afinal tu és a minha terapeuta e estás aqui para me ajudar. Eu fico perdendo tempo com esses pensamentos que não vão levar a nada". Percebemos esse aspecto como um indicativo de mudança na paciente. Anteriormente, os conteúdos inconscientes surgiam de forma caótica e bruta, podendo ser conceituados pelo que Bion (1991) denominou de *tela beta*. Paulatinamente, a paciente dava sinais de estar construindo uma barreira de contato – conceito desenvolvido por Bion (1991) a partir de Freud. A barreira de contato funciona como um filtro, que visa separar o consciente do inconsciente, discriminando-os. O funcionamento da barreira de contato corresponde ao do mecanismo de repressão, o qual oportuniza que os aspectos primitivos se organizem no inconsciente, não irrompendo na mente de forma violenta e, assim, permaneçam reprimidos, surgindo através de derivativos e não de forma crua e caótica, com seu potencial desorganizador.

A barreira de contato exerce uma função de proteção, como se fosse uma membrana semipermeável, a qual evita que a realidade seja distorcida por emoções internas. A construção dessa barreira é um dos objetivos principais do tratamento com pacientes psicóticos, pois possibilita filtrar os conteúdos inconscientes que irrompem na mente e com isso construir um continente mental capaz de discriminar dentro/fora, interno/externo, contendo os pensamentos e fantasias, que antes saíam de forma expulsiva por palavras-coisa ou por identificações projetivas maciças (Grinberg, Sor e Bianchedi, 1973).

Carla, paciente que chegou para psicoterapia com um histórico de diversas internações a partir da puberdade, foi construindo pouco a pouco um espaço mental próprio. O campo psicoterápico, o vínculo e a relação de confiança estabelecida auxiliaram-na a ir formando sua barreira de contato. No exemplo a seguir, pode-se observar que as fantasias paranoides continuaram assombrando-a, no entanto ela conseguia expressar esses conteúdos em suas sessões de psicoterapia.

> *Carla – Oi! Esta semana consegui me controlar. Não briguei com meus pais nem na escola.*
> *Imediatamente após esta fala, Carla inicia um discurso delirante:*
> *Carla – Não adianta mesmo, aquele meu professor é sempre a mesma coisa; eu sei quando ele está rindo por trás de mim. Ele é do mal e faz o mal, eu sou do bem e faço o bem. O meu professor não perde por esperar; quando eu fizer a jogada final, ele vai ver. Eu tenho que passar por tudo isso para salvar o meu filho. Eu quero o bem para o meu filho e ele não vai passar por nada disso.*

Compreende-se que o fato de Carla usar o espaço terapêutico para expulsar esses elementos foi o que permitiu algum controle nas relações estabelecidas com colegas, professores e pais. Carla pôde usar sua recém adquirida capacidade de contenção das fantasias e ansiedades dentro de seu próprio continente mental, possibilitando uma vida em maior sintonia com a realidade externa. No primeiro ano do tratamento de Carla, as repercussões em sua vida foram a diminuição do isolamento social e a melhora nos seus relacionamentos interpessoais, tanto no âmbito familiar quanto escolar. Nos dois anos seguintes ao primeiro episódio psicótico, Carla frequentemente necessitava interromper as atividades escolares devido à desestruturação emocional e à necessidade de internação psiquiátrica, o que a impedia de encerrar o ano letivo. Com o tratamento psicoterápico, conseguiu garantir a continuidade nos estudos sem novas internações, apesar da persistência de seu sofrimento psíquico.

Em muitos momentos, Carla demonstrou o entendimento da continência oferecida pelo *setting* psicoterápico, no qual relatava os pensamentos que sabia não serem compreendidos em outros locais. Em um primeiro momento diante das evacuações do paciente, o terapeuta pode se sentir confuso ao acolhê-las em sua mente, tendo que suportar um período de não entendimento. As palavras de Winnicott traduzem, com extrema sensibilidade, a vivência do terapeuta no tratamento de pacientes psicóticos: "todos... sabem o quão louco é preciso estar para viver ali e, no entanto, é necessário estar ali e permanecer ali por longos períodos a fim de alcançar algum resultado terapêutico" (Winnicott, 2000, p. 314).

Fernando: da internação à reestruturação após o colapso psíquico

Através do paciente Fernando, foi possível acompanhar o impacto que a eclosão de um episódio psicótico e a consequente internação psiquiátrica causaram na vida desse adolescente. No transcorrer do primeiro ano de tratamento psicoterápico, Fernando evoluiu de uma desestruturação psíquica, com um funcionamento regressivo e a presença de pensamentos delirantes e alucinações já descritos, para uma reorganização interna que lhe permitiu retomar o curso de sua vida.

Alguns critérios, como a exposição a riscos para si e para os outros, a incapacidade da família naquele momento de manejar com o paciente em casa e a recusa em tomar a medicação foram definitivos para a internação. Trata-se de uma decisão difícil, tendo em vista as repercussões que uma internação psiquiátrica causa na vida de um adolescente. No entanto, quando é baseada em critérios que consideram como primordial a proteção do paciente, torna-se mais clara a sua indicação.

O vínculo estabelecido com o paciente foi mantido através da continuidade das sessões no ambiente hospitalar com as modificações necessárias no *setting*. Isso foi possibilitado pela terapeuta, devido ao seu posicionamento teórico de que existe uma parte preservada nesses adolescentes, mesmo em um momento de colapso psíquico. A realização da psicoterapia no ambiente hospitalar pôde acontecer também devido ao oferecimento de um espaço físico dentro da instituição, bem como da compreensão da equipe de profissionais de que esse atendimento beneficiaria o paciente, oportunizando a realização de um trabalho multidisciplinar. A disponibilidade do psicoterapeuta para trabalhar em conjunto com outros profissionais, em especial da área da psiquiatria, é essencial nessas situações.

O exemplo a seguir extraído de uma de suas sessões, durante a internação, ilustra que Fernando, mesmo passando por um período de confusão psicótica com delírios e alucinações, manteve uma parte saudável que o fez questionar a própria visão, pois esta poderia não conferir com a realidade.

> *Fernando – Quando estávamos vindo para cá (referindo-se a sala de atendimento), tinha um homem parado ao lado do posto de enfermagem?*
> *Terapeuta – O que tu achas?*
> *Fernando – Eu não sei se tinha mesmo ou se é da minha cabeça.*
> *Terapeuta – Tinha mesmo um homem ali parado. Mas tu estás me mostrando como é difícil não saber se as coisas estão acontecendo ou se são somente da tua cabeça.*
> *Fernando começa a chorar*
> *Fernando – Eu preciso muito da tua ajuda...*

Bion (1994) trouxe importante contribuição ao teorizar que, paralelamente com a parte "psicótica" da personalidade, convive a parte "não-psicótica", que deve ser trabalhada e ampliada, pois dela depende a conservação do contato com a realidade. Realizar a discriminação dos aspectos internos e externos desses pacientes constitui o objetivo principal quando o paciente está num momento de desestruturação e necessita do terapeuta para auxiliá-lo. Além disso, é como se o terapeuta funcionasse como uma ponte que insere a realidade no mundo interno desconexo do paciente, sendo este o significado da sua presença física na instituição hospitalar.

Através da nossa experiência, constatamos que a manutenção do atendimento psicoterápico durante o período de internação auxiliou não só no fortalecimento do vínculo entre o paciente e a terapeuta, como também com os familiares, que se sentiram acolhidos, sendo este um dos fatores decisivos para a evolução desses casos. Os pacientes que passam por essa experiência costumam manifestar o sentimento de amparo pelo fato de a terapeuta ter estado presente e compartilhado um momento que era tão difícil.

Após a alta hospitalar, a psicoterapia individual de Fernando foi retomada no consultório, e houve a necessidade de continuar o atendimento aos familiares, tendo em vista que a doença de um familiar atinge a todos. Esse acolhimento significa se oferecer como um suporte à família, fornecendo informações, clareando dúvidas e escutando o seu sofrimento. Além disso, a participação dos familiares é fundamental no comprometimento do paciente com o seu tratamento psicoterápico e farmacológico.

Durante o tratamento psicoterápico de Fernando, sua fragilidade egoica aparecia toda vez que algum acontecimento da realidade externa exigisse mais dele. Além disso, o núcleo delirante denunciava sua estrutura psicótica, sendo a conduta terapêutica nesses momentos baseada na discriminação entre a realidade e a fantasia. Dessa forma, com a combinação dos tratamentos psicoterápico e farmacológico, ele conseguiu ir se reorganizando e os objetivos em relação à sua vida afetiva e profissional foram sendo atingidos. Fernando foi aprovado no vestibular e ingressou no curso que desejava. Iniciadas as aulas, relatou, na sessão, a felicidade dessa conquista e o quanto sua vida mudara. Mencionou que foi preciso chegar ao seu limite, pois sofria muito antes. Também apontou, com surpresa, que já possuía amigos na faculdade e, algumas semanas depois, presenteou a namorada com uma aliança de compromisso.

CONSIDERAÇÕES FINAIS

Sabe-se que a experiência da clínica psicoterápica é uma atividade basicamente solitária, em que ocorre, no entanto, uma troca intensa de vivências e emoções. Neste capítulo, foi possível a elaboração de algumas dessas experiências e ansiedades através da escrita e da reflexão sobre casos complexos e de difícil manejo que muito exigem da capacidade pessoal e técnica do psicoterapeuta. Também se trata da possibilidade de um espaço para compartilhar com colegas nossa atividade clínica. O processo psicoterápico com adolescentes psicóticos gera impacto no terapeuta, principalmente ao se deparar com um funcionamento regressivo, no qual vivências primitivas são reeditadas. Pensamos que a psicoterapia individual de orientação psicanalítica, pelo estabelecimento via transferência de outro tipo de vínculo, pode ser uma oportunidade de ressignificar essas experiências que foram falhas na construção do psiquismo.

Diferente do que se pensava há algum tempo, acreditamos que mediante as mudanças técnicas desenvolvidas nos últimos anos, especialmente através de alguns conceitos dos autores que embasaram nossa prática, é possível tratar psicoterapicamente os pacientes psicóticos. Em especial na adolescência, colhem-se os benefícios da abordagem de orientação psicanalítica, no sentido de diminuir o risco de cronicidade e o deterioro psíquico, e com isso ter uma visão menos limitante em relação ao futuro desses adolescentes. Os recortes das histórias pessoais e das psicoterapias nos possibilitaram a descrição do funcionamento típico dos adolescentes psicóticos e, ao mesmo tempo, o processo único com ritmo próprio e, geralmente, por um longo período, para o qual o psicoterapeuta precisa estar preparado. No percurso psicoterápico desses adolescentes que aqui apresentamos, ocorreram significativas mudanças psíquicas, porém estas não foram observadas de forma linear e constante. O processo é doloroso para ambos os participantes da dupla terapêutica. Alternam-se movimentos de progressão e regressão muito mais acentuados do que com outros tipos de pacientes.

A partir de nossa experiência, gostaríamos ainda de enfatizar que o psicoterapeuta, ao aceitar em tratamento um adolescente psicótico, está se disponibilizando a realizar um atendimento que, quase sempre, inclui situações especiais. Uma delas é o trabalho multidisciplinar, que poderá ocorrer não somente quando houver necessidade de internação psiquiátrica, mas principalmente em função de a indicação de medicação ser muito frequente nesses casos. A outra diz respeito ao atendimento aos familiares do adolescente, em especial nos momentos de maior desestruturação.

Neste capítulo, compartilhamos nossa visão otimista em relação à possibilidade de tratamento e melhora de pacientes psicóticos, que outrora foram incluídos no grupo que não se beneficiava de uma abordagem de orientação psicanalítica.

NOTAS

1 Os pacientes e familiares dos casos relatados foram consultados e consentiram que suas histórias fossem descritas neste capítulo, mediante alterações dos dados.
2 Na obra *Elementos da Psicanálise*, Bion utiliza o modelo digestivo para favorecer a compreensão dos processos de pensamento; "... o aparelho para pensar pensamentos constrói-se no modelo gastrintestinal, ou seja, há o pressuposto na criança de que tudo segue uma linearidade temporal e espacial, tal como um alimento começa na boca e termina expulso pelo ânus". Aliás, é bastante usada a expressão de Bion de *evacuação* referente à expulsão dos protomentais elementos beta sob a forma de identificações projetivas excessivas" (Zimerman, 1995, p. 36).
3 As poesias e texto citados neste capítulo tiveram a autorização do paciente para serem publicados através da assinatura de um termo de consentimento livre esclarecido.

REFERÊNCIAS

BION, W. R. *O aprender com a experiência*. Rio de Janeiro: Imago, 1991.
_____. *Estudos psicanalíticos revisados*. 3. ed. Rio de Janeiro: Imago, 1994.
CAHN, R. Para una teoría psicoanalitica de la psicosis en la adolescencia. *Revista de Psicoanálisis con niños y Adolescentes*, Buenos Aires, v. 7, p. 32-51, 1994.

FREUD, S. Esboço de psicanálise. In: _____. *Edição standard brasileira das obras psicológicas completas de Sigmund Freud*. Rio de Janeiro: Imago, 1972. v. 23.

_____. Sobre a psicoterapia. In: _____. *Edição standard brasileira das obras psicológicas completas de Sigmund Freud*. Rio de Janeiro: Imago, 1972. v. 7.

GRINBERG, L. Psicopatologia de la identificación y contraidentificación proyectivas y de la contratransferência. *Revista de Psicoanalisis*, v. 20, n. 2, p. 113-123, 1962.

GRINBERG, L.; SOR, D.; BIANCHEDI, E. T. *Introdução às idéias de Bion*. Rio de Janeiro: Imago, 1973.

JEAMMET, P.; CORCOS, M. *Novas problemáticas da adolescência*: evolução e manejo da dependência. São Paulo: Casa do Psicólogo, 2005.

LEVISKY, D. L. *Adolescência*: reflexões psicanalíticas. 2. ed. São Paulo: Casa do Psicólogo, 1998.

LEVY, R. Adolescenza: Refugi Narcisistici, Distrutivitá e Dilemmi del Controtransfert. *Quaderni dell'Istituto di Psicoterapia del Bambino e dell´Adolescente*: dall´Adolescente al Giovane Adulto, Milano, v. 27, p. 147-167, 2008.

PESTALOZZI, J. O simbólico e o concreto: adolescentes psicóticos em psicoterapia psicanalítica. *Livro Anual de Psicanálise*, v. 19, p. 269-288, 2005.

QUEVEDO, J.; SCHMITT, R.; KAPCZINSKI, F. *Emergências psiquiátricas*. 2. ed. Porto Alegre: Artmed, 2008.

ROSENFELD, D. *O psicótico*: aspectos da personalidade. Petrópolis: Vozes, 1993.

ROSENFELD, H. *Impasse e interpretação*: fatores terapeuticos e antiterapeuticos no tratamento psicanalítico de pacientes neuróticos, psicóticos e fronteiriços. Rio de Janeiro: Imago, 1988.

SEGAL, H. *A obra de Hanna Segal*: uma abordagem Kleiniana à prática clínica. Rio de Janeiro: Imago, 1982.

STERIAN, A. *Esquizofrenia*. 3. ed. São Paulo: Casa do Psicólogo, 2005.

ZIMERMAN, D. *Bion*: da teoria à prática: uma leitura didática. Porto Alegre: Artmed, 1995.

WINNICOTT, D. W. *Da pediatria à psicanálise*: obras escolhidas. Rio de Janeiro: Imago, 2000.

Índice

A
Adolescentes
  comunicação na psicoterapia. *Ver* Comunicação
  desenvolvimento emocional normal. *Ver* Desenvolvimento emocional nomal
  e transgeracionalidade 162-172
  imagem corporal 155-161
  na atualidade 162-172
  psicóticos 337-354
  tendência suicida. *Ver* Tendência suicida no adolescente
Anna Freud 34-35
Atuações, ações comunicativas e *enactment* 182-189
Autismo 286-318
  psicoterapia 291-298
    etapa final 314-316
    fase inicial 292-296
    fase intermediária 297-298
  visão psicanalítica 287-291

B
Brincar e psicoterapia de crianças. *Ver* Comunicação na psicoterapia de crianças

C
Características do psicoterapeuta de crianças e adolescentes. *Ver* Psicoterapeuta de crianças e adolescentes, condições essenciais
Clínica com crianças e adolescentes. *Ver* Processo psicoterápico
Complexo de Édipo em Lacan 155-161
Comunicação 141-152
  na psicoterapia de adolescentes 175-191
    corpo e sexualidade 176-182
    atuações, ações comunicativas e *enactment* 182-189
  na psicoterapia de crianças 141-152
Corpo do adolescente. *Ver* Imagem corporal do adolescente
Crianças
  autistas 286-318
  comunicação na psicoterapia. *Ver* Comunicação na psicoterapia de crianças
  desenvolvimento emocional normal. *Ver* Desenvolvimento emocional normal

etapas da psicoterapia. *Ver* Etapas da psicoterapia
vítimas de maus tratos 274-283
Crianças institucionalizadas 274-283
origem do mal 275-276
psicoterapia psicanalítica 279-283

D
Desenho e psicoterapia de crianças. *Ver* Comunicação na psicoterapia de crianças
Desenvolvimento emocional normal 56-69
crianças 56-61
adolescentes 61-69

E
Estádio do Espelho e adolescência 155-161
Etapas da psicoterapia com crianças 97-113
fase final: despedida 109-113
fase inicial: aliança 104-106
fase intermediária: processo elaborativo 106-109
período de avaliação: encontro 98-104

F
Formação do psicoterapeuta de crianças e adolescentes. *Ver* Psicoterapeuta de crianças e adolescentes, condições essenciais

G
Grupo, psicoterapia de. *Ver* Psicoterapia grupal mediada por contos

I
Imagem corporal do adolescente 155-161

J
Jogo e psicoterapia de crianças. *Ver* Comunicação na psicoterapia de crianças

M
Melanie Klein 31-34

N
Narcisismo 155-161

O
Origens da psicoterapia de crianças e adolescentes 29-40
América Latina e Brasil 37-39
Anna Freud 34-35
Melanie Klein 31-34
psicologia do ego 35
teoria das relações objetais 35-37

P
Pais, importância no processo da psicoterapia 116-138
abordagem histórica e técnica 117-122
aspectos legais 117
aspectos transgeracionais 122-125
e adolescentes 131-133
manejo técnico e postura terapêutica 125-131
nos transtornos invasivos do desenvolvimento, sindrômicos e psicóticos 134-138
Prática clínica 75-191
Processo psicoterápico 77-95
campo psicoterápico 79-81
fenômenos transferenciais e contratransferenciais 84-90
intervenções na atualidade 90-94
relação terapêutica 82-84
Psicanálise 29-40
como origem da psicoterapia de crianças e adolescentes 29-40

Psicologia do ego 35
Psicoses na adolescência 337-354
  avaliação diagnóstica 338-343
  complexidades e peculiaridades 343-347
  percurso em busca da mudança psíquica 347-353
Psicoterapeuta de crianças e adolescentes, condições essenciais 42-54
Psicoterapia breve de orientação analítica 195-214
  histórico 199-201
  na infância e na adolescência 201-207
    contexto atual 201-202
    indicações e contra indicações 207-209
    particularidades no processo terapêutico 202-207
    lugar dos pais 202-203
Psicoterapia familiar e recasamento 238-255
  contextos terapêuticos 248-254
  do indivíduo à família 239-243
    contextos antecedentes 240-243
  formação de nova família 244-248
Psicoterapia grupal mediada por contos 216-236
  enquadre 220-224
    contrato e duração 222
    etapa diagnóstica 222
    grupo 221-222
    momentos de cada sessão 222-224
    terapeutas 220-221
  desenvolvimento do processo psicoterápico 224-234

consolidação da transferência, catarse e início das elaborações de conflitos 227-231
elaboração e despedida dos terapeutas 231-234
formação do vínculo e estabelecimento do enquadre 224-227

R
Recasamento e psicoterapia familiar. Ver Psicoterapia familiar e recasamento

S
Simbolismo na psicoterapia de crianças. Ver Comunicação na psicoterapia de crianças
Suicídio, tendência na adolescência. Ver Tendência suicida no adolescente

T
Tendência antissocial, psicoterapia 257-272
  delinquência na psicanálise 259-261
  deprivação x privação 263-264
  estado de deprivação e tendência antissocial teoria de Winnicott 261-263
  releitura na pós-modernidade 264-265
  tratamento 265-271
Tendência suicida no adolescente 321-334
Teoria das relações objetais 35-37
Transgeracionalidade e adolescência atual 162-172